BARKING UP THE WRONG TREE

The Surprising Science Behind Why Everything
You Know About Success Is (Mostly) Wrong

残酷すぎる成功法則

9割まちがえる「その常識」を科学する

エリック・バーカー―著
橘玲―監訳　竹中てる実―訳

新社

文庫版に寄せて

二〇一九年末から東アジアで広まった新型コロナウイルスは、たちまちヨーロッパや北アメリカ、中南米やアフリカなど新興国へと拡大し、世界で40万人に迫る死者（二〇二〇年六月現在）と、ロックダウンにともなう甚大な経済的損害を引き起こした。幸いなことに日本は感染爆発・医療崩壊に至ることなくいまは小康状態を保っているが、もはやコロナ以前の世界に戻ることはできず、わたしたちはこれからもずっとやっかいなウイルスと共存していくしかないのだろう。――自然界には一六〇万種もの未知のウイルスが存在するといわれているのだ。

そんななか、エリック・バーカーの『残酷すぎる成功法則』文庫版をお届けできることになった。新たに加えられた「パンデミック・エディション」三編は、アメリカの感染拡大後に著者が書き下ろしたもので、今回のような想定外の事態を乗り切るためにどのような生活習慣や心構えが必要なのかが簡潔に述べられている。

二〇一七年一〇月の発売後、本書は一二万部（電子書籍含む）を超えるベストセラーとなり、TBS系「林先生が驚く 初耳学」や読売新聞、毎日新聞、週刊文春、週刊新潮、週刊ダイヤモンドなどさまざまなメディアで紹介されたこともあって、多くの読者を獲得することができた。

「研究結果をもとにしてあるので信頼性があった」「世間一般でいわれていることがデータとは違っていて面白い」「単なる自己啓発本ではない」などの反響は日本もアメリカも同じだ。それはバーカーが実際に役に立つアドバイスをしているからであり、本書に書かれている知識は「アンダー・コロナ」の世界でこそますます重要になっていくだろう。

橘　玲

二〇二〇年六月

監訳者序文

これは、「コロンブスのタマゴ」のような画期的な自己啓発書だ。そのうえわかりやすく、かつ面白い。だったら序文なんか必要ないじゃないか、といわれそうで、まさにそのとおりなのだが、それでもひとことといっておきたいのは本の厚さに躊躇《ちゅうちょ》するひとがいそうだからだ。

しかしこの本には、これだけの分量と膨大な参考文献がどうしても必要なのだ。なぜなら、玉石混淆《ぎょくせきこんこう》の自己啓発の成功法則を、すべてエビデンスベースで検証しようとしているのだから。

日本にも「幸福になれる」とか「人生うまくいく」とかの本はたくさんあるが、そのほとんどは二つのパターンに分類できる。

①著者の個人的な経験から、「わたしはこうやって成功した（お金持ちになった）のだから、同じようにやればいい」と説く本

②歴史や哲学、あるいは宗教などを根拠に、「お釈迦さま（イエスでもアッラーでもいい）はこういっている」とか、「こんなとき織田信長（豊臣秀吉でも徳川家康で

もいい）はこう決断した」とか説く本

じつはこれらの本には、ひとつの共通点がある。それは証拠（エビデンス）がないことだ。

ジャンボ宝くじで三億円当たったひとが、「宝くじを買えばあなたも億万長者になれる」という本を書いたとしたら、「バカじゃないの」と思うだろう。なぜなら、この「成功法則」には普遍性がないから。ちょっと計算すればわかることだが、宝くじで1等が当たる確率は、交通事故で死ぬ確率よりずっと低い。

ところが世の中には、不思議なことに、「1等がたくさん出た売り場に行けば当たりやすい」と行列をつくるひとが（ものすごく）たくさんいる。これを経済学者は「宝くじは愚か者に課せられた税金」と呼ぶが、著者のエリック・バーカーは「間違った木に向かって吠えている（Barking up the wrong tree）」という。――ちなみにこれが本書の原題だ。

「間違った木」というのは、役に立たない成功法則のことだ。会社で出世したり、幸福な人生を手に入れるためには、「正しい木」をちゃんと選ばなければならない。でも、どうやって？

それが、エビデンスだ。

じつは、エラいひとの自慢話や哲学者・歴史家のうんちく、お坊さんのありがたい講話がすべて間違っているわけではない。困るのは、そのなかのどれが正しくて、どれが間違っているかを知る方法がないことだ。それに対してエビデンスのある主張は、科学論文と同じかたちで書かれているから、どんなときにどのくらい効果があるのかを反証可能なかたちで説明できる。

だとしたら、有象無象の成功法則を片っ端から同じように（エビデンスベースで）評価して、どれが「正しい木」でどれが「間違った木」なのかわかるようにすればいいじゃないか、と著者は考えた。これが「コロンブスのタマゴ」で、最初に読んだときは「その手があったのか！」と思わず膝を打ったのだが、それをちゃんとやろうとするとこのくらいのページ数がどうしても必要になってしまうのだ。

この本は、これまでいろんな自己啓発本を読んできて、「ぜんぶもっともらしいけど、どれが正しいかわからないよ」と思ったひとにまさにぴったりだ。それだけでなく、「自己啓発本なんて、どうせうさんくさいんでしょ」と思っているひとにもお勧めできる。なぜならすべての主張が、エビデンスまで辿ってその真偽を自分で確認できるようになっているから。

とはいえ、ここに「普遍的な成功法則」が書かれているわけではない。もしそんなものがあるとしたら、世界じゅうのひとが「成功」しているはずだ。

エビデンスのある主張というのは、（むずかしい）病気の治療法に似ている。科学的に正しい治療を行なえば、一定の確率で治癒が期待できるが、誰でも確実に治るわけではない。しかしそれは、科学的根拠のない民間療法（水に語りかける、とか）よりも統計的に有意に治癒率が高い。これはようするに、デタラメな成功法則でも（どれほど確率が低くても宝くじの当せん者がいるように）たまたまうまくいくことはあるが、エビデンスのある法則を実践したほうが成功率はまちがいなく上がる、ということだ。

ということで、本書の予備知識はここまで。それでは、混沌とした森のなかで「正しい木」を見分ける著者の見事な手際をお楽しみください。

第1章　成功するにはエリートコースを目指すべき？

リスクを冒さず、親や学校から言われた通りにするのは得か損か。
高校の首席、無痛症の人びと、ピアノの神童から得られる洞察

第2章 「いい人」は成功できない？

信頼や協力、親切について、ギャング、海賊、連続殺人犯から学べること

第3章 勝者は決して諦めず、切り替えの早い者は勝てないのか？

道のりが困難でも最後までやり遂げる是非について、海軍特殊部隊シールズ、見合い結婚、バットマン、オンラインゲームから学べること

第4章 なぜ「ネットワーキング」はうまくいかないのか

人質交渉人、一流コメディアン、史上最高の頭脳を持つ人から、人脈づくりの最強戦略を学ぶ

第5章 「できる」と自信を持つのには効果がある？

チェスの達人、特務機関、カンフー詐欺師、恐怖不感症の人びとから、自信と妄想の境界を綱渡りする術を学ぶ

第6章　仕事バカ……それとも、ワーク・ライフ・バランス？
どうやって家庭と職場の調和を見つけるかを、スパイダーマン、アルバート・アインシュタイン、チンギス・ハンから学ぶ

序章　なぜ、「成功する人の条件」を誰もが勘違いしているのか

これまでに二人の選手の命を奪った、危険なレースがある。

代表的なアウトドア雑誌の『アウトサイド』誌が、「間違いなく世界で最も過酷な耐久イベントだ」とまで断言したレース・アクロス・アメリカ（ＲＡＡＭ）のことだ。参加者はサンディエゴからアトランティック・シティに至るアメリカ大陸を自転車で横断し、約四八〇〇キロを一二日以内に走破しなくてはならない。

なるほど、ツール・ド・フランスみたいなものかと思うと、これがまったく違う。ツール・ド・フランスは一日ごとのステージに分かれ、休息日も設けられているが、ＲＡＡＭはひとたびスタートすればゴールまでノンストップ。睡眠や食事、休憩のためにペダルから足を離そうものなら、その間にも競争相手に抜かれるかもしれない。そういうわけで選手たちは期間中やむなく、平均三時間の睡眠で長距離レースに耐え抜くしかなくなる。

大会四日目ともなると、どこで休憩を取るかが頭の痛い問題になる。前後の選手とのタイム差はわずか一時間足らず。休憩すれば必ず抜かれるので、慎重な判断を要するの

だ。そのうえ休息日がないので、選手の体力は日ごとに衰えていく。苦難に耐えてアメリカ大陸を横断するにつれ、全身の疲労、痛み、睡眠不足は積み重なる一方……。

しかし、無敵の王者にこうした苦労はまったく無縁だ。この大会で前人未踏の五回の優勝を誇るその男、ジュア・ロビックは、たとえば二〇〇四年のレースでは、二位を一一時間引き離しての圧巻の勝利を飾っている。二位がゴールインするまで半日も待たされるレースなんて想像できるだろうか？

世界一過酷なレースで、なぜロビックだけがこれほど圧倒的に強いのか。

天賦《てんぷ》の才に恵まれた鉄人だったのだろうか？　そんなことはない。ウルトラ耐久レースの選手として、ロビックの体はごくごく平均的だった。

では、最高のトレーナーがついていた？　それも違う。友人のウロス・ベレペックはロビックを、とうてい〝コーチ不可能な人物〟だと断じる。

作家のダニエル・コイルは『ニューヨーク・タイムズ』紙に寄せた記事のなかで、ロビックがレース・アクロス・アメリカ史上最強のライダーになれた一番の強みを分析している。

それはなんと、彼の「狂気」だという。

決してロビックが並外れた選手であることを誇張するための表現ではない。ハンドルを握ると文字通り正気を失う彼を、そのまま説明したままでだ。

レース中の彼は半泣き状態で、偏執的な神経症に陥り、足元の道路のひび割れにさえ何か意味が隠されていると思い込む。ふいに自転車を投げだしたかと思うと、血走ったまなこで拳を振りかざし、スタッフが乗る後続車に向かってくることもしばしばだ（賢明にもスタッフはドアをロックしている）。郵便ポストを相手に殴りかかったこともある。幻覚に襲われるのはしょっちゅうで、あるときは武装したイスラム戦士の一団に追われ続けていた。そんなロビックの行動を見るに堪《た》えず、レースに同行していた当時の妻はチームのトレーラーに閉じこもっていたという。

コイルによれば、ロビックは自身の狂気について、「無様でみっともないが、これなくしては生きられない」と思っていた。興味深いことに、ロビックに見られるような狂気は、ときに運動選手にとって強力な武器になることが知られている。遡《さかのぼ》れば一八〇〇年代にすでにフィリップ・ティシやオーガスト・ビールといった科学者は、精神が病んでいる者は痛みをものともせず、人体のリミッターを越えた驚異的な力を発揮できると述べている。

読者の場合はわからないが、少なくとも私の高校の教師は、そんなことは教えてくれなかった。ときには幻覚や郵便ポストとの格闘や錯乱状態が世界的栄誉を勝ち取るのに役立つなんてことは。ただ宿題をちゃんとやり、規則を守り、いつも良い子でいなさいと言われただけだ。

ここで心からの疑問が湧いてくる。

本当のところ、実社会で成功を生みだす要素はいったい何なのか。

それを掘り下げるのが本書だ。成功とは、たんに財を成すだけでなく、人生全般での成功、幸福を意味する。仕事での成功であれ、個人的な目標であれ、それらを成し遂げる鍵になるのは、どんな態度や行動なのか。

巷《ちまた》には、成功の一面だけを取りあげた本、あるいは実践的アドバイスなしに昨今の成功理論だけ紹介した本が溢れている。本書では、まず実際に使える理論を見きわめ、次に、あなたが目指すところに行くための具体的な方策を学ぶ。

何をもって成功と定義するかはあなた次第だ。それはすなわち、あなたが仕事や家庭で幸せになるために個人的に必要とするものだ。だからといって、成功の法則はまったくの気まぐれで決まるものでもない。あなたはすでに、成功するための戦略として最も効果がありそうなもの（着実な努力）と、まったく効果がなさそうなもの（毎日昼まで寝ている）を知っている。しかし、問題はこの二つのあいだに位置する膨大な選択肢だ。

すでにあなたは、これまでの実体験や知り合いの話、書籍、ウェブ記事で、成功を目指すうえで役に立つ資質や戦術について多くを学んできたかもしれない。ところが、真に確証が得られたものは一つもない。逆に、役立たないとして除外すべきものはたくさんある。私が本書で探究したいのはまさにそのあたりだ。

過去八年にわたり、私は自分のブログ"Barking Up The Wrong Tree"で、人生で成功する秘訣に関するさまざまな調査や研究結果を分析し、専門家へのインタビューを重ねてきた。そして数々の答えを見いだしてきた。その多くは驚くべきもので、なかには世間の常識を真っ向から覆すものもあった。だがそのすべてが、仕事や個人的目標で抜きんでるためにすべきことについて、貴重な洞察を与えてくれた。

目標達成のために不可欠な要素として世間一般で広く信じられてきたことの多くは、手堅くて正論だが、今や完全に間違っている。

この本ではそうした定説の誤りをあばき、大成功する人と一般の人を分けている科学的背景を探り、私たちがもっと成功者に近づくためにできることは何かを、最新のエビデンスから探る。場合によっては、成功者を真似しないほうが賢明であると学ぶことになるだろう。

世の中で信じられてきた成功法則のどれが真実で、どれが空論なのだろうか。

「いい人は勝てない」のか、それとも「最後はいい人が勝つ」のか？
諦《あきら》めたら勝者になれないのか、それとも頑固さが仇《あだ》になるのか？
自信こそが勝利を引き寄せるのか？　自信が妄想に過ぎないのはどんなときか？
仕事量がすべてなのか、ワーク・ライフ・バランスを考えたほうがいいのか？

本書の各章で、こうした成功にまつわる神話を検証していきたい。

まずはそれぞれの説の長所、次いで反論や矛盾を取りあげる。つまり裁判のように賛否両論を検証していき、最後に私たちにとって最もプラスになる結論を導きだしていくのだ。

成功とは、テレビで華々しく取りあげられるものとは限らない。パーフェクトであることより、自分の強みをよく知り、それを最大限生かせるような状況に身を置くことが何より重要だ。

なにもジュア・ロビックの真似をして正気を失う必要はないが、醜いアヒルが自分に合った池を見いだして白鳥に大化けすることはままある。あなたが周りから浮いていた理由、封印しようとしてきた癖、学校で愚弄されてきた弱点こそが、いずれは最大の強みに転じるかもしれない。

ではさっそく、その話題から始めよう。

第１章

成功するにはエリートコースを目指すべき?

リスクを冒さず、親や学校から
言われた通りにするのは得か損か。
高校の首席、無痛症の人びと、
ピアノの神童から得られる洞察

もしあなたが「痛みを感じない人」だったら？

アシュリン・ブロッカーは、先天性無痛症（CIPA）だ。

実際、彼女は生まれてこのかた痛みを感じたことがない。外見はごくふつうの一〇代の少女だが、SCN9A遺伝子に欠陥があるため神経伝達がうまく働かず、痛みの信号が脳に届かない。

痛みを感じないなら楽だ、と思うだろうか？　待ってほしい。ダン・イノウエ上院議員が次のように説明する通りだろう。

「子どもなら誰しもスーパーヒーローに憧れる。痛みを感じない先天性無痛症の子たちもスーパーマンのように扱われるが、皮肉なことに、その〝超能力〟自体が彼らの命を危険にさらす」

ジャスティン・ヘッカートによる『ニューヨーク・タイムズ・マガジン』誌の記事によると、両親が異変に気づくまで、アシュリンは骨折した踵《かかと》でまる二日も走りまわっていた。やはり先天性無痛症のカレン・カンは、第一子の出産で骨盤を粉砕していながら、数週間経って腰回りの筋肉が硬直して歩けなくなるまで、その事実にまったく気づかなかったという。

先天性無痛症の患者は寿命が短い傾向にあり、小児期に亡くなることも珍しくない。

乳児のじつに半数が、四歳の誕生日を迎えることができない。けがを恐れる両親に幾重にもくるまれ、体温が上がりすぎても泣き声一つあげない。無事に育っても、舌先を噛み切ってしまったり、目を擦りすぎて角膜をひどく損傷したりする。成人しても生傷がたえず、骨折をくり返す。目で見て初めてあざや切り傷、やけどなどの異常に気づくので、毎日自分の体をチェックしなければならない。虫垂炎など、内臓の問題になるととりわけ深刻だ。本人は何の症状も感じないまま、亡くなってしまうこともある。

それでも、アシュリンのようになってみたい！　と一瞬でも思う人は多いかもしれない。歯の治療が怖くなくなるし、けがや病気の痛みとも無縁だ。偏頭痛や腰痛に悩まされることもない。

医療費と生産性の低下という観点からすると、痛みによる損失は、アメリカで年間約六五兆〜七四兆円にものぼる。アメリカ人の一五％は慢性痛に悩まされているので、喜んでアシュリンと替わりたいと言う者は少なくないだろう。

ベストセラー小説『ミレニアム2　火と戯れる女』（ハヤカワ・ミステリ文庫）に登場する悪漢の一人は先天性無痛症で、この病気が超人的な能力として描かれている。プロボクサーであるうえに無痛症というその悪漢は、歯止めの利かない強大な力をもった真に恐るべき敵だった。

こんな風に、私たちの弱点がじつは強みに変わるのはどんなときだろう？　もしかしたら、ハンディとスーパーパワーをあわせ持つ、統計でいえば〝はずれ値〟の者のほうが有利なのではないか？　それとも、釣り鐘曲線の真ん中に位置するほうが幸せな人生を歩めるだろうか？　多くの人は、危険を冒さず、既定路線を生きるように奨励されている。しかし、つねに規定された「正しいこと」を行い、リスクを最小限にする生き方は成功への道だろうか？　もしかしたらそれは、凡庸な人生への道ではないだろうか？

この疑問を解くために、つねに規則を守り、正しい行いをしている模範生を見てみよう。高校の首席たちは、どんな人生を歩むのだろう？　わが子が首席になることは、親たちの夢だ。母親たちは「一生懸命勉強すればいい人生が約束される」と子どもに言う。多くの場合、それは正しい。

だが、いつもそうとは限らない。

なぜ高校の首席は億万長者になれないのか

ボストン・カレッジの研究者であるカレン・アーノルドは、一九八〇年代、九〇年代にイリノイ州の高校を首席で卒業した八一人のその後を追跡調査した。彼らの九五％が大学に進学し、学部での成績平均はＧＰＡ三・六で（三・五以上は非常に優秀とされ、二・五が平均、二以下は標準以下）、さらに六〇％が一九九四年までに大学院の学位を取得。高校で学業優秀だった者が大学でも成績良好なことは想像に難くない。その九〇％が専門的キャリアを積み、四〇%が弁護士、医師、エンジニアなど、社会的評価の高い専門職に就いた。彼らは堅実で信頼され、社会への順応性も高く、多くの者が総じて恵まれた暮らしをしていた。

しかし彼らのなかに、世界を変革したり、動かしたり、あるいは世界中の人びとに感銘を与えるまでになる者が何人いただろう？　答えはゼロのようだ。アーノルドの見解は次の通り。

「首席たちの多くは仕事で順調に業績を重ねるが、彼らの圧倒的多数は、それぞれの職能分野を第一線で率いるほうではない」

「優等生たちは、先見の明をもってシステムを変革するというより、むしろシステム内におさまるタイプだ」

この八一人がたまたま第一線に立たなかったわけではない。調査によれば、学校で優秀な成績をおさめる資質そのものが、一般社会でホームランヒッターになる資質と相反するのだという。

では、高校でのナンバーワンがめったに実社会でのナンバーワンにならないのはなぜか？　理由は二つある。

第一に、学校とは、言われたことをきちんとする能力に報いる場所だからだ。学力と知的能力の相関関係は必ずしも高くない（ＩＱの測定には、全国的な統一テストのほうが向いている)。学校での成績は、むしろ自己規律、真面目さ、従順さを示すのに最適な指標である。

アーノルドはインタビューで、「学校は基本的に、規則に従い、システムに順応していこうとする者に報奨を与える」と語った。八一人の首席たちの多くも、自分はクラスで一番勤勉だっただけで、一番賢い子はほかにいたと認めている。また、良い成績を取るには、深く理解することより、教師が求める答えを出すことのほうが大事だと言う者もいた。首席だった被験者の大半は、学ぶことではなく、良い点を取ることを自分の仕事と考える「出世第一主義者」に分類される。

第二の理由は、すべての科目で良い点を取るゼネラリストに報いる学校のカリキュラムにある。学生の情熱や専門的知識はあまり評価しない。ところが、実社会ではその逆だ。高校で首席を務めた被験者たちについてアーノルドはこう語る。

「彼らは仕事でも私生活でも万事そつなくこなすが、一つの領域に全身全霊で打ち込むほうではないので、特定分野で抜きんでることは難しい」

どんなに数学が好きでも、優等生になりたければ、歴史でもAを取るために数学の勉強を切りあげなければならない。専門知識を磨くには残念な仕組みだ。だがひと度社会に出れば、大多数の者は、特定分野でのスキルが高く評価され、ほかの分野での能力はあまり問われないという仕事に就くのだ。

皮肉なことに、アーノルドは、純粋に学ぶことが好きな学生は学校で苦労するという事実を見いだした。情熱を注ぎたい対象があり、その分野に精通することに関心がある彼らにとって、学校というシステムは息が詰まる。その点、首席たちは徹底的に実用本位だ。彼らはただ規則に従い、専門的知識や深い理解よりひたすらAを取ることを重んじる。

学校には明確なルールがあるが、人生となるとそうでもない。だから定められた道筋がない社会に出ると、優等生たちはしばしば勢いを失う。ハーバード大学のショーン・エイカーの研究でも、大学での成績とその後の人生での成功は関係がないことが裏づけられた。七〇〇人以上のアメリカの富豪の大学時代のGPAはなんと「中の上」程度の二・九だった。

ルールに従う生き方は、成功を生まない。良くも悪くも両極端を排除するからだ。おおむね安泰で負のリスクを排除するかわりに、目覚ましい功績の芽も摘んでしまう。ちょうど車のエンジンにガバナー（調速機）をつけて、制限速度を超えないようにするのと同じだ。致死的な事故に遭う可能性は大幅に減るが、最速記録を更新することもなくなる。

ルールに従い、いつも安全策を取る者が頂点を極めないのなら、ひとかどの成功者になるのはいったい誰なのか？

国を救った「危険人物」

ウィンストン・チャーチルはイギリスの首相になるはずがない男だった。〝すべて完璧にこなす〟政治家とほど遠い彼が首相に選ばれたことは、衝撃的な出来事だった。たしかに切れ者ではあるが、その一方で偏執的で、何をしでかすかわからない危険人物というのがもっぱらの世評だったからだ。

チャーチルは二六歳で英国議会議員になり、政界で順調に頭角を現したが、次第に国家の要職には適さない人物だと見られるようになった。六〇代を迎えた一九三〇年代ともなると、その政治的キャリアは事実上終わっていた。いろいろな意味で、チャーチルは前任者のネヴィル・チェンバレンの引き立て役に甘んじていた。チェンバレンといえばすべてを完璧にこなす、まさに典型的なイギリス首相だったからだ。

イギリス人は、首相をうかつに選んだりはしない。たとえばアメリカの大統領と比べて、歴代の首相は概して年長で、適性を厳しく吟味されて選ばれるのが通例だ。異例の早さで権力の座に上りつめたジョン・メジャーでさえ、アメリカ大統領の多くに比べ、首相職への備えができていた。

チャーチルは、異端の政治家だった。愛国心に満ち溢れ、イギリスへの潜在脅威に対してパラノイア的な防衛意識を貫いた。ガンジーさえも危険視し、インドの自治を求める平和的な運動にも猛反対した。チャーチルは自国を脅《おびや》かすあらゆる脅威に声高に騒ぎたてるチキン・リトル（臆病者）だったが、まさにその難点ゆえに、歴史上最も尊敬される指導者の一人となった。

チャーチルはただ独り、早い段階からヒトラーの本質を見抜き、脅威と認識していた。一方チェンバレンは、ヒトラーは「約束をしたら、それを守ると信じられる男」という考えで凝り固まっていたので、宥和政策こそナチスの台頭を抑える方策だと確信していた。ここぞという重大な局面で、チャーチルのパラノイアが本領を発揮したといえる。いじめっ子に弁当代を渡したら最後、もっと巻き上げられるだけだ、奴の鼻を一発ぶん殴らなければならない、と見抜いていたのだから。

チャーチルの熱狂的な国防意識——危うく彼の政治生命を滅ぼしかけた——は、第二次世界大戦前夜のイギリスになくてはならないものだった。そして幸運にも国民は、手遅れになる前にそのことに気づいた。

偉大なリーダーの意外な条件

頂点にたどり着くのは誰か？　という答えを見いだすために、ここで少し視点を変えてみよう。

偉大なリーダーの条件は何だろうか。

長年にわたって、そもそもリーダーの存在は決定的に重要かという点で研究者の議論は分かれていた。いくつかの研究では、偉大なチームはリーダーがいてもいなくても成功をおさめると証明された。だが別の研究では、チームが成功するか失敗するかを決める重要な要因は、カリスマ性のあるリーダーであることが示された。要するに議論が紛糾していたのだが、そこに有用な指摘をしたのはゴータム・ムクンダという研究者だった。

ハーバード大学ビジネススクールのムクンダは、それまでの研究結果に一貫性がなかった理由は、リーダーが根本的に異なる二つのタイプに分かれるからだと分析した。

第一のタイプは、チェンバレンのように政治家になる正規のコースで昇進を重ね、定石を踏んでものごとに対応し、周囲の期待に応える「ふるいにかけられた」リーダーだ。

第二のタイプは、正規のコースを経ずに指導者になった「ふるいにかけられていない」リーダーで、たとえば、会社員を経ずに起業した企業家、前大統領の辞任や暗殺により突然大統領職に就いた元副大統領、あるいはリンカーンのように予想外の状況下でリーダーになった者などを指す。

「ふるいにかけられた」リーダーは、トップの座に就くまでに十分に審査されてきているので、常識的で、伝統的に承認されてきた決定をくだす。手法が常套《じょうとう》的なので、個々のリーダー間に大きな差異は見られない。リーダーが及ぼす影響力はさほど大きくないとした研究結果が多く見られた理由はここにある。

しかし「ふるいにかけられていない」リーダーは、システムによる審査を経てきていないので、過去に〝承認済みの〟決定をくだすとは限らない――多くの者は、そもそも過去に承認された決定すら知らない。バックグラウンドが異なるので、予測不可能なことをする場合もある。

その反面、彼らは変化や変革をもたらす。ルールを度外視して行動するので、自ら率いる組織自体を壊す場合もある。だがなかには、少数派だが、組織の悪しき信念体系や硬直性を打破し、大改革を成し遂げる偉大なリーダーもいる。多くの研究結果に見られた、多大なプラスの影響を及ぼすリーダーとは彼らのことだ。

ムクンダは博士論文でこの理論を適用し、米国の歴代大統領を二種類に分類し、それぞれの政策のインパクトを検証した。結果は驚くべきものだった。大統領の影響力が、じつに九九％という並外れた統計信頼度で予測されたのだ。

「ふるいにかけられた」リーダーはことを荒立てずに済まそうとする。「ふるいにかけられていない」リーダーは逆で、ことを荒立てずにはいられない。システムや制度を破壊することもしばしばだ。だがときにはリンカーンのように、奴隷制のような悪しきものを壊すこともある。

ムクンダ自身、このことを実際に体験した。型破りな博士論文のおかげで、彼は研究職の就職市場で〝外れ値〟に位置した。五〇校に応募したが、ハーバードやＭＩＴ（マサチューセッツ工科大学）の学位がありながら受けられた面接はたったの二つ。大学側は、「政治学入門」を教えられる月並みな――「ふるいにかけられた」研究者を求めた。独創的な研究ゆえに、伝統的な教授職の候補になりにくかったのだ。多彩な教授陣を擁するのに十分な資金を有し、規格外のカリスマを求める大学だけが、ムクンダのような研究者に関心を持った。結局、ハーバード・ビジネススクールから誘いがかかり、受諾したのだった。

インタビューに応じてくれたムクンダは私にこう語った。「良いリーダーと偉大なリーダーの差は程度の問題ではなく、両者は根本的に異なる人間なのです」。

宥和政策の失敗を見た英国民が、「もっと良いチェンバレンを」と、同じ従来型の首相を求めていたら、見るも無残な結果になっただろう。彼らが必要としたのはもっと「ふるいにかけられた」リーダーではなく、システムがこれまで締めだしてきた規格外のリーダーだった。伝統的なやり方が通用しなかったのに、同じパターンをくり返したら悲惨な結末になる。ヒトラーのような敵を倒すには、異端のチャーチルこそが最適だったのだ。

「ふるいにかけられていない」リーダーはなぜインパクトが大きいのか？　とムクンダに尋ねたところ、ほかのリーダーと決定的に異なるユニークな資質を持つからだと答えてくれた。ただし、「並外れて賢い」とか、「政治的に抜け目ない」わけではない、とも。

ユニークな資質とは、日ごろはネガティブな性質、欠点だと捉えられていながら、ある特殊な状況下で強みになるものだ。そうした資質は、たとえばチャーチルの偏執的な国防意識のように、本来は毒でありながら、ある状況下では本人の仕事ぶりを飛躍的に高めてくれるカンフル剤になる。

ムクンダはそれを「増強装置《インテンシファイア》」と名づけた。この概念こそが、あなたの最大の弱点を最大の強みに変えてくれる秘訣なのだ。

普通の暮らしができない天才ピアニスト

天才ピアニストのグレン・グールドは重度の心気症（病気や細菌に脅える神経症の一種）だった。

いつも手袋をはめていて（何枚も重ねていることも珍しくなかった）、カバンいっぱいに薬を詰めて持ち歩いていた。人前で演奏するのも、移動してホテルに泊まらなければならないコンサートツアーも大嫌い。だいたい三割の公演を取り止めにし、ときには、せっかく日程を組みなおした公演を再度キャンセルしたりする。

「コンサートには行かない。自分のでさえときどき行かないんだ」とは本人のジョーク。

たしかに変人だが、同時に、二〇世紀を代表する偉大な音楽家でもあった。グラミー賞を四度受賞し、アルバムを何百万枚も売り上げた。

しかも、グールドはただ病気恐怖症だったわけではない。さまざまな意味で異様だった。

毎朝六時に床に就き、午後に目覚める。搭乗予定の飛行機が不吉に思えると、チケットをキャンセルした。極度の寒がり屋で、夏でも冬服で過ごし、日用雑貨をごみ袋に入れて持ち歩いた。フロリダでホームレスと間違われ、警察官に逮捕されたこともある。

むちゃくちゃな運転ぶりから、彼が運転する車の助手席は友人たちのあいだで〝自殺席〟と呼ばれた。「まあ、上の空で運転してるかな。ときどき赤信号を通り抜けるのはたしかだしね。でも、青信号ではけっこう止まってる。ちっとも褒められないけどね」と本人も認めている。

演奏ぶりも異様極まりない。ケビン・バッザーナは、グールドの伝記のなかで「よれよれの服装で猿のように鍵盤にかがみこみ、腕を振りまわし、胴を回転させ、頭を上下に揺らしながら……」と説明している。念のために言うが、彼はジャズピアニストでもエルトン・ジョンでもない。演奏するのはバッハだ。

〝特製の椅子〟のことも忘れてはならない。グールドの椅子は床から三〇センチほどしかない低いもので、浅く前のめりに座るのに具合がいいように前方に傾斜していた。要求の多い息子のために父親が折り畳み椅子の脚を切って作ってくれた椅子だった。グールドは生涯この椅子を使い続け、世界中どこへでも持って行った。長年使ううちにあちこちが傷み、しまいには針金やテープでつなぎ止めてあったので、きしむ音がレコードに入り込んだほどだ。

これほどエキセントリックでも、グールドの演奏はしびれるほど感動的だった。名指揮者のジョージ・セルに「天才とは彼のことだ」と言わしめるほどに。

グールドの演奏技能、名声、成功は、決して簡単に成し遂げられるものではない。まさに神童だった彼は一二歳にして一人前のプロ演奏家たる技術を身につけていた。だがその反面、人前でぎこちなく、繊細すぎる子だったので、周囲に子どもがいる環境に馴じめず、家で何年か家庭教師についていた。

もしかしたら、グールドは世の中でやっていけない人間になっていたかもしれない。ではどうやって成功し、偉大な音楽家として名を馳せたのか？

幸運にも、彼はその繊細な気質に最適な環境に生まれた。両親は、ほとんどありえないほど彼を惜しみなく支援した。母親はひたすらグールドの才能を伸ばすことに献身し、父親は息子の音楽教育に年間三〇〇〇ドルを費やした（大したことないように聞こえるかもしれないが、一九四〇年当時の三〇〇〇ドルは、トロント住民の平均年収の二倍に相当する）。

こうした惜しみない援助と、神経症によって助長された本人の飽くなき労働意欲をもって、グールドの才能は開花した。彼はレコーディング作業に入ると、スタジオに一日一六時間、週に一〇〇時間も籠ったという。録音スケジュールを組むときにカレンダーなど目に入らない彼に、世の中の人は感謝祭とクリスマスには働きたがらないと、誰かが伝えなければならなかった。

演奏家の卵からアドバイスを求められると、彼はこう言った。

「演奏以外のすべてを諦めることだ」

順調にキャリアを築いていたグールドだが、突然聴衆の前から姿を消す。「人生の後半は自分のために生きたい」と、三二歳でコンサート活動の中止を宣言したのだ。生涯に行ったコンサートは全部合わせても三〇〇回足らずで、おおかたの演奏家なら三年ほどでこなせる回数にすぎない。

その後も彼は狂ったようにピアノに打ち込んだが、聴衆の前では二度と演奏しなかった。仕事は、彼が望む世界を保てるスタジオ録音だけに限られた。だがなぜか、公演活動からの引退により、音楽界でのグールドの影響力は衰えるどころか逆に強まった。伝記を書いたバッザーナによれば、彼は「劇的な形で姿を消すことによって存在感を維持」し続けた。そして一九八二年に亡くなるまで仕事を続け、その翌年、グラミー殿堂賞を受賞した。

自らの奇行ぶりについて、グールドはよくこう言った。「自分では、それほど変わってると思わない」。バッザーナはこう分析する。「思考や言動のすべてがほかの人とはかけ離れているのに、自分ではそれほど変わり者だと思っていない――それこそが奇人たる証拠なのだ」。

蘭とタンポポと「有望な怪物」

ここでちょっと、蘭とタンポポと「有望な怪物」の話をしよう（そんな話はちっとも珍しくないと思うかもしれないが、しばしおつき合いいただきたい）。

スウェーデンでは古くから、「大半の子どもはタンポポだが、少数の子は蘭である」と言い伝えられてきた。タンポポはたくましい。それほど綺麗な花ではないが、どんな環境でもよく繁殖するので、わざわざ手間暇かけて育てようとする者はいない。一方、蘭はきちんと管理してやらなければ枯れてしまうが、丁寧に世話をすればそれは見事な花が咲く。

よくできたたとえ話だと思っただろうか？　でもそれだけではなく、この言い伝えを最先端遺伝学から検証してみよう。

ニュースでよく聞くのは、遺伝子が原因でああなる、こうなるという話だ。それで私たちはすぐに、「良い遺伝子」「悪い遺伝子」とレッテルを貼る。これは心理学者が「脆《ぜい》弱《じゃく》性《せい》ストレスモデル」と呼んでいるもので、悪い遺伝子を持つ者が何か問題に遭遇すると、うつ病や不安神経症などの精神疾患を発症しやすいという。だが一つ問題がある。

この説が間違っている可能性がじょじょに強まってきたのだ。

遺伝学の最近研究では、「良い遺伝子」対「悪い遺伝子」というモデルが覆され、増強装置概念に近い説が導入されつつある。心理学者が差次感受性仮説（感受性差次仮説）と呼ぶもので、問題があるとされる遺伝子が、状況さえ異なれば素晴らしい遺伝子になりうるという考え方だ。一本のナイフで人も刺せれば、家族の食事も作れる。それと同じで、遺伝子の良し悪しも状況次第で変わるという考え方だ。

もっと具体的に話そう。たとえば大多数の人は、正常なドーパミン受容体遺伝子DRD4を持つが、一部の人は突然変異種のDRD4‐7Rを持つ。これは、ADHD、アルコール依存症、暴力性と関連がある悪い遺伝子とされている。

しかし、社会心理学の研究者のアリエル・クナフォが子どもを対象に行った実験では、別の可能性が示された。クナフォは、どちらの遺伝子の子どもが、自分から進んでほかの子とキャンディを分け合うかを調査した。通常三歳児は、必要に迫られなければお菓子を諦めたりしない。ところが、キャンディを分け与える傾向がより強かったのは、なんと7R遺伝子を持つ子たちだったのだ。

「悪い遺伝子」を持つ子どもたちは、頼まれもしないのに、なぜほかの子にキャンディをあげたいと思ったのだろうか？

なぜなら7Rは、「悪い遺伝子」ではないからだ。

ナイフと同様に、７Ｒの良し悪しは状況次第で決まる。７Ｒを持つ子が虐待や育児放棄など、過酷な環境で育つとアルコール依存症やいじめっ子になる。しかし良い環境で育った７Ｒ遺伝子の子たちは、通常のＤＲＤ４遺伝子を持つ子たち以上に親切になる。つまり同一の遺伝子が、状況次第でその特性を変えるというわけだ。

行動に関連するほかの遺伝子の多くにも同様の結果が見られた。ある種のＣＨＲＭ２遺伝子を持つ十代の子が、粗悪な環境で育つと非行に走りやすい。同じ遺伝子を持つ十代でも、良い環境で育てばトップになる。５‐ＨＴＴＬＰＲという変異体遺伝子を持つ子が支配的な親に育てられるとズルをしやすいが、優しい親に育てられると規則に従順な子になる。記号だらけのミクロレベルの話はこれくらいにしよう。

大半の人はタンポポだ。どんな状況に置かれても、だいたい正常に開花する。しかし一部の人は蘭で、悪い結果のみならず、すべてのことに対して繊細で傷つきやすい遺伝子を持つ。タンポポが生えているような道端では花を咲かせられない。しかし温室で手入れが行き届けば、タンポポなど足元にも及ばないほど美しい花を咲かせる。

ライターのデビッド・ドッブズが、文学・芸術・政治を扱うアメリカの雑誌『アトランティック』に書いたように、「自己破壊的かつ反社会的な行為を引き起こすなど、最も厄介な遺伝子は同時に、人類の驚異的な適応能力や進化的成功の根底をなしている。劣悪な環境で育てば、蘭の子どもたちはうつ病患者や薬物中毒者、あるいは犯罪者になるかもしれない。だが適正な環境で育てられれば、最も創造性に富んだ、幸せな成功者になる」のだ。

では、「有望な怪物」とは何か？　心理学者のウェンディ・ジョンソンとトーマス・J・バウチャード・ジュニアによれば、「潜在的に環境適応性のある強みになりうる遺伝子変異を持つがゆえに、個体群の基準を大きく逸脱している個体」のことだ。

ダーウィンがすべての進化は漸進的だと説いたのに対し、遺伝学者のリチャード・ゴールドシュミットは、自然はときどき跳躍的に進化するという説を発表し、変人扱いされた。しかしスティーブン・ジェイ・グールドなど二〇世紀末の科学者は、ゴールドシュミットは真実をついていたのではないかと考え始めた。「有望な怪物」説に合致する突然変異の事例が発見されだしたからだ。

自然はときどきまったく異なることを試み、そうした「怪物」が適切な環境を得て成功すると、そのまま新しい種として定着することがある。これがまさに増強装置理論である。作家のポー・ブロンソンは述べた。「シリコンバレーの住人たちは皆、ここのシステムで独特に報われている性格的欠陥を基礎として成り立っている」。

天才の正体

「あなたの息子さんは上体が長すぎるし、脚が短かすぎるうえ、両手両足も大きすぎて、腕がひょろ長いですね」

こう言われて小躍りする親はいないだろう。どこを取っても「魅力的」とは言い難い。ところが経験豊かな水泳コーチがこれを聞いたら、オリンピックの金メダルが頭に浮かぶに違いない。

マイケル・フェルプスは、映画『X‐Men』のミュータント（突然変異によって超人的能力を持つ）を地で行くようだ。フェルプスは肉体的に完璧だろうか？　とんでもない。フェルプスはダンスがうまく踊れないし、走るのも苦手だ。早い話が陸上で動くようにできていない。『ニューヨーク・タイムズ』紙の記事では、変わった特徴のコレクションのようなフェルプスの体型こそが、驚異的な水泳選手になる条件にぴたりと当てはまったと書かれている。

たしかに強靭で引き締まった体だが、一九三センチの長身にしては均整がとれていない。脚が短く、胴長で、まるでカヌーだ。おまけに両手両足が異様に大きく、ひれとして申し分ない。さらに、通常、両腕を水平に広げると、その幅はだいたい身長と同じだが、フェルプスの場合は二メートルもある。腕が長いということは、その分プールで強力なストロークを生みだせる。

フェルプスは一五歳でオリンピックチームに参加した。一九三二年以来最年少の選手だった。彼の最大の弱点は飛び込みだ。飛び込み台を離れるのがほかの選手たちより遅い。なんせ水中以外で動くようにできていないからだ。この怪物は「有望」なんてものではなかった。オリンピック史上最多のメダルを獲得したのだ。

このことがアスリート以外の人びとの成功とどう関連するだろうか？　研究者のウェンディ・ジョンソンとトーマス・J・ブシャール・ジュニアは、世にいう天才とは「有望な怪物」なのではないかと示唆する。マイケル・フェルプスは水中以外では機敏に動けず、グレン・グールドは上流社会ではやっていけない。しかし二人とも理想的な環境を得たからこそ、みごとに開花したのだ。

蘭は、劣悪な環境では萎れ、適正な環境で開花することを見てきた。なぜ怪物の一部は有望となり、ほかの怪物は望みなしに終わるのか。なぜ一部の人は才能ある変人となり、ほかの者はただの変人で終わるのか。

カリフォルニア大心理学教授のディーン・キース・サイモントンによれば、「創造性に富んだ天才が性格検査を受けると、精神病質（サイコパシー）の数値が中間域を示す。つまり、創造的天才たちは通常の人よりサイコパス的な傾向を示すが、その度合いは精神障害者よりは軽度である。彼らは適度な変人度を持つようだ」という。

私たちは、とかくものごとに「良い」「悪い」のレッテルを貼る。実際には、それらはたんに「異なる」だけなのに。

イスラエル国防軍は、衛星写真の情報を分析する専門部隊を編成することになった。

超人的な視認技能を有し、一日中同じ場所を見続けていても飽きず、微細な変化も見逃さない兵士が求められた。難しい任務だ。ところが同軍は意外なところから打ってつけの人材を確保した。それは自閉症と診断された人びとだった。自閉症の人は対人関係に困難を抱えるが、その多くはパズルなどの視覚的作業に秀でている。彼らは、自分たちも国防に役立つ有用な人材であることを証明したのだ。

神経心理学者のデビッド・ウィークス博士によれば、「変わり者の人びとは社会的進化の変異種であり、自然選択に関して理論的な資料を提供している」という。すなわち、グールドのような蘭、そしてフェルプスのような有望な怪物のことである。

私たちは「最良」になろうとしてあまりに多くの時間を費やすが、多くの場合「最良」とはたんに世間並みということだ。卓越した人になるには、一風変わった人間になるべきだ。そのためには、世間一般の尺度に従っていてはいけない。世間は、自分たちが求めるものを必ずしも知らないからだ。むしろ、あなたなりの一番の個性こそが真の「最良」を意味する。

ジョン・スチュアート・ミルはかつて「変わり者になることを厭《いと》わない者があまりにも少ないこと、それこそがわれらの時代の根本的な危機なのだ」と嘆いた。適した環境さえ与えられれば、悪い遺伝子が良い遺伝子になり、変わり者が美しい花を咲かせる。

あのクリエイティブ集団を危機から救った〝はみ出し者〟たち

スティーブ・ジョブズは気がかりだった。

二〇〇〇年に、ジョブズとピクサーのほかの幹部は皆、同じ疑問を抱いた。

「ピクサーはもはや鋭《エッジ》さを失ったのか?」

ピクサーは、『トイストーリー』、『バグズライフ』、『トイストーリー2』と立て続けに大ヒットを飛ばしていたが、成功とともに創造性の象徴である同社チームの規模が膨れあがり、勢いを失い、自己満足に陥っていくのではないか、と恐れたのだ。幹部たちは、チームを再び活性化するために、ワーナーブラザーズによるアニメーション映画『アイアン・ジャイアント』の監督を務めたブラッド・バードを次なる大事業の監督として迎えいれた。ジョブズ、ラセター、キャットマルらは、バードなら、ピクサーの活力を蘇らせてくれると見込んだからだ。

バードは創造性の危機に取り組む際、これまでピクサーの名声を築いたアーティストたちの力を借りただろうか? それとも、新風を吹き込むために外部のトップ・アーティストたちをメンバーに加えただろうか?

どちらもノーだ。安全策を取ったり、「ふるいにかけられた」才能を引き抜いたりするときではなかった。それでも一応成功はしただろうが、行き詰まりの打開策にはならなかっただろう。

　バードが初のチームを立ちあげたとき、ピクサーの創造性危機に取り組む計画を発表した。

「私たちは、〝はみ出し者《ブラック・シープ》〟を求める。アイデアがありながら採用されずフラストレーションを抱えている者、誰にも耳を傾けてもらえないがユニークな作業法を知る者、今の職場を出ようと考えているすべてのアーティストたちに来てほしい」

　言い換えればこうなる。「『ふるいにかけられていない』アーティストたちを求む。彼らは折り紙つきの変人だろう。だがそれこそが、私の求める人材だ」。

　バードが「ダーティ・ダズン」と呼んだチームは、アニメ映画の製作法を一新したのみならず、組織全体の働き方を変えてしまった。

「僕らはブラック・シープたちに、彼らの理論を証明する機会を与え、ピクサーでの多くの作業法を変えてみた。前作『ファインディング・ニモ』より製作費を浮かせることができたので、僕らは三倍のセットを使って、前作ではやれなかったことをすべて試してみた。それもこれも、ピクサーのお偉方が僕らのやりたい放題にさせてくれたから実現したんだ」

　そのプロジェクトとは、ピクサーに六億ドルの興行収入をもたらし、アカデミー長編アニメ賞を受賞した『Mr. インクレディブル』だ。

あなたの欠点が世界を変える

自分にとって悪夢のような特性は、世界を変えるような強みにもなりうる。調査によると、並外れてクリエイティブな人間とは、傲慢《ごうまん》で誠実性に欠け、支離滅裂であるという。学校での成績も振るわない。教師たちも、正直なところクリエイティブな生徒が苦手だ。言いつけを守らないことが多いからだ。

あなたはそんな従業員がほしいだろうか？　絶対にごめんだろう。創造性に富んだ社員ほど、勤務評価が低くなる傾向も不思議ではない。創造的な人びとは、企業の最高経営責任者（ＣＥＯ）になりにくいともいわれる。

しかし数学の知識があれば明らかなように、平均値はくせものだ。高名な広告代理店ＢＢＤＯのＣＥＯであるアンドリュー・ロビンソンもかつてこう言った。「頭を冷蔵庫につっこんで、足先をバーナーにかざしていれば、平均体温は正常だ。私は、平均値にはいつも用心している」

概して、類まれな状況で適応できるのは、平均値から外れているものだ。「おおむね良い」ものは、極端な状況で使い物にならない。一年のうち八か月間はちょうど良い上着を厳寒期に着たら風邪をひく。それと同じで、一般に歓迎されないが増強装置となりうる資質は、特殊な状況で本領を発揮するのだ。さながら一般道を走れないＦ１カーが、レーシングコースで新記録を打ち立てるように。

統計学的にも、並外れた能力について考えるとき、平均値は何の意味もなさない。重要なのは分散で、標準からの散らばり具合だ。人間社会ではほぼ普遍的に、最悪のものをふるいにかけて取り除き、平均値を上げようとする。だがそれと同時に、分散も減らしている。釣鐘曲線の左端を切り捨てることは、たしかに平均値を改善するが、同時に、左端と思われながら、じつは右端の素晴らしい資質と不可分一体の特性を切り捨てることになりかねない。

その格好の例が、しばしば論議される創造性と精神障害の関係だ。

心理学者のディーン・キース・サイモントンは、その研究『狂気と天才のパラドクス』で、ほどほどクリエイティブな人間は平均的な人より精神面で健康だが、並外れて創造的な人間は、精神障害を発症する確率が高いと明らかにした。リーダーに関する「ふるい」の理論で見たように、成功を極めるには、一般社会では問題視されるような特性を持つことも必要だ。

このことは、さまざまな障害と才能の関係においても見ることができる。注意欠陥障害の兆候を示す人びとは創造性に優れることが調査によって示された。

心理学者のポール・ピアソンは、ユーモアのセンス、神経症的傾向、サイコパシーが関連し合っていることを発見した。また衝動性は、暴力や犯罪といった文脈で挙げられることが多いネガティブな特性だが、これもまた創造性と結びついていることがわかった。

あなたはサイコパスを雇いたいとは思わないだろう？　しかもサイコパスは概して業績も振るわないことが調査でも示されている。ほとんどの研究はここで終わっている。ところが『卓越したアーティストの人格的特性』と題する研究では、創造的分野で大成功しているアーティストは、活躍がそれほどでもないアーティストに比べて、サイコパシー傾向が著しく高い数値を示すことが証明された。また別の研究でも、功績が華々しい大統領は、サイコパシーの度合いが高いとされている。

成功者の特性は好意的に解釈されるので、増強装置はポジティブな資質としてまかり通ることが多い。古いジョークにも、「貧乏人なら頭がおかしいと言われ、金持ちなら物好きだと言われる」とある。強迫観念のような特性も、成功者に対してはポジティブに捉えられ、それ以外にはネガティブに捉えられる。すでに見てきたように、完璧主義によって成功する者もいれば、ただ頭がイカれてるとされる者もいるのだ。

「専門家」や「専門的技能《エクスパティーズ》」といった言葉から、私たちは即「専心」や「情熱」といった肯定的な概念を連想する。だが、本質的に重要でないことにそこまで時間をかけて打ち込む行為には、必ず強迫観念の要素が含まれている。高校の首席たちが学業を仕事と見なし、ひたすら規則を守り、全科目でＡを取ることに励んだように、強迫観念にとり憑《つ》かれた創造的人間は、ある種宗教的な熱意を持って目標に取り組み、成功するのだ。

裕福な人は規則を守るか

「増強装置《インテンシファイア》」の概念は、個人の芸術的才能や運動など専門的技能といった分野にのみ当てはまるわけではない。一般社会とはあまり関係がないかと思うと、それは間違いだ。

たとえば世界で最も裕福な人びとについて考えてみよう。彼らは皆、まじめに規則を守り、「外れ値」のようなマイナスの特性とは無縁な人間だろうか？　いや、そんなことはない。

『フォーブス』誌が発表した「フォーブス400（アメリカの富豪上位四〇〇人）」のうち、五八人は大学に行かなかったか、あるいは中途退学をしていたが、その五八人（メンバーの一五％）の平均資産額は四八億ドルで、全メンバーの平均資産額（一八億ドル）より一六七％も高く、これは、アイビーリーグの大学を卒業したメンバーの平均資産額の二倍以上に相当した。

積極的に攻めまくるシリコンバレーの起業家といえば、現代を象徴する成功者というイメージだろう。思いつくままにそのイメージを並べればこんな感じだろうか？　エネルギーの塊、リスクを冒す、短時間睡眠者《ショートスリーパー》、自信とカリスマ性がある、果てしなく野心的、衝動に突き動かされ、片時もじっとしていない……。

まさにこれらの特性は、軽躁病の症状としても知られている。しかもジョンズ・ホプキンス大学の心理学者、ジョン・ガートナーによる研究は、これがたんなる偶然でないことを示した。本格的な躁病患者は、社会で働くことが難しい。しかし軽躁病は、ゆるくでも現実と結びつきながら、目標に向かって片時も休まず、興奮状態で、衝動のままに突き進む仕事人をつくり出す。

増強装置を持つ者は、その特性の良い面、悪い面をあわせ持つことになる。論文『悪癖を矯正することの経済的価値：不品行、学校教育、労働市場』の著者たちは、男児の攻撃性や不品行をなくそうとすることは、彼らの成績改善には役立つが、生涯の収入を減らすことを明らかにした。かんしゃくを起こすなど感情を露わにする男児はそうでない男児と比べて、たくさん働き、より生産的で、収入が三％高いことが明らかになった。

この事実は、ベンチャー企業にも当てはまる。著名な投資家、マーク・アンドリーセンは、スタンフォード大学での講演で次のように語った。

ベンチャーキャピタルの仕事は一〇〇％「外れ値」、それも極端な外れ値への投資です。「弱点がない企業ではなく、強みがある企業に投資しろ」というのが私たちのコンセプト。最初は当然のことに思えますが、これがなかなか微妙な判断を要するものでしてね。ベンチャーキャピタルとして標準的なやり方は、チェックボックスを埋めていくことです。「創立者良し、アイデア良し、製品良し、初期顧客良し……」と次々チェックを入れていった挙句に「オーケー、投資しよう」と決断します。その結果探しだした投資先は――注目すべき魅力が何もない会社だったりするのです。それらには、外れ値になるような圧倒的な強みがありません。裏を返せば、本当に素晴らしい強みがある会社には、たいてい深刻な欠点もあるということです。だからベンチャーキャピタルに警告したいのは、ヤバい欠陥があるからと投資先から外していたら、大勝利者になる企業に投資しないことになるということ。探すべきは、弱点なんか目じゃなくなるほど、かけがえのない強みがある新興企業です。

ときには、悲運が強力な増強装置の生みの親になる。次の人びとに共通するものは何か?

リンカーン、ガンジー、ミケランジェロ、マーク・トウェイン。彼らはいずれも一六歳になる前に親を失っている。早い時期に親を亡くしながら目覚ましい成功を遂げた(または悪名高く影響力がある)人物は非常に多く、そのなかには一五人のイギリスの首相も含まれる。

多くの者にとって、若くして親を失うことは大きな痛手で、マイナスの影響は計り知れない。だが、ダニエル・コイルが著書、『才能を伸ばすシンプルな本』（サンマーク出版）で指摘したように、親を失った悲劇は子どもたちに、この世界は安全な場所ではなく、生き残るには多大なエネルギーと努力が必要だという思いを植えつける。そうした特有の状況と性格から、これらの遺児は悲劇を過剰補償（心理用語で、自分のコンプレックスを克服するだけでなく、人から認められたいという欲求を強く持つことを指す）し、成功への糧《かて》に転じる。

というわけで、然るべき状況下では、ネガティブな特性も大きな利点に変わりうる。あなたの〝悪い〟特性も、じつは増強装置かもしれない。では、どうすれば絶対的な強みに転じることができるのだろう？

実社会でどんな人でもできる「増強装置」の使い方

ゴータム・ムクンダとリーダーシップの理論について話を交わしたのち、誰もが知りたがっているあからさまな質問を投げかけてみた。

「人生でもっと成功するために、この理論をどう役立てたらいいでしょう？」

二つのステップがある、と彼は答えた。

まず第一に、自分自身を知ること。古代デルポイの神殿の石に「汝自身を知れ」と刻まれていたのをはじめとして、この言葉は歴史に何度となく登場する。

あなたがもし、ルールに従って行動するのが得意な人、首席だったり成績優秀で表彰されたことがある人、「ふるいにかけられた」リーダーなら、その強みに倍賭けするといい。

自分を成功に導いてくれる道筋があることをしっかり確認しよう。実直な人びとは学校、あるいは、明らかな答えや既定のコースがある場所で功績をあげられるが、決まった道がないところでは、かなり苦戦することになる。調査によると、失業したとき、彼らの幸福度は、そこまで実直でない人びとに比べ、一二〇％低下するという。道筋がないと迷子になってしまうからだ。

どちらかというと規格外で、アーティストなど「ふるいにかけられていない」タイプだったら？　その場合、既存の体制に従おうとしても、成果が限られるかもしれない。それよりは、自分自身で道を切り開こう。リスクをともなうが、それがあなたの人生だ。

自分を改善することは大切な心がけだが、私たちの根本的な個性はそれほど変化しないことが研究でも示されている。たとえば話すときの流暢さ、適応性、衝動性、謙虚さなどは、幼少期から成人期を通してほぼ変わらない。

マネジメントに関しておそらく世界で最も影響力のある思想家のピーター・ドラッカーも、著書『明日を支配するもの――二一世紀のマネジメント革命』（ダイヤモンド社）のなかで、まさにムクンダと同じことを指摘している。すなわち、仕事人生（さまざまな職種、多様な業界、ありとあらゆるキャリアに及ぶ）で成功するには、「自分を知る」の一言に尽きる。とくに、自分が望むことを人生で成し遂げるためには、何よりも自分の強みを知ることだ、と。

ときどき、誰もが羨ましくなるような人がいる。自信満々で何かをやり始め、自分は必ずこれを極めると宣言し、その通り平然とものにする。だがそこには秘訣がある。彼らとてすべてが得意というわけではない。自分の強みを心得ていて、それに合うものを選んでいるのだ。この手際について、ドラッカーは次のように述べている。

自分の強みを知っていれば、仕事の機会やオファー、あるいは任務を与えられたとき、あなたはこう言えるでしょう。「はい、できます。ただし、私の仕事のやり方はこうで、仕事の組み立て方はこうです。人との関わり方はこうなります。与えられた期間内で、私が約束できる仕事の成果はこういったものになります。なぜなら、これが私という人間だからです」。

多くの人びとがこの段階で手こずる。自分の強みが何なのか、はっきりわからないのだ。ドラッカーは役に立つ定義を教えてくれている。

「自分が得手とし、一貫して望んだ成果が得られているものは何か？」

さらにドラッカーは、自分の強みを見つける効果的な方法として「フィードバック分析」なるものを薦めている。とても簡単だ。仕事を始めるとき、自分が期待する成果を書きとめておき、後日、実際の成果を書き込んで見比べる。これをくり返すうちに、自分が得意なこと、不得意なことがわかるようになる。

自分が「ふるいにかけられた」タイプと「ふるいにかけられていない」タイプのどちらに属すのかを知り、自分の強みがどこにあるかを理解するだけでも、成功と幸福の達成に向けて、一般の人を大きくリードするといえる。

今日のポジティブ心理学の研究でも〝その人なりの強み《シグネチャー・ストレングス》〟を強調することが、幸せを手にする鍵であることが何度も証明されている。さらに言えば、ギャラップ調査でも、日常生活で自分が得意なことに費やす時間が多ければ多いほど、ストレスが軽減され、よく笑い、周りから敬意を払われているとより強く感じると証明されている。

成功には「環境」と肝に銘じる

自分のタイプと強みを知ったら、次はどうすればいいか？　第二のステップとして、ムクンダは「自分に合った環境を選べ」と語った。

自分を成功に導く環境を選びだす必要があります。コンテクストは非常に重要。

ある状況で目覚ましい成功をおさめた「ふるいにかけられていない」リーダーは、ほぼ例外なく、別の状況では悲惨な失敗を遂げることになります。彼らはついついこう考えます。「私はいつでも成功してきた。私はいつも成功者であり、私は私ゆえに成功してきた。だから、この新しい環境でもきっと成功するだろう」と。でも、それは間違いです。あなたが成功できたのは、たまたまあなたの性質や先入観、素質、能力のすべてが、その環境で成功を生みだす要素にそっくり当てはまったからなのです。

自分にこう問いかけてみよう。

「私ができることを高く評価してくれるのは、どの会社、組織、状況だろう?」

誰しも環境から受ける影響は大きい。ルールに従うのが得意で真面目な首席タイプがよくつまずくのも環境が原因だ。これといった情熱や、とくに喜ばせたい対象がなくなり、選択も自由となると、間違った方向へ行きかねない。卒業生首席たちのその後を研究したカレン・アーノルドは言う。

「首席だったなら自分のことは立派にやれるだろうと世間は考えるが、勉強でAが取れていたからといって、学業での成果を仕事での功績に転換できるとは限らない」

調査によれば、あなたが「ふるいにかけられた」医師だろうが、「ふるいにかけられない」破天荒なアーティストだろうが、どの〝池〟を選ぶかが極めて重要だ。ハーバード・ビジネススクールのボリス・グロイスバーグ教授は、ウォールストリートの敏腕アナリストたちが競合会社に転職すると、トップアナリストの座から転落することに気がついた。なぜか？

一般に、専門家の能力はもっぱら本人特有の技能によるものと考えられ、環境の力は見過ごされがちだ。たとえば、専門家本人が周囲の内情を知り尽くしていること、彼らを支えてくれるチームの存在、一緒に働くうちにつくり上げた簡潔な伝達法、などといった要素だ。それを裏づけるように、グロイスバーグは、花形アナリストが自らのチームを率いて転職した場合、そのままトップの業績を維持していることを発見した。

私たちが〝池〟を賢く選択すれば、自分のタイプ（ふるいにかけられた／かけられていない）、強み、環境（コンテクスト）を十二分に活用でき、計り知れないプラスの力を生みだせる。これこそが、仕事の成功に直結するものだ。しかも、こうした自己認識は、あなたがその気になればどんな場所でもプラスの力を生みだすことができる。

それを如実に物語っているのは、トヨタの慈善活動の例だ。ニューヨークのフードバンク（生活困窮者に無償で食事を提供する活動）は、企業の寄付金で成り立っている。トヨタも献金をしていたが、二〇一一年に、はるかに良いアイデアを思いついた。寄付金はどこの会社でも提供できるが、自分たちにはほかに提供できるユニークなものがある。

それは、常に工程の改善と効率アップを追求するトヨタならではの専門的技能――「効率」そのものを寄付することにしたのだ。ジャーナリストのモナ・エル‐ナッガーがレポートしている。

「スープキッチンでは、トヨタのエンジニアのおかげで、夕食の待ち時間が九〇分から一八分に短縮されました。また、ボランティアによるハリケーン・サンディの被災者向け物資の箱詰めでは、トヨタから指導を一回受けただけで、一箱あたりの作業時間が三分から一一秒に短縮されたのです」

これはあなたにもできることだ。自分をよく知り、正しい〝池〟を選択する。すなわち、自分なりの強みを見きわめ、それを最大限に活用できる場所を見つけるのである。

自分を知るのは、いってみればチューリングテスト（審判が人間、コンピュータプログラムとそれぞれ対話し、どちらが本物の人間か判定するテスト）のようなものだ。長年にわたって、科学者たちは被験者をコンピュータの前に座らせ、タイピングで〝誰か〟と会話をさせた。その後、「あなたが会話していた相手は人間ですか？　それともソフトウェアですか？」と質問をし、最も多くの被験者に、人間と対話していたと信じ込ませた人工頭脳が、最高の賞であるローブナー賞を受賞する。

ところでこの大会には、もう一つの賞がある。最も人間らしい人間に贈られる賞だ。どんなタイプの人間が、もっとも人間らしいと判断されただろうか？　一九九四年の場合、その勝者はチャールズ・プラットだった。彼の話し方が感情的にリアルだったのか？　それとも語彙が豊富で、微妙なニュアンスが人間らしかったから？

違う。プラットは「不機嫌で、怒りっぽく、けんか腰」だったからだ。おそらく、人間らしさたる所以《ゆえん》とは、私たちの欠点にほかならない。プラットは、人間らしい欠陥ゆえに勝利した。それは往々にして私たちにも当てはまることだ。

第２章

「いい人」は成功できない?

信頼や協力、親切について、
ギャング、海賊、連続殺人犯から学べること

史上最悪の凶悪医師が告発されなかったのはなぜか

医師にかかっている患者が亡くなることはよくあるが、医師が故意に自分の患者を殺すとなると前代未聞だ。

マイケル・スワンゴは医師としてはパッとしなかったが、ジェームズ・B・スチュアートはその著書『悪魔の医師』（明石書店）で、スワンゴは史上最も成功した連続殺人犯だと述べている。

スワンゴがメディカルスクールの三年生になるころ、彼が担当した患者が死にかけることがあまりに多かったので、周囲の医学生の注目を集めた。厄介な患者から解放されたかったらスワンゴにまわせばいい、とジョークが囁かれた。「ダブルオー・スワンゴ」という皮肉まじりのあだ名もついた。ジェームズ・ボンドのように、殺しのライセンスを持っていそうというわけだ。

とはいえ、病院で人が亡くなるのは日常茶飯事だ。患者の死を事故として処理するのはたやすいことだった。しかしスワンゴがオハイオ州で神経外科の研修医になってから、あまりにも多すぎる数の死者が出続けた。

スワンゴはなぜ追及をまぬがれていたのだろう。映画『羊たちの沈黙』のハンニバル・レクターのように、天才的な頭脳の持ち主だったのだろうか？　たしかにスワンゴはとても知能が高かった（全米の高校生を対象にした名誉ある奨学金制度、ナショナル・メリット・スカラシップのファイナリストで、最優秀の成績で大学を卒業した）が、かなり控えめに言っても、疑いをそらすような努力をほとんどしていない。

カリフォルニア州のサンイーサイドロのマクドナルドで銃の乱射事件が起き、ニュースで報じられていたとき、スワンゴは同僚にこう言った。「ぼくが良いことを思いつく度に、いつも誰かに先を越される」。しかも暴力事件の新聞記事を、決まってスクラップブックに収集していた。その理由を尋ねられると、「いつか殺人の容疑をかけられたりしたら、ぼくに責任能力がないことをこれが証明してくれる。自己弁護さ」と言ったという。

そして遂に、誰もが見過ごせないことが起きた。リーナ・クーパーという患者の点滴にスワンゴが何かを注射するのを、看護師が目撃したのだ。彼は、クーパーの主治医でもなかった。患者は死にかけたが、医師たちの懸命な処置で一命をとりとめた。容体が安定すると、リーナはスワンゴの関与を認めたので、速やかに事件の捜査が行われた。

スワンゴは捕えられ、すべての関係者がするべきことをし、正常な手続きが行われ、善が悪に勝利した――と言いたいところだ。だが、そうはならなかった。

なんと病院の上層部は結託して、殺人犯を取り押さえるより病院の評判を守ろうとしたのだ。

「この病院が殺人医師を働かせていたと世間が知ったらどうなるか？　自分たちの仕事はどうなる？　もし患者やその家族が病院を訴えたらどうなる？」

そこで彼らは、警察の捜査を妨害した。そしてなんとスワンゴは病院で引き続き働くことを許された。その後もさまざまな形でスワンゴの恐怖支配は続いた……じつに一五年も。

スワンゴは、だいたい六〇人を殺害したとみられており、アメリカの犯罪史上突出した数の被害者を出した〝成功した〟連続殺人犯である。もっともこれは推定に過ぎず、正確な犠牲者数は誰にもわからない。実際にはもっと多いのではないかと考えられている。

知的で高等教育も受けた人びとが大勢、スワンゴの凶行を知っていたし、それを止めるチャンスもあった。なのに、彼らはそうしなかった。

本書は成功した連続殺人犯の本ではないが、スワンゴの事例は誰もが首をひねる深刻な問題を提起する。多くの場合、人を欺《あざむ》きルールを破る人間のほうが成功するのだろうか？　世の中は公平だろうか？　いい人は成功できるのか、それともカモにされるのがおちなのか？　やはり「正直者はばかを見る」のだろうか？

これらの答えがすべて望ましいものだとは思わないが、希望が持てる朗報もあるかもしれない。

まずは悪い話から始めたが、めげずにこの難問を解明していこう。

親切な人はこれだけ損をする！　残酷な統計

短期的には、嫌なヤツのほうがうまくいくことが多い。

「懸命に働け、堂々と勝負しろ、そうすれば成功できる」と人は言う。残念ながら、それが間違っていることを示す証拠がたくさんある。人びとを対象に成功をもたらす要素は何かと尋ねれば、「努力」という回答が一位になる。ところが研究によると、それは大外れだという。

実のところ職場では、実力より見かけがものを言うようだ。スタンフォード大学ビジネススクールのジェフリー・フェファーによると、ボスの自分に対する評価を管理するほうが、仕事での頑張りよりはるかに重要だという。上司に好印象を与えた者は、より懸命に働いたものの上司への印象を気にかけなかった者より、高い勤務評価を得ることが調査で証明された。

多くの場合、これは昔から聞き覚えのある「ゴマすり」を意味する。上司への機嫌取りは効果的なのだろうか？　お世辞は強力で、「たとえ見え透いていても」効果を発揮するとの調査結果もある。カリフォルニア大学バークレー校のジェニファー・チャットマン教授は、調査でお世辞が逆効果になる限界点を探ろうとしたが、なんと限界点は見つからなかった。

フェファーは、この世界がフェアだという考えは捨てるべきだとし、次のように言い切る。

「仕事を順調に維持している者、仕事を失った者の双方を調査した結果、次の教訓が得られた。上司を機嫌よくさせておければ、実際の仕事ぶりはあまり重要ではない。また逆に上司の機嫌を損ねたら、どんなに仕事で業績をあげても事態は好転しない」

フェアプレーの精神で長時間頑張って働けば報われると思っている人には、胃に障るような結果ではないか。しかも、出世するのはゴマすりだけではない――いわゆる嫌なヤツもだ。

また別の話もある。

昇給の相談をするとき、あなたは双方が満足のいくウィンウィンの態度でのぞむだろうか？　あろうことか、自分本位に昇給を要求する人のほうが結果が得られるという。『ハーバード・ビジネス・レビュー』誌によると、同調性（人と仲良くつき合っていくことを重んじる性格）の低い人間のほうが、同調性が高い人間より年収が約一万ドル多いことが明らかになった。ちなみに財政面の信用度（クレジット・スコア）も同調性が低い人間のほうが高い。

悲しいことに、人間には、親切は弱さの表れだと勘違いする傾向があるようだ。

私たちが人を評価するとき、その八〇％は「温かさ」と「有能さ」という二つの評価軸によって判断するのだという。ハーバード・ビジネススクールのテレサ・アマビールによる研究『優秀だが非情』によると、人は「温かさ」と「有能さ」は逆の相関関係にあると認識している。つまり、誰かが親切すぎると、その人物はきっと能力が低いのだと推測する傾向があるのだ。現に、嫌なヤツのほうが、第三者には力があるように見えたりする。また、規則を破る者のほうが、従順な者より権力があるようにも見える。

しかも、これは単なる認識の問題ではない。嫌なヤツは実際、親切な人より仕事ができる場合がある。企業のＣＥＯは、サイコパスの頻度が高い職業だが、調査によると、これらのネガティブな特性はむしろ、リーダーになる可能性を高める。仕事の能力も抜群で、誰よりも速く梯子を駆け上がる経営者は、チームの一員であろうとする人間ではない。また、業務の遂行に一辺倒になる人間でもない。彼らは、権力を握ることに照準を合わせている人間だ。

さらに追い打ちをかけるようだが、嫌なヤツのほうがうまくいくばかりでなく、踏みつけられている善人は命を落としかねない。職場で力がない（権限や裁量権がないなど）ことは、肥満や高血圧以上に冠動脈疾患の重大なリスク要因だ。働きに見合う給料をもらっていないと感じていることも、心臓発作のリスクを高める。その一方で、上司へのゴマすりは結果として職場でのストレスを軽減し、幸福感のみならず体の健康状態も改善する。

　こうした情報は、善人のあなたには受け入れがたいだろうか。だがおそらく、要職に就かないと、実行機能（計画、注意、認知の柔軟性など）が限られていくのかもしれない。ずばり言えば、職場で力がない者はいやでも職能が低下することがわかっている。

　私たちは、最後には善人が勝つと教えられてきた。ディズニー映画の結末のように。しかし悲しいかな、多くの研究結果によれば、そうではないようだ。そのものズバリの題名がついた研究論文、『悪は善より強い』によると、驚くほど多くの領域（情報、経験、人物等）で、悪いもののほうが良いものよりインパクトが強く、持続効果があることが明らかになった。

　たとえば、「悪い感情、悪い両親、悪いフィードバック」はいずれも良いものより影響が大きく、悪い情報は良い情報より入念に処理される。良いもののほうが大きな影響を及ぼすという例はほとんど見つからない。総合するとこれらの調査結果は、幅広い分野での心理現象に当てはまる一般原則として、悪は善より強いということを示している。

　ちなみに非公式な研究によれば、図書館で道徳の本はふつうの本に比べ、盗まれる可能性が二五％高いことをつけ加えておきたい。

　これ以上続けると抗うつ剤がいりそうなので、ほどほどにしておこう。

　では、なぜ嫌なヤツは成功するのか？　二枚舌などの不正行為によるものもあるだろうが、まっさらな気持ちで悪から学べることもある。彼らは、自分が欲しいものをはっきりと主張する。また、自分が成し遂げてきたことを臆せず人びとに知らしめる。

まるで嫌なヤツになれと推奨しているように聞こえるだろうか？　まだ話はこれからだ。まずは、短期的には悪が勝つという面を見てきた。次にもう一つの面を見よう。

それは、あなたが嘘やズルやいじめ、ボスへのゴマすりをするよ、と母親に言ったときに返される言葉から始まる。

「じゃあ、みんなが同じことをしたらどうなるの？」

つまり、誰もが利己主義に徹し、たがいを信頼しなくなったらどうなるのだろうか？

その答えが、〝モルドバ〟だ。

「最も不幸せな国」の人の特徴とは？

あなたはこれまでに、自分は今世界で最も惨めなところにいる、と思ったことがあるはずだ。それは小学生のころかもしれないし、嫌な仕事をしていたとき、またはツキに見放された日のことだったかもしれないが、これ以上の不幸はないという状況に置かれていると感じた瞬間があっただろう。だが、あなたがモルドバ共和国にいたのでないかぎり、それは科学的に正しくない。

〝幸福学研究のゴッドファーザー〟として知られるオランダの社会学者、ルート・

フェーンホーヴェンは「世界幸福データベース」を主宰している。同氏が幸福度の見地からすべての国を精査したところ、最も幸せからほど遠い国になったのがモルドバだった。

元ソ連に属していたほとんど無名の国が、この疑わしくも不名誉な地位を得た根拠は何か？

モルドバ人はたがいをまったく信用しないということだ。モルドバ人の生活のほぼすべての面で信頼が欠如している。作家のエリック・ワイナーによると、あまりに多くの学生が教師に賄賂を渡して試験に合格するので、国民は、三五歳以下の医者にはかかろうとしない。医師免許も金で買っていると考えられるからだ。

ワイナーは、モルドバ人の意識を一言で表した――「私の知ったことではない」。この国で、集団の利益のために人びとを一致団結させることはとうてい不可能だ。誰も、他者の利益になるようなことをしようとしない。信頼感、協調心の欠如は、この国を利己主義のブラックホールに変えてしまったのだ。

「みんながそれをしたらいったいどうなるの？」と母親に言われた子はふつう、「だって、みんながするはずないもの」と答える。しかし本当にそうだろうか？　職員が利己主義なために業績を落とした会社や部署はざらにあって、調査もそれを裏づけている。人びとの不品行は感染性だ。瞬く間に蔓延《まんえん》し、じきに誰もが悪だくみをするようになる。

ベストセラー作家としても知られるデューク大学教授ダン・アリエリーの研究によると、誰かがズルをして逃げおおせるのを見ると、やがて皆がいんちきをするようになる。ズルは社会通念として容認されたと考えるようになるからだ。これは、私たちにも通じる話だろう。たとえば、あなたは運転するとき、速度制限を四六時中守っているだろうか？ 守らないときがあるとしたら、それはなぜか？ その答えは、道徳にまつわる古い冗談のようなものだ。つまり、行いには「良いこと」「悪いこと」「皆がやっていること」の三つがあるからだ。誰かがズルをしても咎《とが》められないのを見れば、大丈夫なんだと思う。自分だけが規則を守ってばかを見たくないのだ。

周りの者が信頼できないという考えは、自己達成的予言になるとの研究結果がある。あなたは皆がいんちきをすると仮定し、人を信じるのをやめる。その後は努力をしなくなり、ひたすら下方スパイラルに入る。仕事のチームに悪い従業員がたった一人いるだけで、チーム全体の業績が三〇～四〇％低下するという。

たしかに個人的なごまかしは利益をもたらすかもしれない。しかし、ほかの人もごまかすようになるのは時間の問題だ。そして誰もが泣きを見ることになる。詰まるところモルドバのような利己主義な文化が構築され、公共の利益に貢献する人びとからもたらされるはずの価値が微塵もない状況になる。モルドバの調査を行ったフェーンホーヴェンは言う。

「社会の中であなたが置かれている場所より、社会の質のほうが重要だ」

その理由を、ミシガン大学政治学教授のロバート・アクセルロッドがいみじくも説明している。

「利己的な人は、初めは成功しそうに見える。しかし長い目でみれば、彼らが成功するために必要とする環境そのものを破壊しかねないのだ」

要するに、マキャベリ的に策略に長《た》けて利己的になり始めれば、いずれは他者もそれに気づく。あなたが権力の座に就く前に彼らに報復されれば、形なしだ。またたとえ成功しても、問題を抱えることになる。あなたは、成功への道はルールを破ることだと示してしまったので、周囲も同じことをする。そうして、自分と同じような捕食者、他人を利用する者をつくり出すことになる。

一方で、善良な人びとはあなたの下から去っていく。波及効果が広がり、職場はあっという間に働きたくない場所になってしまう。そう、ちょうどモルドバのように。ひとたび信頼が失われると、何もかもが失われる。ある調査で、職場、運動チーム、家族等、さまざまな関係で周囲の人に最も望む特性は何かと尋ねたところ、答えは一貫して「信頼性」だった。

長い目で見ると組織内で利己主義はうまくいかないのだ。努力を極めて成功を成し遂げることは、じつは利己主義を超越し、周囲と信頼し合い、協力関係を築くことを意味する。皮肉な話、たとえ犯罪者が悪事で成功するにも、このことは鉄則だ。

ギャングが信頼関係を必要とする理由

刑務所に入所した一日目、あなたは贈り物がたくさん詰まったバスケットを受けとる。これは冗談でもたとえでもなく、本当のことだ。

ロンドン大学キングズカレッジのデビッド・スカーベクによれば、刑務所ギャングはよく、同じ犯罪組織の仲間である新入り受刑者の歓迎役を務めるという。そして、近隣地域から来た新入りには、刑務所に早く馴じめるようにと贈り物まで用意するという。なんと至れり尽くせりなことか。

ギャングと聞けば、無法者や、衝動的なサイコパスを思い浮かべる。たしかにそうした輩《やから》も多い。しかし、私たちが思う以上に、彼らは信頼と協力の重要性を知っている。

ギャングとは、極悪人が率いる、いざこざを起こすための組織ではない。米国の刑務所内を本拠地とする大規模なギャング団「アーリアン・ブラザーフッド」を対象にした研究によれば、〝悪党中の悪党〟というイメージからはほど遠く、メンバーによる獄中での犯罪や暴力沙汰の数は、一般受刑者のそれとほぼ変わらない。

犯罪者たちは、いろいろな意味で、むしろ一般人より信頼と協力の重要性を思い知っている。彼らの世界では、信頼は決して当たり前のものではないからだ。あなたは毎朝、誰かに首を刺されるかもしれない、と思いながら職場に向かうわけではないだろう。犯罪者たちは、裏切られたときに失うものの大きさが私たちの比ではない。ヘロインを盗まれました、と警察を呼ぶわけにもいかないのだ。

「誰かに騙されたら、相手を殺すこともできるんだから、問題ないのでは?」と思う人もいるかもしれない。だが、人気ドラマに登場するマフィアのボス、トニー・ソプラノのように振る舞って、問題を起こした人間をはじから殴打したらどうなるか? 結果は明白だ。誰からも畏れられるが、あなたのもとで働きたいと思う者はいなくなるだろう。暴力的すぎるギャングのボスは皮肉な運命をたどる。経費報告書を出すのが遅いとキレて、手下の頭に銃弾二発を打ち込むようなボスに、誰が仕えたいと思うだろう?

そんなわけで、賢い犯罪者なら、暴力以外の選択肢を見つけなければならない。そして増えた選択肢を減らすために、彼らはいっそう多くの秩序を求める。カリフォルニア州コーコラン刑務所の受刑者が口にしたように、「秩序がなければ混乱が起きる。そして混乱状態になれば人が死ぬ」。

刑務所では安定とルールがこの上なく重要なので、受刑者の日常的な交流は人種ごとに分けられている。白人は黒人に対し、黒人のギャングに入るように薦める。どこにも属さない者が増えれば、所内で暴力沙汰が増える。逆に誰もがシステムに属せば——たとえ敵対するギャングに属そうと——所内での生活はより安定する。

少しくらいのズルならともかく、それを毎日、何年もやり続けるとなると、必ずシステムが必要になる。今日騙されるか、明日殺されるか、とたえず心配していたら、コストが高くつきすぎる。そんなことをしていたら、扱う商品がペプシコーラだろうが、覚せい剤だろうが、効率の良い売買ができない。だから安定した取引には、ルールと協力が欠かせないのだ。

経済学者はこれを「継続的取引の規律」と呼ぶ。相手をよく知り、信頼していれば、取引はより迅速かつスムーズに行われる。その結果、より多くの取引が行われ、より良い市場が生まれ、すべての当事者により多くの価値がもたらされる。この原理は一般市民でも、刑務所ギャングでも基本的に変わらない。たとえヘロインの取引でも、オークションサイトの口コミのように最高ランクの評価があるに越したことはない。

このような秩序、信頼、ルールの適用により、刑務所ギャングは、しまいにはどんどん会社に似てくる。「ショット・コーラー」（決定権のあるボス）が新入りに対して「新来者用アンケート」を配布することさえあるという。新入社員の意見を知るのは良いことだ。

そんなばかなと思うかもしれないが、これらすべてが効果をあげている。じつはマフィア型ギャングが蔓延《はびこ》っている腐敗した国々は、犯罪集団が分散している国々より経済的にうまくいき、経済成長率も高めだ。それらの国では、犯罪者は組織化され、組織犯罪に動員される。極悪非道な集団はたしかに社会にさまざまな悪影響を及ぼすが、それらが徹底している秩序は、「正の外部性」をもたらす。日本におけるヤクザの存在も、民事訴訟数と負の相関関係にある。研究によると、刑務所ギャングがいるアメリカの刑務所は、ギャング不在の刑務所より円滑に機能しているという。

誤解しないでほしい。ギャングが犯罪者集団であり、悪事を働いていることは変わらない。だが、外で悪事を働いていようと、組織であるかぎり、成功するには内部に一定の信頼と協力関係が必要だ。成功している犯罪者は、利己主義は内部的に評価されないとわかっている。そこで結局、少なくとも内部の人間を手厚く扱うようになる（あなたが最後に上司から贈り物をされたのはいつだろう?）。

海賊のマーケティング戦略と福利厚生

これは決して新しい現象ではない。何百年も前に、メンバーがたがいを気遣う犯罪集団が繁栄していた。犯罪組織内の協力を示す最高の歴史的事例は何だろう?　それは肩にオウムを止まらせた海の盗賊だ。

海賊はなぜ長きにわたって成功したのだろうか。それは手下を丁重に扱ったからだ。彼らは民主的で、たがいに信頼し合っていた。しかも経済的に健全で、その状態を維持できるシステムを築きあげていた。

知恵に長けた公海上のビジネスマンは、皆が皆、眼帯をしたサイコパスだったわけではない。それどころか、スコットランドの作家で黒髭に詳しいアンガス・コンスタムによると、かの伝説の海賊は、生涯を通じて一人も殺していないという。また、捕虜が船体から突きだした板の上を歩かされたという記録もただの一つもない。

ではなぜ、海賊は極悪非道な野蛮人だというイメージがあるのか。それはいわゆる「マーケティング」だ。いちいち交戦するより、人びとを震えあがらせて即降参させるほうが手っ取り早く、経費もかからず、安全にことを運べる。そこで彼らは聡明にも、野蛮で残忍なイメージをつくり出したというわけだ。

とはいえ、海賊が皆心やさしかったはずはなく、黒髭もロビン・フッドだったわけではない。たがいに協力し合ったのも利他主義からではなく、そのほうが稼業の理にかなっていたからだ。成功するにはルールと信頼が必要だと心得ており、イギリス王室海軍や、最大利益をあげるために船員を搾取する商業船での暮らしより魅力的でより公平なシステムを築くにいたった。ピーター・リーソンが著書『海賊の経済学』（NTT出版）で述べているように、「世間一般の見方と異なり、海賊の生活は規律正しく、真面目」だった。

じつはあなた自身も、心情的には海賊に近いかもしれない。威張りちらす上司に疲れ、いっそ独立したいと思ったことはないだろうか？　誰だって会社の運営に口を出す権利があると思ったことは？　会社には従業員の面倒をみる義務があると思ったことは？　あるいは、人種差別はビジネスに無用だと思ったことは？　おめでとう！　あなたは海賊だ。

刑務所ギャングと同様に、海賊も元々悪事を働くために結成されたわけではない。むしろ悪に対処するために作られたと言ってもいい。当時の商業船のオーナーは独裁者で、船長は日常的に職権を乱用していた。船員から戦利品の分け前を奪い、逆らえば処刑した。こうした略奪への対応と、上層部に痛めつけられずに航海したいという船員たちの思いから海賊は誕生したのだ。

海賊船はすこぶる民主的なところだった。すべての規則は全員一致で承認されなければならない。船長は、何か理由があればその地位から下ろされるので、暴君からしもべのような存在に近づいた。唯一、船長が全権を掌握できたのは、生死に関わる即断を強いられる交戦中のみだった。

要するに海賊は、人びとが喜んで働きたくなるような〝会社〟を形成するまでになっていた。船長が受け取る金額がほかの船員より著しく多いということもなく、ピーター・リーソンが述べているように、「最高賃金と最低賃金の差は、せいぜい一人分の賃金ほどだった」。また、船長に途方もない役得があるわけでもなく、寝床の大きさも、食事の量も、ほかの船員と変わらなかった。

しかも〝海賊社〟は、船員に数々の利点を与えた。勇敢に戦ったり、標的船を最初に見つけたりすると報奨金がもらえた。戦闘中に怪我した者は、被害届を出せば、補償制度によって一定額の手当てがもらえた。こうした人事制度は非常に好評で、史料によると、海賊は人材の補充にまったく苦労しなかったようだ。片や、英国海軍は兵士を確保するために強制的な徴兵に踏み切らざるを得なかった。

〝海賊社〟が近代的だったのはそれだけではない。なんと人種的多様性まで推進していた。社会的に認められ、法で定められるより何百年も前のことだ。海賊に道徳的な見識があったわけではない。人びとを平等に扱ったほうが商売がうまくいく、ただそれだけの理由だった。

だがこの進歩的な取り組みは、人材を発掘し、また優秀な人材を維持するうえで大きな強みとなった。平均的な海賊船で、船員の二五％が黒人だったと推定されている。さらに、人種に関係なくすべての船員が船のさまざまな問題に関して投票権を持ち、賃金も均等に分配されていた。まだ一八世紀の初頭で、アメリカが奴隷制を廃止するじつに一五〇年も前のことである。

経済学者たちは、海賊のビジネス手腕に舌を巻く。ピーター・リーソンは論文『海賊組織の法と経済』のなかで、「海賊の統治法は、船員に十分な秩序と協力関係を行き渡らせ、それにより海賊は、史上最も洗練され、成功した犯罪組織になった」と述べている。

　というわけで、周囲の人びとを大事にするほうが、利己主義よりはるかにうまくいく――たとえ悪事が目的である場合でさえ。それはいささかこじつけが過ぎないか、と指摘する向きもあるだろう。刑務所ギャングや大昔の海賊の話は面白いが、現代の生活とどう関わるのかと。

　私たちはまず利己的で嫌なヤツについて見てきた。次に、利己主義を排除した賢い悪党について見てきた。では、本当に正しい行いを旨とする人の場合はどうなのか？

「いい人」は成功するのか？　誰かが正しいことをするとき――たとえば自らの危険を顧みずに他人の命を救うなど――その行いは報われるのだろうか？

無償の英雄行為の価値はいくら？

　地下鉄のホームにいるとき、あなたの横にいた青年がよろめいて線路に転落してしまった。青年はぴくりとも動かない。電車が轟音《ごうおん》を立てながら近づいてくる。あなたは飛び降りてその若者を助けるだろうか？

　それは利他的行為というより自殺行為だ、と言う人もいるだろう。あなたの横には、幼い娘二人が立っている。あなたが死んで、親を亡くしたら、子どもたちはどうやって暮らしていくのだろう？　青年を死なせるのは悲惨だが、青年とあなたが亡くなって、二人の孤児が残されるのはもっと悲惨ではないか？　難しい質問だ。

幸運にも、二〇〇七年二月二日、ウェスリー・オートリーはこの質問を自分に投げかけなかった。地下鉄一号線のライトが目に入った瞬間、オートリーはキャメロン・ホロピーターが無力に横たわる線路に飛び降りた。

オートリーの判断は甘く、電車は思ったよりはるかに速いスピードで迫ってきた。もはや若者を安全な場所に移す猶予はなかった。それでもオートリーはひるまなかった。ブレーキが軋《きし》む音が大気を切り裂いたが、電車が止まる気配はない。迫りくる車体が耳をつんざくような轟音を上げるなか、オートリーはとっさに青年をレールのあいだの溝に押し込み、その上に覆いかぶさった。電車が二人の上を通過するあいだ青年をかばうように。

幸い、二人とも無傷だった。だが列車は二人のわずか数センチ上を走ったので、オートリーのキャップには油が縞状についていた。オートリーはのちに振り返り、「特別なことをやったわけではなく、助けを必要としている人を見て、自分が正しいと思うことをしただけだ」と語った。

オートリーはその日、利他的に行動した。彼には失うものばかりで、得るものは何もなかったのに。彼はまさに、誰もが映画のなかにしかいないと思っているヒーローだった。

この折り紙つきのいい人は、人生で成功できない人間だろうか？

答えはノーだ。彼はニューヨーク市長のマイケル・ブルームバーグから、同市が市民に授与する最高の栄誉である勲章「ブロンズ・メダリオン」（受章者にはダグラス・マッカーサー、モハメッド・アリ、マルティン・ルーサー・キングなどがいる）を贈られた。オートリーの娘たちには、奨学金とコンピュータが贈られた。また、オートリーはビヨンセのコンサートのバックステージパスと新しいジープももらい、エレン・デジェネレス（コメディアン・女優）のテレビ番組にゲスト出演。プロバスケットボールチームのニュージャージー・ネッツの定期入場券も贈呈された。さらに、オートリーと二人の娘はジョージ・W・ブッシュ大統領の一般教書演説会場にゲストとして招かれた。ブッシュ大統領は、オートリーの無私の行為をテレビの全国放送で讃えた。

心温まる話だ。皮肉屋なら、「こんな話はめったにないからこそ記憶に残るのだ」と言うだろう。

では、感動的な話も、醒めたまなざしもさておき、統計は何を教えてくれるだろう？善人は人生のレースで最下位になるのだろうか？

答えはイエス。しかし同時に一着でもある。

与える人と奪う人

混乱させて申し訳ないが、あとで完璧に筋が通るので、ついてきてほしい。

ペンシルバニア大学ウォートン・スクール教授のアダム・グラントは、「成功」という尺度で見たとき、最下位のほうにいるのはどんなタイプの人なのかを解析した。するとじつに多くの「ギバー（受けとる以上に、人に与えようとするタイプ）」がいることがわかった。

技術者、医学生、営業担当者、いずれの調査でも、ギバーたちは、締め切りに遅れる、低い点数を取る、売り上げが伸びないなど、捗々《はかばか》しい結果を残せずにいた。

倫理的なビジネスや、利他的な行動は成功につながるかというテーマで研究を重ねてきたグラントにとって、この結果は人一倍こたえるものだった。もしグラントがここで分析を終えていれば、まさに悲惨な日になっただろう。しかしそうはならなかった。インタビューの際に、彼は私に次のように語ってくれた。

それから、「ギバー」が敗者のほうにいるなら、最も成功している勝者には誰がいるのだろうと、スペクトラムの反対の端を見てみました。すると心底驚いたことに、トップのほうにいるのもまた「ギバー」たちだったのです。いつも他者を助けることを優先している人びとは、敗者ばかりでなく、勝者のほうにも多く登場していました。

「マッチャー（与えることと、受けとることのバランスを取ろうとするタイプ）」と、「テイカー（与えるより多くを受けとろうとするタイプ）」は中間に位置するという。ギバーは成功に最も近い位置と最も遠い位置の双方にいた。また同じ研究によると、目立った業績をあげているエンジニア、最優秀の成績を取っている学生、利益の大半をもたらしている営業担当者はいずれもギバーだった。

これらのことは、あなたも直感的に納得できるだろう。私たちは皆、無理をしてまで他者を助けて自分の要求を満たせなくなったり、テイカーにつけ込まれ、食い物にされたりする殉教者がいることを知っている。しかしその一方で、頼りになるので誰からも愛され、皆から感謝されるので、ゆくゆくは成功する者がいることもよく知っている。

しかも、ギバーが得意とするのは最高益を達成し、トップの成績を取ることばかりではない。彼らはまた、裕福になることにも秀でているようだ。社会学者、アーサー・ブルックスが慈善事業への寄付と所得の関係を統計学的に調べたところ、ある世帯が一ドル寄付するごとに、寄付をしなかった世帯（宗教、人種、子どもの数、居住区、教育レベル等、他の条件で等しい）に比べ、所得が三・七五ドル上昇することがわかった。寄付した額と、その年の所得の上昇に明らかな関係があることが実証されたのだ。

あなたは困惑して頭を掻《か》いてしまうだろうか？　この章の初めで、嫌なヤツはうまくいくことを見てきたのに矛盾するではないかと。たしかに、平均すると嫌なヤツはうまくやる。しかし、頂点のほうに位置するのはギバーたちなのだ。

最高の所得を得ている者は、おおむね人を信頼している。『適度な信頼』と題された研究で、被験者は他者をどの程度信頼しているかを一〇段階評価で答えるように言われた。すると、「八」と答えた人びとの所得が最も高かった。これは、成功者のトップにいるのはギバーだったとするグラントの研究結果と一致する。

一致するのはそれだけではない。九以上と答えた人びとの所得は、八と答えた人びとの所得より七％低かった。成功の尺度で敗者にもギバーが多いように、これらの人びとはテイカーに利用され、つけ込まれているのかもしれない。

では、一番苦労しているのは誰か？　なんと信頼度が最低レベルの人びとの所得は、八と答えた人びとの所得より一四・五％低かった。この損失は、大学を卒業していないことによる損失に匹敵する。

人に与えることを優先するギバーたちは、リーダーになるとうまくやっていけないだろうか？　リーダーは強く厳格であるべきだと考えられている。私たちは、リーダーが任務を遂行するうえで、日ごろは欠点とされる特性が役立つことを見てきた。しかしながら、厳格さがとりわけ奨励されると思われる陸軍上層部を調べてみると、意外にも事実は逆で、軍の指導者たちは厳格ではなく、むしろ人情に厚い。

職場で力がない「いい人」は社会的ストレスにより心臓発作のリスクが高まるという調査結果もある一方で、もっと巨視的な調査では、「善人は若死にする」という格言は真実でないことが示されている。現にスタンフォード大学心理学教授のルイス・ターマンが一〇〇〇人の被験者をその幼少期から死亡まで追跡調査した「ターマン調査」でも、親切な人は長生きするという結果が得られた。他者から助けを得る人のほうが寿命を延ばせると思いがちだが、同調査では逆に、他者に与える人のほうが長生きすることが明らかになったのだ。

最後に、幸福度の問題がある。嫌なヤツが出世したり、裕福になることは数多くのデータによって示されているものの、彼らは、必ずしも人生を楽しんでいない。ところが、道徳的な人びとは幸福度が高いことが調査で裏づけられている。かなりの不正行為をしても平気な人より、社会道徳を重んじる人のほうが、人生に対する満足度が高かった。その幸福度の上昇分は、たとえば、収入の若干の増加、結婚、教会に必ず行くことなどから得られる満足感に相当した。

これは、モルドバ人が思い違いをしている点でもある。人を信頼しないこと、たがいに助け合わないことにより、彼らは幸福になれる多くの機会を逃しているのだ。調査によると、私たちは自分自身にお金をかけるより、他者のためにお金を使うほうが幸せになれる。週に二時間でもボランティア活動をすれば、人生への満足感が増えると予測できる。さらに驚くべきことに、他者を助けるために時間を提供する人は、忙しさが減って、自由な時間が増えたように感じるのだという。

短期的な状況の多くで、ちょっとしたごまかしや横暴さは人をだし抜き、利益をもたらすかもしれない。しかし、時間が経つとそうした行為は社会的環境を害し、じきに人びとはたがいの意図を見抜き、誰も公益のために働こうとしなくなる。

テイカーが長期的に得をしないことはわかった。ここで最下位に終わるギバーについても触れるべきだろう。勝者になるギバーと、敗者になるギバーの違いは、決して偶然によるものではない。グラントによれば、あまりにも利他的なギバーは人を助けるために自らを消耗し、テイカーにつけ込まれ、成功からほど遠い業績しかあげられない。

この手のギバーに朗報。人に与えすぎないように自制するために、実行できることがある。たとえば、ボランティア活動は週に二時間と決め、それ以上はやらない。ソンジャ・ライウボマースキーの研究によると、のべつ幕なしに人を助けるより、時間数を決めて助けるほうが幸福感が増し、ストレスも軽減されるという。たとえば週に一日を親切する日と決めれば、自分のことをおろそかにせずに人助けができる。とくに「年に一〇〇時間」はお薦めのマジックナンバーだ。

グラントは、ギバーにはもう一つ切り札があるという。それはマッチャーだ。彼らは、善が報われ、悪が罰せられることを望むので、テイカーを罰してギバーを護ってくれることがある。ギバーがマッチャーの仲間に囲まれている場合には、テイカーによる搾取をそれほど恐れる必要はない。

それにしても、善と悪の戦いで圧倒的な勝者はいるのだろうか？　人より先んじていながら、礼節ある人間として、毎夜安らかに眠れるような確実な方法はないのだろうか？　じつはあるのだ。

ギャンブルで「理論的に」勝ったたった一つの方法

ギャンブラーのドン・ジョンソンは一夜にして六〇〇万ドルを儲けた。アトランティック・シティのホテル、トロピカーナのカジノで勝ったのだ。しかも、連勝はそこで終わらなかった。その後、別のカジノでも勝ち、さらなる高額を手にした。

ギャンブル界では昔から「ハウス（胴元）が必ず勝つ」と言われてきた。だが少なくとも二〇一一年の数か月間、ドン・ジョンソンがハウスになったのだ。

それはカジノの世界で前代未聞のサクセス・ストーリーだった。ドン・ジョンソンはいっさいインチキをしていないし、「カードカウンティング（すでに表にされたカードを記憶し、まだ未使用の山の中にどのようなカードがどれほど残されているかを読む高等戦術）」もしていない。これほどの高額を、これほど長い期間に純粋に運によって儲けた者は誰一人いない。ドン・ジョンソンはカードに詳しいが、もっと重要なのは、数学に強いことだ。ドン・ジョンソンの本業は、競馬の勝率を計算する会社の経営者だ。

ブラックジャックの一流ギャンブラーは、ギャンブルをしない。勝算を知っており、カジノの言いなりにならず、手堅く稼ぐ。彼らはハウスとルールに関して交渉をする。「負けが一定額Xを超えたら、Xパーセントを返還してほしい」とか、「ディーラーは、カードの数字の合計がYになるまでヒットする（カードを一枚引く）」（通常、ディーラーは合計数が一六になるまでヒットすると決まっているが、それを変えさせる）といった具合だ。二〇〇八年の景気後退以来、カジノは経営状態が厳しく、収益のかなりの部分を超高額を賭ける客、ハイローラーから得ているので、彼らを対象に、損失の二〇％までの払い戻しを提供している。

ドン・ジョンソンが交渉を終えたとき、カジノ側の優位性（ハウスエッジ）はなくなっていただけでなく、彼の損失は一ドル当たり八〇セントに抑えられた（二〇％の還元率を確保したため）。プレー中に戦術的なミスでも犯さないかぎり、彼の優勢は保たれる。ハウスとのあいだで優位性が逆転し、彼がハウスになっていた。カードの場合、一回ごとのゲームで勝てるかどうかはわからないが、確率を味方につければ、数学の神様が、あなたが長くゲームを続けるほどに良い結果を残せるようにしてくれる。

ドン・ジョンソンはこのセオリーにより、勝負に臨んだ。彼はほぼ一分ごとのブラックジャックのゲームで毎回一〇万ドルずつ賭け、トロピカーナを崩壊させていった。一回で八〇万ドルを勝ち取ったこともあった。その後、トロピカーナと同じような条件でボルガータから五〇〇万ドルを、シーザーズパレスから四〇〇万ドルを勝ちとった。ドン・ジョンソンは六か月間に、アトランティック・シティのカジノでじつに一五〇〇万ドルを儲けたのだ。

それは魔法でもツキでもいかさまでもなかった。また、プレーしたゲームのすべてで勝利したわけでもなかった。勝算を自分に有利に持っていき、適切にプレーすることで、結局は勝ち越すことができたのだ。

では、ブラックジャックに対するドン・ジョンソンの華麗な戦法を見習って、道義性の問題に取り組もう。まずはハウスエッジ（相手の優位性）を自分に有利なように調整すること。数学を使うわけではないのでご安心を。やり方自体は、あなたが子どものころから慣れ親しんだものだ。しかもこれが効果てきめんときている。

信頼と裏切りのゲーム理論

協力関係がこの上なく重要であることをここまで学んできた。それでもあなたはインチキをするだろうか？　それとも信頼を大切にするだろうか？　協力と信頼をおろそかにすれば、モルドバのような社会になる恐れがある。だが人を信じれば、騙される可能性がある。信頼すべきか、せざるべきか、どうすればこのジレンマにうまく対処できるだろう？

科学者が信頼の問題を扱うとき、よく根拠にするのが「囚人のジレンマ」というゲーム理論だ。

あなたと友人が銀行強盗をして捕まったとする。警察は二人を別々の部屋で尋問する。隔離されているので、友人と相談することはできない。そして警察から次のような取引をもちかけられる。

- あなたが「友人が首謀者である」と証言し、友人があなたに不利な証言をしなければ、友人は五年の刑で、あなたは釈放される
- あなたが友人に不利な証言をせず、友人があなたに不利な証言をすれば、あなたは五年の刑で、友人は釈放される
- 双方がたがいに不利な証言をすれば、二人とも三年の刑になる
- 双方が証言を拒否すれば、二人とも一年の刑になる

二人がたがいを信頼できるとわかっていれば、答えは簡単だ。揃って黙秘すれば、二人とも一年の刑で済む。しかし相手を信頼できるだろうか？　警察に縮み上がって口を割るのではないか？　あなたが黙秘しても、友人が証言すれば、向こうは釈放で、あな

たは五年の刑だ。これが一回かぎりのゲームだとすれば、「双方が証言し、二人とも三年の刑」というのがリスクを回避した選択になる。だが、実社会での状況により近づけて、このゲームを二〇回するとしたらどうだろう？　長い目で見た勝敗の行方は、もっと複雑になる。

それを解明しようとしたのが政治学者のロバート・アクセルロッドだ。同氏は、東西冷戦の激化とともに、人びとを信頼と協力に向かわせる契機になるものを探ろうとした。どんな戦略が最も効果的か？　そこで、くり返し型の囚人のジレンマで利得が多くなる戦略を調べるため、さまざまなゲーム戦略を募集し、コンピュータ・プログラムによる総当たり戦のコンテストを行った。

心理学、経済学、数学、社会学などさまざまな分野の研究者が、一四種の戦略（加えて、「でたらめ戦略」の一プログラム）を携えて参加した。

あるプログラムはただひたすら親切で、どんなにひどい目に遭わされても相手に協調する姿勢を貫いた。対照的なのが「オールD戦略（悪人戦略）」と名づけられたプログラムで、どのゲームでも必ず相手を裏切る。その他のプログラムは、二つのプログラム間のどこかに位置する。もっと複雑なプログラムでは、だいたいにおいて協調的だが、たまにこっそり裏切りに転じ、相手をだし抜いた。また別の「テスター」と名づけられたプログラムは、相手の反応を窺いながら裏切り行為をしていき、相手がそれに気づいて報復してくると、今度は打って変わって協調的になった。

どの倫理システムが優勝しただろうか？　衝撃的なことに、最終的に利得の合計が最も高かったのは、最も単純なプログラムだった。それはたった二行のコードから成り、しかも誰もが子どものころから馴じみのある戦略、「しっぺ返し」だった。

この「しっぺ返し戦略」は、「囚人のジレンマ」の初回ラウンドではまず協力し、その後は前回のラウンドで相手が選んだ選択を真似し続けるというものだ。つまり、前回相手が協調したなら、今回自分も協調する。前回相手が裏切ったなら、今回自分も裏切るというわけだ。

このいたって単純なプログラムが、コンテストで一番になった。アクセルロッドは再度総当たり戦を開催した。今度はさらに多くの専門家に参加を呼びかけたので、六二種類のプログラム（戦略）が参加した。そのなかにはいっそう複雑化したアルゴリズムや、しっぺ返し戦略の変型などがあった。ところがまたも、勝利したのは単純なしっぺ返し戦略だった。

このささやかな戦略のどこに魔法の力が秘められているのか。アクセルロッドは、たった二行のコードが最強である理由としていくつかの重要な点をあげた。

彼が気づいたのは、ギバーとテイカーに関して私たちが見てきたことと同じだった。すなわち、初めのうち、いい人は踏みつけられてしまう。「悪は善より強い」という研究結果同様に、嫌なヤツはあっという間に利得を得るのだ。優勝者であるしっぺ返し戦略でさえ、初回で自分から協調するので、早い段階では貧乏くじを引く。

ところが時間が経つにつれ、悪者は協力者ほど大きな利益を得られなくなる。もししっぺ返し戦略が、毎回協調を選んでくる相手と出会うと、利得の総和は莫大になる。「テスター」のようなプログラムでさえ、裏切りで得られるわずかな利益より、相手の出方に合わせるほうが大きな利益が得られるとわかる。

しかもアクセルロッドはこれで終わりにしなかった。ほかの研究者たちと、より良いプログラムを構築しようと研究を重ねた。しっぺ返し戦略は二度のコンテストで優勝したが、人の弱みにつけ込む「捕食者」プログラムを打ち破るために、彼らは邪悪な要素を補強したのだろうか？　じつはその逆で、補強したのはさらなる善の要素、寛容さだった。

「しっぺ返し戦略」を改良した「寛容なしっぺ返し戦略」はより優勢になった。単純に相手の出方を真似るだけでなく、たまに裏切られた後でも許し、協力する態度を示した。「悪人戦略」に対しては、しっぺ返し戦略のときよりさらにわずかな点数を失ったが、潜在的に善人のプログラムをデス・スパイラルから救いだすことにより、失った以上の莫大な利得を得たのだ。

しっぺ返し戦略が成功した大きな要因は、協力的で、寛容で、ほかのプレーヤーにとって対応しやすく、それでいて必要とあらば報復も辞さない点にあった。

コンピュータ・プログラムの総当たり戦では、これまで私たちが見てきた内容と一致することが明らかになった。次には、しっぺ返し戦略の行動原理が、実生活でも大きな利得につながることに目を向けてみよう。

実社会で「しっぺ返し戦略」はどのぐらい有効か

モルドバには「悪人戦略」が蔓延しているようだ。もしモルドバで善人同士が出会って協力し合えれば、すぐに足がかりを確保できるのだが、そういうことはついぞ起こらない。ほかの善人を探そうと善意のシグナルを送っても、巣のなかで雛が泣いているようなものだ。親鳥に餌を催促すると同時に、腹を空かせた猫に居場所を教えることになる。そして悲しいかな、モルドバでは、猫のほうが母鳥よりはるかに多いのだ。

一方、海賊の社会では、つねに相手を裏切る悪人戦略は許されない。略奪品もほぼ山分けされる民主的なシステムの下、悪者は海賊船から追いだされてしまう。悪人戦略を取る者がたとえ船長でも、長くは続けられない。ほかの船員と同じ規則に従わなくてはならないからだ。また、規則は必ず全会一致で定められなければならない。というわけで、不正を行いながら船に留まることは不可能に近い。

もしも海賊たちがグラントのいう「ギバー」的要素を取りいれたらどうなっただろ

う？　海賊以外の者から略奪するかわりに、一般の人びとと少しずつ協力関係を結び、彼らを説得して事業を始めたとしたら？　一艘、または数艘の海賊船で動くかわりに大々的な船のネットワークを築いたらどうなっていただろう？　英国海軍に勝ち目はなかったかもしれない……。

コンテストに参加した「悪人戦略」では、通常の社会ではありえない二つのことが前提にされていた。第一に、ゲームが回を重ねても、同様の展開になると想定されている。ところが「しっぺ返し戦略」を含む多くのプログラムは、相手の前回の行動に注目し、それに合わせて対応を変え、最終的に裏切りの行動を罰する。

これは、実社会での人間関係に似ている。人には評判がついてまわる。大多数の取引は匿名ではない。多くの場合、同じ相手と取引をくり返すので、裏切られた相手はそれを忘れない。もしかしたら長期にわたって育《はぐく》めたかもしれない実りある関係を阻んでしまうのなら、初回で得られる利得はそれほど価値がないことになる。

第二の誤った前提は、ゲームはゼロ・サム（一方の利益が他方の損失になること）だとされていることだ。実際の世の中では、たがいに協力するほうがはるかに有益で、またコストもかからない。

そのことを端的に示すオレンジを使った実験がある。

ビジネススクールでは、よく次のような実験をする。二グループに分かれた学生が、双方が必要としている山積みのオレンジをどう分け合えばいいかと尋ねられる。どちらのグループにも、相手方の知らない詳細情報を与えられる。

すると四人のジレンマと同様に、「非協力者」である学生は、これはゼロサムゲームだと想定し、相手がオレンジを手に入れれば、その分、自分の取り分が減ると考える。しかし、すぐに情報を共有し、コミュニケーションを取る「協力者」の学生は、ほかの解決を見いだす。じつは詳細情報には、片方のグループはオレンジの実のみを必要とする。もう片方のグループはオレンジの皮のみを必要とする、と書かれていた。もし両グループが話し合えば、双方が必要なものを簡単に手に入れることができる。しかし、安易に戦いに訴えれば、双方が損失を被る事態となる。

アクセルロッドは、私たちが「しっぺ返し戦略」の成功から学べる四つの教訓を挙げている。私なりの補足とともに紹介しよう。

1 相手を妬まない

くり返すが、実社会での関係のほとんどはゼロ・サムではない。誰かが勝つからといって、あなたが負けるとは限らない。彼らはオレンジの実を求め、あなたは皮を求めているかもしれない。それにときには、今回わずかに負けることが、次回の圧倒的な勝利につながることもある。

じつは妙なことがある。毎回のゲームでは、しっぺ返し戦略が相手の得点を上まわったことはない。つまり、勝ったことがないのだ。ところが最終的な利得の合計では、多くの回でわずかばかりの利得を稼ぐ〝勝者〟を上まわるのだ。

アクセルロッドによると、しっぺ返し戦略が選手権で優勝したのは、ほかのプレーヤーを打ち負かすことによってではなく、双方が良い行いをできるような行動を相手から引きだすことによってだという。したがって、相手方がどのくらい利益をあげているかを気にする必要はない。ただ自分が良い行いをしているどうかだけ気にかければいい。

2 自分から先に裏切らない

影響力の分析で知られる社会心理学者、ロバート・チャルディーニによれば、互恵主義は、実社会でも影響力を持ち、他者から好意を得るための重要な要素だが、まず自分から行動することも肝心だという。マッチャーは、相手が協力してくるのを待つだけなのであまりにも多くの機会を逃してしまう。そしてテイカーは、長期的な利益を犠牲にして目先の利益を手に入れる。すべての大勝利者は親切で、すべての敗者は自分から裏切る、ということを忘れてはならない。

3　協調であれ裏切りであれ、そっくり相手に返す

もし誰かに裏切られたら、犠牲者になったままでいないこと。コンピュータの試合では、自分から喧嘩を売る行為は結果的に得点を減らしたが、報復は得点を上げることになった。

4　策を弄さない

相手への裏切り行為がどこまで看過されるか試し、相手に報復されたら態度を変える「テスター」は、一見合理的な戦略に思える。しかししっぺ返し戦略の明瞭さに欠け、所々でわずかな利得を稼ぐものの、それと引き換えに評判を失う。その他の複雑な戦略プログラムも最終成績は振るわなかった。しっぺ返し戦略は最も単純明快で、後から加えられた改良も「寛容さ」のみだった。相手に教える必要があるのは、相手との関係性が長く続くことを望むからだ。

そちらが協力するなら、こちらも協力する。そちらが裏切れば、こちらも裏切る。いたって単純な話なのだ。ずる賢く立ち回ると、相手に不信感を抱かせることになる。逆に明確な因果関係を理解させれば、相手は双方が利益を得られることを認識し、協調を選択しやすい。

チェスのようなゼロサムゲームでは自分の意図を悟られにくくするほうが有利だが、

くり返し型の囚人のジレンマではその反対で、自分のやり方を相手に理解させ、一緒につき合わせることが有効だ。実社会でのやり取りも後者に近い。

エビデンスからわかる最強の対人ルール

というわけで、嫌なヤツ、いい人、刑務所ギャング、海賊、コンピュータ・シミュレーションと見てきたが、私たちが取りいれ、実践すべきルールはあっただろうか。ここで要点をまとめ、道義的なやり方で（しかしお人好しで終わらずに）成功する方法について考えよう。

1 自分に合った池を選ぶ

文字通り、また比喩的にも、モルドバに移住するのはやめよう。スタンフォード大学ビジネススクールのボブ・サットンに、あなたが教え子の学生に伝える一番のアドバイスは何かと尋ねたところ、それは次のようなものだと答えてくれた。

仕事を選ぶときには、一緒に働くことになる人びとをよく見ることですね。というのは、あなたが彼らのようになる可能性が高いからで、その逆はない。あなたが彼らを変えることはできないのです。何となく自分と合わないと思うなら、その仕事はうまくいきません。

すでに明らかにしてきたように、不正やごまかしの横行する悪い職場環境はあなたを悪い人間にし、不幸にする。

だが一方で、幸いにも環境からの影響は良い方向にも働く。一〇〇〇人の被験者をその幼少期から死亡まで追跡調査した「ターマン調査」は、私たちがどのような人間になるかは、周りの人びとによって決定されるという結論に達した。周囲の人が利他的に振る舞うのを見ると、人はいっそう利他的に行動するようになるという。

そして周りに互恵主義の人びとがいれば、私たちはいっそう安心してギバーになり、テイカーの犠牲になることを恐れずに、トップクラスのギバーたちが手にする成功の恩恵を分かち合うことができる。コンピュータ選手権での〝協力的なプログラム〟も、ほかのギバーとつながることによって驚異的な成功をおさめた。

もし、あなたが今、悪い環境に身を置いているなら、ほかのいい人たちと円陣を組もう。選手権で、協力的なプログラムは、その全取引中に同じ協力的なプログラムとの取引がたった五％あれば、悪いプログラムの利得を上回ることができた。これがそのまま私たちの実生活に当てはまるとは思わないが、影響がじょじょに浸透し、ある日劇的な変化が起こる転換点は必ずあるだろう。

それから上司も重要だ。上司は、どの会社に勤めるかよりはるかに、あなたの成功や幸不幸を左右することが調査で示されている。次の就職面接では、できれば誰があなたの直属の上司になるのかを確認し、その人と話をさせてもらい、人物像を調べておくといい。

2 まず協調する

アクセルロッドの選手権で高得点をおさめたプログラムは、すべて最初に協調行為をとっていた。ギバーたちは、相手の出方を見るのではなく、まず自分から相手に協力するので、成果においてマッチャーに勝る。このことは、数多くの調査で実証されている。影響力の分析で知られるロバート・チャルディーニは、最初に手を差し伸べることこそ、互恵主義を育む鍵であり、ひいては説得や相手に好かれることのベースになると言う。

ハーバード大学ビジネススクールで交渉論を講義するディーパック・マルホトラによれば、交渉でまず重要なのは「したたかになること」でも、「本気度を示すこと」でもないという。同氏が学生に一番に薦めるのは、「相手から好かれること」だ。

なにも会う人ごとに二〇ドル札を配って歩けという意味ではない。好意は、ささやかな行為で示せる。つい忘れがちだが、ときにはちょっとしたこと（三〇秒でメールの紹介状を送る）が誰かにとって莫大な成果（新しい仕事）をもたらす。新しい知人にすぐに何かをしてあげると、その知人はほかのギバーにあなたがギバーであることを話し、結果、あなたはマッチャーから思わぬ援けを得るかもしれない。新参者には進んで贈り物をしよう。万一あなたが刑務所の庭でナイフを持った悪人から狙われたとき、あなたの背後を警戒してくれる人が増えるだろう。

3 無私無欲は聖人ではなく愚人である

一般的に、他者を信頼するほうがうまくいく。しかしブラックジャックで大金を稼いだドン・ジョンソンのように、かなり優位な立場にあっても、すべてのゲームで勝てるわけではない。したがって個々の関係において、協調行為がどこまで成功を約束するかはあくまで未知数だが、総じて負けるより勝つ可能性のほうが高い。すでに紹介した調査で、どの程度他者を信頼するかという質問に対し、一〇段階で八と答えた者が最も成功をおさめていたことを思い出してほしい。

じつは、「しっぺ返し」、「寛容なしっぺ返し」の両プログラムより優れているさらなる改良版のプログラムがある。いったいどんな微調整が加えられたのだろうか？　対戦相手がどんな態度を取ろうと毎回協調していたら、つけ込まれ、搾取されてしまう。そうなるのは悲しいことだが、誰もが身に覚えがある。迷惑なことをされても何一つ抵抗しなければ、なめられるのは人間社会の常だ。だから完璧な聖人になる必要はない。実際、聖人でいることは、成功するには不利な戦略だ（少し安心しただろうか？）。

アクセルロッドは、選手権で成功するにはプログラムに報復を取りいれることが必須だと気づいた。実社会で、それは何を意味するだろうか？　職場のテイカーを罰する最も効果的な方法は、昔ながらの噂話だ。そのテイカーに用心するように周囲に伝えれば、気が晴れるだけでなく、実害も減るだろう。

4 懸命に働き、そのことを周囲に知ってもらう

嫌なヤツと一線を引きながらも、見習えることは何か？　調査によれば、彼らは押しが強い。自己宣伝を厭わない。交渉にも長けている。自分がやっていることを抜かりなく人に見せる。これらは嫌なヤツにならずとも取りいれられる。彼らのように利益を得るのは難しくても、自己を開示することで何らかの恩恵を得られる――しかも自分の品格を保ちながら。

とにかく自分のことを周囲に知ってもらおう。まず、上司から好かれる必要がある。非情な世の中だからではなく、それが人情というものだ。どんなに身を粉にして働いても、上司の目に届かなければ報われない。マーケティングなしで売れるすぐれた商品があるだろうか？

毎週金曜に、その週の成果をまとめたものをメールで上司に送る。目新しくもないが、

取り組んでいることを手っ取り早く知ってもらうには良い方法だ。上司は部下がしていることを把握していると思っても、彼らは忙しく、それぞれの問題で手いっぱいだ。メールの提出を評価し、次第にあなたのことを良い情報（もちろんメールにあった）と結びつけて思い出すようになるだろう。やがて昇給を交渉する（または履歴書を書き直す）際には、メールの内容が即、あなたがいかに優秀な従業員かをアピールするうえでのリマインダーになるはずだ。

5 長期的視点で考え、相手にも長期的視点で考えさせる

忘れないでほしい。短期的には利己的な行いが利益をあげるが、最終的には良心的な行いが勝利をおさめる。だから、可能なかぎり、長期的なスパンで事を行おう。契約にはより多くの段階を盛り込み、将来にわたって関われるやり方で関係を結ぶのだ。

一回かぎりの関係であればあるほど、人はあなたからより多くの報奨を引きだそうとする。関わりが多ければ多いほど、共通の友人が多ければ多いほど、また遭遇する可能性が高ければ高いほど、他者にとってあなたを丁重に扱う必要が増す。中世の王が子女たちを他国の王室と縁組させたのも同じ理由からだ。家族となり、いずれ共通の孫を持つのだから、仲良くしようではないか、と。

アクセルロッドはこのやり方を、「将来の影を大きくすること」と呼んだ。ノース

イースタン大学で社会的感情を研究するデビッド・デステーノは言う。
「人びとはつねに二つのことを見きわめようとしている。一つは潜在的パートナーが信頼に値するかどうか。もう一つは、その相手と再び関わりそうかどうか。この二つの問いへの答えは、何にも増して、すべての人のそのときどきの行動を決定する要素である」

6 許す

しっぺ返し戦略の改良プログラムに加えられた要素は何だっただろう？　そう、許すことだ。デス・スパイラルを防ぐ効果があった。

アクセルロッドのコンピュータ選手権は抽象化されたもので、実生活より単純化されているように見えるが、じつは許しの教訓は、ゲームより日常の行動でより重要だ。現実の生活は喧噪に充ち、複雑なので、私たちは他者やその動機に関して完全な情報を入手できるわけではない。事情がはっきりしないがゆえに、好ましくない人間だとみなすこともありうる。

しっぺ返し戦略は個々の対戦では決して優勢でなかったが、選手権全体では勝利をおさめた。その理由の一つは、ほかのプレーヤーに協調行動（互恵主義）を教える性質にあった。つまり相手に二度目のチャンスを与えることを意味する。あなたも、ほかの人びとも決して完璧ではなく、それにときどき混乱するものだ。自分を許すように、他人も許すことだ。

次の話題に行く前に、殺人医師、マイケル・スワンゴのその後にふれておこう。ついに彼は逮捕された。

ある日、誰かがようやく正しいことをした。ジョーダン・コーヘンという人が、スワンゴに関するファックスを全米のメディカルスクールに送り、それがＦＢＩの目にとまった。スワンゴは国外へ逃亡したが、一九九七年に帰国した際、シカゴのオヘア空港で拘束された。

二〇〇〇年九月六日、スワンゴは死刑を免れるために殺人、および殺人未遂の罪を認め、三回連続の終身刑という判決を受けた。そして今、国内最高レベルの警備を誇るコロラド州フローレンスの連邦刑務所で刑に服している。

スワンゴは不注意で、病院など周囲の関係者は自己本位だったが、短期的にはそれがそのままま かり通った。しかし長期的には、スワンゴは捕まり、多くの関係者が名誉を失った。周囲の者が利己的な場合でさえ、連続殺人犯は長期にわたって逃げおおせる戦略ではなかったのである。

第３章

勝者は決して諦めず、切り替えの早い者は勝てないのか?

成功への道のりが困難でも
最後までやり遂げる是非について、
海軍特殊部隊シールズ、見合い結婚、バットマン、
オンラインゲームから学べること

スーパーヒーローに憧れていたある少年の物語

始まりは漫画の本だった。

メキシコの小さな村パラコで貧しく育ったアルフレド・キニョネス・イノホサは、少年時代にスーパーヒーロー、『カリマン』の漫画に心を奪われた。カリマンは超能力を持ちながら、もっぱら鍛えあげた体と武術だけで正義を成し遂げる。アルフレドはカリマンのようになりたくて、その驚異的（かっとうてい不可能）で勇ましいキックの技を、日が暮れるまで真似したものだった。

母国が不況のさなか、少年には、夢を与えてくれるカリマンが必要だった。家の稼業だったガソリンスタンドは潰れ、母は家族を食べさせるために売春婦の服を縫っていた。そのうえ妹が病気で死んだ。一番近い診療所でも一時間かかるメキシコの片田舎ではなく、アメリカに住んでいれば簡単に治ったような病気だった。アルフレドは良い暮らしを求めていた。そしてある日、絶好の機会が訪れた――。

カリフォルニアに住む伯父が、牧場の親方としてかなりの収入を得ていた。アルフレドは一五歳のとき、ひと夏必死に働き、激ヤセしたのと引き換えに、家族が年末まで安心して暮らせるほどの金をメキシコに持ち帰ることができた。

先々を考えたとき、どうすべきかは明白だった。良い暮らしを望むなら、家族を救いたいなら、再び国境を越えなければならなかった。アルフレドは計画を立て、時期を待ち、そして全力疾走した――だがあっという間に国境警備隊に捕まり、メキシコへ送り返された。それでも家族を助けなければならない。もしカリマンだったら、国境警備隊に捕まったりするだろうか？　そんなことは絶対にない。だからきっとアルフレドも突破できるはずだ。

彼はもっと入念に準備を重ね、ミッション・インポッシブルを決行し、ついに国境を越えた。さらにカリフォルニア州のストックトンまで行き、そこで職を見つけて働き、家族へ仕送りをした。

アルフレドは英語が喋れなかった。何をするにもそれが障害になることがわかっていたので、週七日、毎日一二時間働き、初めは車で寝起きしながらも、コミュニティカレッジの夜間コースに通い始めた。硫黄をシャベルで列車に積み込む仕事をしていたので、いつも腐った卵のような臭いをさせながら教室に行った。しかし成績はつねにトップで、ほどなく準学士の称号を得た。

素晴らしい成績に加えて教師からの励ましもあり、アルフレドは全米屈指のカリフォルニア大学バークレー校に転入した。今度は港で魚の脂を廃棄する仕事をしていたので、腐った卵のかわりに魚の臭いをぷんぷんさせ、人種差別も受けながら夜間コースに通ったが、優秀な成績で卒業し、心理学の学位を取得した。

ほんの数年前英語を習ったばかりだというのに、まだ物足りないと言わんばかりに、お次はハーバード大学医学部に入ったアルフレド。そのうえ彼は在学中、多忙な合間を縫って理想の女性と結婚し、アメリカの市民権まで得ている。医学部の卒業証書を受けとるときには、生後六か月の娘、ギャビーも一緒だった。

今日、彼は〝ドクターQ〟として知られ、アメリカ、そしておそらく世界でトップクラスの脳外科医である。全米屈指といわれるジョンズ・ホプキンス大学で年に何百回も執刀し、自らの研究室も持って、医学部で腫瘍学と神経外科学を教えた。現在は全米ベスト病院ランキングで常に上位に入るメイヨー・クリニックで活躍している。

ここで重要な疑問が浮かんでくる。辺ぴな村で貧しく育った不法移民の農場労働者が、いったいどうやって世界随一の脳外科医になれたのか？

想像を超えるような重労働と数々の苦労、差別や障害にどのようにして耐え抜いたのか――しかも母国語も話せない状態で。私たちの多くは四日間以上のダイエットや、年に数回のジム通いもままならないのに、彼がこれほどまでに成功できた秘訣は果たして何なのか。

「やり抜く力」は本当に必要？

私たちの文化では、「グリット」――何かに懸命に打ち込み、決して諦めずに最後までやり通す力――こそが成功への鍵だと叩き込まれている。多くの場合、それは正しい。グリットは、知能や才能がほぼ等しい人びとの業績が異なる理由の一つだ。

第1章で述べた平均GPAが二・九の億万長者のことを覚えているだろうか。興味深いのは、成績はパッとしなかったにもかかわらず、教師から「一番頼りになる」と褒められた、とインタビューで答える者が多かったことだ。彼らにはグリットがあったことになる。

では、アーティストと呼ばれる、型破りで有名なあの人種はどうなのか。ハーバード大学の心理学教授、ハワード・ガードナーは、最も成功した人びとを研究して発見したことを著書『心をつくる』（未邦訳、原題 *Creating Minds*）のなかで述べている。

> 創造的な人びとは、骨組みを組むように経験を積みあげていく。この種の人びとは非常に野心的で、つねに成功をおさめるわけではない。しかし失敗したときに、彼らは嘆いたり、責めたり、極端な場合、断念したりして時間を無駄にするようなことはしない。そのかわり、失敗を一つの学習経験と捉え、そこから学んだ教訓を将来の試みに活かしていこうとする。

これもまた、グリットを指しているようだ。

金銭的成功ばかりではない。グリット理論を提唱するアンジェラ・ダックワースがペンシルバニア大学で行った研究によると、グリットがある児童は、幸福感が強く、体が健康で、クラスで人気があるという。また、二〇〇〇名の成人を対象とした別の調査では、「度重なる失敗にめげずやり続けられる能力は、楽観的な人生観（被験者の三一％）や、人生への満足度が高いこと（被験者の四二％）と関係している」ことが明らかになった。

たしかに納得がいく。グリットを持てば成功するはずだ。だが素朴な疑問が浮かぶ。では、なぜその通りにいかないのか。

理由は二つある。第一に、私たちはグリットが何によってもたらされるか知っていると思っているが、本章で明らかになるように、それは間違いだ。第二に、グリットは成功を生む可能性があるが、成功への道には、親や教師が子どもに教えない別の面もある。すなわち、「ときには、見切りをつけることこそ最善の選択」なのだ。正しく諦めることにも、あなたを大成功に導いてくれる可能性がある。

というわけで、第一の理由から始めよう。グリットは何によってもたらされるのか？それは、自分に語りかけるストーリーによってであることが少なくない。

グリットを得るのに、メキシコの貧しい村で育つ必要はないが、ヒーローの漫画本との出会いは必要かもしれない。ばかばかしく聞こえるだろうか？　答えを探るために、強靭さと決して諦めないことを誰よりも知る海軍特殊部隊シールズに目を向けてみよう。

世界一過酷な軍隊シールズは「グリット」で乗り切れるか

ジェームズ・ウォーターズはずっと競泳の全米代表選手になることを夢見てきたが、自分はせいぜい二流の選手だと思っていた。それでも水泳をやり続け、懸命に練習に打ち込み、いずれタイムも伸びるだろうと楽観的だった。そしてある日、ウォーターズの能力が自らの夢に追いついたかに見えた。

大学二年生としてブラウン大学と対戦する大会に出た彼は絶好調で、初めて、全米チームに入る夢に手が届くかと思われた。ところが、最初の一往復を泳ぎ終えた瞬間、プールの縁に思い切り手を打ちつけてしまい、鋭い痛みが走った。数時間後、レントゲンで手の骨折が確認された。二週間泳ぐことができなかった。一度プールに戻ったが、ギプスをつけていたので、ストロークが散々だった。ウォルターズはトレーニングで後れを取り、同時にＮＣＡＡ（全米大学体育協会）で活躍する夢も潰《つい》えた。

悪いことはそれで終わらなかった。将来の夢は潰えたのに、恐ろしい夢は消えなかった。ウォーターズは私に、そのときの気分を語ってくれた。

「それから二年、悪夢に悩まされ続けました。何かにさわるたびに、触れた部分が骨折する――そんなイメージが頭から拭い去れなくて」

ウォーターズには、やり残したことがあった。自分に語りかけてきた楽観的なストーリーが現実と一致しなかったので、なんとか辻褄《つじつま》を合わせる必要があった。全米代表選手になることは土台無理だったかもしれないが、尻切れになったままのループを閉じないと、先へ進めなかった。

というわけでウォーターズは六年後、三〇〇〇マイル彼方でまったく異なるシナリオの下、再び水の中にいた。それは海軍特殊部隊シールズの入隊訓練中、最も過酷な基礎水中爆破訓練（通称BUD／S）の三週目、「地獄週間（ヘル・ウィーク）」の場だった。

一一〇時間、睡眠が許されず、丸太を頭上に掲げて何時間も運んだかと思えば、長距離走や遠泳が絶え間なく課せられる。身長一八八センチで体重一〇〇キロのウォーターズは、外見こそハリウッド映画のシールズ隊員を地で行っていたが、皮肉にもその体型はシールズ向きとは言い難く、かえって仇《あだ》となった。チームでボートを担いで走れば、上背があるウォルターズには余計に重みがかかった。そして極めつけは、恐るべき水中訓練（地獄週間とは別）だった。

訓練生たちが潜水用具一式を着けて水中に潜る。すると教官がレギュレータ（呼吸装置）をいきなり引き抜いたり、ホースに結び目をつくったりする。ほかにも容赦なく妨害をしてくるあいだ、彼らは酸素を求めて奮闘する。脳が「おまえはもう死ぬ」と悲鳴をあげる。

なおも教官に邪魔され続けながら、器具を正しい状態に戻さなければならない。これは海中で強力な引き波に遭遇したときに、その凄まじい力に対処するための訓練だ。この間、脳は終始パニックと闘っている。水中訓練は、四回まで挑戦することが許されている。いや、この訓練を突破するには四回くり返す必要がある、と言い換えるべきだろう。最初の一回で合格する志願者は二〇%に満たないというのだから。

その翌日には、砂の上でのさらなる長距離走とさらなる睡眠不足。それから飛行機からの降下訓練も続き、統計的に大半の志願者がベルを鳴らして脱落していく。

ウォーターズも、肉体的・精神的限界まで追い込まれた。そのたびに、彼は例の悪夢や夢のことを思い、それから、いつかもっとうまくできるようになるさという持ち前の楽観的な見通しを思い浮かべ、また水中へと戻ったのだった。

入隊訓練を受けた四九〇期生のじつに九四%が途中で脱落した。志願者二五六名中、特殊部隊のピンバッジを胸につけてもらえたのはわずか一六名だった。

ウォーターズはそのなかの一人だ。そして例の悪夢からも卒業した。

どんな困難も乗り越える人に「必ず共通する習性」

基礎水中爆破訓練（BUD/S）に合格する者とベルを鳴らして脱落していく者の違いは何か？

驚いたことに、以前は海軍自体も把握しておらず、それが大きな問題だった。九・一一の同時多発テロ以降、海軍は特殊部隊員を増員する必要に迫られていた。だが隊員の質が落ちてしまっては目的が果たせない。彼らは回答を探していた。どんな人材を採用すればいいのか？　また、志願者が厳しい入隊訓練に合格しやすくなるように、どんな指導をしたらいいだろう？

その結果思いついた策は、奇想天外なものだった。もしかしたら海軍は、屈強な若者を求めるかわりに保険の外交員を増やすほうが得策かもしれない、と。聞き間違いではない、保険の外交員だ。その理由は何だったのか。

海軍の調査で、グリットを持った人びとが逆境に耐える際に行っている（ときに無意識に）いくつかのことが明らかになった。そのなかに、心理学的調査で何度も浮かびあがった一つの習性があった。

それは「ポジティブな心のつぶやき」だった。もちろん、海軍シールズは腕っぷしの強い者を求めていたが、そうした隊員になれる秘訣の一つは「小さな機関車リトルエンジン」のように、「だいじょうぶ、だいじょうぶ」と自分を励ますことだったのだ。

人は毎分頭のなかで、三〇〇～一〇〇〇語もの言葉をつぶやいているという。そのなかにはポジティブな言葉（「きっとできる」）も、ネガティブな言葉（「ああ、もう我慢できない」）も含まれている。そして前向きな言葉は、私たちの精神的な強さややり抜く力に大きなプラスの影響をもたらすことがわかった。このことは、その後に行われた陸軍による研究でも裏づけられている。

そこで海軍は、BUD／S志願者に、自分に対してポジティブに語りかけるようにと、ほかの精神療法とあわせて指導した。その結果、訓練の合格率が八％向上したという。

もちろん、BUD／Sに合格するには肉体的苦痛に耐えなければならないが、脱落するかどうかを左右するのは精神的な要因だ。

で？　それが保険の外交員とどうつながるかって？　ちょっと考えてみてほしい。保険の勧誘を受けた相手はどんな反応をするだろうか。痛い目に遭うのはシールズ隊員だけではない。保険の外交員も日々くり返し拒絶されている。

良い営業マンになる秘訣は、人と接するのが得意なこととか、外向的なことだと思うかもしれないが、調査によると、決め手は楽観主義であること、その一点に絞られるという。研究者たちは、「楽観的傾向で上位一〇％に入った外交員は、悲観的傾向で上位一〇％だった者より売り上げが八八％多い」ことを発見した。

楽観主義がグリットの源であることはもっともだが、そこまで大きく影響するとは信じがたい。その答えを求めて、人間の最良の友に目を向けてみよう。

パブロフの犬の実験からできた副産物

犬たちは、まったく動こうとしなかった。このままでは、研究者たちは調査を終えられない。

ペンシルバニア大学のマーティン・セリグマンとその同僚は、パブロフの条件づけの実験をしていた。犬たちは、真ん中が低めの壁で二つに仕切られた大きな箱の片側にいた。ある音が鳴ると、床に軽い電気ショックが走る。犬たちが壁を飛び越えて反対側へ行けば、衝撃を逃れることができる。セリグマンたちは、電気ショックの前に必ず音が鳴ること、したがって音を聞いた瞬間に壁を越えればショックをまったく受けずに済むことを犬に認識させようとしていた。

簡単な実験のはずだった。ところが、犬たちはいっこうに動こうとせず、哀れっぽい声を発しながら座ったまま。予告音が鳴り、ショックが与えられても、何もしようとしなかった（研究者たちは額に手を当て、職業選択を間違ったかと考えた）。

やがてセリグマンは気がついた。トレーニングの早い段階で研究者たちがしくじり、音と電気ショックの関係を犬にはっきりと理解させなかったに違いないと。ショックはランダムに与えられると犬たちは認識していた。つまり、音を警報と捉えるかわりに、自分たちは何をしてもショックを回避できないと学習し、無気力状態になっていたのだ。

彼らは、人間のように三〇〇〜一〇〇〇語も考えないかもしれないが、決してばかではない。彼らの声を代弁すればこうなるだろう。

「何をしようとどうせ電気ショックだ。逃げようとしたってムダさ」

犬たちは、無益という概念を学んだのだ。その結果、悲観的になり、行動を起こすことを断念した。そんなわけで、パブロフの条件づけに関してはその日大きな進展が得られなかったが、グリットを理解するうえで得られた意味は非常に大きかった。同様の研究は人間を対象にしても行われ、人びともまた犬と同じような反応を示すことが確かめられた。

こうした反応は極めて合理的だ。もしもあなたが芝生の上で空を目がけて飛びあがり、そのたびに頭から花壇に落下したら、「スーパーマンと私の共通点が一つ減ったな、私は飛べない」と賢く判断し、かわりに車でスーパーへ買い出しに行くだろう。

しかし実生活では、これほど単純明瞭ではない。人は諦め、正当化し、運命を受けいれる――それでもときどき、どうしてもっとうまくできなかったのか、もっと頑張れたのではないか、などと思いめぐらす。「自分にはできない」という私たちの判断がいつも正しいとはかぎらない。ときには打開策があるのに気づかないこともある。その前に諦めてしまうからだ。

興味深いことに、人間を対象にした先ほどと同様の実験で、三人に一人は無力感に囚《とら》われなかったという結果がある。これらの被験者は諦めずに、ショックが起こる理由と、それへの対処法をつきとめようとする。彼らはすべての失敗は変則的なものだと考え、あくまで前進し続ける。そして当然のことながら、迎える結末は次のいずれかだ。

①まったくの誇大妄想に終わる
②人並みはずれて成功する

詰まるところは、私たちが自分に語りかける言葉が肝心だ。ある人は「私はこれに向いてない」とか「こういうことは昔から苦手だったんだ」と言う。しかしほかの者は、「これはどうしてもやり続けなきゃ」とか「ちょっとしたコツがわかれば大丈夫さ」と自分を励ます。

ほとんどの場面で（スーパーマンのように空を飛ぶのは論外として）、この四つのどれかが当てはまるだろう。だが、通常このうちのどれを選びやすいかや、あまり好ましくない言葉をつぶやいてしまう頻度は人によって異なる。

徹底比較！　楽観主義 vs 悲観主義

ポジティブ心理学の権威であるセリグマンは、こうした語りかけを左右する核心部分は、楽観主義と悲観主義だと気がついた。

自分が研究していたのは無力感ではなく、その因子である悲観主義だったのだ。さらに、抑うつ状態も悲観主義に起因することにも気づいた。無力感をくり返し感じ続けていると、臨床的な抑うつ症状への道をたどることになる。人生そのものに無力感を覚えるようになり、心身全体の症状として意欲を失い、何もしようとしなくなる。

驚いたことに、ものごとを予測するうえでは、抑うつ的な人のほうが正確だという見方がある。この理論は「抑うつリアリズム」と呼ばれ、世界は冷厳な場所で、楽観主義者たちは自分に嘘をついているとする。だが、もし人びとが、何ごとも変えられると信じるのをやめてしまったら、状況は何も変わらない。前へ進み続けるには、夢もいくらか必要だ。

そのうえ調査によると、楽観的な見方をすればさまざまな利点があるという。

- 楽観主義は、健康状態を良くし、寿命を延ばす。心臓疾患を患った者の楽観主義のレベルを測れば、二度目の発作を起こしやすい者を予測できる
- 成功を期待しながら交渉に臨むと、取引がまとまり、結果に満足できる可能性が高まる
- 楽観主義者は幸運に恵まれやすくなる。彼らはポジティブに考えることでものごと

に辛抱強く取り組み、その結果、自分により多くの機会をもたらすことができる

これらは楽観主義者にとって、心強い情報だ。でももしあなたが悲観主義者だったら？　これまでもずっと悲観的で、それは生まれつきのものだと感じていたら？　哀れなイーヨー（『クマのプーさん』に出てくる悲観的なロバ）よ、聞いてほしい。セリグマンの研究によると、悲観的な傾向は遺伝によるものではなく、あなたが周りの世界に関して自分自身に説明する言葉が原因なのだという。つまり悲観的な思考法は変えることが可能だ。

楽観主義者と悲観主義者では、世界の見方に天と地ほどの開きがある。セリグマンはそれを「説明スタイル」と呼び、永続性（Permanence）、普遍性（Pervasiveness）、個人度（Personalization）という三つのＰによって説明した。

悲観主義者は自分にこう説明する。

①悪いことはこれからも長く続くか、永続する（私はそれを終わらせることができない）
②悪いことは普遍的で、あらゆることに作用する（この人たちのすべてが信じられない）
③悪いことは自分の落ち度だ（私はこれが苦手だ）

楽観主義者の説明はまったく逆である。

①悪いことは一時的なものだ（たまに起こるが、大したことではない）

②悪いことには特異的な原因があり、普遍的なものではない（天気が良くなれば解決する）

③悪いことは自分の落ち度ではない（私は本来これが上手で今日はたまたまうまくいかなかった）

セリグマンの研究によると、説明スタイルを悲観的なものから楽観的なものに変えるだけで、気分が楽になり、グリットが増すという。

このことは個人ばかりでなく、集団にも当てはまる。セリグマンは、メジャーリーグの野球チームに関する新聞記事を分析した。ある年の監督の談話から、翌年のチーム成績を予測することができるだろうか？

私たちは一九八五年に新聞に掲載された試合後のインタビュー記事に基づき、ナショナルリーグ一二チームの監督の説明スタイルを統計的に解析した。それによると、楽観度が高かったチームは一九八六年に前年より勝率が高くなった。一方、悲観度が高かったチームは前年より勝率が低くなった。また、楽観的だったチームは翌年、通常のヒット数に比べ、プレッシャーのある状況でもヒット数を伸ばしたが、悲観的だったチームは翌年、プレッシャーの下でのヒット数が顕著に落ち込んだ。

話ができすぎだろうか？　セリグマンは一九八六年にも同様の分析を行い、選手の談話の楽観度から、翌八七年の成績をみごとに予測した。さらにバスケットボールチームの成績も予測しており、まぐれ当たりではない。というわけで、楽観的な説明スタイルは成功を予言する（ラスベガスのブックメーカーよ、来たれ！）。

さて、ジェームズ・ウォーターズも、持ち前の楽観主義で最後まで諦めなかった。彼が自分に語ったストーリーは自身の肉体より強靭で、基礎水中爆破訓練（BUD／S）を乗り越える原動力となった。やがてそのグリットはウォーターズを、海軍特殊部隊シールズの小隊長にまで押しあげた。それだけではない。その後、彼はハーバードでMBAを取得し、ホワイトハウスの要職にまで上りつめたのだった。

結局、グリットとは、あなたが将来について自身に語りかける楽観的なストーリーに過ぎないのだろうか？　そうではない。ときには、もっと計り知れない力を発揮する。

たんに成功への一助となるだけでなく、この地球上でかぎりなく地獄に近い場所で、あなたを生き延びさせることさえあるのだ。

極限状態で、生きる力を与えてくれるものは何か

一九四四年、アウシュビッツ。二〇〇人収容の建物に、一五〇〇人が詰めこまれていた。窓の外に有刺鉄線と監視棟が見える。囚人たちには、週に二切れのパンが配られ、それで命をつなぐ。先週、料理用の深鍋から人肉が見つかったと聞かされても、驚くに値しない。追い詰められた者が食人にいたったのだ。

恐怖は果てしなく続いた。

多くの者が、電流が流れている有刺鉄線へ飛び込んだ。自殺だった。そのうち、次に誰が飛びこむか察しがつくようになった。煙草をふかしている連中だ。煙草は金銭と同じで、食べ物や、手助けなど、あらゆるものと交換できる。それを自分で喫うのは、最後の最後にやることだ。

海軍シールズと違って、これはシミュレーションではない。ある者は死に、ある者は生き残った。では、生き永らえたのは誰か？　屈強な者は、長く耐えられなかった。若者も耐えられなかった。勇ましい者も、従順な者もだめだった。

自らも収容されていた精神科医のヴィクトール・フランクルは、この世で最も過酷な

場所で、恐怖に耐えて生き続けられる者は、生きる意味を見いだしている者だと悟った。

愛情をもって自分を待ちわびてくれる人間や、やり残した仕事に対する責任を自覚する者は、決して人生を投げだすことができない。彼は〝なぜ〟自分が生存すべきかを知っているので、ほぼ〝どんな〟状態での生存にも耐え抜くことができるのだ。

自らの命が自分自身より大きな理由のために存在していることを知る者は生き残り、それ以外の者は、煙草を一服したのち、電気柵に向かって最後の疾走をした。

フランクルは、四六時中妻のことを考えていた。じつのところ、もはや妻が生きているかどうかさえわからなかったのだが、それはあまり問題ではなかった。線路を敷設する工事をしながら、たえず妻に語りかけた。そのストーリーは彼の苦しみより強力で、それが彼の生きる原動力になった。

人は、自分のためより、誰かのためのほうが頑張れる。母親はわが子のために無償で尽くし、兵士は祖国のために命を捧げる。

もし人生の意義が快楽なら、それが愉快でなくなったり、都合の良いものでなくなったとたん、あなたはそれを棄ててしまうだろう。ところが人生に心地よさを求めるのをやめ、自分よりも偉大な何かのために生きるとき、私たちはもはや苦痛と闘う必要はなく、それを犠牲として受けいれることができる。

フランクルは、「周りを照らす者は、自らを燃焼させなければならない」と言う。私たちを前進させ続けてくれるのは、自分自身に語りかけるストーリーだ。ストーリーはときには崇高な真理かもしれないが、じつは、真実でなくても構わない場合も多い。

「自分は死んでいる」と本気で思い込む人たち

コタール症候群の患者は、自分はすでに死人だと信じ込んでいる。目の前に座って、あなたの目をのぞき込みながら、私はもう死んでいると訴える。とても珍しい精神疾患で、彼らを説得できるよう健闘を祈りたいが、正しいのは自分で、あなたのほうが間違っているという彼らなりの理屈があるのだ。腕の肉が腐っていなくても、人気のゾンビドラマ『ウォーキングデッド』の生ける屍《しかばね》のように通りをうろついていなくても、自分はもう死んだと言い続けるだろう。

こうした反応を、心理学者たちは「作話」という。周囲の人を騙そうとしているわけではなく、自分が間違っていることにもまったく気づかない。彼らの話は往々にして不合理そのものだ。アルツハイマー病の人びとも、ものごとを思い出せないときに作話する。記憶のすき間を埋めるために、事実を完全に組み立て直す。つまり、過去に遡って辻褄合わせし、話をでっちあげるのだ。

彼らは何か指摘されても、「それはもっともだ。私は、なぜ自分がこう思い込んでいるのかわからない」とは言わないものだ。おそらくあなたの周囲にも、ほかの点では正常なのに、「わからない」と言うのがあまり好きでない人がいるだろう。

心理学者のダニエル・カーネマンは、認知バイアスの研究でノーベル賞を受賞した。認知バイアスとは、私たちの脳内に備わった、意思決定を早めるためのショートカットのことだ。役に立つことも多いが、合理性を欠き、バイアス（偏り）を生じてしまうことも多い。

その代表的なものに「損失回避バイアス」がある。たとえば、一ドルを得る喜びと、一ドルを失う苦痛は、合理的に考えれば同等のはずだ。しかし人間の心理はその通りにいかない。一ドル失うときの痛みのほうが、一ドル得るときの喜びよりはるかに大きく感じられる。これには一理あり、たとえばあまりに多くを失えば死にいたることもあるが、あまりに多くを得ても（たしかに素晴らしいことだが）、じきに収穫逓減《しゅうかくていげん》（生産要素をどんどん投入していくと、投入一単位当たりの収穫がだんだん減っていくという法則）に陥るだけだ。だから私たちは進化の過程で、獲得を喜ぶより損失を恐れる回路を組み込まれてきたのだ。

興味深い事例がある。カーネマンの下で研究していたダン・アリエリーによれば、認知バイアスの講義を行うと、きまって「ほかの人の認知に偏りがあるケースはたくさん知ってるが、私には当てはまらない」という反応が学生から返ってくるという。皮肉なことに、認知バイアスが、認知バイアスの認知を阻んでいるのだ。

そこでアリエリーはちょっと工夫し、認知バイアスについて語る前に、視覚的錯覚の例を見せた。図ではまるで違う長さに見える二本の線が、測ってみるとまったく同じ長さである例などを示した。アリエリーは、脳は必ずしも信用ならないという事実を、学生たちに身をもって経験してもらいたかったのだ。自分自身も誤りを犯すことを目の当たりにして、彼らは、認知バイアスは自分にもあるという事実を受けいれたのだった。

私たちの脳は、ものごとに意味を見つけようとする。意味は、私たちのOS（オペレーティング・システム）の一部である。だから人間は、世界は意味をなし、私たちはそれをコントロールできると考えたがる。脳はランダムなものを嫌うのだ。

子どもの将来の幸福度を予測する「正確なファクター」は何？

そもそも意味とは何か？　人間の心にとってのそれは、周りの世界について自分自身に語るストーリーの形で現れる。だからこそ多くの人が運命を信じ、また、ものごとは「～するように意図されている」と好んで口にする。私たちは、世界をそのように見てしまうばかりでなく、正直なところ、ストーリーを語らずにいられないのだ。

「今日はどんな日だった？」とか「奥さんとの馴れ初めは？」と訊かれたら、あなたはストーリーを語りだすだろう。あなたの履歴は？　と訊かれてもまたストーリー。眠っているときでさえ、夢というストーリーを紡《つむ》ぐ。人は毎日、約二〇〇〇の小さなストーリーを自分につぶやいているとの調査結果もある。

たとえばキャリアとか人間関係とか、人生のほぼすべての面で、人は自分に語るストーリーを持っている。しかしそれらが意識的、恣意的に組み立てられることはまれだ。荒唐無稽で抽象的に響くかもしれないが、その効力は計り知れない。ストーリーは、意識にのぼらない心の奥の底流として、人生の驚くほど多くの重要な局面で成功を後押ししている。

たとえば、夫婦が将来もうまくいくかどうかを正確に予言するものがある。それはセックスでも、お金でも、共通の目標でもない。心理学者のジョン・ゴットマンが、夫婦同席の状態で二人の歴史や結婚生活についてインタビューし、語られた内容を分析したところ、夫婦が後年離婚するかどうかを九四％の精度で予測することができたという。

では、子どもの精神的な幸福度を最も正確に予測するものは何か？　それは素晴らしい学校でも、抱擁《ハグ》でも、ピクサー映画でもない。エモリー大学の研究者は、子どもが家族史を知っているかどうかが、最も有効な指標になることを発見した。ストーリーの拠り所になるからだ。

さらに続けてみよう。自分の職業が有意義で充実していると感じているのは誰か？自分の仕事は「ただの働き口だ」と言う病院の清掃スタッフは、深い満足感が得られていない。しかし、清掃の仕事は「天職」で、患者の回復に貢献しているというストーリーを自分に語っているスタッフは、仕事に意義を見いだし、満足している。

ユダヤ教徒とキリスト教徒には喩え話があり、ヒンズー教徒と仏教徒には経文がある。ほぼすべての宗教の指導者は、信徒に説教や説法を行う。これらもまたストーリーである。たとえ私たちが信心深くなかったとしても、大衆文化が空白を埋める。ＵＣＬＡ（カリフォルニア大学ロサンゼルス校）のフィルムスクール（大学院）教授のハワード・スーバーは、映画は「世俗社会のための聖なるドラマ」だと説明する。ちょうど宗教の喩え話のように、私たちは主人公を模し、ストーリーを語る。私たちがフィクションの登場人物に共感するとき、困難を克服して目標を達成する可能性が高まることすら研究で示されている。

そして、幸福感についても同じことがいえる。研究によれば、多くの人が自分の人生に満足しないのは、楽しいときを過ごしていても、それが自己のイメージに合わないという思いに囚われているからだという。人びとは、自分のストーリーに合致する人生を望んでいて、悪いことが起こると、自分という人間に附合すると思い、楽しいときは無視すべき例外だと見なしがちなのだという。

このことは、最も深刻で痛ましい悲劇――自殺についても当てはまる。フロリダ州立大学の心理学教授、ロイ・バウマイスターによると、自殺を図った人間は、必ずしも最悪な状況にあったわけではなく、ただ自分に対する期待に及ばなかったのだという。現実の人生が、思い描いてきたストーリーに合わなかったのだ。フランクルがアウシュビッツで見たように、生き続ける者と有刺鉄線に飛び込む者を分けたのも、囚人たちの頭のなかのストーリーだった。

というわけで、ストーリーが私たちの思考を支配し、多方面での成功を予言することを示した事例には事欠かない。では、ストーリーはどのように効果を発揮するのだろう?

弁護士がうつ病になりやすい理由

調査によると、フィクションは私たちをより「向社会的」、すなわち、より親切で寛大にする。しかしこの効能は、私たちの世界観をいくらか不正確にすることによって成り立つのだという。宗教や個人的な意味を持つストーリーが問題への対処を助けてくれるように、映画、テレビなどのフィクションもまた困難に立ち向かう力をくれる。そうしたストーリーは人びとの心を魅了するばかりでなく、そっとバラ色の眼鏡をかけてくれるのだ。

ジョージ・メーソン大学の経済学教授で『大格差』（NTT出版）などのベストセラー著作でも知られるタイラー・コーエンも同意見だ。ある調査で、あなたの人生を表現してくださいと言われた被験者は、「旅」とか「闘い」などと形容することが多かったが、「ごちゃごちゃ」とか「支離滅裂」と答えた者はほぼゼロだったという。その実、人生はごちゃごちゃでありうる。ストーリーはフィルターで、ときに混乱状態の世界に秩序を与えるとコーエンは言う。ストーリーは事実から一部の情報を取り除き、いく分不正確な形で回想する。ストーリーは意図的に組み立てられるが、人生はそうでない場合が多い。

コーエンの主張は正しい。この世界では、毎秒天文学的な数字のことが起きていて、人間の小さな脳では、とうてい処理しきれない。未熟者の私たちは、ある要素（あのとき、私はホームレスに一ドルあげた）を摘み取ってつなぎ合わせ、その他（いとこに悪態をついたこと）を無視し、自分の人生をストーリー（私は善人だ）にまとめあげる。これは経済学では「限定合理性」と呼ばれる概念で、人間は収集できる情報やそれらを判断する時間が限られているため、限定的な合理性しか持ちえないことを意味する。

ある研究によれば、人間は自分のことを理解していると思うときに、人生に意味を感じるという。ここで肝心なのは「思う」ということだ。真に自分を知ることではなく、そう感じることが人生に意味をもたらす。だから、ストーリーは正確でなくても効果を発揮する。なんだか拍子抜けするというか、がっかりだろうか？

しかし、グリットに関していえば、このことがむしろ幸いする。もし私たちが確率に基づいてすべてを決定していたら、リスクをともなうことは何一つ達成できないことになる。挑戦する気さえ失ってしまうだろう。だがヴィクトール・フランクルのように極限状況で生き延びるには、ストーリーはむしろその不正確さゆえに、私たちに生き続ける力を与えてくれる。

これは、楽観主義に関するリサーチで見てきたこととも一致する。楽観主義者たちが自分に語るストーリーは事実ではなかったかもしれないが、彼らの背中を押し続け、多くの場合、みごとに逆境を乗り越えさせた。心理学者のシェリー・テイラーによれば、「健康な心は、自分が気を良くするような嘘を言う」が、悲観主義者の心のつぶやきは、もっと正確で現実的で、その結果、彼らは落ち込むことになる。真実はときに残酷だからだ。

弁護士がほかの職業より三・六倍もうつ状態に陥りやすいのも、おそらく同じ理由からだろう。彼らは顧客を守るために、不利な方向に行きかねないすべての可能性を考慮しなければならない。つまり、扱っている案件がどう展開するかに関して、喜ばしいがいく分、正確さを欠く話を自分に語るわけにはいかないのである。

ロースクールで優秀な成績をおさめるのも悲観主義者のほうだ。言ってみれば仕事で業績をあげてくれる特性そのものが、彼らを憂うつにする。そのためか、弁護士はアメリカで最も報酬が高い職業であるにもかかわらず、彼らの五四％は自分の仕事に不満があると答えている。

こうした心境がグリットにどう影響するかは想像がつくだろう。果たせるかな、法曹関係者は離職率が高い。弁護士を対象とした就活本の著者であるリズ・ブラウンの言葉を借りれば、「弁護士とは、その就業者の退職を手助けする準専門職が存在する唯一の職業である」。

ストーリーは決して現実世界を厳密に映したものではないが、だからこそ、人びとの成功を可能にする。努力や才覚と相まって、ストーリーは私たちを前進させ続け、目標の達成を予言する。人は特定の何かを成し遂げるべく〝生まれついて〟いるわけではない。しかし、もしもストーリーが、「あなたはこれを成すために生まれてきた」と自分に語りかけるなら、きっと目標達成に向かってやり通すことができる。せんじ詰めれば、それこそが運命だといえる。

ストーリーと仕事の結びつきも同様だ。ハーバード大学教授のテレサ・アマビールが著書『マネジャーの最も大切な仕事――九五％の人が見過ごす「小さな進捗」の力』（英治出版）で述べているように、有意義であることこそ、人びとが仕事に求める一番のものだ。そう、給与でも昇進でもない。スティーブ・ジョブズは、ペプシコーラのCEOをしていたジョン・スカリーを引き抜くときにこう言った。「君は残りの人生、ずっと砂糖水を売っていきたいか、それとも世界を変えるチャンスをつかみたいか？」。

有意義な仕事とは、孤児を救ったり、病人を癒したりすることとは限らない。ストーリーがあなたにとって有意義でさえあれば、それが強力な励みになる。

「履歴書向きの美徳」と「追悼文向きの美徳」

では、どうやって自分なりのストーリーを見つけるか？

とてもシンプルな方法がある。それは自分の死について考えることだ。

最近アメリカでは、誰も死について考える時間を持ちたいと思わないようだ。控えめに言って、あまり楽しいことではない。自分がいつまでも生きていると思いたいのも当然だ。

しかし多くの文化において、死は日常生活の一部であり、死に敬意を払う場所や祝日さえある。メキシコには「ディア・デ・ロス・ムエルトス（Dia de Los Muertos）」という死者の日があり、キリスト教には諸聖人の祝日がある。ほかにも日本の祖霊祭、インドのシャラダ（死せる縁者のために葬儀後一定期間行われる儀式）などなど……。

死について考えることは、人生で本当に大切なものに気づかせてくれる。コラムニストのデイビッド・ブルックスは、人間の美徳を「履歴書向きの美徳」と「追悼文向きの美徳」の二つに分けた。「履歴書向きの美徳」は、資産や昇進といった外面的な成功を示すもので、「追悼文向きの美徳」は、たとえば親切だったか、誠実だったか、勇気があったかなどの内面的な性質を意味する。

私たちはともすれば外面的成功や将来のことを考えるのに忙しい。大学では希望の職に就くために四年を費やし、エクセルやパワーポイントを習得し、成功するための本を読む。もしあなたが野心的なら（成功についての本を読んでいるのだから、たぶんそうだろう）、「履歴書向きの美徳」についてはあまり心配する必要はない。いつもそのことを考えているはずだから。

一方の「追悼文向きの美徳」については、どうだろう？　ものごとの後に「うん、私は善人だ」と自分を正当化するぐらいではないだろうか。けれども、将来にわたってあなたのキャリアと人生を充実させるためには、「追悼文向きの美徳」についても熱心に考える必要がある。それはまた、自分の死について少しばかり考えることでもあるのだ。

自分の葬儀の様子を思い描いてみよう。あなたを大切に思ってくれた人びとが皆集まり、敬意を表してくれている。今から、彼らが最も惜しむ、最もあなたらしい人柄を心から讃えてくれるだろう。さて、何と言ってもらいたいか？

時間をつくってこのことを考えてみよう。きっと、死後に讃えられるあなたの価値が何なのか見つめることができるだろう。それにより、今後の意思決定での指針が得られるはずだ。スティーブ・ジョブズは二〇〇五年、スタンフォード大学の卒業式での有名なスピーチでこう言った。

「自分の死がそう遠くないと意識することは、人生の折々に重大な選択をするときに、最も役立つ判断基準になった」

調査では、人びとが時間を割いて自分の死について考えると、他者に対してより親切で寛大になれることが証明された。これは、正式には「脅威管理理論」というたいそう威嚇的な名称で呼ばれるが、もっと親しみやすい呼び名では「スクルージ効果」という。

あなたは少しのあいだ、短期的な目標のことを忘れ、自分が本当になりたい人間に思いを馳せる。ちょっと不健全に思われるかもしれないが、じつは終末について考える人びとは、とても健康的に行動するので、むしろ長生きするようだ。また、自尊心が高まることも証明されている。

私たちは表向き装う通りの人になる

さて、自分のストーリーがありながら、それが効果を発揮しなかったらどうすべきか？　あなたは自分がどんな人間か、自分にとって何が重要かわかっているつもりだが、なぜかうまくいかず、目指しているところへ行けない。そんなことはないだろうか？

自分の人生の脚本家として、そろそろ別ルートを探る時期かもしれない。じつはセラピストたちも「物語の編集」と呼ばれる過程で、患者がこの作業をできるように助ける。バージニア大学教授のティモシー・ウィルソンの研究では、セラピストたちが成績の振るわない学生を対象に、学業問題に対する認識を「私はこれができない」から「コツを習いさえすれば大丈夫」に再解釈させた。すると、翌年彼らの成績は上がり、中退率が下がったという。「物語の編集」はしばしば抑うつ剤並みの、あるいはそれ以上の効果を発揮することが研究で示されている。

では、自分のストーリーを編集したら、次にどうするべきか？　役を演じ切ることだ。数多くの心理学的調査によると、行動が私たちの信念に従うかわりに、私たちの信念が行動によって形作られることが少なくない。昔からのことわざにあるように、「行動は言葉より雄弁」なのだ。まず行動を変えることから始めるこのやり方を、ウィルソンは「いい人になる前に、良い行いをする」方法と呼んだ。たとえばある人がボランティア活動を始めれば、自己認識が変わる。自分自身を、他者のために良いことをする人間だと見なすようになる。

カート・ヴォネガットの小説、『母なる夜』（早川書房）で、主人公ハワード・キャンベルは第二次世界大戦中、アメリカのスパイでありながら、ナチスの宣伝活動員を装っている。ナチス・ドイツのラジオ番組の声となり、表向きは第三帝国を礼賛しながら、じつはアメリカ向けに暗号メッセージを送信していた。たしかに意図は正しかったものの、キャンベルはある事実に気づく。自分が送る機密諜報が同盟国を助ける効果より、偽のラジオ・メッセージが敵の士気を鼓舞する効果のほうが大きいということに。この小説の教訓は、「我々は、表向き装う者になっていく。だから何者を装うかに慎重を期する必要がある」ということだ。

そんなわけで、意図を重視するだけでなく、自分が日々の行いを通して、理想のストーリーの主人公になりきっているかどうかに気を配るべきだ。そうすれば、ハワード・キャンベルのような末路をたどることなく、別の架空のキャラクター、〝ドン・キホーテ〟の道を歩むことができる。セルバンテスの物語の教訓も、「騎士になりたければ、騎士のように振る舞え」だった。

ヴィクトール・フランクルは、アウシュビッツ収容所で生き残った。煙草も吸わず、有刺鉄線へも飛び込まなかった。九二歳という高齢まで生き抜き、のちに世界に広がった新しい精神療法（ロゴテラピー）を創始した。強制収容所で自らが生き続ける原動力となったストーリーのことを広く伝え、やがてそれが人びとに生き続ける力を与えた。

どのみち私たちは、ストーリーを語らずにいられない。問題は、どんなストーリーを自分に語っているかだ。それは、あなたが行きたいところへ連れていってくれるものだろうか？

ところでグリットとは、つねに厳粛で深刻なものとはかぎらない。現に、悲惨極まりない状況においてさえ、それはただのゲームに過ぎないこともあるのだ。

絶体絶命の極限状態から生還した男の「ひと工夫」

ペルー・アンデス山脈のシウラ・グランデ峰は六三四四メートルの高さを誇る、南半球で最大の山だ。一九八五年、前人未踏だった標高差一四〇〇メートルに及ぶその西壁に二人の冒険家が挑み、世界で初めて登頂に成功した。

ジョー・シンプソンは相棒のサイモン・イェーツと自分が成し遂げたことに高揚していたが、同時に疲労しきっていた。あとはただ下山すればよかったが、じつは遭難の八割は下山のときに起きている。ジョーはつまずいて滑落し、脚を骨折した。まだ先は遠いのに、高所で脚を骨折し、救援もこない。死の宣告を受けたも同然だった。

だが二人は、残された可能性にかけて行動する。たがいの体をザイルで結びつけ、まずサイモンが雪の中に踏ん張り、急斜面に沿ってジョーの体を滑らせながら落とした。次に、ほとんど身動きできないジョーが、下りてくるサイモンを斜面で待つ。

その繰り返しで極度に遅いペースで進んでいると、突然、ジョーが落下した。一五階建てのビルから落ちていく感じだ。真下に見えていた山の麓ではなく、さらに落下し続ける――深さ一〇〇メートル以上の闇のクレバスのなかへ。

驚いたことにジョーは生きていた。運よくクレバスのなかの雪の上に落下していたのだ。

「サイモン！」

漆黒の暗闇で、ジョーは死にもの狂いで叫んだ。返事はない。

次に、まだつながっていたザイルを引いてみた。向こう端にはサイモン——もしくは彼の死体があるはずだ。が、グイッと引っ張ると、ザイルはたるんだ。するすると簡単に引っ張れる。ついに端っこを手にしたとき、何が起きたのかはっきりと理解した。サイモンは、相棒が死んだものと思い、ザイルを切断してしまったのだ。もう助けにもこないだろう。ジョーとて、彼を責めることはできない。彼自身、自分がまだ生きているのが信じられないくらいだから。

どうあがいても上へ登るのは無理だった——とすると、唯一の活路は、下に降りることだ。ジョーが暗闇に向かってゆっくりと降りていくと、目にした光景にあっ気にとられた。

陽が射し込んでいる。ジョーの右手、一五メートルほど向こうに雪の斜面があり、クレバスの出口へと続いていた。落ちた穴以外に出口があったのだ。ジョーは何時間もよちよち歩きの子のように雪の斜面と格闘し続け、ついにクレバスを脱け出した。陽の光をさんさんと浴び、至福に浸った。

だがそれもつかの間だった。山の麓で周りを見渡しながら、まだベースキャンプまで一〇キロ近くあることを思い出した。サイモンはどこにもいない。ジョーの脚は相変わらず脈打つように痛んでいた。

セリグマンの犬が無力感に陥ったように、闘い続けるべき、あるいは闘い続けられる根拠は何もなかった。ならば、ジョー・シンプソンはなぜ闘い続けられたのだろう？じつは最も危機的、かつ極限的な状況で、彼は常軌を逸したことを思いついた。

これはゲームだと考えることにしたのだ。ジョーは、目標物を設定しだした。

「二〇分であの氷河まで行けるだろうか？」

そしてその通りクリアできると、彼は歓喜した。だめなときはがっかりしたが、同時にいっそう執念を燃やした。「高揚感で背筋がゾクゾクし、私はすっかりのめり込んでいた。ゲームに夢中になり、やり続けないと気が済まなかった」。

ジョーは、満身創痍の体を起こし、右手に持ったアックスを短い杖がわりに、片足だけで必死に前へ跳んだ。つまずくたびに、痺れるような痛みが走った——しかし、あの雪堤まで行くのにあと一〇分しか残されていない。なんとしても、この小さなゲームに勝たなければ。

ゲームをクリアすると、仲間と登ったときの足跡が見つかった。それをたどれば帰れる。だが、体を動かそうとした瞬間、強風で吹きあげられた雪で足跡は隠れてしまった。

それでも彼はゲームに戻った。

「目標を設定。時計をチェック。プレー続行。時間内に次の目標に到達せよ」

ジョーのペースは耐えがたいほどのろかったが、雪の地面が岩場に変わったのでようやく気づいた。キャンプに近づきつつあったのだ。だがそれまでの雪のほうがまだ寛容だった。岩と砂礫は、誤って脚をぶつけようものなら無慈悲で容赦なく、耐えがたい痛みに襲われた。

「それでもゲームを続行せよ」

次の目標物は湖だ。その近くに自分たちのキャンプがある。ジョーの心に希望が満ち溢れた。「たどり着けるかもしれない！」

しかし、まだ誰かいるだろうか？　もう四日も経っている。ザイルを切断したサイモンは、ジョーはもう死んだと思っているだろう。彼はもうキャンプを後にしてしまっただろうか？　もうじきまた夜だ。ジョーはここ数日ろくに眠っていない。それでも彼はゲームに戻った。ほかにやれることはなかった。今やジョーにとって唯一の願いは、独りで死にたくないということだけだった。

「二〇分で湖まで行こう。ゲーム続行」

夜のとばりが降り、ジョーはぐったりと衰弱し、錯乱状態で倒れこんだ。眠りに落ちたようだ。もはや起きているのか眠っているのか、境目もわからない。やがてひどい臭気で目覚めた。その正体は……排泄物だった。ジョーは辺りを見回した。そこはベースキャンプのトイレだった。彼は一瞬で正気を取り戻し、叫んだ。

「サイモン！」

ほどなく、遠くで灯りがゆらめいた。こちらにやってくる。声も聞こえる。ジョーは声を張りあげた。灯りはどんどん近づいてきて、眩しさで何も見えない。と、そのときサイモンがジョーの両肩をつかみ、しっかと抱きしめた。ジョーはゲームを勝ち抜いたのだ。

「ゲームに見立てる」というばかげた戦略のばかにできない効果

極限的な状況をゲームに見立てることがジョー・シンプソンの命を救った、と言ったらばかげて聞こえるかもしれないが、しかし私はこれと同様のことを、研究結果や人びとへのインタビューで何度となく見聞きしている。たとえば海軍特殊部隊シールズの地獄の訓練、BUD／Sを耐え抜いたジェームズ・ウォーターズにインタビューしたとき、彼はこう語った。

「BUD／Sで試されているのは、困難な状況に対処し、前進し続ける力だということに多くの人が気づいていない。これは一種のゲームなんだ。だから勝つためには楽しむこと。それと、つねに大局的な視野で捉えることだ」

ほかに、学校でのクラス分けや採点法をゲーム形式に改めたところ、学生の成績が良くなったという事例もある。レンセラー工科大学の教授がクラスに『ワールド・オブ・ワークラフト』」（二つの陣営が恒久的な戦闘状態にあるという設定のオンラインゲーム）を取りいれたところ、熱心に勉強する学生が増え、カンニングなども減ったという。

ここで疑問が湧いてくる。厄介なことも多く、挫折感も味わうゲームは学業や仕事と大差ないのに、どうして人はゲームにワクワクし、仕事にはウンザリなのか？ 子どもたちはくり返しが多くて難しい宿題は大嫌いなのに、同じようにくり返しばかりでやたら難しいゲームに嬉々として飛びつくのはなぜなのか？ 大人も計算パズルを解くのは好きなのに、確定申告はなぜ嫌いなのか？ ゲームになるか、単なるイライラの種で終わるか、その違いはいったい何なのか？

誰でも経験があるが、何かがうまく機能しないと、人はイラついて怒りだす。だがときどき、私たちは好奇心を掻きたてられ、アリスがウサギの穴に落ちていくように謎解きにとり憑かれ、問題の〝手ごわさ〟が面白くてたまらなくなる。さながら難事件を解明する探偵のように。

経済学者タイラー・コーエンが、個人のストーリーは、人生のごたごたをろ過するフィルターだと指摘したように、ゲームは、一連の活動に重ね合わせる枠組みのようなものだ。それによって、ただ退屈そうに見えた活動が俄然面白く、やりがいのあるものに思え、ときには病みつきになったりする。

しかも、たったいくつかの要素が、納税申告を愉快な経験に変える。その一つは、「認知的再評価」と呼ばれるもので、簡単に言えば、「起こっている事柄に関して、見方や発想を変えたストーリーを自分に語りかけること」だ。たとえばなかなか食べてくれなかった幼児に、飛行機型のスプーンを与えてみたら、喜んで食べだした、なんてことがよくある。私たち大人だって、彼らとそう変わらないのだ（失礼！）。

ウォルター・ミシェルによる「マシュマロ実験」は広く知られているが、通常は、意志力との関連で語られることが多い。簡単に要約すると、「マシュマロをすぐ一個もらう？　それとも我慢して、あとで二個もらう？」と尋ねられた幼児のなかで、我慢することができ、意志力を示した子は、後年社会的に成功する確率が高かったことを証明した研究である。

しかしこの研究におけるもう一つの興味深い要素は、我慢した子のうち、かなり多くの子が誘惑を回避しようとした方法にあった。ほとんどの子が、ただ歯を食いしばって食べたい衝動を抑えつけたのではなく、超人的な意志力を示した。

驚くべきことに、この子たちは「認知的再評価」を達成していたのだ。つまり、自分の置かれた状況を別のレンズを通して見たり、ゲームに見立てたりしていた。ミシェルは説明する。

「子どもたちは、マシュマロを〝もっちりしたおいしいおやつ〟としてではなく、〝空中に漂うフワフワの雲〟として認識したのです。その場合、彼らはマシュマロとベルを目の前に置かれながら、私と大学院生たちがネをあげるまでじっと座っていました」

「認知的再評価」に取り組むこと、すなわち、自分自身に見方や発想を変えたストーリーを語ることにより、じつは従来の意志力のパラダイム全体を覆すことができる。

元来、意志力は筋肉と同じで、使いすぎれば疲弊するといわれてきた。しかし意志力が枯渇するのは、そこに葛藤があるからだ。ところがゲームはこの葛藤を別のものに変えてくれる。ゲームはその過程を面白いものに変えるので、マシュマロ実験が示したように、私たちは意志力を枯渇させることなく、はるかに長く持ちこたえることができる。

たとえば、あなたの目の前に山積みのコカインが置かれたとしよう（ここではあなたはコカイン中毒者ではないとする）。あなたはコカインから快感が得られると知っている。理由があるから人びとはコカインを吸う。ところが大多数の人は「いりません」と断る。その理由はなぜか？

それはあなたのストーリーと一致しないからだ。

私はコカインを吸うような人間ではない、と認識しているのである。そしてあなたはコカインがいらないさまざまな理由を思いつくだろう。あなたは目を閉じ、拳を握りしめ、お願いだからコカインを持ち去ってくれと懇願するだろうか？　そんなことはしないだろう。コカインを拒絶するのに、意志力を働かせる必要がまったくないからだ。

ところがこれが、肉汁のしたたるステーキだったらどうだろう？　しかもあなたがステーキに目がなく、とくに空腹だったら？　あなたが採食主義者でないかぎり、葛藤が生じ、意志力が消耗される。が、ここで自分に語るストーリーを変えてみると、ステーキを断っても意志力をまったく使わずに済む。ストーリーを変えれば、あなたの行動を変えられるのだ。そしてゲームも別の種類のストーリー、それも面白いストーリーだ。

空想話は楽しいが、ここで人生の話に戻ろう。仕事はなぜ面白くないのだろう？　じつはその答えは極めて単純だ。今日私たちの知っている仕事はつまらないゲームだからだ。

これぞコロンブスの卵！——「退屈」をなくせば「努力」は必要なくなる

作家のデヴィッド・フォスター・ウォレスはかつてこう言った。

「もしも退屈というものに抵抗力ができれば、成し遂げられないものは文字通り何もない」

いろいろな意味で、この言葉は真実だ。たとえばあなたが決して退屈しない人間なら、かなりコンピュータに近づいている。コンピュータはありとあらゆる退屈な作業を人間に代わってこなしてくれる。しかも迅速かつ完璧に。

コンピュータには、ゲームのメカニズムがまったくいらない。退屈とも意欲の低下とも無縁だからだ。それでいて、人びとのオフィスは、まるで機械のために設計されているようだ。人間はコンピュータではないのに。マルクス経済学は多くの点で間違っていたが、今になって正しかったと言えることがいくつかある。労働者から仕事との心情的なつながりを奪い、彼らをただ成果を生みだす機械として扱うと、労働者の魂を殺すことになる、というのがその一つだ。

それでは、奪われた情緒的要素を元のように戻すことはできるのだろうか？　もちろんできる。しかも、じつはそれほど難しいことではない。

イエール・イノベーション・チーム（イエール大学起業サークルの一部）は、どうすればカフェテリアで食後に手を消毒する学生を増やせるかという課題に取り組んだ。彼らは学生たちにうるさく働きかけたわけでも、大学の施設管理部に規則づくりを迫ったわけでもなかった。それより手の消毒を面白くすることにしたのだ。

学生たちはただ、消毒剤の容器といくつかのスピーカーとiＰｏｄを接続し、誰かが消毒剤を使うたびに小気味いい音が鳴るようにした。ビデオゲームで得点したときに鳴る効果音の類だ。結果はどうなっただろう？　仕掛けをする前、消毒剤を使った者は一三名だったが、仕掛けをした後は九一名になった。ちょっとした工夫で面白くしたとたん、消毒する学生が七倍に増えたのだ。

生活にゲームの仕組みを活かせば、退屈な瞬間を愉快なものに変えられる。これを応用すれば、私たちは俄然仕事に打ち込めるようになり、人生でも成功をおさめられるだろうか？

もちろん！　仕事はもうつまらないゲームではなくなる。ということで、仕事にはウンザリするのに、なぜゲームにはワクワクするのかを究明し、前者を後者に変える方法を学ぼう。

どんな成功法則よりも役に立つ！「面白いゲームの四つの条件」

「めそめそ泣いて（Whiny）、去勢された（Neutered）ヤギたちが（Goats）空を飛ぶ（Fly）」

このイメージを頭に描こう。

あなたはたった今、面白いゲームすべてに共通する四文字を知った。頭文字を取って「ＷＮＧＦ」だ。なぜなら、面白いゲームに含まれる共通要素は、勝てること（Winnable）、斬新であること（Novel）、目標（Goals）、フィードバック（Feedback）の四つだからだ。

何かにたいしてイラつくなら、それはたぶん、この四つの要素の少なくとも一つが欠けているからだ。

では、順に見ていこう。

1 勝てること（Winnable）

良いゲームは、プレーヤーが勝てるデザインになっている。デザイナーたちは、勝てないゲームをつくらない。ゲームには明確なルールがあり、私たちは本能的にそれがわかり、粘り強くやれば勝算が見込めると判断できる。つまり、楽観的になれる正当な根拠が得られるわけだ。ゲームはすべてのプレーヤーを、ジェームズ・ウォーターズのように、地獄の訓練を耐え抜ける人間に変えてくれる。

この「正当な楽観主義」は、困難なことを面白くしてくれる。ゲームは時として実生活より難しい。しかし、ゲームは難しいからこそ面白く、易しければつまらない。ゲームコンサルタント会社社長、ニコール・ラザロの調査によれば、プレーヤーはゲーム中の約八〇％は失敗しているという。研究者で、オンラインゲーム・デザイナーでもあるジェーン・マクゴニガルは次のように説明する。

プレーヤーは、だいたい五回中四回はミッションをクリアできず、時間切れになる、パズルを解けない、戦闘に勝てない、得点をあげられない、衝突して炎上する、死亡する、といった結果を迎える。そこではたと疑問が湧く。果たしてプレーヤーは、失敗しても楽しんでいるのだろうか？　じつはそうなのだ。良くデザインされたゲームで遊んでいれば、失敗してもプレーヤーは失望しない。むしろ一種独特の幸福感を得る。彼らはワクワクし、興味をかき立てられ、なにより楽観的な気分になる。

ゲームの枠組みを地獄の訓練、BUD／Sに当てはめてみるとよく理解できる。BUD／Sは勝算のあるゲームだ。元来合格できる。プールで訓練生の口からレギュレータを引きはがそうとする教官は、じつは彼らが溺れた際に身を挺して救おうと待機してくれている。ではなぜ不合格者が出るのか？　それはパニックのせいだ。彼らはこれがゲームであることを忘れ、本当に死ぬかもしれないと思ってしまう。

ジョー・シンプソンは、自分が生還できるかどうかわからなかった。ところが、やってみたら二〇分以内に目標の岩まで到達できた。つまりそれは勝算のあるゲームになり、最後までやり通すことができた。

一方、仕事はときに、勝算が見込めないゲームのようだし、自分が何をしてもあまり影響がないように感じる。誰がそんなゲームをしたいと思うだろうか？　しかし、状況を改善することはできる。会社のやり方を徹底的に改めるのは無理だとしても、ジョー・シンプソンのように、勝算が見込める自分なりのゲームを決め、それに取り組むことは可能だ。

2 斬新な課題（Novel）

すぐれたゲームには必ず新たなステージ（レベル）、新たな敵、新たな功績が用意されている。人間の脳はたえず斬新さを求めるので、良くつくられたゲームは、プレーヤーがつねに目先の変わったものに刺激を受け、興味をそそられるように配慮している。

ゲームは、その課題によってプレーヤーを没頭させる——言い換えると、ミハイ・チクセントミハイがいうところの「フロー」状態を生みだすようにデザインされている。

フローとは、私たちが時間の経過も忘れるほど何かに没頭し、高揚感に満たされている状態をいう。面白いゲームは決して退屈させず、また逆にあなたを打ちのめすこともない。難しいが難しすぎない、易しいが易しすぎないという絶妙なバランスが保たれているからだ。しかもプレーヤーの能力が上がるにつれて、ゲームの難易度も上がっていくように設計されているので、私たちはつねにやりがいを感じ、ゲームにはまっていられるわけだ。マクゴニガルは次のように説明する。

チクセントミハイの研究によれば、フロー状態が最も確実に、効率よく生みだされるのは、自分が設定した目標、個人的に最適な障害、途切れないフィードバックが揃ったときで、これらはまさに、ゲームプレーの基本的構造だという。「ゲーム類は明らかにフロー状態の源泉であり、遊びこそは卓越したフロー体験である」と同氏は述べている。

ジョー・シンプソンには多くの試練があった。脚の骨折に加えて、水も食料もなかった。加えて、山は斬新な課題を与えてくれた――クレバスに雪、岩。彼は引きも切らず新たなステージに直面し、たえず脳が研ぎ澄まされる刺激をもらっていた。

ここでちょっとふり返って、あなたの仕事の初日を思い出してみよう。決して退屈な日ではなかったはずだ。覚えることが山ほどあり、耳慣れない難しい事柄をたくさん吸収するのに精一杯。少し圧倒されそうに思いながらも、とにかく斬新で、やりがいのある経験だったにちがいない。半年後、おそらく状況は変わっただろう。その後は同じステージでのゲームを毎日一〇時間、週に五日、何年もくり返すようなものだ。面白いゲームではない。

職場は、従業員が仕事に熟達することを望んでいる。当然のことだ。しかしそれはいわば、プレーヤーが飽和状態になっているゲームで、退屈このうえない。良いゲームは失敗率八〇%で、それがプレーヤーの情熱を掻きたて、ゲームを続けさせる。ところが職場は失敗を嫌う。失敗がゼロなら、面白味もゼロだ。そして世の中には課題がなく、ただただ忙しいという仕事が溢れている。およそ魅力的とはいえない。

ただし良い情報もある。面白いゲームができるかどうかは、私たち自身にかかっているということだ。調査によると、私たちは自分を最大限幸せにすることではなく、簡単なことを選んでしまいがちだという。たとえば、今日は友人と外出するのは億劫だなと思いながら、それでも出かけてみると、とても楽しかったりする。自分では家で休みたいと思っていても、私たちが本当に望んでいるのは種類の異なる課題なのだ。

人は、いつでも楽であることを求めるが、じつは本当の幸せをもたらすのは刺激である。私たちは楽をしようとしてあまり働かなくなり、おざなりに仕事をこなし、早々に退社する。これは燃え尽きの兆候だ。こんなときは何かを差し引くより、むしろ新たな課題を加えるほうが仕事への情熱を生むことがある。

ダン・アリエリーが、興味深い実例を紹介している。ピルズベリーという食品会社は一九四〇年、インスタントのケーキミックスを発売したが、あまり売れなかった。同社は首をかしげた。手間がかからない楽な商品をつくったのに、主婦たちに受けない。やがて思い当たった。ケーキづくりは単なる骨折り仕事ではなく、家族への愛情表現だったのだ。そこで、卵を加えなければならないなど、ひと手間必要なケーキミックスを作ったところ、売り上げが跳ねあがったという。

というわけで、仕事を面白くするには、課題を加えること。仕事であれ何であれ、その行為に意味を持たせ、没頭するには、結局のところ私たちは自分の痕跡を残したいのだ。

3 目標（Goals）

姫を救出するマリオであろうと、『コール・オブ・デューティー』最新版での敵を壊滅させるスペシャル兵士であろうと、すぐれたゲームでは攻略法が明確だ。それでプレーヤーは焦点に集中でき、意思決定をくだしやすい。

ジョー・シンプソンは次の目標物まで二〇分で行くという時間制限を設けた。本人が任意に決めたルールだが、ゲームの成否を判断する枠組みになった。タイラー・コーエンの言うストーリーが、〝ごちゃごちゃ〟な人生を〝筋の通った〟ものに変えたように、ゲームのルールが、シンプソンの混乱状態に秩序を与えたのだ。

職場にもたしかに目標がある。だが、それはあなたの目標だろうか？　会社が目標を達成するとき、あなたの目標も叶えられているだろうか？　そうとは言い切れないのではないか？

また目標は、プレッシャーや脅威にもなりうる。私たちは失敗したくないがために、目標を定めなかったりする。けれども勝算が見込める形でゲームを定めれば、目標は脅威ではなくなる。それにゲームで失敗するのはＯＫなのだ。ゲームは失敗することでより面白くなるのだから。

4 フィードバック（Feedback）

ゲームのプレーヤーが適切なことをすれば、得点、報奨、新たなスキルなどが得られる。間違ったことをすればペナルティが課される。そしてこれらはすべて瞬時に行われる。

会社の構造を変えるコンサルティングを手がけるアーロン・ディグナンによれば、あなたはつねに、ゲームのなかで、今自分がどんな状況にあって、どんなことをしているか、パフォーマンスを上げるにはどうすれば良いのかを把握している。

人を最もやる気にさせるのは、やりがいのある作業で進展が感じられるときだと、調査でも示されている。感じられる進歩は、ささやかなものでいい。ハーバード・ビジネススクールのテレサ・アマビールは言う。「各企業内での調査によると、社員に意欲を起こさせる最善の方法は、毎日の仕事で、容易に進歩が得られるようにすることでした」。

実際、たえずささやかな成功が得られるほうが、ときどき大きな成功を手にするより、幸福感につながることがデータによって示されている。「大きな功績にしか関心を示さない者より、小さな成果を途切れなく感じている者のほうが、人生に対する満足感が二二％高い」という。

ナポレオンはこう言った。

「兵士は、わずかばかりの色つきリボンのために、延々と命がけで戦うようになる」

ゲームがプレーヤーに与える戦利品も、たいていは格好いいバッジかご褒美動画くらいのものだ。でも、そんな他愛ない物を目当てに人びとはゲームをし続ける。

「ささやかな成功」を祝うという行動は、グリットで苦境を生き抜いた者たちに共通して見られる。アルコール中毒者更生会（ＡＡ）が成果をあげた理由の一つもこの方法だ。一日を、飲酒せずに過ごせたらそれは小さな成功だ。そして心理学の一流専門誌、『アメリカン・サイコロジスト』に掲載された論文によれば、「一度小さな成功が得られたら、次の小さな成功も得たいという弾みがつく」のだという。

要するに、すぐれたゲームはたえず直接的なフィードバックを与えることにより、人びとにプレーを続けさせる。では、仕事はどうだろう？　勤務評価を受けるのは年に一度だけ。ジェーン・マクゴニガルの著書によると、三流レベルの会社幹部の多くが職場でコンピュータ・ゲームに興じているという。その理由は、「生産性を感じられるから」だそうだ。なんとも皮肉な話だ。

フィードバックをもらえないなら、求めよう。上司と一定の頻度でコミュニケーションを取ってあなたへの評価を確かめるのだ。

第2章でジェフリー・フェファーが言っていたように、上司へのゴマすりは効果がある。しかし、もっと誠実に得点できる方法がある。私の働きぶりはどうか？　もっと成果をあげるにはどうすれば良いか？　と上司に定期的に尋ねることだ。もしあなたが上司で、部下から定期的に「どうしたらもっとお役に立てるでしょう？」と言われたら、どんな反応を示すだろう？　そう、決して悪い気はしないはずだ。

ゲームには中毒性がある。だから、もしあなたが仕事をゲーム仕立てにできれば、ポジティブなフィードバックループ（フィードバックを繰り返すことで、結果が増幅されていくこと）を形成し、成功と幸福感を同時に見いだすことができる。マクゴニガルが言うように、「これは明らかに、たとえ負けても勝てるゲーム」なのだ。

さらに、このゲームの視点を人生のほかの領域にも取りいれれば、そこでも「レベルアップ」を図ることができる。夫（妻）として、親として、または友人、隣人として、今自分がしていることに勝算があるかどうか、斬新で、課題とフィードバックがあるかどうかという視点を導入すれば、さまざまな恩恵を得られるだろう。それに、ゲームはやはり誰かと一緒にやるほうが面白い。

ジョー・シンプソンは不可能を可能に変えた。山で遭難し、想像を絶する苦難に遭い、サイモンと再会できたときには、体重が三分の二になっていた。六回の手術が必要だったが、その後登山を再開した。これぞグリットのなせる業だ。

楽天主義であれ、何らかの意味であれ、単純なゲームであれ、あなたの頭の中で語られる自分へのストーリーこそが、不屈の忍耐力の鍵なのだ。だが、グリットの話はまだ終わりではない。もう一つの面に目を向ける必要がある。

アメリカの伝説的コメディアン、W・C・フィールズはかつてこう言った。

「一度やってみてうまくいかなかったら、何度かやってみよう。それでもだめなら諦めろ。時間を無駄にするだけだ」

私たちはこれまでグリットがもたらす恩恵について見てきた。ここからは、見切りをつけることのプラス面を見ていこう。

「時は金なり」は間違っている

スペンサー・グレンドンは、とても印象的な男性だ。フルブライト奨学生としてドイツで学んだ後、ハーバード大学で経済学博士号を取得し、シカゴ南部の慈善事業を支援。現在はマサチューセッツ州で最大手投資信託の共同経営者である。しかし、最も印象的なのはその経歴ではない。

驚くべきは、こうした業績を積みあげてきた期間、必ずと言っていいほど彼は重病だったということだ。高校時代、スペンサーは潰瘍性大腸炎を患い、やがて合併症である進行性の肝機能障害を抱えるようになった。ついに友人から提供を受けて肝臓移植手術を受けたが、その関係で免疫抑制剤を飲み続けなければならなくなり、免疫システムがほとんど機能していない。私たちなら鼻づまり程度で済む風邪でも、彼は一週間寝込まなくてはならない。

多くの人は具合が悪くてもコーヒーと気合いで計画を推し進めようとするが、スペンサーの場合、体が言うことを聞かず、またもベッドに縛りつけられる。なんとも気の毒な話だが、ほかでもないこの障害こそが、スペンサーを驚異的な存在にしている。そんな彼の口癖がこれ。

「私はこれまでの人生ずっと、〝体に障害がある幸運〟というべきものに恵まれてきた」

おそらく今、あなたは私と同様に、えっ？　と驚いたことだろう。

スペンサーは病状が重かった高校時代、セラピストの元に通った。パーティやデートに行ったり、スポーツを楽しんだりといったごくふつうの若者と同じことを望んだが、それらはたいてい現実的な選択ではなく、彼は打ちひしがれた。

セラピストはスペンサーに嘘をつけなかった。同年代の若者のような生活を送ることはできない。しかしだからとって、彼が惨めになる必要はない。セラピストは、毎日何か一つずつやり遂げることに集中してみるように助言した。もし一つのことを成し遂げられたなら、彼は自分に対してポジティブな気持ちを抱くことができる。スペンサーのエネルギーは限られていたが、一日に一つのことに焦点を絞れば、自分がしたいことで取り組めることがまだまだあった。

ある日のそれは、夕食づくりだけだった。もし夕食を自分で料理できれば、彼はその日、目標を成し遂げたことになった。ほかの多くの活動を諦めなければならなかったが、それでも彼は一つのことをやり遂げられたのだ。

だから、スペンサーは毎日必ず一つのことをした。翌日もまた一つ。その翌日も一つ。そして体調がすこぶる悪かった日にも、夕食だけは作った（当然、料理の腕も磨かれた）。

病気と折り合いをつけながら生きる日々は、私たちが見過ごしている事実をスペンサーに気づかせた。人が一生のあいだに行うことはすべてトレードオフだという事実を。一つを選びとることは、ほかの何かをしないことを意味する。スペンサーにとって、「これがやりたい」と「そのかわりあれを諦めてもかまわない」は必ずワンセットだった。

経済学で博士号を取得した彼が、身をもって「機会費用」を深く学んでいたのは少なからぬ皮肉である。森の中で自給自足の生活を送ったことで知られる作家のヘンリー・デヴィッド・ソローは言った。

「あらゆるものの価格は、人がそれと交換する人生の総量である」

限界について考えるのはあまり気が進まないが、その実、限界は誰にでも必ずある。見切りをつけることとは、多くの場合、限界にまつわる問題だ。すなわち、限界を追求し、限界を最大限に活用し、そして何より限界を知ること。

スペンサーに限らず成功をおさめた人びとの多くも、これと同様の視点でものごとを捉える。オリンピック選手に関するある研究に、次のような選手の言葉が引用されていた。

「すべてのものは機会費用です。もし私が、余暇にハイキングではなく映画を観に行ったら、その場合の機会費用は？　それはボート競技にプラスになるのか、マイナスになるのか。そこを判断しなければならないのです」

見切りをつけることは、グリットの反対を意味するとはかぎらない。「戦略的放棄」というものもある。あなたがひとたび夢中になれることを見つけたら、二番目のものを諦めることは、利益をもたらす。一番のものにまわせる時間が増えるからだ。もっと時間があったら、もっとお金があったらと願うなら、これが解決法だ。とくにあなたが多忙な場合には、唯一の打開策だ。

人は皆、見切りをつけるが、いつでも明確かつ意図的にやめることを決断するとは限らない。卒業や、親から止められるのを機にやめることもあれば、飽きてしまってやめることもある。私たちは機会を逃すことを恐れるが、皮肉なのは、非生産的なことを一刻も早くやめないがために、もっと重要なことをしたり、あるいは重要かもしれないことを試したりする機会を逸していることだ。

「あの仕事をもっと早く辞めればよかった」とか「あの関係はとっくに終わらせるべきだった」と誰もが口にする。自分にとって意味がないと思うことに見切りをつければ、もっと有意義な何かに取り組む時間を生みだすことができる。

つけ加えれば、「時は金なり」とか、「時間はお金と同じくらいに価値がある」とよく言われるが、あれは間違っている。研究者のガル・ゾーバーマンとジョン・リンチは人びとに、「あなたは将来、どれくらいの時間とお金を持っていると思うか？」と尋ねた。すると、時間とお金に対する予想に違いが見られた。将来自分の財布に入っている金額については控えめな予測が多かったが、時間については、将来（明日、来週、来年）は今よりもっと余裕があるだろうと答えた。

だが、後になれば時間に余裕ができるということもない。時間とお金は等価だと言われるが、それは違う。お金は増やせるが、時間は有限だ。

さて、偉大で力のある人が粘り強くやり抜いて勝利をおさめたという話はいくらでも聞くが、見切りをつけることで成功した偉人の話はあまり聞かない。粘り強さが効果を発揮する一方で、実社会での成功者は、断念することはあるのだろうか？

世界的に名誉ある研究への招待に対する、世界的に活躍する人たちの返答

すでに登場してもらったミハイ・チクセントミハイは、世界で最もクリエイティブな成功者へのインタビューに基づく著書を出版しようとした。ノーベル賞受賞者、全米図書賞受賞者、明らかに各専門分野の第一線で活躍する人びとなど、二七五人の人びとに

依頼状が発送された。世界的に有名な研究者からの依頼で、のちに出版される重要な調査に参加することは、大変栄誉なことと思われた。結果はどうだったか？

三分の一の人は参加を拒否した。それを上まわる人びとからは、返答さえなかった。彼らは、それぞれ自分の仕事に追われていた。あのピーター・ドラッカーからもらった返事にいたっては、次のようなものだった。

「おこがましく、無作法と受け取られないことを願いたいが、ここで生産性を向上させる秘訣の一つを申しあげたい……それは、こうした招待状すべてを捨てる大きなゴミ箱を持つことです」

チクセントミハイはこのような返事がくることを予期すべきだったかもしれない。ドラッカーに調査への参加が依頼された理由は、同氏が効率的にものごとをこなすという面での世界的権威だったからだ。

ドラッカーは、時間が最も希少な資源だと考えていた。彼が人びとに薦めた第一の防衛策はスケジュール管理の向上ではなく、自分の目標を達成するうえで、その進捗に寄与しないすべてのものを断つことだった。

実際、ドラッカーは著書、『経営者の条件』（ダイヤモンド社）のなかで次のように述べている。

自らが効率的であることを望み、なおかつ自分の組織が効率的であることを望む経営者は、すべての事業、すべての活動、すべての業務を取り締まる。彼は「これはまだやる価値があるだろうか？」とたえず自問する。もし答えがノーならそれを取りやめ、熟達した技術をもって行われれば、確実に自分の仕事や組織のパフォーマンスに結果をもたらす限られた数の業務に集中できるようにする。

『ビジョナリー・カンパニー2 飛躍の法』（日経BP社）の著者、ジム・コリンズは、失意から方向転換し、めざましい飛躍を遂げた企業を対象に徹底的な調査を行った。その結果、それらの企業が行った大変革のほとんどは、新たなイニシアティブに関連するものではなく、収益をあげない事業の廃止だったことが明らかになった。

計画的な訓練を一万時間積まないと一人前のプロにはなれないと聞くと、その時間数に圧倒される。しかし、成功者がたえず精進する時間を捻出するためにどれほど多くの活動を諦めているかに気づけば、納得がいく。時間数が肝心であることもうなずける話だ。

たとえば、ある人が大学時代、どれほどの時間を勉強に費やしたのかわかれば、後年社会人として得られる収入を予測できる。それは驚くほどの結果ではないものの、彼らは学生時代パーティに明け暮れることもできたし、あるいは課外活動に没頭することもできただろう。意識的かどうかは別として、とにかく彼らは何に時間を費やすかを選択した。

そして実社会に出ても、状況はそれほど変わらない。そう、ご推察の通り成功者は長時間働いている。ハーバード・ビジネススクール名誉教授のジョン・コッターが財界リーダーを対象に調査したところ、平均で週六〇～六五時間働いていることがわかった。

もしあなたが一日一時間何かの訓練を積んだら、計一万時間に達するには二七・四年間かかってしまう。ところがあまり重要でないことをかなりの数諦め、一日四時間訓練するなら、六・八年で一万時間に達する。この差は大きい。前者なら二〇歳で訓練を開始してエキスパートになれるのは四七歳だが、後者なら同じ二〇歳で開始して二七歳で世界レベルに到達できる。

マシュマロ実験で著名なウォルター・ミシェルが研究者として成功できたのは、よくイディッシュ語（独語にスラヴ語、ヘブライ語を交えたもので、欧米のユダヤ人が用いる）の歌を口ずさんでいた祖母が、「セツフライシュ」という単語を教えてくれたからだ。それは「お尻の肉」を意味し、そこから転じて「椅子に腰を落ち着けて重要なことに取り組むこと」を意味するのだという。

そこで第一歩は、自分にとって最重要なものを知ること。次に、これまでやっていたことで、あまり重要でないものに見切りをつけて、結果を見てみよう。そうすれば、思っていた以上に本当に重要なものにすぐ気づくはずだ。

現在、スペンサーはかなり快調に過ごしている。体調のほうは良くなったが、時間に対する彼の信条はなんら変わらない。以前と変わらず「機会費用」と「トレードオフ」を旨とし、重要なことに取り組んでいる（本書のために時間を割いてもらえたのは光栄だ。そうでなければ彼のことを本書で紹介できない）。

「グリット」に足を引っ張られてしまうのはどんな人か

私たちはなぜものごとを簡単に諦めてしまうのだろう？　そして怠け者だとか弱虫だと言って自分を責める――それも事実だろうが、それだけでもない。

誰もがスーパーモデルやプロのバスケットボール選手になれるわけではない。私たちが描く夢の多くは、単純に達成不可能なのだ。達成困難な目標を断念したとき、人びとはより幸福で、ストレスから解放され、より健康になるという調査報告もある。では、最もストレスで参ってしまうのは誰か？　それは、うまくいかないことを断念しようとしない人びとだ。

グリットは諦めることなしには成り立たない。スペンサーが、そのマイナス面を教えてくれた。

グリットに足を引っ張られている人を山ほど知っています。それは彼ら自身や周りの人を惨めにするだけで、長期的な良い目標につながらない事柄に執着させるからです。かわりに選択すべきなのは、自分が最もやりたいこと、自分、あるいは周囲の人にも、最も喜びをもたらすこと、そして最も生産的なことなのです。

私たちはつねに、より多くのものが必要だと考える。もっと助けを。もっと意欲を。もっとエネルギーを……。しかし、今日の世界では、むしろその逆が正解だったりする。すなわち、より少なく求めることだ。気を散らすものをもっと少なく。目標をもっと少なく。責務をもっと少なく……。優先事項に最大限のものを振り向けるためだが、問題は何をより少なくするかだ。最も重要なことに時間を回せるように、あなたは何を諦め、何を断ち切ればいいだろうか？

想像してみよう。もし自分が、病状が最も深刻だったころのスペンサーだったら？体調が悪く、一日に一つのことしかできなかったら、あなたは何をするだろうか？おめでとう。あなたは今、自分にとって何が最も重要かわかったことだろう。何に最も多くの時間を費やすべきか。何を真っ先に行うべきか。どこでグリットを発揮すべきか、そして何を諦めるべきか明らかになったのではないか。ことわざにもあるように、「すべてをしようとすることをやめれば、何でもできる」。

でもあなたは、「何でも諦めていたら、ただの変人になってしまうのではないか？」と言うかもしれない。ところがじつは、変人であることこそ成功へのもう一つの鍵なのだ。

カンフー狂が切り開いた成功の道

カンサス州トピーカで育ったマット・ポリーは子ども時代、やせっぽちの弱虫だった。いじめられっ子のご多分に漏れず、世界で最強の男になることを夢見て、スーパーヒーローや腕っぷしの強い無頼漢に憧れていた。大半の子どもは、この手の夢を夢で終わらせる。しかしマットは違った。

一九歳のとき、彼は奇想天外なことをやってのける。プリンストン大学を中退し、少林寺拳法とカンフーの師を求めて中国へ渡ったのだ。

両親は激怒した。マットはチャック・ノリスのような武術家ではなく、メディカルスクールに進学して医師になるはずだったからだ。正気の沙汰じゃない……。しかし、彼はいずれ復学できることを知っていた。両親もしまいには許してくれるとわかっていた。まだ妻子もなく、借金もなくて身軽だ。このばかげた考えに挑戦し、どうなるのか試してみたかった。

一九九二年当時、インターネットはまだ普及しておらず、グーグルマップもなく、イェルプでカンフー寺を検索することもできなかった。マットは学校で北京語を習ったが、アジア文化に関する知識といえば、アメリカのヒップホップ・グループ、ウータン・クランから仕入れたものがほとんどで、少林寺がどこにあるかも知らなかった。でも試しに行ってみよう。なんとか突きとめられるだろう。というわけで、一九歳で身長一九三センチの白人男性が、寒空の下、天安門広場周辺の人びとに、逆さまの地図を片手に少林寺はどこですかと尋ねてまわった。

はたしてマットは、少林寺を探しあてた。住職は禅の達人というより中古車のセールスマンのような風貌だったが、ともかく月に一三〇〇ドルでアメリカから来た破天荒な青年を修道者として受けいれてくれた。

そこで彼が受けたカルチャーショックは、想像を絶していた。アメリカで上流中産階級の子弟としてあらゆる特権に恵まれていた青年が、電話線がかろうじて一本ある、毎夜人びとが空腹を抱えて眠りに就く村で暮らすのだ。マットはまさに、甘やかされて育ったよそ者の〝老外《ラオワイ》（外国人）〟だった。それでも真剣に武術を体得したかったら、心底〝世界最強の男〟になりたかったら、ここの一員として認めてもらうほかはないと彼にはわかっていた。でもどうやって？

マットは、ひたすら苦労しなければならなかった。修行者は毎日五時間、カンフーの訓練を受けるが、彼は七時間特訓を受けた。毎晩疲れ切って眠りにつき、朝目覚めると体じゅうが痛んだ。ほかの者では考えられない場所に打撲傷を負っていた。休みはなしだった。しかし、やがてマットの頑張りはほかの修行者の目にも留まるところとなり、彼のカンフーは飛躍的に上達した。

そしてある日、ついに師匠に呼ばれた。世界じゅうの武術家が腕を競う「鄭州《ていしゅう》国際少林武術フェスティバル」が近く開催されるので、少林寺の代表として出場するようにという話だった。かつてのいじめられっ子で、コカ・コーラを手放せなかった変わり者の〝老外〟が？　一年以上修行してきたとはいえ、一〇年近くも修練を重ねてきたトップクラスの戦士が相手では、一ラウンドも持ちこたえられないだろうと彼は思った。

それから八か月が瞬く間に過ぎ、試合の日を迎えた。マットは緊張しながら、一万人の観衆が見守るスタジアムに入っていった。最初の試合はわけなく勝った。観衆の喜ぶヘッドキックをみごと成功させ、韓国から来た戦士を打ち負かした。

しかしそれは初戦に過ぎず、試合はトーナメント式で、同じ日にまだ何試合も控えていた。しかも次の対戦相手は前大会のチャンピオンで、マットは友人とその初戦を観に行っていた。その初戦でチャンピオンはロシアの戦士の鼻を膝蹴りしてKO勝ちし、ロシア人はストレッチャーに乗せられ、運ばれていった。

マットは蒼ざめた。昔校庭で味わった恐怖がよみがえった。震えながらトイレへ駆け込む。何でこんなことになったんだ？　間違ってもあんな怪物を倒せるはずがない。

〝世界最強の男〟になるなんて土台無理だ。

だがそれでもオーケーだ。元々ばかげた実験なんだ。チャンピオンを相手に最終ラウンドまで闘い抜けたらそれで十分だ。とにかく死なないことが肝心だった――もっともそれも簡単ではなさそうだが。彼が入場していくと群衆が口々に叫んだ。「外国人に死を！」。

数秒後、マットは耐えがたい痛みにさらされていた。一方的に殴られ続けていたが、棄権しようとはしなかった。ここに来たのは自分の勇気を見つけるためで、彼の目標はロッキーのように、最終ラウンドまで闘い抜くことだった――できれば、ストレッチャーの世話にならずに。

マットは全ラウンドで負けて、チャンピオンに完敗した。しかし、試合が終わったとき、彼はしっかと立っていた。彼の笑顔は、チャンピオンの笑顔の二倍輝いていた。

その後マットは、プリンストンを去ったときのように、カンフーに見切りをつけた。マットは大試合で負けたが、自分との闘いに勝った。自分は決して〝世界最強の男〟になれないことを悟った。自分より強い戦士が必ずいる。しかし彼は素晴らしい挑戦をして、自分の勇気を見いだし、みごと目標を達成したのだ。家へ帰るときがきた。予想していた通り、両親は彼を許してくれた。ほどなく、復学してプリンストン大学を卒業した彼は、ローズ奨学生としてオックスフォード大学院へ進んだ。

この大それた遠回りは、ただ若者らしい狂気だろうか？　それは違う。この回り道は、彼の人生を変えるにいたった。

数年後、マットの著書、『アメリカン少林』（未邦訳、原題 *American Shaolin*）は批評家から激賞を浴び、彼はアメリカの非営利ラジオネットワーク、ナショナル・パブリック・ラジオに出演した。映画会社が同作品の権利を取得し、ジャッキー・チェンが興味を示したという。マットの実験は最終的に、作家としてのキャリアにつながったのだ。

学びの殿堂であるプリンストンやオックスフォードは彼の未来を開かなかった。それを可能にしてくれたのは、一九歳のころの常軌を逸した旅だった。ということは結局、それほどばかげたものではなかったのかもしれない。

生まれつき幸運な人はデータ的にいない

「マット・ポリーがばかげた経験の後、作家として成功したのはただの運じゃないか」という人もいるだろう。ところがいい話がある。運を引き寄せる科学があるのだ。

ハートフォードシャー大学の心理学教授のリチャード・ワイズマンは「運のいい人」と「運の悪い人」を対象に調査を行い、両者の人生に異なる成果をもたらすのはまったくの偶然か、不気味な力か、それとも何か本質的な違いなのかを検証した。その結果、運は単なる幸運でも超常現象でもなく、その人の選択によるところが大きいことが明らかになった。

一〇〇〇人以上の被験者を調査したところ、ワイズマンは、運のいい人の性質を発見した。彼らは、新しい経験を積極的に受けいれ、外向的で、あまり神経質でないことが示されたのだ。つまり彼らは直感に従い、何より前向きにものごとを試し、それがさらに直感を研ぎ澄ます。家に閉じこもっていたら、新しいことやワクワクさせてくれることと、素敵なものにどれほどめぐり合えるだろうか？　きっとチャンスは少ないだろう。

運は、生まれつきのものだろうか？　そんなことはない。運の大部分は選択によってもたらされることを踏まえたうえで、ワイズマンは「ラック・スクール」という別の実験を試みた。運が悪い人を、運がいい人のように行動するように指導したら、幸運な人と同じ成果を得られるだろうかというものだ。結果は上々だった。ラック・スクールの卒業生の八〇％が、運が良くなったと実感した。しかも彼らは運が良くなっただけでなく、幸福感も強くなったという。

機会を最大限に生かす行動をしなければ、運のいい人にも悪いことが起こるのだろうか？　じつはそうだ。つまり、「人は、やらなかったことを最も後悔する」ということわざは真実である。

コーネル大学の心理学教授、ティモシー・ギロヴィッチによれば、人びとは、失敗したことより行動を起こさなかったことを二倍後悔するという。なぜだろう？　私たちは失敗を正当化するが、何も試みなかったことについては、正当化できないからだ。さらに、歳を重ねていくにつれ、人は良いことだけ覚えていて、悪いことは忘れてしまう傾向にある。そんなわけで、単純に多くのことを経験すればするほど、年老いたときに幸福感が増し、孫に聞かせる武勇伝も増えるというわけだ。

運のいい人は、失敗についてくよくよ悩まず、悪い出来事の良い面を見て、そこから学ぶ。そう、楽天的な野球チームの話で見てきたように、彼らは楽観的な説明スタイルを持っている。このことは多くの研究によって裏づけられている。

『幸運を祈って！』という気の利いたタイトルの研究では、おまじないやそれに類する行動（指を交差させて「頑張って（Break a leg）」と言うなど）、お守りなど、幸運を呼び寄せるとされる迷信は、実際にゴルフのスコアや、運動能力、記憶力、回文ゲームなどの能力を上げることが証明された。だからといって魔術ではない。これらは人びとに自信を与えることによって、そのパフォーマンスを向上させる（だから友人の幸運を祈ろう。効果はてき面だ）。

こうした楽天主義は、運のいい人にいっそうグリットを与え、新しいことにより前向きに挑戦させるので、やがて時とともに、いっそう良い出来事が彼らに起こるようになる。よほど危険な試みでないかぎり、また、時おり起こる悪い出来事を正当化できるかぎり、上昇スパイラルが続く。そしてあるときついに、大成功を呼び込むだろう。

六歳児にCEOにMBAの学生……ゲームの勝者は？

そんなわけで、つねに新しいことにチャレンジしよう。そうすれば運に恵まれる。いつも同じことばかりしていると、これまでと同じものしか手に入らない。もし成功への明確な道筋がなく、あなたが達成したいことに関する手本も存在しない場合には、途方もないことをやってみるのが唯一の打開策かもしれない。

そのことを示す話をしよう。「マシュマロ・チャレンジ」（またマシュマロだが……ウォルター・ミシェルのマシュマロテストとはまったく別だ）と呼ばれる簡単なゲームがある。次の材料を使って、四人のチームで一八分以内に、マシュマロを頂点とした自立したタワーをつくり、その高さを競う。

- スパゲティ　二〇本
- マスキングテープ　一メートル
- 紐　九〇センチ
- マシュマロ　一個

これはピーター・スキルマン（マイクロソフト社スマートシングス、ゼネラルマネージャーという仰々しい役職に就いている）が、創造性を鍛える課題として考案したものだ。スキルマンはこのゲームを、五年以上にわたってエンジニア、ＣＥＯ、ＭＢＡの学生など七〇〇人以上の人びとを対象に実施してきた。

一番成績が良かったのは誰だろう？　なんと、幼稚園に通う六歳児が勝利した（一番成績が奮わなかったのはＭＢＡの学生たちだった）。園児たちは計画性に優れていたのだろうか？　いや、違う。彼らはスパゲティの特性やマシュマロの硬さについて特別な知識を持っていたのだろうか？　それも違う。では、園児たちが成功した秘訣は何だったのか？　ただがむしゃらに飛びついたのだ。ワイズマンの言う運がいい人のように、たくさんのことを次々と試した。彼らは何度試してもたちまち失敗したが、そのたびに、めきめき習得していった。

つまり、見本をつくっては試す、つくっては試す、つくっては試す……と時間切れになるまでひたすらこれをくり返すのが、園児たちのシステムだった。定められた道筋がない場合には、このシステムが勝利をおさめる。シリコンバレーでも昔から「早く失敗して、損害を小さくしよう」と言われてきた。小さな実験をたくさん試して一番良いものを見きわめるというこのやり方が、身長一二〇センチ以上の人びと、つまり私たちにも有効なことは、研究によって証明されている。

このやり方をさっそく取りいれるのはどうだろう？　とても簡単だ。私たちはともすれば失敗を恐れすぎる。しかし失敗を避けようとするのは、それほど意味があることだろうか？

この質問に答えるために、ほかにも幼稚園児が日ごろ考えていることを調べてみる必要がある。たとえば彼らは、バットマンになりたいと考えている。バットマンになるのはもちろん簡単ではない。まずマットのように、武術の過酷な訓練を受けなければならない。しかし、成功との関連でもっとはるかに面白い質問はこれだ。

「どうやってバットマンであり続けるのか？」

じつはこれが、なぜ私たちは失敗をとても恐れるのかという疑問に答えてくれる。

「どうやってバットマンであり続けるのか？」本当に聞いてみた

バットマンは、最も頻繁に引き合いにだされるスーパーヒーローの一人だ。バットマンは超能力を持たないふつうの人間だ。億万長者で、目新しい道具のコレクションを持っていることはたしかに強みだ。

とはいえそれが、バットマンであり続ける、すなわち一度として負けられないという最大の難問の解決になるわけではない。プロボクサーで三〇勝一敗といえば凄い記録だが、相手が闇の戦士《ダークナイト》の場合にはその一敗が死を意味する。ゴッサムシティの悪党たちは、レフリーが止めに入ることなど許さない。だから、バットマンであり続けるには、ただの一度も負けられない。失敗は許されないのだ。そこで、もし万全を期して体を鍛えあげてバットマンになったとしたら、あなたはどのくらいのあいだ連勝記録を維持できるだろうか？　ありがたいことに、またも調査結果を活用できる（ああ、科学に感謝）。

ヴィクトリア大学のE・ポール・ゼーアは、大まかな目安を得るために、トップクラスのボクサー、総合格闘技のファイター、プロフットボール選手のランニングバックなど、バットマン級のアスリートを対象に調査した。あなたはどのくらいの期間、バットマンでいられますか？

答えは三年だった。そう、それだけ。

ゴッサムシティの犯罪のほとんどは信号無視くらいで、邪悪な黒幕はめったにいないことを願おう。一〇年以上武術を極めたところで、この地域の悪を一掃する時間はあまりないからだ。

幸い、あなたはバットマンになろうとしているわけではない。だが、あたかもそうで、あるかのように行動する人びとが少なくない。私たちはつねに、落ち度があってはならないと思っている。一度失敗したら終わりだと。しかし私たちはバットマンではない。何度でも失敗し、断念し、学ぶことができる。というより、それが学ぶための唯一の方法なのだ。

コメディアンはこのことを百も承知だ。だからこそ昨今、私たちのポケットに入っているスマートフォンが、彼らのパフォーマンスにとって最大の脅威なのだ。実際、人気コメディアンのデイヴ・シャペルは、公演内容を録画されたり、ネットに流されたりしないよう、スマホを使用禁止にした。

同じく人気コメディアンのクリス・ロックは、その素晴らしいネタを事前の準備なしでつくっているわけではない。ケーブルテレビ局ＨＢＯの彼の特番も、まるで一時間、即興で喋っているように見えるが、じつはまったく違う。そこで演じられているのは、一年に及ぶ〝実験〟の結果、練りに練って仕上げられた作品だ。

投資家から作家に転身したピーター・シムズは著書『小さく賭けろ！　世界を変えた人と組織の成功の秘密』（日経ＢＰ社）のなかで、その〝実験〟の過程を説明している。クリス・ロックはメモ帳を片手に地元のコメディ・クラブへ飛び込みで行き、そこでネタを披露する。そして観客の反応をその場でメモする。ネタの大半は無惨にスベり、観客は不満そうにうめくか、静まり返る。その反応を逐一メモし、また別のネタを喋る。いくつかのジョークが受け、観客たちが笑いどよめく。それもすかさずメモし、また別のネタを披露していく。

観客は、クリス・ロックがステージで失敗したと思って観ているが、そうではない。彼は客の反応をテストしているのだ。矢継ぎ早にネタをまくし立て、受けたものを残し、受けなかったものを棄てる。この作業を六か月から一年、週五日毎晩くり返し、選りすぐりのジョークを集めたものが、爆笑につぐ爆笑をかっさらうパフォーマンスとなり、秀逸な一時間番組になる。ロックはインタビューでこう語った。

「初めから完璧なネタを書いて大舞台に上がれる傑物も何人かいることはいる。だがほかの皆は小さな舞台でデモンストレーションしながら仕上げていく。これが本当に骨が折れて……。だけど、もし失敗が許される場所がなかったら、無難でパンチに欠けるネタばかりになってしまうんだ」

というわけで、客たちがこうした〝実験〟をスマホで盗み撮りしたら、コメディアンたちは権利を侵害されていることになる。また、その映像をユーチューブで観ているファンたちも権利を侵害されている。彼らが見させられているのはパフォーマンスではなく、実験だからだ。

コメディアンはスベるネタを選別し、切り捨てなければならない。何を棄てるべきか知る必要がある。だから、失敗できないコメディアンは成功できない。

クリス・ロックの読みは時どき良い意味で外れる。これは受けないだろうと思っていたジョークが、爆笑の渦に包まれるのだ。彼は民主的に、自分の判断より観客の反応のほうを信じている。こういった例はざらにある。バイアグラは当初咽頭痛の薬だったが、やがて開発者が興味深い副作用に気づいたのだという。

ピーター・シムズは言う。「最も成功する企業は、最初から卓越したアイデアに賭けているわけではない。彼らは、それを発見する。自分たちがすべきことを発見するために、たくさんの小さな賭けをするのだ」。

コメディアンや幼稚園児のやり方が正しいことは、研究結果でも示されている。発明者で作家のスティーブン・ジョンソンは、特許記録の歴史を研究した結果、「単純に量の多さが質の高さにつながる」と指摘する。ひたすら多くのことを試そう。しくじったものは棄て、脈アリなものにはグリットを発揮すべきだ。

というわけで、これらすべてを締めくくるとつまり、戦略的に諦めることと、あなた独自の試行錯誤をあわせて行うことが重要だ。

結局のところ、いつ諦めていつ続ければいい?

おそらくあなたは、「さっきは機会費用について話し、重要なことに集中する時間を生みだすためにいらないものに見切りをつけろと言いながら、今度は多くのことを試せとはどういうことだ?」と納得がいかないだろう? その答えは単純明快だ。

自分がやり遂げるべき目標がまだわからなければ、答えを見つけるために、たくさんのことを試してみればいい(そのほとんどをいずれ棄てるとわかっていても)。そして何か興味の焦点が見つかったら、学び続け、成長し続けるために、自分の時間の五〜一〇%を小さな試みに当てよう。

こうすることが、試すこと、諦めること双方の利点を最も生かせる方法だ。試すことと、諦めることを戦略的に用いて、本当に諦めずに続ける価値があることを見つけだそう。あなたは変人などではなく、ただ戦略的に事前調査をしているだけなのだ。

スペンサー式に機会費用の観点から諦めるべきなのは、毎週、あるいは毎日やっていながら何の価値も生みださないものだ。しかしここで話しているのは期間限定の実験で、試しにちょっとやってみること。たとえばヨガの体験教室に参加はしても、一年間の会員契約はまだ登録せずに様子をみる。もしかしたら新たな機会につながり、幸運が訪れるかもしれない。

あなたの時間の一部を、ベンチャー企業が資金を投資するように使うのだ。ベンチャー企業は、成功の見込みが比較的低めな事業にも投資するが、それらがひとたび成功すると、途轍もない大成功を遂げることがある。たとえば一〇社に投資するなら、そのうち七社はだめになり、二社は収支がとんとんで、一社が次のグーグルかフェイスブックになると彼らは期待している。

しかし企業のやり方が人びとにも適用できるだろうか？　成功する人は多くのことを試すのだろうか？　じつはそうだ。とくに仕事に就いて早いうちには、転職はより多くの収入や天職との出会い、誰もが望むＣＥＯといった役職への道になりうる。経済学者のヘンリー・シュウは言う。

「社会人になって早い時期に頻繁に転職する人は、キャリア最盛期に高賃金、高収入を得ている傾向がある」

転職は実際、高収入と相関性がある。なぜなら、より自分に合った天職とめぐり合うからだ。

そして、職を変える経験は、あなたを指導者の地位へと導く確率が高い。

スタンフォード大学ビジネススクール教授のエドワード・ラジアーは、一九九七年に同スクールの卒業生一万二五〇〇人を対象に、前職の数を調査した。回答を寄せた五〇〇〇人のデータを分析したところ、仕事経験が一五年以上で、経験した役職が二つ以下だった者がCEOなどの経営幹部になる確率はわずか二%だったのに対し、経験した役職が五つ以上だった者が経営幹部になる確率は一八%にものぼった。

では、マット・ポリーの旅のように、キャリアと無関係のことに挑戦するのはどうだろう？　じつは専門外のことを試みることは、大きな成功と相関関係にある。たとえば、平均的な科学者は、一般の人とほぼ同じ割合で何か趣味を持っている。しかし卓越した科学者（王立協会や全米科学アカデミーの会員など）の場合、趣味を持つ人の割合が一般人の二倍近くにもなる。そしてノーベル賞受賞者ともなると、その割合は一般人の三倍だ。

スティーブン・ジョンソンは、ベンジャミン・フランクリン、チャールズ・ダーウィンなどの天才たちがいずれも多くの趣味を持っていたことに気づいた。日ごろと異なる分野で異なる課題に向き合うことは、ものごとを別の視点から見て、思い込みにとらわれずに解決策を見いだすことに役立つ。多くの異なる発想をぶつけ合うことは、創造性を高める鍵となるのだ。

成功する会社にも同じことがいえる。彼らはたんに新しいことを試すだけでなく、小さな賭けが実を結ぶと、会社全体の改革に踏み切ることも珍しくない。たとえば動画サイトのユーチューブは、驚いたことに出会い系サイトとしてスタートした。そしてグーグルはなんと、図書館の蔵書検索サービスから始まった。

つねに新たな試みを厭わず、収穫がないものは見切りをつける。そうすれば大きな成果につながるだろう。

「理想の結婚相手」を見つける理論

再び、限界の問題を取りあげよう。

たとえば婚活をするとき、いずれどこかでふんぎりをつけなければならない。でもどの時点で？　よく聞く答えは「この人、というひとに出会ったとき」だ。だが、次に出会う人がその人を超えないとどうしてわかるのか？　もっと現実的な答えは、「まずまずの人に出会って、婚活にいいかげん疲れたとき」だろうか。

じつは興味深いことに、数学者たちが確率論に基づいてこの難題を解いた。何回デートし、最適な結婚相手をどうやって見つけるかという問題に答えてくれる簡単な法則が見つかったのだ。それは「最適停止理論」と呼ばれる。

では、自分とぴったり合う人を見つけるために、何人の人と付き合えばいいのか？数学者でコメディアンのマット・パーカーは著書、『四次元で対処すること』（未邦訳、原書名 *Things to Make and Do in the Fourth Dimension*）でこう説明する。

まず、あなたが一生のあいだにデートできる人数を予想する。大ざっぱな推測で大丈夫。もちろん、眠らなければならないし、毎晩デートに出かけるわけにもいかない。それに一一二歳より前に結婚したいだろうから、人数はそれほど多くない。ここではきりのいい一〇〇人としておこう。

次に、その数の平方根を求める（計算が面倒なら、スマホのアプリに頼ろう）。すなわち、ここでは一〇人だ。そして、一〇人目までの交際相手を丁重にお断りする。ただし、一〇人のなかで一番良かった人を意識に留めておく。それから婚活を継続し、最初の一〇人中一番良かった人よりいいと思える人に出会ったら、それがあなたの最適な結婚相手だ。

この法則はどの程度正しいかというと、これがかなりの精度だ。パーカーによると、潜在的配偶者を一〇〇人とした場合、約九〇％の確率で最適な相手をパートナーにできるという。

なかなか面白い話だが、いざ現実となると、誰もこの通りにはしないだろう。ロマンティックさのかけらもないからだ。結局は、感じたままに行動するはずだ。それが人間というものだ。

多くの人が、「ソウルメイト」という言葉に惹かれる。自分にとって理想通りのピッタリな人で、優しくて、完璧で、思いやりがあって、寛容で、いつも親切で、プレゼントもたくさんくれて、おまけにゴミ出しも忘れない。だが、ソウルメイトなるものが存在するとして、あなたがその人に会える確率は実際どのくらいなのか？　ウェブコミックＸＫＣＤのクリエイターで、元ＮＡＳＡのロボット研究家のランドール・マンローが数字をはじきだした。それによると、ただ一人の完璧な人に出会える確率は、一万回の生涯でたった一回だという。

たしかにこの数字は痛い。それでも、実際役に立つ情報だ。というのも、心理学者のアンドレア・ロックハートによると、ディズニーのおとぎ話のような出会いを期待している者は、そうでない者に比べて、現実に直面したときの落胆が大きいからだ。

つまり問題は、私たちが現実を考慮せずに、理想の人を夢見ていることだ。人生で待ちかまえるさまざまな障害について具体的に考えないので、最適な誰かを見つけ、一緒に生活するための堅実なプランを組み立てることができない。

また、この人と私は「最高に相性がいい」と思ったら、その後、関係を維持するための努力はとくに必要ないと思い込みがちだ。昔より離婚が簡単になり、選択肢も増えたこの時代、見切りをつけること、すなわち離婚が日常茶飯事になって不思議ではない。あなたは、「夢の職業に就けたから、もう働くのはやめる」とは言わないだろう。しかし、人びとは結婚生活についてはそれに近いことを頻繁にやっている。なぜなら、二人は「一緒になるように運命づけられている」と思っているからだ。そうではなかったと気づかされるまでのことだが。

ではどうすればいい？　運命の出会いとは対照的な、見合い結婚について考えてみよう。いやいや、知らない人と結婚しろと言っているわけではない。

コロンビア大学ビジネススクール教授のシーナ・アイエンガーの研究によると、結婚後一年以内では、恋愛結婚は見合い結婚より満足度が強かった（九一点満点中七〇点対五八点）。これはもっともだ。しかし結婚後一〇年を超えると、これが逆転する。見合い結婚での満足度は九一点満点中六八点と健闘するのに対し、恋愛結婚では四〇点に下がっていた。

いったい何が起きているのか？　重要な要素の一つは、見合い結婚した二人は、初日から現実に直面せざるを得ないということだ。恋愛結婚と違って、「私たちはソウルメイトだから」と安心できない。そのかわり、結婚の喜びが楽々と手に入らないと落胆することもない。見合い結婚したあなたは「赤の他人と一緒になるのだから、私がうまくいくように頑張らないと」とつぶやくだろう。やがて時を重ねながら、あなたは折にふれて努力する。実際に結婚生活を送ってきた人間が言うように、うまくやっていくにはそれなりの努力を要するのだ。

夢見ること自体は悪くない。しかし、仕事であれ、人間関係であれ、成功するにはそれだけでは足りない。人生折々の試練に正面から立ち向かい、砂に頭を突っ込むダチョウのように現実から目をそらさないことだ。

調査によれば、結婚をおとぎ話になぞらえるのは問題だが、〝旅〟に喩えるのはけっこううまくいく。たがいに運命の相手と思うことはロマンティックだが、何か問題が持ち上がったときに裏目に出て、完璧な結合体という幻想が音を立てて崩れる。それより、二人の関係を旅に喩えるほうが、ときに紆余曲折を経ても最終的には目的地へと向かい、諍《いさか》いなどの影響も吸収される。

引き寄せの法則が脳におよぼす悪影響と現実を本当に変える方法〝WOOP〟

それでは、夢を現実にするときに効果を発揮するシステムはどんなものだろう？　諦めるべきもの、最後までやり通すべきものをどう見きわめればいいだろう？　一人の研究者が、びっくりするほど簡単なシステムをあみ出した。

それはウープ（WOOP）と呼ばれるものだ。あとで詳しく触れるので、その研究者の出発点から話をしていこう。

ニューヨーク大学心理学教授のガブリエル・エッティンゲンは、欲しいものを夢に思い描くだけで、実現の可能性が高まるといった類の説に猜疑的《さいぎてき》だった。

そこで、同氏は研究を重ね、自分の考えが正しいことを証明した。実際、彼女は十二分に正しかった。夢見ることは、あなたの望みを実現しないばかりか、欲しいものを手に入れるチャンスをも遠ざけてしまう。いやいや、「ザ・シークレット」（欲しいものについて考え続ければ手に入れられるとする「引き寄せの法則」の知識と実践を意味する言葉）は効かないのだ。

人間の脳は、幻想と現実を見分けるのが得意でないことが、明らかにされている（だから映画はスリリングなのだ）。何かを夢見ると、脳の灰白質はすでに望みのものを手に入れたと勘違いしてしまうので、自分を奮い立たせ、目標を成し遂げるのに必要な資源を集結させなくなってしまう。そのかわりにリラックスしてしまうのだ。

するとあなたはやるべきことを減らし、達成すべきことも減らし、結局夢は夢で終わってしまう。残酷な話だがポジティブシンキングそれ自体は、効果を発揮しないのだ。

あなたは、ダイエット後のほっそりした水着姿を思い描いたりするだろうか？　ある実験で、そんな風にポジティブに思い描いた女性たちは、ネガティブなイメージを浮かべた女性たちに比べて、体重の減少分が一〇キロほど少なかったという。完璧に理想通りの仕事に就くことを夢見ているなら、出願書類を出す数が自然と減り、その結果、内定をもらえる数も減ることになる。成績でたくさんAをもらうことをイメージしている者は、勉強時間が減り、成績が落ちることになる。

しかし、夢見ることがマイナスの影響を及ぼすのなら、なぜ人びとはそれをするのか？　お酒に酔うのと同じ効果が、精神的に得られるからだ。飲んでいるときは気分が良いが、醒めた後が問題だ。

エッティンゲンの調査でも同じことが裏づけられている。ポジティブに夢見ているときは良い気分でいられる。しかし夢から醒めた後は、抑うつ的になる。つまり、夢に描くことは、目標の達成前にご褒美としてもらってしまうので、肝心な目標達成に必要な活力を弱らせる。ただ夢見るばかりでは、その実現が阻害されることになる。

ポジティブな自分への語りかけと楽観主義は、たしかに諦めずに目標を追求できるように助けてくれるが、それ自体が目標達成を保証してくれるわけではない。もちろん、夢見ることが本質的に悪いわけではない。が、第一歩に過ぎないのだ。その次に、せっかくの夢に水を差す怖ろしい現実と、どこまでもつきまとう障害に立ち向かわなければならない。

だから、目標を夢見た後にこう考えよう。

「夢を実現する道のりに立ちはだかるものは何か？　それを克服するにはどうすればいい？」

この過程は、洒落た心理学用語で言うと「実行意図」であり、平たく言えば「計画」である。

ニューヨーク大学の心理学者、ピーター・ゴルヴィツァーとヴェロニカ・ブランドスタッターの研究によれば、たとえば、目標を達成するための行動をいつ、どこで、どのように取るかなど、ざっくりと計画しているだけで、学生たちが目標を実現できる確率が四〇％上がったという。

二つの魔法の言葉は、「もしも（If）」と「そのときは（Then）」である。予見できるどんな障害に対しても、「もしXが起きたら、Yをすることで対処しよう」と考えておくだけで、結果は大違いだ。この二つの言葉がどれほど強力かというと、とても深刻な行動上の問題を持つ人びとにも効果を発揮する。たとえば離脱症状がある薬物中毒者の場合、「IF - THEN」の実行意図を取りいれずに、何人が履歴書を書きあげられたかというと、結果はゼロだった。ところが、事前にこの魔法の言葉を使用していたところ、じつに八〇％の人が仕事に応募できたのだ。

どうしてこれほど効果てき面なのか？　それは、無意識の脳を関与させているからだ。ただ問題が起こるのを待つかわりに、いざというとき脳が自動的に実行できる習慣的反応をあらかじめ用意しておくのである。

　この手法のルーツは、古代哲学から近代の精鋭軍隊までいたるところに見られる。ストア哲学者たちは「前もって災いについて熟考する」と呼ばれる概念を用いていた。それは、「起こりうる最悪の事態は何か？」と自分に問いかけることだ。

　つまり、あえて怖ろしい可能性について考え、それに対する備えがあるかどうかを確かめるように説いた。また米陸軍特殊部隊は、あらゆる任務の前に時間を取り、「ＩＦ－ＴＨＥＮ」の一種を実行している。作家のダニエル・コイルによると、「彼らは午前中をまるまる費やし、任務中に考えられるありとあらゆるミスや災難を想定する。起こりうるすべての混乱が徹底的に調べられ、それに対する適切な措置が確認される。「もしヘリコプターを不時着させたらXを実行する、もし間違った地点で降ろされたらYを実行する、敵の数が上回っていたらZを実行する」といった具合だ。

　エッティンゲンは、これと同じシステムを、私たちが実践しやすいシンプルな形にまとめ、「ＷＯＯＰ」と名づけた（正式な用語では「心理対比」というが、ここでは「ＷＯＯＰ」と呼びたい）。ＷＯＯＰとは、願い（Wish）、成果（Outcome）、障害（Obstacle）、計画（Plan）の頭文字を取ったもので、仕事や人間関係、運動、減量など、ありとあらゆる目標に適用できる法則である。

　まず、自分の願いや夢をイメージする（「素敵な仕事に就きたい」）。次に、願いに関して自分が望む成果を具体的に思い描く（「グーグル社で事業部長として働く」）。それから現実を直視し、目標達成への具体的な障害について考える（「同社の面接を受ける方法がわからない」）。障害に対処する計画を考える（「グーグル社で働いていて、人事部に連絡してくれる知人をリンクトインでチェックする」）。

ＷＯＯＰはとても簡単だ。そして素晴らしいのは、ただ夢に描くことと違って、理想を実現する活力が奪われないことだ。しかもＷＯＯＰにはさらなる利点が一つあり、それは私たちがあることを最後までやり遂げるか、見切りをつけるかを判断するうえで決め手となる。皮肉にもこの利点は、ＷＯＯＰが誰にでも有効なわけではなく、また、効き目があるかどうかはランダムに決まるわけではないことを意味する。

エッティンゲンの研究により、「心理対比」は、頑張れば目標を達成できるときにやる気を後押ししてくれるが、目標の実現可能性が低い場合には効果がないことが明らかになった。すなわち、ＷＯＯＰは、目標が実現する可能性を測る個人的なリトマス試験紙にもなるものだ。あなたの願望が「グーグル社で働く条件は満たしているが、次にどうすればいいのかわからない」といった妥当なものなら、ＷＯＯＰはそれを実現するプランと活力を与えてくれる。しかし、願望が現実からかけ離れている場合（木曜までにオーストラリアの皇帝になりたい）など、ＷＯＯＰはうまく機能せず、夢が妥当でないことを教えてくれる。

だから、「私たちはソウルメイトなの！」と言うかわりに、一歩離れて考えよう。私の願いは？

「完璧な結婚」？　ではその具体的成果は？

「争いのない幸せな家庭」？　起こりうる障害はなんだろう。

「何を買うかでいつも喧嘩する」？　それに対処するプランがあればいい。

もしこのようにWOOPを試して、愛する人とイケアに買い物に行く元気が湧いてきたら、あなた方夫婦はうまくいっている。逆に、配偶者と問題を解決する意欲がますます失せてしまったら、残念ではあるが、WOOPによって結婚生活の現実を知り、この先何年かの歳月を無駄にせずにすむかもしれない。WOOPは、目標が現実的かどうか、そしてそろそろ諦めるときか、それとも耐えるべきかを教えてくれるだけではない。あなたが達成不可能な願望から解放されるように、また、夢を断念しても後悔が少なく済むように手助けしてくれるだろう。

WOOPは、グリットを必要とするときを教えてくれて、頑張り続ける意欲を奮い起こさせてくれる。加えて、断念すべきものも教えてくれ、その実行にあまり痛みをともなわないようにしてくれる。最適理論に詳しい数学者がはたして幸福な結婚生活を送っているかどうかはわからないが、WOOPは、やり遂げるべきか、諦めるべきかに関して答えを見つけるのに最適だ。

トロントのアライグマになろう

どんな場合にとことんやり抜き、どんなときに見切りをつけ、どうやって行きたい場所に到達するのか。そろそろ総括したいが、私たちには、模範になるロールモデルが必要だ。トロントのアライグマのようになろう、と私は言いたい。

アライグマのごみ箱をあさる能力は並ぶものがないほど凄まじく、グリットとか、臨機応変の才とも言うべき域に達している。この小さな悪党のおかげで、カナダの都市住民は被害者集団と化してしまった。

ヨーク大学でアライグマの生態を研究しているスザンヌ・マクドナルドは言う。

「都市部に住むアライグマは並外れた能力を持っていて、それは餌に近づく能力ばかりではありません。何ものも恐れず、狙ったら決して離れず、何時間も粘って容器から食べ物を取りだそうとします」

アライグマの被害を阻止するあらゆる試みが、徒労に終わってきた。彼らは決して諦めず、人びとがどんなに工夫を凝らしても、当然のように突破してきた。トロント市民は、ごみ箱のふたを固定したり、どこかに隠したりとあらゆる手を尽くしたが、効果はなかった。この地域に住む心理学者、マイケル・ペティットは「とにかくごみ箱を守るためにいろいろと知恵を絞ったが、何一つ成功しなかったのです」と語る。

アライグマのごみ荒らしは大問題で、市役所もここ一〇年来、対策に躍起だ。『ウォール・ストリート・ジャーナル』紙によると、同市は二〇〇二年、「アライグマ被害防止」用のごみ箱の開発に資金提供を行ったほどだ。その結果、どこまで善戦しているかというと、二〇一五年に同市は再度、最新式のごみ箱の開発に三一〇〇万カナダドルを費やした、とだけ言っておこう。つまり、市をあげて一〇年以上取り組んできてもなお、戦況は芳しくないということだ。

このいたずら好きなコソ泥の勝因は何か？ アライグマの脳は小さいのに、私がこの章で論じてきた法則の多くを実践している。彼らの楽観主義は疑う余地がない。おそらく彼らにとって生ごみ荒らしは明らかに楽しいゲームなのだ。スペンサー・グレンドンとピーター・ドラッカーは、アライグマの比類なき集中力に喝采を送るだろう。そしてこの悪党どもは、ごみ荒らしを阻止する最新式の試みに遭遇するたびに、いろいろな方法を試してくる。明らかに、彼らの〝小さな賭け〟は効果をあげていた。

では、人間側のありとあらゆる努力は、功を奏していただろうか？ ほとんどだめだった。米国心理学会のサイトには次のように記されている。

「アライグマは、人間が生活圏を拡大するとともに後退したのではなく、なおいっそう繁殖したので人びとの注目を集めた」

この小さなコソ泥は繁栄しているだけではない。ごみ荒らしを阻止する試みを乗り越えることによって、ますます賢くなったのだ。

スザンヌ・マクドナルドが、トロント都市部に棲むアライグマと野生で暮らす同朋の問題解決能力を比較研究したところ、「知能でも能力でも、都市に棲むアライグマが野生のアライグマを凌《しの》いでいる」ことがわかった。ちなみにマクドナルドはアライグマの研究者だけでなく、被害者でもある。ガレージの扉をこじ開けて侵入した小さな一味にごみ箱を荒らされたのだ。

ここまできたら、アライグマと闘うばかりでなく、彼らから学ぶときかもしれない。克服不可能な問題に目を向けるかわりに、トロントのアライグマのように、乗り越えるべき課題がどれほど私たちをより賢くしてくれて、より成功者にしてくれるかを理解しよう。

とはいえ、トロント市は一〇年来の悲願を諦めてはいない。ジョン・トーリー市長は報道陣にこう胸をはった。「アライグマ国の民衆はとても賢く、腹を空かせていて必死だ……（しかし）われわれに敗北という選択肢はない」。

トロントのアライグマたちが小さな前足を擦り合わせながら、次なる課題は何かと待ち受けている姿が目に浮かぶ。「毛のないおサルさんよ、なんだって？　〝アライグマ防止〟だって？　いいだろう、じゃんじゃん持ってこいよ」とばかりに。

さて、本章の内容をまとめるとしよう。そうだ、いっそのことゲームにしてしまおう。まず、以下の質問に答えよ。その答えによって話を進めていくとする。

1 自分が粘り強く取り組みたいことが見つかっているか？

A はい！

B まだよくわからないが、これかなというものがいくつかある

C 質問は何でしたか？ 集中できなくて……

答えがAなら、途中を飛ばして、質問2へ。

答えがBなら、WOOPに取り組むべきときだ。自分のいくつかの願望についてチェックし、本格的に打ち込むものを選ぶ。

答えがCなら、〝小さな賭け〟に出るべきときだ。本当にワクワクするものに出会うまで、多くのことにチャレンジしてみよう。そして何かが心の琴線に触れたとき、WOOPを実践してみよう。

2 あなたは楽観主義的か？

A もちろん！

B　私たちは皆、孤独に死んでいくし、テレビで観たい番組もない

答えがAなら、あなたは絶好調だ。途中を飛ばして質問3へ。

答えがBなら、自分に語りかける説明スタイルを見直そう。ただし悲観主義にも利点がある。楽観主義より正確だということであり、冷笑家はしばしば的を射ている。しかし第1章で述べたように、いつも確率を考えて賭けてばかりいたら、月並みな結果になるだけだ。とくに賭けるものが自分の将来である場合、約束されるのはただ退屈な人生だ。

マーティン・セリグマンは、妄想に陥ったりしないよう楽観主義と悲観主義、双方のバランスを取る方法を示し、「柔軟な楽観主義」と名づけた。時には、ある程度悲観主義になるほうが、堅実でいられる。しかし、リスクがかなり低いもの（じつは大半のもの）に関してや、得られる成果がかなり大きいもの（生涯をかけて取り組みたい仕事など）に関しては、楽観主義でいくべきだ。一方、リスクが高く、得るものが少ないことに対しては、あなたが極楽とんぼにならないように、悲観主義が現実を直視させてくれるだろう。

楽観主義と悲観主義のバランスを取るうえで大切なのは説明スタイルの「三つのP」だと覚えておこう。すなわち、永続性（Permanence）、普遍性（Pervasiveness）、個人度

(Personalization)の三つだ。間違っても、「悪いことは永続的で普遍的で自分の落ち度だ」と思ってはいけない。

3 あなたは有意義なストーリーを持っているか？

A　ヴィクトール・フランクルも評価してくれるだろう

B　ビル・マーレイの映画から借用している

答えがAなら、あなたは素晴らしい。次の質問に進もう。

答えがBなら、そろそろ「追悼文向きの美徳」について考えるべきときかもしれない。あなたは死後、どんな人物だったとして人びとの記憶に残りたいか？　友人や愛する人びとからどんな美徳を称賛され、偲んでもらいたいだろうか？　それらの美徳は、窮地に陥ったとき、あなたがどんな人間なのかを思い起こさせてくれる。

ストーリーは、一〇〇％真実である必要はない。要は、ストーリーを跳躍板にして、時とともに努力によって、その内容を真実にしていけばいいのだ。

ストーリーの内容は、真実であったりなかったりするが、いずれにせよ、私たちにやり抜く力を与えてくれる。さらに、ストーリーを書きとめるようにすれば、いっそう効果があがり、人生に対する満足感が一一％高まるという調査結果もある。

4 生活や仕事にゲームの要素を取りいれているか？

A 私をマリオと呼んでほしい
B いまだに年に一度の業績評価を待っている

Aと答えた人は、その調子でゲームを続けること。途中を飛ばして次の質問へ。

Bと答えた人は、WNGFを思い出そう。取り組む対象が何であれ、熱中するにはゲームの四要素、勝てること、斬新であること、目標、フィードバックが必要だ。

こう思ったことはないだろうか。「問題を抱えているほかの人を助けるのはわりと簡単なのに、自分の問題はどうしてこうも厄介なんだろう」と。それは、友人の問題に対する第三者的距離感によって、感情的にこみいった問題が面白い課題に切り替わるからだ。ストレスの塊だったものが、楽しいパズルになる。問題をゲームのような課題として再構成することで、取り組む際の粘り強さが増し、ストレスが減るのだ。

仕事は、あなたのゲームだということを忘れてはならない。ほかの誰かがあなたの仕事や人生を面白くしてくれるのを待っていてはいけない。

5 何にでもグリットを持って粘り強く取り組む人へ。あなたは病気の人のように、自

分の時間とエネルギーは有限だと認識しているだろうか？

Ａ　自分にとっての最重要なことを心得ていて、それに集中している
Ｂ　「やることリスト」が三〇〇個もあるので、今は答えられない

Ａと答えたあなたは、やるべきことを知っている。

Ｂと答えたあなたは、ほとんど無意味なのに長年惰性で行っている活動や、ルーティンに時間を大幅に奪われているのではないか？

放送作家のアンディ・ルーニーは、自分が収集魔であることに気づき、どうにかしようと考えた。まず住宅ローンや公共料金、税金などを加算し、家のために毎月いくら支払っているかを計算し、そこからすべての家財が一平方フィート当たりいくらの家賃を支払うべきなのかを割りだした。

冷蔵庫はその家賃に見合う価値があるだろうか？　十分その価値がある。では地下室に眠っている錆びたエクササイズ・マシーンはどうだろう？　家賃に見合う価値はない。では処分してしまおう。これと同じ概算を、あなたは自分の時間に関してやれるだろう。あまり価値を生まず、自分の目標にとって意味がない活動は減らそう。そうして空いた時間を、重要なことに進展をもたらすために使おう。

すべてを完璧にやることはできない。成果に結びつかない活動に見切りをつけ、その

分の時間とエネルギーを、成果を生む活動に〝倍賭け〟しよう。

6　目標達成まであと一歩。〝小さな賭け〟をいくつか試みただろうか？

Ａ　少林寺行きの荷物をまとめたところだ

Ｂ　テレビのチャンネルでさえ同じところしか見ない。ほかのチャンネルは、どんな番組をやっているか知らないので

Ａと答えたあなたへ。この本を読んでる場合ではない。世界を征服しに行きたまえ。

Ｂと答えたあなたへ。バットマンになったつもりで、失敗を避けようとするのはやめよう。すべてをそつなくやろうとするのが落とし穴。「マシュマロ・チャレンジ」で圧勝した強者《つわもの》の幼稚園児たちのように、何でも試し、失敗して学ぼう。これは文字通りの意味で、人は子どものように考えるほうが、創造性を発揮できると研究でも示されている。

私たちは認めたがらないが、ときどき、自分でも何をやりたいのかわからないことがある。調査によれば、子どものころからなりたかった職業に就いている人はわずか六％だという。また、三分の一の人は、大学で専攻した内容と関係のない職に就いている。だから、リチャード・ワイズマンが言う「運のいい人」のように、積極的に出かけて、

多くのことを試そう。なにもプリンストン大学をやめて中国へ行く必要はないが、それさえ、愚かな試みとはいえない。

自分なりのストーリーと、時間・エネルギーの限界——それが、やり通すか見切りをつけるかを判断する基準だ。この双方をつねに心に留めておけば、トロントのアライグマのように、もう誰もあなたの勢いを止められない（成功へまっしぐらのあなたはごみ箱なんかあさる必要はないが）。

第４章

なぜ
「ネットワーキング」は
うまくいかないのか

人質交渉人、一流コメディアン、
史上最高の頭脳を持つ人から人脈づくりの
最強戦略を学ぶ

数学者のネットワークをつくった男

ポール・エルデシュが生まれたその日、三歳と五歳だった姉たちは猩紅熱《しょうこうねつ》で亡くなった。母親は彼の身にも何か起こるのではないかと案じ、学校へ行かせなかった。家からも出させなかったので、エルデシュには友だちがいなかった。

エルデシュは子ども時代をふり返り、「数字が私の親友だった」と語った。両親ともに数学の教師だったので、エルデシュはほとんどの時間を家でたった独り、数学の本に囲まれて過ごし、やがて神童としてみるみる頭角を現した。三歳で三桁のかけ算を暗算でき、四歳では、誰かの年齢を聞くとその人が何秒生きてきたかを即答。そして二一歳で数学の博士号を取得した。

成人したエルデシュは、アンフェタミンを常用しながら、毎日一九時間を好きなこと、すなわち数学に費やした。超人的な生産力で、一年で五〇本以上の論文を発表した年もあり、これは大半の数学者が一生のうちに完成できれば満足な量だという。

しかし、スパイダーマンがいつも私たちに気づかせてくれるように、「偉大なる力を持つ者は、大いなる責任をともなう」。そして、偉大なる数学的能力を持つ者は——大いなる奇癖をともなう。エルデシュも、見紛うことなき変人だった。『タイム』誌が彼を取りあげた記事は、「変人の中の変人」と題されていた（一九九九年三月二九日号）。

あなたがエルデシュの友人としよう。彼は真夜中に突然訪れ、「私の脳は全開だ」と言って数学の問題を解きだす。そしてそのまま何日かいすわる。エルデシュは洗濯などしないので、彼の分までさせられる羽目になる。もし彼が朝の五時に定理を証明したいと思い立ったなら、玄関先に立ち、あなたが降りてくるまでけたたましく鍋や釜をたたいただろう。ちなみに彼は子どものことをイプシロンと呼んだ。イプシロンとはギリシャ語のアルファベットで、小数を表すからだ。

実際、エルデシュは数学以外のことはほとんどしなかった。本は三〇代以降まったく読まず、映画は四〇代以降観ていない。まさに数学に始まり、数学に終わった人生だった。エルデシュは紛れもなく成功した。どの数学者よりも抜きんでて多くの論文を仕上げた。論文の一部は没後に出版され、彼はその死後七年にわたって論文を出版し続けた。授与された名誉博士号は一五にのぼる。

しかし、エルデシュが今なお敬愛されている理由は、こうした業績ではなく、人びととともに成し遂げたことにある。もっと具体的にいえば、ほかの数学者に与えた影響の大きさにある。部屋にこもって背中を丸め、証明に明け暮れる型どおりの数学者とは対照的に、エルデシュはアンフェタミンの力を借り、数学者のあいだを渡り歩いて、数学のネットワークを構築した。

彼は仲間との共同研究を好んだ。生涯のほとんどを、旅行かばん一つで二五か国をめぐりながら、じつに五〇〇人を超える世界じゅうの数学者とともに研究に励んだ。あまりに多くの数学者と仕事をしたので、すべての共同研究者を覚えていないほどだった。

あるとき、エルデシュは出会った数学者に住まいを聞いた。「バンクーバーです」との返事に「おお、それなら私の良き友人のエリオット・メンデルソンをご存知ですか?」と尋ねると、「私が、あなたの良き友人のエリオット・メンデルソンです」と相手が答えたという。

エルデシュは類まれなる頭脳の持ち主だったが、これほど多くの人が彼の奇人ぶりを容認した理由は、ほかにあった。アダム・グラントの言葉を借りれば、エルデシュは「ギバー」だったからだ。彼は、ほかの数学者の進歩を喜び、励まし、力を貸してくれた。真夜中、玄関先に彼が現れることは、数学界のヨーダが出現し、「お前を偉大なるジェダイの（数学の）騎士に育てあげたい」と告げられるのに等しい栄誉だった。

エルデシュ自身が誰よりもよく知っていたように、数学は孤独なゲームだ。ところが彼はそれを探求《クエスト》の旅に替えた。友人《パーティ》たちとともに挑める旅に。そして、各国の数学者たちを助け、共同研究をしながら世界を縦横に駆けめぐるだけではまだ足りないかのように、彼らに賞金を与え、その背中を押した。まるでお尋ね者の首と引き換えに懸賞金を出す親分のように、エルデシュは自腹（ある時は一万ドル）を切って、数々の難問や定理を解決した人に賞金を提供すると申しでた。それは同時に、孤独な仕事に取り組む世の数学者たちにとって大きな励みとなった。

数学者に贈られる最高の栄誉はフィールズ賞である。エルデシュ自身は受賞しなかったものの、彼の力を借りた多くの人びとが受賞した。そしてこのことが、彼の名を世界に知らしめた「エルデシュ数」の誕生につながった。エルデシュ数とは、定理でも数学的概念でもない。共著研究の結びつきにおいて、エルデシュとどれだけ近いかを表す指数である（同様のものに映画俳優との共演関係の距離を表す「ケビン・ベーコン数」がある）。

エルデシュとの共著論文があればエルデシュ数は一となり、エルデシュと共著論文のある人と共著研究があれば、エルデシュ数は二となる。エルデシュの影響力が非常に大きく、同氏によって助けられた数学者がとても多いので、数学者たちはエルデシュへの敬意をこめて、彼との距離を数で示すようになったのだ。

概して、共著研究におけるエルデシュとの距離の近さが、すぐれた数学者の証であるとする見方がある。さらにエルデシュ数は異分野にも広がっており、ノーベル物理学賞受賞者中二名がエルデシュ数二、一四名がエルデシュ数三である。彼は多くの人びとを偉大にしたのだ。

一九九六年九月二〇日、エルデシュは八三歳で亡くなった（彼は、数学をしなくなったときに人は「死ぬ」のだとしていた）。形のうえでは、エルデシュ自身の指数はゼロである。なんだか心寂しいが、これにも意味があると思いたい。ゼロという数字は、エルデシュがいかに周囲の人びとにすべてを分け与えたかを象徴しているのだろう。

少年時代に友だちのいない環境で育った者が、数学界で後にも先にもおそらく最大のネットワークを築いた。エルデシュ数は、すべての数学者の指数として不朽の遺産となった。エルデシュは、数学界で誰よりも多くの友を持ち、また、彼の恩恵を受けた者、彼を愛し、偲《しの》ぶ者の数においても肩を並べる者はいないだろう。そして彼の死後もなお、その数は増え続けている。今日エルデシュ数を持つ者、すなわち彼の影響を受けた数学者は二〇万人をゆうに超えている。

エルデシュの例を見ると、成功の一つの要素は人とのつながりにあるように思える。「何を知っているか」ではなく、「誰を知っているか」。そこで疑問が湧いてくる。もし本当に成功が人脈で決まるとしたら、あなたはエルデシュのようになるべきだろうか？外向的な人間のほうが、成功するのだろうか？　その答えを探そう。

徹底検証！「人づき合いの良い人間」は得をするか損をするか

私は母から「人づき合いの良い人間になりなさい」と言われて育った（じつは、私はあまり人づき合いが良いほうではない。だから今も独りでこうして本を書いている）。

誰しも親しい友人たちとのひとときは楽しいし、また誰でも独りで過ごす時間をいくらか必要としている。問題は、どうやってバッテリーを充電するかだ。あなたにとって楽しいのは、パーティと読書のどちらだろうか？　親しい友だちと一対一で話すほうが楽しいか、それとも「大勢いればいるほど楽しい」ほうだろうか？

内向性—外向性は、心理学で最も確立されている概念の一つだが、その詳細については、いまなお議論が続いている。たとえば、内向的な人のほうが単純に、考えごとをたくさんしているという説がある。もちろん外向的な人間がうすっぺらだというわけではないし、内向的な人が考えていると言ってもその一部は心配事など、ネガティブな内容だったりする。

また、騒がしい場所は内向的な人にとって過剰な刺激になるが、逆に、外向的な人は刺激的な環境から遠ざかると退屈してしまう。たとえば、私はかなり内向型の人間だ。大学院時代に付き合っていたガールフレンドはバーやパーティが大好きで、騒がしければ騒がしいほどワクワクしていた。しかし私にとって喧噪は、音声の水責めに遭うようなものだった。二人でドライブに出かけると、私はポッドキャストにうっとり聞きいっていたが、彼女はものの三〇秒で寝入ってしまった（結局、私たちは別れてしまった）。

お金について言えば、外向的な人のほうが稼ぐことがいろいろな調査結果で示されている。スタンフォード大学がビジネススクールの卒業生を二〇年間調査したところ、成功者のほとんどが典型的な外向型人間だったという。

さらに、子ども時代まで遡った調査もあり、「児童期に外向的だった人は、外的な成功（地位、高収入など）を手に入れる確率が高い」という。また、高校のクラスでの人気度が下位二〇％から上位二〇％に移ると、四〇年後の収入が一〇％上昇すると推測できるとの調査結果もある。

ただし、成功はもちろん収入だけでは測れない。昇進と外向性の関係はどうだろう？ある調査によると、「外向性は、仕事の満足度、給与水準、生涯における昇進の回数などとプラスの相関関係にある」という。

外向的な人の悪い習慣まで、彼らの金銭的成功にひと役買っている。興味深いことに、お酒を飲む人は、飲まない人よりお金を稼ぐ。ただし喫煙する人にこの傾向は見られない。飲酒の習慣がある人の収入は、飲まない人の収入を一〇％上回っている。また、少なくとも月に一度酒場に行く人（お酒のつき合いがある人）は、たんに飲酒の習慣がある人の収入をさらに七％上回った。

なぜ飲酒が収入の増加をもたらすのだろう？　飲酒は喫煙と違って社会活動であり、飲酒の増加は社会関係資本（ソーシャル・キャピタル）の増加をもたらすからだと研究者たちは推測している。言い換えれば、飲酒によって人びとと親しくなり、人脈が構築されるからである。

大半の人びとは、リーダーは外向的だと思っている。そしてこの認識は、一種の自己充足的予言となる。企業のＣＥＯなど最高幹部と外向性の関係も、調査結果にはっきりと示されている。四〇〇〇人の管理職を対象とした調査では、自分は「極めて外向的」だと回答した者の比率が、一般の人（一六％）より明らかに高かった。この傾向は成功の梯子をのぼるにつれてさらに強まり、企業の最高幹部では、じつに六〇％が「極めて外向的」だと回答した。

なぜこうした状況なのか？　やや怖ろしい気がするが、集団のなかで最初に口を開き、積極的に話すという外向的な行動を取るだけで、リーダーとして見られるという調査結果もある。また別の調査では、集団のなかで、最初におずおずとした態度を取ると、知的レベルが低いと認識されることが示された。フェファーが指摘したように、一歩抜きんでるには、自己アピールが必要だ。外向的な人間にとってそれはお手の物。つまり、リーダーとして見られるためには、有能であるかどうかより、まず外向的に見られることのほうが重要なのだ。

では、もしあなたが失業中だったらどうだろう？　あるいはもっと良い職場に移ろうと考えていたら？　その場合にも、外向的なほうが有利だ。社会学者、マーク・グラノヴェッターの画期的な説、「弱い紐帯の強み」によると、絶好の機会が、親しい友人からもたらされることは意外に少ないという。日ごろ親しい仲間は、同一の情報を共有しているからだ。つながりの薄い知り合いを多く持つほうが、最先端のことを見聞きする機会に恵まれる。それに大きなネットワークを持っていれば、次の仕事に就いたときにも役立つ。

さらに、「ネットワーキングは兼業等による給与の増加、ひいては、時間の経過とともに給与の増加率とも相関していることが、マルチレベル分析によって示された」という研究結果もある。

実際、会社は従業員の採用を決める際、候補者のネットワークの規模を重要な要素にすべきかもしれない。社員の人脈は最終的な収益に影響してくるからだ。MITが行った調査によれば、「人づき合いが多いIBM社員ほど、業績が良かった。その差を数値で表せば、彼らは平均すると一通ごとのメール連絡で九四八ドルの収益をあげていた」という。

麻薬ディーラーも人脈が命

どう考えても、大きなネットワークの価値を侮れるような材料は出てこない。ここでちょっと気分を変えて、実入りが良いが、とてつもなくリスクが高いある稼業について考えてみよう。麻薬取引だ。

なんと闇世界の仕事でさえ、大きなネットワークが重要だという。おかしなことに、多くのディーラーは捕まらないために、「何ごとも小さくおさえろ」を鉄則にしている。ところがサイモン・フレーザー大学による調査では、大規模な犯罪者ネットワークを持つほどに、収入が増え、投獄を逃れる可能性が高まるという結果が示された。犯罪組織自体の規模はいっさい影響しない。つまり路地裏の売人であろうと、カリ・カルテル（コロンビアの犯罪組織）の幹部であろうとまったく関係ない。影響するのは、ディーラーが業界で何人を知っているかだという。ディーラーたちは強い友情の絆で投獄をまぬがれ、「弱い紐帯」によってビジネスの機会を手に入れているようだ。

というわけで、ビジネスにおける内向性vs外向性間の勝負は決まった。それでは、仕事の場ではなく、人生全体に視点を移したらどうなるだろう？

リチャード・ワイズマンの「運がいい人」の研究を覚えているだろうか？　彼もまた外向的な人のほうが幸運を引き寄せると結論していた。幸運にめぐり合うかどうかは、新しい機会に遭遇するかどうかに大きく関係している。同様に、幅広いネットワークを持てば新しい仕事の機会が開かれる。そして、ありとあらゆる新しい可能性に遭遇する。株売買人がいつも電話をしているのもそういうわけなのだ。

ここまで、内向的な人はかなり形勢が悪い。ではとどめの一撃を。

外向的な人は内向的な人より幸せである。

これは決して些細なことではない。外向性と幸せ、もしくは主観的幸福感（ＳＷＢ）との関係は、ＳＷＢ関連の文献でくり返し強固に裏づけられてきた事実の一つである。じつは、外向的な人は独りでいるときも、内向的な人より幸福感が高い。そしてある調査によると、内向的な人が外向性を装っただけでも、幸福感が増すという。

これは参った。要するに、外向的な人は内向的な人よりお金を稼ぎ、出世し、新しい仕事をすぐに見つけやすく、おまけに幸運で、幸福感も高いのだから。私の母が「人付き合いの良い人間になりなさい」と言っていたのももっともだ。絶望的な証拠をこれだけ突きつけられれば、内向的でいたいなどと、誰が思うだろう?

あの画期的な変革者は内向型だった

それでも内向性について取りあげよう。

エルデシュは、すべての数学者やその姉妹とまでつながることによって信望を得た。では、誰とも知り合わずに、科学者として成功することは可能だろうか?

じつはイエスである。宇宙の摂理を書き換えたニュートンについて、私たちはいくら称賛してもたりないが、彼はほぼ完全に独力でそれを成し遂げたのだ。

たしかにアリストテレス、ケプラー、ガリレオも偉大だが、ニュートンは宇宙の営みに関して、論理的一貫性のあるまとまった指針を示してくれた。彼が、私たちを魔術の世界から科学の世界へと導いてくれたのだ。それ以前は、宇宙の営みに関する予測は数学ではなく、推論に基づいていた。ニュートン以降、私たちは宇宙が法則によって動いていることを知った。作家のジェームズ・グリックが述べたように、ニュートンはまさに「現代世界の主任建築家」である。

二〇〇年後にアインシュタインが現れるまで、ニュートンに匹敵する衝撃をもたらした者はいない。たしかにアインシュタインは、科学者たちが考えていた宇宙の法則を覆したが、ふつうの人びとが毎日暮らすこの世界の見方まで変えたわけではなかった。ニュートンは、私たち一般人すべてにとって画期的な変革者だった。

ニュートンは弱冠二〇代で万有引力、微積分法、光学に関する業績を残している。しかも当時は、研究の助けになるテクノロジーもなかった。あるときは光の実験をするために、細い金属棒（先の丸い針）を自分の眼球と骨のあいだに差し込んだという。

重力についてはどうか。もちろん、人びとは物が地面に落ちることを知っていて、ガリレオもピサの斜塔から物体を落として実験をしたが、明快な法則にはたどり着いていなかった。ニュートン以前は、明々白々なことがまだ明らかにされていなかったのだ。ガリレオは加速度がどのように働くのかを理解していたが、なぜ働くのかについては解明できなかった。

しかもニュートンは、ほぼ完全に独りの力で、これらすべてを法則にまとめ上げた。たしかにニュートンは、「もしわれわれが遠くまで見渡せたとしたら、それは巨人の肩の上に立つことによって成しえたのだ」という言葉を残したが、その実、彼は生涯のほとんどを通じて、驚くほど誰とも（偉人もふつうの人も含めて）連絡を取っていなかった。

研究以外のことは上の空の「うっかり博士」のイメージは、ニュートンにぴったりだ。ときには寝室に何日も籠りきりで研究に没頭した。一人で散歩に出ては、ぶつぶつ呟きながら地面に棒で方程式を書いていた。まさに〝孤高の天才〟とは彼のことだ。世界がどのように動いているのかを解明する数学的手段は、当時まだなかった。そこでニュートンは、それも独力でつくってしまった。友人はほとんどいなかったが、彼らとの唯一の連絡方法は手紙だった。一度も結婚せず、実のところ死ぬまで童貞だったのではないかともいわれている。

頭にリンゴが落ちてきて万有引力のことをひらめいたという逸話は有名だが、おそらく事実ではないだろう。どちらかというと、リンゴが落ちたとき、ニュートンは扉に鍵をかけ、一人で部屋にいたはずだ。ニュートンは、隣人が誰かも知らなかった。一六九六年にトリニティを去るとき、心残りはなかっただろう。三五年暮らしながら、別れを惜しむ友人はいなかったからだ。

もしニュートンのような研究生活を誰かに課したとしたら、それは非人道的というほかはない。しかし彼の場合は、自ら課した独房生活だった。しかも、彼自身はそんな風に思っていなかった。

もしあなたがエルデシュの上司なら、彼にできるだけ多くの賢人と交流させるとともに、際限なく旅費を与えるだろう。もしニュートンの上司だったなら、予算と設備を惜しみなく与えるのが良いかもしれない。だが彼に、世界を変える途方もない発見を量産させるための鉄則は、とにかくそっと独りにしておくことに尽きる。

「内気な人ならでは」のとびきりの強み

疑う余地なく、ニュートンは「史上最高の頭脳の人」のなかに数えられる。もしあなたが彼ほど頭脳明晰だったら、人の助けはいらないだろう。しかし、ニュートンのとてつもない才気はさておき、ほかに彼の人生から私たちが学べるものがあるだろうか？「一万時間の法則」を覚えているだろうか？ もし誰にも邪魔されないとしたら、あなたは何かの道を究める時間をたっぷり持てるだろう。たえず注意をそらされるこの時代、私たちは皆、ニュートンから学ぶことがある。そう、外向的な人は素晴らしいネットワークから貴重な資源を活用することができる反面、本当に重要だと思うことに十分な時間を使えなくなってしまう。独りで精勤する時間が侵害されるからだ。もうおわかりだろうか。内向的な人のとびきりの強みは、それぞれの専門分野でエキスパートになれる可能性が、外向的な人よりはるかに高いということだ。

そのことを如実に示した、『外向性は個人的な熟達度と負の関係にある』と題する研究がある。平たくいえば、「外向的であればあるほど、業績が落ちる」ということだ。すでに見てきたように、多くの友人を持つことは明らかにメリットだ。しかし同時に、注意散漫の元にもなる。

アスリートといえば、高校のサッカー部の花形キャプテンを思い浮かべるかもしれない。それとも髭剃りのコマーシャルに出てくるバスケットボールのカリスマ選手? 彼らは皆、パーティが大好きな外向型人間だと考えるのが自然だろう。

ところが、それは大外れだ。作家でオリンピックの金メダリストであるデビッド・ヘメリーによれば、トップ・アスリートのほぼ一〇人中九人が自分のことを内向型だと認識している。

「何より顕著な特徴は、トップ・アスリートの大部分、じつに八九%が自分のことを内向的だと思っている点だ——自分は外向的だと感じている者はわずか六%に過ぎず、残りの五%は自分は〝中間〟だと思っていた」

集団競技のアスリートは、観衆に囲まれながら長い時間を過ごすが、トップ・アスリートたる彼らを偉大にするのはそうした華々しい時間ではなく、バッティング・ケージで過ごす孤独な時間だ。腕が上がらなくなるまで、黙々とスリーポイント・シュートを練習する時間、あるいは、日没後にパーティの時間も忘れてダッシュをくり返す時間なのだ。

精鋭の音楽家たちにも同じことが言える。フロリダ州立大学教授のアンダース・エリクソンが、超一流のバイオリニストに、日常の活動で技量を磨くために最も大切なことは何かと尋ねたところ、「独りで練習すること」と九〇％の演奏家が答えている。

では、トップクラスのチェスプレーヤーの今後を予測する材料は何か？ これもまた、「独りで真剣に練習」しているかどうかだ。実際、古参のトーナメント・プレーヤーのあいだでは、独りでの練習時間のみが統計的に重要な予測因子だった。

では、学校で優秀な成績をおさめる者や、博学になる者を予測する材料は？ ＩＱではない。じつは知能より判断材料となるのは内向性である。スーザン・ケインは著書『内向型人間の時代』（講談社）で次のように述べている。

大学レベルで学業成績の予測因子として優れているのは、認知能力より内向性だ。ある調査で一四一人の大学生を対象に、美術から天文学、統計学にいたる二〇科目の知識をテストしたところ、すべての科目で内向的な学生のほうが多くの知識があった。大学院の学位取得者でも、ナショナル・メリット・スカラシップの奨学生でも、ファイ・ベータ・カッパ（成績優秀な学生からなる米国最古の友愛会）の会員でも、内向型人間の比率が圧倒的に高い。

そして、遅咲きだが創造的な天才になるのは誰だろう？ ズバリ、嫌われ者のオタクだ。

生涯情熱を注ぐ対象になるものだけに一途に没頭することは、高度にクリエイティブな人びとに共通する習性だ。一九九〇～九五年に、九一人の並はずれて創造的なアーティスト、科学者、実業家、官僚について調査を行った心理学者、ミハイ・チクセントミハイによると、彼らの多くは青春期に社会のはみだし者だったという。

その理由の一つは、彼らの「熱狂的な好奇心、または一意専心ぶりが同級生には奇異に映った」ことにあった。社交好きが過ぎて独りの時間をあまり持たない十代の若者は、往々にして自分の才能を培うことに失敗する。演奏を練習するにも、数学を学ぶにも、彼らが忌み嫌う孤独な時間を必要とするからだ。

では一流の投資銀行家はどうか？　彼らは、情緒的に安定した内向型である。コンピュータ・プログラミングやプロテニス選手など、ほかの職種では、気難しさやつき合いにくさが、高収入と関係している。

外交的なリーダーと内向的なリーダー

通常は外向型人間のほうが勝っているとされる領域でも、じつは内向型人間のほうが成功しているという調査結果も見られる。プロスポーツ選手の場合と同様に、私たちは、リーダーも人が好きで外向的な人間だろうと思っている。そして前章で見てきたように、調査によると外向型人間はリーダーになりやすく、また、その資質があると見られやすい。

だが、彼らは本当に成果をあげているのだろうか？

アダム・グラントがリーダーシップについて研究したとき、じつに興味深い傾向を発見した。外向的な人と内向的な人のどちらがすぐれたリーダーになるかは、彼らが統率する人びとのタイプによるというのだ。従業員が受け身の場合には、社交的でエネルギッシュな外向型の人間が本領を発揮する。しかしながら、目的意識のある人々を率いる場合には、内向型のリーダーのほうが望ましい。彼らはよく耳を傾け、後ろ盾となりながらも部下の自主性を重んじるからだ。

外向的な人は、最初こそ饒舌《じょうぜつ》さや、主導権を握りやすい性格からリーダーとして有望視されるのだが、ともすれば支持が長続きしないと調査で示されている。彼らはリーダーの役割を担ってから、傾聴する能力の不足を露呈し、チーム内での支持を失う。

私たちの社会は外向的な人を買いかぶり過ぎる場合があるのだ。じつは、あまり耳にする機会はないものの、外向性にも多くのマイナス面がある。息子も娘も外向的な子に育つようにと祈る前に、外向性が犯罪や不義、自動車事故、自信過剰、金融的リスクを厭わない性格などと結びついている事実を考えてみたほうがいい。

外向性の欠点について、あまり聞かされてこなかったのはなぜだろう？　率直に言って、これは「宣伝能力」の違いだろう。外向的な人のほうが内向的な人より多く、しかも外向的な人のほうが友人が多く、話す機会も多いことは明白だ。スーザン・ケインが指摘したように、外向性を評価するバイアスが私たちの職場、学校、文化、とりわけアメリカという国に浸透している。

要するに、外向型人間にも内向型人間にも成功者がいて、世界は間違いなく両方を必要としているのだ。だがあなたは、そのどちらでもない公算が高い。人びとの三分の一は筋金入りの内向型人間と外向型人間から成り、残りの三分の二は、両向型人間で構成されている。つまりスペクトラムのどこかに位置する人が大半なのだ。

外向型と内向型の中間である両向型人間には強みがないかというと、そんなことはない。意外なことに、一流の外交員には両向型の人間が多い。この仕事では優位に思われる外向型人間は、おしゃべり過ぎたり、横柄だったりする。内向型人間は相手の要望をよく聞くが、押しの強さに欠ける。アダム・グラントの調査によれば、優秀な外交員は、外向型―内向型のスペクトラムの中間に集中していたという。

ここから重要な教訓が引きだせる。もしあなたが片時も独りでいるのが耐えられないなら、経営学修士の学位を取り、従順な人びとの指導的立場に就くのに向いている。逆に、対人の仕事が耐えられなければ、自分が情熱を注げる対象に一万時間打ち込み、その道を究めるのはどうか。

けれども大半の人は、あるときは外向性を活かして人脈を構築し、またあるときは内向性を役立ててひたすら技能を磨くなど、両面を使いわける必要がある。

内向性を発揮して技能を磨くのは単純でわかりやすい。ただ時間を投入すればいい。だが、内向型か両向型の人びとは、人脈を築く一番良い方法は何かと思い悩む。〝人脈を築く〟という言葉にさえ、うわべだけの政治家、口先だけのセールスマンを連想し、不誠実、まやかしといった否定的な含みを感じてしまうのだ。

だが朗報がある。外向型の人には生まれつきネットワークを構築する才能があるかもしれないが、じつはこれは誰もが磨ける技能だ。人脈を築くなんて白々しいとか、うさん臭いと感じないほうがいい。調査でも示されているように、まともな仕事を探すにせよ、コカインを売るにせよ、ネットワークづくりは、万人が必要とするものだ。

レーダー開発の舞台裏にあったドラマに学ぶ

爆撃はいっこうにやむ気配がなかった。第二次世界大戦の戦闘が激化し、イギリスはドイツ空軍機による猛攻撃にさらされていた。しかしイギリスは、形勢を一変させる秘密兵器を開発していた。新型のレーダーである。

レーダー開発をめぐっては、すでに英独間で抜きつ抜かれつの激しい応酬が展開されていた。ドイツはレーダー技術を使ってイギリス攻撃の精度を向上させ、イギリスは妨害電波を発する高性能機器でドイツ空軍の攻撃を阻止。この科学技術によるデッドヒートは「電波戦争」と呼ばれた。

そして、ついにイギリスが突破口となる大発明をした。それは、「空洞《キャビティ》マグネトロン」と呼ばれるものだった。なんだか仰々しい響きだが、じつは今日どこのキッチンにもある電子レンジのマイクロ波のことだ。マイクロ波レーダーの実用化により、イギリスは、レーダーの劇的な小型化に成功した。巨大な鉄塔に収納されていた物が、すべての英国空軍機に搭載されるようになったのだ。

ところが、まだ問題は残っていた。製造できるようにはなったものの、国を救える早さで量産することができなかった。ナチス・ドイツによる執拗な空襲にさらされ、何千万台ものマイクロ波レーダーを続々と、しかも迅速に生産する余力がなかったのだ。

方法が一つあった。同盟国間の協力だ。一九四〇年、イギリス軍の上層部が空洞《キャビティ》マグネトロンをアメリカへ運び、その実力を披露した。アメリカ側はその性能に目を見張り、自国の資源を投入してマイクロ波レーダーを大規模に製造し、夢を現実にすることを引き受けた。

MIT（マサチューセッツ工科大学）の「放射線研究所（The Radiation Lab）」がプロジェクトを立ちあげた（漠然としたこの名前が故意に用いられたのはその使命を隠すためで、のちに「ラッド・ラボ」と略したニックネームで呼ばれるようになった）。三五〇〇名の人員が集結し、当時最高の頭脳の持ち主とされた人物も含まれていた。そのなかの九人は、後年、ほかの功績によりノーベル賞を受賞した。

同プロジェクトの研究成果は目覚ましかった。開発されたレーダーの一つは、イギリスの対空砲火を誘導するもので、ロンドンを猛襲していたドイツのV‐1号爆弾の八五％を撃ち落とせるというものだった。もう一つのレーダーは、非情に精度が高く、ドイツの潜水艦の潜望鏡まで発見でき、海上戦を連合軍の有利に導けるというものだった。

ところが、これらの機器が戦場で素晴らしい成果をあげる前に、ラッド・ラボは深刻な問題に直面した。完成したマイクロ波レーダーが期待通りに機能しなかったのだ。あるいは、機能してもムラがあった。チャールズ川で試験してみると、失敗の連続だった。科学的原理を何度も調べなおし、あらゆる不具合や問題を洗いなおしても、レーダーの実験は成功しなかった。不可解というほかはなく、あたかも神がその成功を望んでいないかのようだった。

実際、恐るべき力は働いていた。が、それは神ではなく、ハーバード大学だった。ハーバード大学のターマン電波研究所はアメリカ政府から巨額の資金を提供され、MITのあずかり知らないところで、極秘裏に妨害電波の技術を開発していた。しかもその技術をチャールズ川の対岸で試験していたのだ。ハーバードの取り組みは素晴らしい成果をあげていて、誤って市内全域のパトカーの無線を妨害し、ボストン警察の無線交信を停止させてしまったほどだという。

幸いにも、MITの研究者が正気を失う前に、川向うにいる悪気のない〝敵〟の正体がわかった。そして、新たに強力なコラボレーションが始まった――「健全な競争」である。

MITはハーバード大学の妨害技術に打ち勝つために、さらなる努力を重ねた。一方、ハーバード側も、MITのレーダーを撃退するためにいっそうの改善に努めた。世界最高峰とされる二大学がしのぎを削った結果生まれた技術は、驚異的なものだった。ハーバード大学の〝助け〟により、MITのレーダーは秀逸な物に仕上がったというわけだ。

一九四二年一一月、ドイツの潜水艦は連合軍の船舶を一一七隻撃沈した。しかし、それから一年も経たない一九四三年九月から一〇月の二か月間に撃沈された連合軍の船舶はわずか九隻だったのに対し、同じ間に、対艦レーダー（ASVレーダー）を搭載した連合軍機によって撃沈されたドイツのUボートは二五隻にのぼった。

また、MITの〝力添え〟によって完成したハーバード大学の電波妨害技術は、ナチスをパニック状態に陥れた。連合軍の電波妨害システムの性能があまりに素晴らしかった（ドイツ軍の対空効率を七五％減らした）ので、ドイツの高周波無線の専門家のほぼ九〇％に当たる約七〇〇〇人が、終戦時までそれぞれの緊急の業務を離れ、自国のレーダーへの妨害電波を防ぐ方法を見つけだすというただ一つの任務に専念させられた。

今なお、あの戦争の勝因はレーダーだったと信じる人は多い。

私たちが協力するとき（健全な競争も含めて）、その結果得られるものは指数関数的に増加する可能性がある。しかし私たちが意志を伝え合わなければ、そうした計り知れない恩恵を逃してしまうばかりか、自分たちの努力さえ、友人によって〝妨害〟され、実を結ばないかもしれないのだ。

シリコンバレー最高のネットワーカーに直接、秘訣を聞いてみた！

ネットワーキングによって得られる収穫が莫大なことは、すでに明らかになった。それでも、どこかうさん臭く思えるかもしれない。

ハーバード大学ビジネススクールのフランチェスカ・ジーノによると、何かを得るだけが目的で人と会おうとするとき、私たちは後ろめたく思うのだという。人脈づくりに関して少しも抵抗を感じない人は、強い人だ。ところが最も弱い人、つまりネットワークを最も必要とする人ほど、後ろめたく思ってしまう傾向が強い。私たちは意識的、作為的なときより、予期せぬ出会いや、まったくの偶然だと思えるときのほうが、抵抗なく人脈づくりをできる。

このことは、無作為の知り合いづくりに長《た》けていない内向型人間にとって大問題だ。さらに、外向型人間にとっても問題がないわけではない。彼らは比較的容易に人とつながれるが、それらは必ずしもキャリアの進展に結びつかない人びとだからだ。

成功するには人脈をつくる必要があるとなると、あなたは抵抗を感じずにそれを築けるだろうか？　たとえ内向型人間でも？

この質問に答えるために、アダム・リフキンについて取りあげてみよう。二〇一一年、『フォーチュン』誌は彼を、シリコンバレーで最高のネットワーカーに指名した。ところがじつは、アダムはシャイな内向型人間である。それから、めったにいないようない人だ。皆からは「パンダ」というニックネームで呼ばれている。

パンダのネットワークづくりの秘訣は何かといえば、友だちになる、ただそれだけのことだ。友だちになる。ネットワークづくりは、誰もが磨ける技であるだけでなく、じつはあなたがすでに知っている技だったのだ。

アダム・グラントの言葉を借りるなら、パンダはギバーである。グラントはベストセラー著書、『GIVE&TAKE「与える人」こそ成功する時代』（三笠書房）で彼のことを紹介している（グラントと私の双方がパンダを知っているのは奇遇だが、それというのもパンダが皆と知り合いだからだ）。私が人脈づくりについてズバリ尋ねると、パンダはこう答えてくれた。

受けとるより与えるほうが良いです。ほかの人に何かしてあげられる機会を探すのです。たとえば、知識を提供したり、もしくは、相手はまだ知らないかもしれないけど、関心がありそうな人に引き合わせてあげたりするのです。大事なのは、ネットワーキングが取引にならないこと。見返りを求めて、何かを提供するとうまくいきません。それより、あなたと相手の共通点に、純粋に興味を示してみてください。

先ほどのレーダーの話では、ハーバード大学とＭＩＴが話をしなかったばかりに、ややこしい事態になった。ご近所と知り合うのは良いことだ。友だちをつくるのは良いことだ。ところがビジネスの友人となると、「ネットワークづくり」などという言葉を使い、何やらあざとい感じになる。でも、友だちになることに焦点を合わせれば、問題は解決する。要は、見方を変えてみることだ。

ほかの達人にも見解を聞いてみよう。もう一人のすぐれたネットワーカーで、ベストセラー作家のラミット・セティは私に次のように語ってくれた。

誰にでも一緒にいて楽しい友だちがいますよね。彼らはいつも「ねえ、この本良いから読んでみてよ」とか、「このビデオすごく良かったから、絶対に見るべきだよ」などと言って、素敵な物を届けてくれます。じつは、これこそがネットワークづくりなんですよ。彼らはまず私たちに尽くし、提供してくれます。そしてある日、彼がやってきてこう言ったとしましょう。「ちょっと相談なんだけど、君にはX社で働いている友人がいるだろう。じつは彼に連絡を取りたいと思っていてね。紹介してもらえないかな？」。もちろんあなたはイエスと言うでしょう。人脈づくりとは要するに、個人的な絆を結ぶことなのです。

人間の脳は仕事とプライベートをはっきり区別できない

もしうさん臭い人脈づくりが、どこかモルドバでの信用できない人間関係を思わせるとしたら、その逆は？　アイスランドの緊密な人間関係はどうだろう。

アイスランドは、世界で最も幸福な場所の一つとされている。理由は、人びとが密接につながっていることにある。どこへ行っても友だちに出くわす。アイスランドではあまりに日常的なことなので、「友だちにバッタリ会ってしまって」という遅刻の言い訳がすんなり受けいれられる。

アイスランドでの人間関係が心地よいのはなぜだろう？

私たちは仕事と私生活をはっきり区別しているつもりだ。ところが、人間の脳はじつはそうではない。人類は、その歴史の大半を小さな生活集団で暮らしてきた。そこでは誰もが顔見知りで、ともに働き、ほぼすべての者が血縁によって結ばれていた。つまり、私たちの脳にとって、仕事と私生活の区別はまだ新しく、違和感があり、恣意的なものといえる。だから「ネットワーキング」が空々しく響き、「家族」が心地よく響くのだ。

イスラエルの研究者、ユヴァル・ノア・ハラリによると、私たち人類が繁栄してきた大きな理由の一つは、「架空の親族関係」にあるという。ほぼすべての生物種は、家族としかつき合わない。それ以外の者は、潜在的な敵だ。

大昔のホモサピエンスが、種として繁栄をきわめた理由は、たがいの合意のうえで作ったストーリーによって、親族の定義を広げたことにある。その結果、家族は血縁者だけではなくなり、私たちはたくさんの「家族」に属している。たとえば、アメリカ人であり、IBMの社員であり、ソフトボールチームの一員だ。手っ取り早くいえば私たちは友だちであり、友だちとは、自ら選んだ家族なのである。

こうした「架空の親族関係」により、人類には、ほかの生物種には不可能な規模での協力関係が可能になった。これこそが、人類が種として繁栄した秘訣だった。それはまたとりもなおさず、あなたが個人として成功するための秘訣――友情関係――でもある。

もしかしたら、如才なく〝友情〟を装い、自分の仕事にとって重要な人に近づいていくことに、あなたはまだ抵抗を感じているかもしれない。自然に出会って意気投合するほうがいいと思っている。だがそれはお門違いの区別なのだ。

たとえば、すべての恋人たちに見られる主な共通点は何かというと、それは不思議な力による引き合わせでも、恋人の〝えも言われぬ魅力〟でもなく、「近くにいること（時間・場所・関係などで）」だという。そもそも出会わなければ、恋も芽生えようがない。

これは恋愛に限らず、ほかの関係にも言えることだ。あなたが近所の人と友人になるのは、彼らが近くに住んでいるからだ。隣人と毎週ボウリングに行くわけではなくても、現にあなたの友情は多かれ少なかれ近接性に基づいている。近所の友だちであれ、オフィスで隣の女性であれ、宅配便のスタッフであれ、身近に接することに基づくこうした結びつきは、自然であざとさがない。

つまり、あなたはいつも、地理的環境などの些細なきっかけで友だちをつくっているのだが、これがビジネスとなると身構えてしまう。たとえば誰かから「あなたは左右どちらの足から歩きだしますか？」と訊かれると、一瞬とまどうのと同じだ。日ごろ無意識にやっていることを、意識してやろうとすると、ぎこちなくなってしまうのだ。

ネットワーク（人脈）づくりについて、それほど恐れる必要はない。案外私たちは、ほかの人に何かを頼んだときに、喜んでやってもらえる可能性を半分ほどに低く見積もっているのだ。

第2章で述べたように、ほかの人は利己的だと思い込んだり、不信感を抱いたりすれば、自己達成的予言になる。逆に、人々はあなたを好きになると楽観的に仮定すれば、その通りになるだろう。

大人こそ思い出せ！　友だちづくりの三大基本原則

ロバート・フルガムによる一九八〇年の大ベストセラーの題名は『人生に必要な知恵はすべて幼稚園の砂場で学んだ』（河出書房新社）だった。さあ、ここで幼稚園のころに戻ったつもりで、友情の基本原則をおさらいしてみよう。どれも直感的なものだが、同時に科学的な裏づけもある。

「ネットワーキング」という言葉を使うのはやめだ。

相手がメンターでも仕事仲間でも、私たちの脳は「交際」を上手に処理することができない。何となく空々しい関係になるのはそんなときだ。その反面、脳は「私たち」対「彼ら」、「友」対「敵」の関係を扱うのはとても上手だ。だから幼稚園時代に戻って、友だちをつくらなくちゃ。

1「やあ、君はアイアンマンが好きなの？　ぼくも好きなんだよ」

あなたが遊びたいと思っているおもちゃで遊んでいる男の子がいる。その子のところに行って、自己紹介をしよう。誰でも自分と似ている子を友だちに選ぶものだ。

正直なところ、この原則は、空恐ろしくなるほど大人の社会で通用する。調査結果によれば、人は、自分と似た名前の人に好感を持つという。自分のイニシャルと同じ字が入っているから、という理由でブランドを好きになったりする。知り合いの誕生日は、自分の誕生日と近いほど記憶に残りやすい。自分と動作が似ている人のことも好きだ。ニュース・キャスターや俳優はなぜ見てくれが大事なのか？　人びとは、魅力的な人のほうが自分と似ていると思い込むからだ（なかなかのナルシストではないか？）。

嫌いな物が同じという場合も絆が深まる。調査によると、不平や不満を共有することは、親近感を深める。同じ人を嫌いなら？　もしかしたら永遠の親友になるかもしれない。古くから「敵の敵は友人」ということわざがあるだけでなく、それは論文（『あなたと同じように感じる：他者への否定的な姿勢の共有は親近感を高める』）でも証明されている。

というわけで、園庭を見て、自分と似た子を探してみよう。あの子は、あなたのことを好きになりそうで、あなたも好きになれそうだ。一見して似ている子は見つからない？　それなら、次のステップを実行しよう。

2 ほかの子の話をよく聴いて、励ます

幼稚園のほかの子たちと自分のどこが似ているか見つけたいなら、その子たちに質問をして、彼らの話に耳を傾けよう。そうすればきっと、彼らと共通のものを見つけられ

るだろう。そのうえ、じっくり話を聴くことは、人との絆を結ぶうえで大切なことだ。また、それは私たちの多くが苦手とするところでもある。

神経科学者のダイアナ・タミルによると、人間の脳は、自分のことを話すことで、食べ物やお金よりも強く快楽中枢を刺激されるという。だから、人前で自分のことばかり話すのはほどほどにし、その楽しみをほかの人に最大限譲ってあげよう。

ニューヨーク州立大学の心理学教授のアーサー・アーロンの研究では、誰かにその人自身のことを尋ねると、一生の友情にも匹敵する絆を、驚くほど短時間で結べることが証明された。

さらにＦＢＩの行動分析官ロビン・ドリークは、初対面の相手と話すときに最も重要なこととして次を挙げる。

「自分の判断は差し挟まずに、相手の考えや意見を知ろうとすること」

すなわち、自分が次に言うことを考えようとせず、彼らが今話している内容にひたすら集中することが大事なのだ（意識しないとけっこう難しい）。

相手と自分に共通する何かが見つかった？　それはよかった。遠慮せずに、惜しみなく相手を称賛しよう。人がセックスやお金以上に褒め言葉を好むことは、調査でも示されている。影響力の分析で知られるロバート・チャルディーニによれば、心の底から褒めることが肝心だ。こちらも媚びたくはないし、また褒められる側も、へつらわれるのは気分が悪い。だから、本当に心に浮かんだ好意的な言葉を言おう。

取ってつけたようなお世辞ですら、信じられないほど効果をもたらすという研究結果もある。しかし保険の勧誘ではないので、ここでは真実味があることが重要だ。

また、格好をつけたり、いいところを見せようとするのもやめよう。逆効果になるからだ。人は誰でも有能さより優しさのほうが好きだ。実際に調査でも、人びとは、「有能だが不愉快な人」より、「気が利かないが優しい人」と働きたいと思っていることが明らかになった。それから、相手に助言したり、批判がましいことを言ったりするのはやめよう。ただし、こちらからアドバイスを求めるのは、相手の好感を得るきっかけになる。

ドリークは、相手が今どんな課題に直面しているのかを尋ねるようにしている。人は誰でも、ストレスを感じていることに関して愚痴を言いたいものだ。そして、それをじっくり聞くことが、三番目のステップにつながる――。

3 ギバーになって、おやつのトゥインキーを分けあう

人に助けを申し出よう。パンダやポール・エルデシュのように、惜しみなく与えるギバーになろう。人が何か困っていると聞いたら、助けてあげられることを探そう。

あなたは取引を目的とする似非《えせ》ネットワーカーにはなりたくないと思っている。でき

れば偶然に出会い、自然と育まれる友情が好ましいと思っているだろう。

友だちは、たがいに尽くしあう。彼らは、目的や見返りのためにそうしているわけではない。だから、良い行いにせよ、悪い行いにせよ、いずれは自分に返ってくるという因果応報《カルマ》の法則にまかせよう。

つながっている誰かを幸せにしようとすると、自分にも幸せが戻ってくる。幸せな友人は、あなたの幸福度を一五％増やしてくれる可能性がある。たとえ友人の友人の友人が幸福になったとしても、あなたがより幸せになる可能性が六％ある。したがって、見返りのことは忘れ、何も求めないことだ。そうすれば、助けられた人はあなたに好感を持ち、あなたも自分自身に満足できる。あなたはただ、友だちとして助けるのだ。それと、もし助けを申し出るのなら、最後までとことん助けること。

時間もプレッシャーもかからない人脈作りの五ステップ

というわけで、あなたは居心地の悪さを感じる人脈づくりに関して気持ちの整理をつけ、友だちづくりに焦点を置いた。スタンスを変えたわけだ。では、友だちづくりを実際にスタートするにはどうすればいいか？　その過程を簡単にし、時間を節約し、プレッシャーも減らせる素晴らしい方法がたくさんある。

1 元々の友人たちからスタートする

ネットワークをつくる手っ取り早い方法は、街角で名刺を配ることではない。長年の友人たちと旧交を温めることだ。そうすれば、後ろめたさは微塵もない。彼らはすでにあなたの友人なのだから。ただここ一年近況を報告し合っていないだけだ。

絶好の出発点であり、人脈づくりにともなう気苦労もない。ただフェイスブックやリンクトイン、アドレス帳を開いて「最近どうしてる？」というメールを毎週何通かずつ送ればいい。ご無沙汰している友人たちのほうが、新たに発掘する人脈よりあなたの仕事の強力な後援者になりうることは、調査でも示されている。

一つ忠告。フェイスブックやその他のSNSのリストにだけ載っている友人たちが、そのままネットワークとして機能すると思わないほうがいい。再び、幼稚園に戻ってみよう。SNSのデジタルなリストに並んだ〝友だち〟を持っていることは、実際に友だちと会話し、一緒に時間を過ごすこととはまったく異なる。前者は人間関係というより、ヴァーチャルなスタンプ集めに近い。

2 スーパーコネクターを見つける

ネットワークのなかの全員が、均等につながっているわけではない。ケロッグ経営大学院教授のブライアン・アジーとAT&T副社長のシャロン・ダンラップは、ネットワークづくりには必ず80／20の法則があることを発見した。あなたはおそらく少数の〝スーパーフレンド〟を介して大多数の友人たちと会っている。〝スーパーフレンド〟とは、ちょうどパンダのような友だちだ。

フェイスブックやアドレス帳を眺めれば、限られた数の友人を通じて大半の友だちと会っていることに気づくだろう。そこでまず、〝スーパーフレンド〟と連絡を取り、「この人と会ってみるといいよ、という友人はいる?」と訊いてみよう。きっと、思いがけない収穫が得られるにちがいない。

3 時間と予算を用意する

ネットワークを広げたいと思っている人は多いが、その実、初対面の人と会うために前もって時間を空けておいたり、毎週五〇ドルを人脈づくりのコーヒーやランチ代に充てたりするほど優先している人となるとわずかだろう。ベストセラー作家のベン・カスノーチャは、すぐれたネットワーカーはあらかじめ人脈づくりに一定の時間とお金を割り当て、いつチャンスが訪れても困らないようにしていることに気づいた。大学生たちも、金曜と土曜の晩はパーティに行く心づもりでいるので、友だちづくりに困ることはない。同じやり方をしてみよう。

友人間の争いの最大の原因として、じつは意外なものが学術的調査で明らかになった。

それは、相手と会う時間を優先的につくらないことだった。スペンサー・グレンドンが教えてくれたように、時間は有限でかけがえのないものだ。つまり時間をつくることは、相手が自分にとっていかに大切で、どれほど気にかけているかを示す最も基本的な方法だ。だから、あらかじめ時間を割り当て、友だちづくりを「やりたいこと」から「必ずやること」に確実に格上げしよう。

お金で幸福を買えるか否かについては多くの議論が交わされているが、一つの領域にかぎっては、調査で結論が出ている。すなわち、お金は、大切な人のために使えば間違いなく幸福をもたらすということだ。というわけで、さっそく友だちにメールをして、コーヒーをおごろう。

4 グループに参加する

いわゆるネットワーキング・グループのことではない。あれはどこかぎこちないし、一つ間違えると野暮そのものだ。かといって、ただパーティを開くのでは、頻度が少なすぎて着実な成果に結びつかない。

毎週、ランチできる友人はたくさんいるだろうか？　毎週日曜にフットボールの試合を観るグループはどうだろう？　ちゃんと活動している読書会は知っているだろうか？　どれも受け身ながら楽しく交流でき、自然な形で人とつながれる。

調査によれば、長年の友人と新しい人たちが混ざっているグループが、ネットワーク形成には一番いい。こうしたグループのいくつかに参加していれば、リチャード・ワイズマンの言う〝科学的根拠のある幸運〟を簡単に高めることができる。好きな人たちといい時間を過ごしながら、偶然、予期せぬ素晴らしいものとの出会いに恵まれるからだ。しかもこれは、退屈な学術誌で拾った眉唾《まゆつば》ものの理論ではない。私はロサンゼルスにいれば、友人であるアンディ・ウォーカーの金曜のランチに毎週欠かさず参加する。サンフランシスコに滞在していれば、パンダ主催のシリコンバレー起業家の集い、「一〇六マイルズ」に欠かさず出席する。年に数回はボストンへ飛び、ゴータム・ムクンダの「面白い人たち」との夕食会にも顔を出す。ムクンダは自身のネットワークから魅力的な人びとを何人か集め、ワインと会話を楽しむ夕べを催してくれる。また、友人のジェームズ・クリアが毎年主催するブロガーの集まりを逃すくらいなら、私は腎臓を犠牲にすることも厭わないだろう。どの集まりも、商売やうさん臭い話とはいっさい無縁だ。私にとっては、ただリラックスできる環境で、大好きな友人と過ごしながら、新しい友人に出会える機会に過ぎない。

こうした集まりへの参加は、あなたを受動的に良い方向へ変える方法でもある。子どものころ、お母さんから「いつも居残りさせられてるあの子に近づかないように」とか、「オールAのあの可愛い女の子と仲良くなったら?」と言われなかっただろうか? ある意味お母さんは正しい。

作家のチャールズ・デュヒッグはすぐれた著書『習慣の力』（講談社）のなかで、ハーバード大学が一九九四年に、劇的に人生を変えた人びとを対象に行った調査にふれている。多くの場合、彼らの人生を形づくったものはある重大な変化ではなく、自分があんな風になりたいと思った人びとから成るグループに参加したことだった。

また、イエール大学のニコラス・クリスタキスによる調査でも、ネットワークは、良くも悪くもその特性を増幅させることが明らかになっている。

したがって、自分が入るグループは賢明に選ぶべきだ。一〇〇〇人の被験者をその幼少期から死亡まで追跡調査した「ターマン調査」は、あなたが誰とつき合うべきかについてこう述べている。「あなたがどんな人間になるかは、関わるグループによって決まることが多い。たとえば健康状態を良くしたいなら、健康な人びととつき合うことが、最も効果的で、体調改善への早道である」。

また調査によると、人は、一つだけでなく、いくつもの社会集団に帰属するほうが、困難から立ち直る回復力が高まり、ストレスを乗り越えやすくなるという。

入りたいと思う魅力的なグループが思い当たらない場合には、簡単な解決法がある。あなたがグループを立ちあげ、ネットワークの拠点になることだ。あなたの友人で、定期的に友だちと過ごせる時間と気持ちの良いネットワークを求めている人たちから、きっと感謝されるに違いない。

5 つねにフォローアップをする

私たちは多くの人びとと出会うが、その後に時間を取ってフォローアップし、友人関係になることは稀だ。ノートルダム大学の研究者は、ほぼ二週間ごとに連絡を取りあうことが、親密な友情を持続させる方法であることを発見した。とくに親しい間柄でなければ、そこまで頻繁に連絡を取る必要はないが、それでも基本原則は変わらない。すなわち、折にふれ近況報告をすれば良い。

そのために必ずしも長い時間をかける必要はない。週に何通かメールを送るだけでも、長いあいだには大きな違いを生む。パンダのネットワークは膨大だが、彼は驚くほどわずかな時間でそれを維持している。彼は、毎週友人たちにメールで送る前ふりの話をいつも用意している。このちょっとした気遣いで、彼は人びとを助けると同時に、ごく自然に関係を維持している（この行為はまた健康維持にも役立つ。長期にわたる調査で、最も長寿な人びとは、最も周りから助けられる人ではなく、最も周りを助ける人であることが明らかになった）。

それでは仕事仲間と友情を築くのはどうだろう？　それもまた素晴らしい。ただし、「チームワークを高めるエクササイズ」の類はどうもいただけない。かえって信頼関係を損なうとの調査結果もある。

調査によると、仕事のチームがすぐれた業績をあげられるかどうかは、メンバーがたがいをどう思っているかにかかっている。マニュアルには載っていないものの、チームのコミュニケーションと有効性を改善するものは何か？　それは、仲間と冗談を飛ばしあうことだという。

職場で誰が最も業績をあげているかを知るには、ランチのテーブルを見ればいい。MITメディアラボの研究員、ベン・ウェイバーによると、「昼食時に大勢とテーブルを囲んでいる者が、実質的に高い業績をあげている社員だとわかった」という。彼らは大きなネットワークに属し、仕事仲間がどんなことに従事しているのかをよく把握している。

また、職場でいろいろなグループの友人を持っていることも、大きな収穫に結びつく。職場で比較的分断されている人びとの橋渡しができるような者は昇進が早く、また同僚に先がけていろいろな情報を耳にするので仕事での機動力に優れている。

もちろん、仕事仲間には嫌なヤツもいる（私が独立したのも、最低の上司が時たまいたからだ）。どうにもうまくつき合っていけない相手もいる。それはよくわかる。

しかし、スタンフォード大学ビジネススクールのジェフリー・フェファーに「職場で成功したいときに、一番やってはいけないことは何ですか？」と単刀直入に尋ねたところ、答えは、「社内力学に参加しないこと」だった。そしてこう付け加えた。「ええ、職場の力関係が鍵を握るのは否定できません。私は巻き込まれるのを拒否していますが」。

臨床心理士で職場コンサルタントのアル・バーンスタインは、こう言う。

「職場の政治に参加しないわけにいかないのです。避けようとしても、お粗末なプレーヤーになってしまうだけで――人間関係が影響を及ぼさないのは、世界の果ての無人島くらいでしょう」

ハーバード大学講師で作家のショーン・エイカーによると、職場での友人関係と最もほど遠い従業員は、昇進とも最もほど遠い人間だという(納得するまでこの文章を何度でも読んでほしい)。

職場のゴシップはときに致命傷になりうるが、同時に、有益な情報源にもなりうる。調査によると、その七〇~九〇%は真実だからだ。しかも、毎週メールで届く社内報には絶対に載らない情報である。職場で成功したかったら、社内で何が起きているのか知らなくてはならない。

とくにあなたが職場のリーダーなら、私心を捨てて、従業員のあいだに良い人間関係を育《はぐく》むことがとても重要だ。社内で身近に少なくとも一人有能な友人がいると、従業員の努力と生産性はいずれも一〇%上がるという。素晴らしい効果じゃないか。

この点に関しては、多くの人がもう少し危機意識を持つほうが良さそうだ。『アメリカにおける社会的孤立』という論文によれば、一九八五年には、大半の人がそれまでの人生で三人の親友がいると答えていた。ところが二〇〇四年には、親友の数として最も多い回答は「ゼロ人」だった。しかも、「重大なことを相談できる相手が誰もいないと答えた人の数は、前回調査時の三倍にのぼった」。友人がほとんどいないことは、肥満より危険度が高く、一日にタバコを一五本喫う健康リスクに匹敵するという。

まさにその通りなのだ。ハーバード大学とＭＩＴも、何に取り組んでいるのか情報交換をすべきだった。そのほうが、おたがいの仕事がスムーズにいき、研究の生産性がぐっと高まっただろう（そもそも大学にしたって友だちがいるほうが楽しいと思う）。

おそらくあなたは、すでに頼りになるネットワークを持っていることだろう。それでも、成功するためには誰もが必要とするある独特なネットワークがある。次のエピソードで学ぼう。

「面白い人」になる方法

私たちは皆、面白い人になりたいと思っている。ジャド・アパトウは少年だった一九八〇年代、毒ヅタを自分の鼻にくっつけて友だちを笑わせていた。お察しの通り、このネタは代償が大きかった。父親はいつもジャドにコメディのレコードを聞かせていて、それが幼い彼に刺激を与えた。やがて成長するにつれて、コメディアンになりたいという思いを強くしていった。

ジャドは『サタデー・ナイト・ライブ』を毎週欠かさず観て、カセットレコーダーで録音した台詞を手で書きとめ、ジョークを練習した。トークショーに出演するコメディアンを知るために、雑誌の『テレビガイド』を探しまわった。人気喜劇グループの「マルクス兄弟」を題材に三〇ページの論文を仕上げたこともあった。学校の宿題ではなく、自分が書きたくて書いたのだ。

ジャドのような寂しい子には、こうした情熱の対象が必要だった。いじめられているときに。そして両親が険悪な状態で離婚するときに。でも、誰にも理解してもらえない情熱を持ち続けることもまた孤独だった。

というわけで、まだ実家で暮らし、ほとんどの時間を幾何の宿題に費やしているとき、どうやってコメディを学べばいいだろう？　ジャドの友だちは、高校のラジオ局でロックバンドにインタビューしていた。

そこで彼は思いついた。プロのコメディアンを相手に同じことをやってみたら？

このとき、ジャドはあまりわかっていなかったのだが、当時、コメディアンはそれほどスター的な存在ではなかった。彼らにインタビューしようなどと、考える者はいなかった。そんなわけで、広報担当者に電話をかけたとき、鼻であしらわれ、切られてしまうのではとの予想に反し、意外にも相手は快諾してくれた（校内FMラジオの取材で、インタビュアーはまだ一五歳だという事実にふれなかったのも幸いしたのだろう)。申し込んだほぼすべてのコメディアンがOKしてくれたのだ。

たしかに、にきび面のジャドがシオセット高校視聴覚係のカセットレコーダーを片手に現れたとき、たいがいのコメディアンは拍子抜けした。だがこれが、コメディにとり憑かれた孤独な若者が、コメディ界屈指の大物たち――ジェイ・レノ(『ザ・トゥナイトショー』のホスト)からギャリー・シャンドリング(『ラリー・サンダース・ショー』のホスト)、『ザ・シンプソンズ』のクリエイターであるジェームズ・ブルックスにいたる――の取材にこぎつけた顛末だった。さらにジャドは、ロサンゼルス在住の祖母を訪ねつつ、ジェリー・サインフェルドにもインタビューし、また、はるばるポキプシー(ニューヨーク州南東部)までパロディ音楽の第一人者で「おかしなアル」こと、アル・ヤンコビックにも会いに行った。

ジャドは大物たちからジョークの書き方を学んだ。観客の前で芸を披露するチャンスの探し方も学んだ。個人的な経験を演技にどう生かすか、客層に合わせてネタをどう変えるかも学んだ。だが何よりも、彼は自分が独りぼっちでないことを知った。世の中には自分とそっくりな人間がたくさんいるとわかったのだ。

こうして彼は、コメディの脚本を書きだした。満足な出来ばえのものを書きためると、それをジェイ・レノに売りに行った。レノは買ってはくれなかったが、かわりに感想を言って励ましてくれた。かつて人気コメディアンのジョージ・カーリンがレノ自身にしてくれたように。

最初のインタビューから六年後、ギャリー・シャンドリングは、アカデミー賞のジョークのライターにジャドを採用した。さらにその後、『ラリー・サンダース・ショー』の常勤ライターにも起用。ジャドは、コメディアンのロザンヌ・バーとトム・アーノルドの脚本も手がけた。また、ジェイ・レノは、駆け出しのジャドを『ザ・トゥナイトショー』に呼んでは、とくに必要もないのに紹介していた。やがて彼が脚本家やコメディアンとして正式に番組に関わるまで。

ジャド・アパトーは今、コメディ映画『四〇歳からの家族ケーカク』『無ケーカクの命中男／ノックトアップ』の監督（制作・脚本）として高く評価されている。今日の彼があるのは、良きメンターとの出会いがあったからこそだ。成功に必要なネットワークとは、メンターとのそれに他ならないのである（ただし、私たちは幸いにも鼻に毒ヅタを貼りつける必要はないが）。

世界を変革する者に共通の経験（あなたがそうしたいかはともかく）

「一万時間の法則」の生みの親であるK・アンダース・エリクソンは、何らかの分野の第一人者になるには、方法は一つしかないと言う。それは、良き指導者《メンター》につくことだ。

このことは、教育学者のベンジャミン・ブルームが行った、世界的に成功したアスリート、科学者、芸術家を対象にした調査結果（一九八五年）でも裏づけられている。これらの個人はほぼ例外なく、国際的レベルに達することを目的として、師の下で研鑽《けんさん》を積んだという。

世界で最もクリエイティブな九一人にインタビューをしたチクセトミハイのことを覚えているだろうか？　彼は、これら超一流の人びとの共通点を見いだした。ほぼすべての人が大学時代までに、彼らにとって重要な役割を果たすメンターについていることだった。

ジェラルド・ロシュは一二五〇名の企業幹部を対象に調査を行い、被験者の三分の二にメンターがいて、そうした役員は平均給与が高く、また自分の仕事に対する満足度も高いことがわかった。「メンターがいる企業役員の平均給与は、メンターがいない者より二八・八％高く、ボーナス平均の増加分六五・九％と合わせると、現金報酬の総額は平均で二九・〇％高いことが明らかになった」という。さらに、女性の読者にとって重要なことには、調査に回答した女性役員の全員がメンターについていた。

あなたが起業し、とくに上司を持たない場合でも、良きメンターにつくことは極めて重要だ。ジャーナリストのシェーン・スノウが著書『時間をかけずに成功する人　コツコツやっても伸びない人』（講談社）のなかで紹介した調査によると、メンターを得た起業家はそうでない起業家に比べて七倍の資金を調達し、三・五倍も早く事業を成長させていたという。

なぜメンターはそれほど重要なのだろう？　それは誰でも、すべての失敗を経験するのは不可能だからだ。他者が経験した失敗から学ぶほうが手っ取り早い。良きメンターや教師は、あなたがより迅速に学べるように手助けをしてくれる。

高校においても、良い教師は大きな違いを生む。スタンフォード大学の経済学者、エリック・ハヌスヘックによれば、不出来な教師が一年で六か月分の学習内容しか教えられないところ、良い教師は一年半分の内容を教えられるという。この数字を見れば明らかなように、ハヌスヘックは、学校の質に問題があっても素晴らしい教師に習えるなら、その逆よりはるかにましだと言う。

あまり認識されていないが、良きメンターが与えてくれるものがもう一つある。エキスパートになるための「一万時間の法則」の話、および、人はなぜ長年苦しい修業に耐えてまで何かを習得するのか、という問題を何度か取りあげてきた。その一つの答えは、いささか常軌を逸した執念だった（第1章）。

しかしそれがすべてではない。修業を楽しいものにしてくれるメンターの力も大きい。

彼らは修業というストレスに師弟関係を加え、あなたが最大限能力を開花できるように後押ししながら、フラストレーションを乗り越える手助けをしてくれるのだ。

世界レベルのパフォーマーはほぼ例外なく、彼らの活動を楽しくしてくれる一流のコーチ、一流の師を得ている。あなたが何かに秀で、何かに熟達しているなら、一流の指導者につくことは、それをもっと面白くて楽しめるものにしてくれる。

じつは興味を惹かれるのが先で、それから才能が磨かれるという逆方向の効果を私たちは見過ごしてきた。エキスパートになるために必要な練習に時間を費やすようにあなたを導くのは、その活動を心底楽しいものにしてくれるコーチや教師との出会いにほかならない。

上司ではなく「非公式のメンター」を見つけなさい

「楽しみ」はふつう、「専心努力」や「専門的知識（技能）」、「第一人者になる」と同じ範疇《はんちゅう》には入れられない。「楽しみ」は、感情に基づくものだ。ところが、この感情的な構成要素が決定的に重要なのだ。だから、あなたがメンターを大切にすべきだけでなく、あなたを成功へと導くメンターも、あなたのことを気にかける必要がある。

ジャド・アパトーには何人もの素晴らしいメンターがいたが、彼が首尾よく成功へと導かれた背景には、微妙でありながらも重要な理由がある。その一つは、彼らの心の絆だった。ジャドは、大物の彼らもかつてはコメディを愛する孤独な子どもだったのだと気づいた。

彼らとの絆を感じることは、たんに居心地がいいだけでなく、決定的に重要だった。研究者のペネロープ・ロックウッドとジーバ・クンダによると、ロール・モデルに情熱をかきたてられるか、逆に士気をくじかれるかどうかを左右するのは二つの要素だと言う。それは、「目標の妥当性」と「達成可能性」だ。人は、尊敬する誰かと関わると俄然やる気になる。加えてその人物が、あなたも同じことを達成できると感じさせてくれたなら、それは素晴らしい成果がもたらされる。

職場の雇い主によるメンターシップが、たとえ善意からでもうまく機能しないのも、同じ理由からだ。クリスティーナ・アンダーヒルが、過去二〇年調査したところ、その成果は衝撃的なほど極端に分かれていた。たしかに職場のメンターシップも小さな改善をもたらしていたものの、実質的な成果は、人びとが自分で見つけた「非公式のメンター」から生まれていた。

ジャーナリストのシェーン・スノウも次のように報告している。

「学生と指導者が自由意志で師弟関係を結び、個人的につながっていた場合、指導を受けていた人は、その後の収入、在職期間、昇進の数、仕事への満足度、職場ストレス、自己評価などの点で著しく良い成果をおさめていた」

とかく思い違いをしがちだが、大切なのは自分のメンターを非公式に見つけることなのだ。

ここで注意。メンターと師弟関係を結ぶことは、一般的なネットワークの形成とは少し異なる。当然あなたは一流の師を求める。ということは、その人物は間違いなく忙しい。多くの人が彼らの時間を求めるからだ。そこで彼らは選り好みをする。必然的にそうなる。スペンサー・グレンドンと同じように、時間を無駄にできないからだ。彼らには多くのチャンスがありながら、一日には二四時間しかない。

それでも、自分にぴったりの素晴らしい師を得るにはどうすればいいだろう？　そのための五つの原則を紹介したい。

1　メンターに聞いてからやるのではなく、やれることは全部やってからメンターの目に留まろうとする

多くの人は、自分が骨の折れる努力をしたくないがためにメンターを求める。専門家が何かを助言すると、人びとの脳の一部は実際にシャットダウンしてしまうことがわかっている。

エモリー大学の神経科学・精神医学教授のグレゴリー・バーンズらが二〇〇九年に行った研究によると、人は、専門家として一目置く相手から助言されたり、方向性を提示されると、自ら思考することをやめてしまうことが明らかになった。「脳活動パターンに見られるこのような結果は、専門家への信頼感によって意思決定の転嫁が引き起こ

されることを示唆している」と。

こうした脳の反応は、助言を求める相手が教師であれば問題がない――彼らはそのために報酬をもらっている。ところがあなたの場合、何かに熟達した、超多忙な人の時間をタダで要求するのだ。彼らが望んでいるのは、あなたを発奮させるための情報を授けることであり、「歩く教科書」になることではない。

あなたのために特別に骨を折ろう、とメンターが思ってくれるのはどんなときだろう? それは、考えられるすべての途《みち》を試したが、もはやメンターの助けなしには万策尽きました、とあなたが証明できたときだ。

自力でできるかぎりのことをやっている姿は、あなたの賢さと才覚、また、決して人の時間を無駄にしないであろう人間性を示している。ほとんどの指導者は、自分自身もそのような人間だと認識している。つまりメンターとあなたは、とても大切なものを共有したことになる。

自分が相手に望むことを考えるかわりに、メンターが考えるであろうことに思いを馳せよう――「私はこの分野の第一人者でとても忙しい。限られた時間のなかで、無償で力を貸したいと思える相手は誰だろう?」。

2 メンターについて知る。いや、徹底的に調べる

メンターがその道の第一人者なら、きっとネット上に情報が出ているはずだ。時間を使って調べよう。メンターにしても悪い気はしないはずだ。

しかしメンターのことを調べるのは、喜ばせるためではない。これまで述べてきたように、その人物が自分に合っているかどうか見極めなければならない。遠目に見て顔がタイプだったから一回デートしてみたいというのはまあいいとして、それだけで結婚を決意するのはまずい。

ひとたびメンターと顔見知りになったら、下調べをした経験は必ず報われる。あなたのことを、人並み以上に賢いと思ってくれるからだ。心理学者のロバート・ローゼンタールと学校長のレノア・ジェイコブソンがある実験を行い、何人かの生徒について教師たちに、潜在能力が高く、「学力が急激に伸びる子」として報告した。学年末に、その生徒たちが知能テストを受けたところ、ＩＱの数値が平均で二上がっていたという。じつはここからが肝心なのだが、「学力が急激に伸びる子」は無作為に選ばれていた。つまり、特別な子たちではなかった。しかし、彼らは特別だと信じる教師の期待により、自己達成的な予言になったのだ。とはいえ、教師たちは彼らにとくに時間をかけたわけではなかった。

ローゼンタールはこう考えている。

「教師たちは、この子たちを教えることにとりわけ興奮した。そこで教師は、彼らに目をかけているという期待をそれとなく伝えたのではないか。その結果、生徒自身が自分にはもっと理解力がある、もっと良い成績が取れると信じるようになったと思われる」

3 メンターの時間を浪費するのは大罪である

これはもちろんメンターにとって大迷惑だが、それ以上に、あなたに基本的な技能が備わっていないことを露呈する。メンターは、「この人は私の助けを得る準備が整っていない！」と心の中で叫ぶだろう。

とても忙しい人に長文のメールを送ることは、あなたの真剣さの証にはならない。ただ常識がないことを証明するのみだ。メンターの貴重な時間を邪魔しないように、手短な連絡から始めよう。

重要な質問をすることは、関係を構築するのにベストな方法だ。ただし、くれぐれも「重要な」質問に限る。間違ってもグーグルで簡単に調べられる質問をしないことだ。これは肝に銘じてほしい。タトゥーで彫ってもいいくらいだ。「カーン・アカデミー」（教育系非営利団体が無料で提供している講座）のサイトでどんな教科の基礎も学べるし、そもそも、これまでに自分で学んでいるべきだ。

メンターに質問をすることは、ビデオゲームでのパワーアップ・アイテムと同じだ。やたらと無駄遣いせず、ここぞという重要なときだけにしよう。

4 フォローアップをする

知り合って初めのうちは、まだ「メンター」という言葉は出さないほうがいい。一回目のデートで結婚を申し込む人はいないだろう。あなたは師弟関係を始めようとしているわけで、取引を成立させようとしているわけではない。時間をかけても問題はない。ただし、あなた自身が関係を継続していく必要がある。頼みごとをしているのはあなたなのだから。

ベストセラー作家のライアン・ホリデーは同じ作家のロバート・グリーンをはじめ、多くのメンターから恩恵を受けた。ホリデーは次のように語る。

　メンターから忘れられないようにすること。忙しい人に覚えていてもらうのは至難の業だということを忘れないように。そこで心がけるべきことは、つねに関係を保ち、途切れさせないようにすることです。「印象に残る」が「煩わしくはない」という微妙な間隔でメールを送ったり、質問したりする。何かを復活させるより、途絶えさせないようにするほうが簡単です。交信が途絶えないように努力するのはメンターではなく、あくまでもあなたです。

足手まといにならない程度にメンターとの関係を維持するために、あなたはつねに会話の〝除細動器〟を用いなければならない。つまり、メンターの助言を実行し、成果を得て、状況が改善したことを報告しよう。それこそが、メンターの望んでいるものだ。もしメンターが相談に乗ってくれたら、次のようにフォローアップする。

「私は（指示された宿題をした）そして（強い印象を与える次のステップ）は（該当する内容）ではないかと考えました。しかし、ぜひとも先生のご教示を賜りたいと思います。（綿密に考えた戦略A）と（綿密に考えた戦略B）のどちらが良いと思われますか？」

このようなやり取りが、できれば一回かぎりではなく、会話のように行ったり来たりの交流になることが望ましい。

5 メンターに誇らしい気持ちになってもらう

ニンジャ映画の決めぜりふ、「いにしえの忍者の掟を汚すな！」ではないが、指導者なら誰しも、弟子を指導したことが時間の無駄だったとは思いたくない。結局のところ、メンターとあなたの目的は一致している。それは、あなたをすぐれた技能者に仕上げることだ。だが同時に、第二の目的もある。それはメンター自身を輝かせることだ。

卓越した人びとに関する研究で知られるディーン・キース・サイモントンによれば、偉大な師として見られることは、それ自体が周りに感銘を与える。では、この人は偉大な指導者だと見られる判断基準は何か？　それはもちろん、弟子の成功である。

　というわけで、あなたのキャリアについて考えるとともに、メンターの立場も考慮に入れよう。すでに述べてきたように、多くのエキスパートたちは、人づきあいの技能の面では必ずしも評価が高くない。だから専門的分野で第一人者でありながら、他者を指導できる人は、なおさら素晴らしい。たとえば企業の経営幹部なら、次世代の幹部を育成する能力が高く評価されると、履歴に大きなプラスとなり、もしかしたらCEOへの切符にもなるかもしれない。

　あなたの技能を伸ばしてくれる最高のメンターが見つかっても、職場での力学に関してはお手上げかもしれない。それはよくあることで、何の問題もない。解決法は、第二のメンターを探すことだ。メンターは一人と決める必要はない。前述の企業幹部に関するロシュの調査によると、メンターの数は平均二人で、女性幹部では平均三人だった。ディーン・キース・サイモントンは次のように説明する。


　有望な弟子こそ、多くの師を持つべきだ。誰を模範にすべきかという場合にも、同じことがいえる。多くの師を個人的成長の基礎とするほうが、才能ある若者は、ただの模倣という自滅的な道をたどらずに済む。そのかわり彼らは、その修練で学んだ多様性を一つに統合することを余儀なくされる。多様な技法やスタイル、発想を一つにまとめ上げることが、弟子が高い評判を得る鍵となる。

この話を締めくくる前に、もう一つのよくある反論についてふれておきたい。おそらくあなたは、すでに熟達した技を身につけているかもしれない。そして、すでに年季を重ねているので、メンターはもう必要ないと思っているかもしれない。だが、それは間違いだ。

アトゥール・ガワンデは内分泌外科医で、ハーバード大学メディカルスクールの教授である。『ザ・ニューヨーカー』誌のスタッフ・ライターでもあり、ベストセラーとなった四冊の著者でもある。オックスフォード大学のローズ奨学金、およびマッカーサー基金から「天才賞」を送られた経歴も有する。結婚していて三児の父でもある（彼の経歴を見るたびに、自分はいったいこれまで何をしてきたんだと考えさせられる）。そのガワンデが二〇一一年に、次に絶対やるべきこととして、何を思い立ったか？　コーチを得ることだ。つまり、彼を向上させてくれる誰かを探すことだった。

ここまで完成している人物が自分を改善するために助けを必要とするなんて、皮肉な話（もしくはワーカホリックのやりそうなこと）だと思うだろう。だが、ガワンデの考え方は違った。プロのアスリートには必ずコーチがついている。多くの場合、フィットネス、ダイエット、または試合に関連するほかの面について、といったように多数の専門家を雇っている。

たとえば野球を生業《なりわい》としている者がその仕事を真摯《しんし》に受け止め、多くのプロの指導を仰いでいるとしたら、毎日人びとを手術している外科医も当然そうすべきなのではないか？

そして、高名な外科医であるロバート・オスティーンが引退を撤回し、手術室でノート片手にガワンデの背後に立つことを承諾してくれたときに何が起こったか？「天才賞」受賞者が、些細なミスをこと細かに指摘されるのを謙虚に受けとめた結果、どんな成果が得られたか――なんとガワンデが執刀した患者の、術後合併症の数が減少した。すでに偉大な外科医が、なおその腕を上げたのだ。

私たちには必ず、ほかの誰かから学べるものがある。その過程で生涯の友が得られるのもまた素晴らしい。ジャド・アパトーは情熱を抱いた、孤独な少年だった。そこで、彼は小さな賭けをして、潜在的なメンターに会いに行き、素晴らしい収穫を得た。同時に、生涯の友にも恵まれた。しかもそれで終わったわけではない。アパトーは今、自分が受けた親切を次の世代に贈っている。彼は次のように語った。

　ギャリー・シャンドリングとかジェームズ・ブルックとか、皆、僕にとても親切にしてくれました。彼らのショーのスタッフとして働いたとき、今の自分の知識を本当に一から教えてもらったんです。だからそれ以来、人が助けを求めていたら、同じようにするのが当たり前になりました。ショーをやっていると、スタッフが必要になります。それでときどき、若いライターをスタッフに迎えいれるんです。彼らはとても才能があるけど、まだ仕事のやり方を知りません。そこで彼らに教えてあげることが僕の仕事の一部なんです。そうすれば僕の仕事もはかどる。つまりメンターシップは、若い人のためになりますが、こちらの仕事も楽になるというわけです。

自分が受けた善意を次の人に渡す「ペイ・フォワード」の精神を、アパトーはどこで学んだのだろう？　それはもちろん、メンターからだ。ギャリー・シャンドリングは彼に言ったという。

「才能ある若者を見ると、彼らが持てるものを最大限開花させてほしいと思う。本当に彼らを助けたいんだ。そして彼らを助けながら、じつは私も助けられている。誰かのメンターになるたびに、教わっているのは自分のほうだと気づかされるのさ」

調査結果もシャンドリングの言葉を裏づけている。『スター・ウォーズ』のヨーダも、長生きでいつも落ち着いていたが、それもある理由のおかげだった。後進を育成することとは幸福感につながる。若い人を指導していることは、健康や収入に比べ、幸福を四倍も予測させる要素だという。だからあなたに何かの技術があるなら、「誰が助けてくれるか」だけでなく、「誰を助けてあげられるか」についても考えるようにしよう。

ここまでで、あなたはネットワークのつくり方、メンターの見つけ方、人びととつながる方法を学んだ。だがときに、人づき合いは難しい。相手が激怒することもある。そうした難しい状況ではどう対処すればいいだろう？　そろそろ奥の手を使うときが来た。最大級の危険をともなう最悪の状況下で、想像しうる最も難しい相手とつながる方法を心得ている人から学ぶとしよう――人質解放交渉のプロである。

「危機交渉」の鉄則はこうして生まれた

一九七二年のオリンピックで、パレスチナの武装組織、「黒い九月」が一一人のイスラエル人選手を人質に取った。警察当局とテロリストによる駆け引きが長く続いた挙句に銃撃戦となり、事件は突然終結した。立ち込めていた煙が消えると、イスラエル選手全員とテロリストの五人、ドイツの警察官一人が死んでいた。七〇年代に入ってテロリストによる攻撃など危機的状況が高まるなか、法執行機関は、もっと良い対処法が必要だと痛感するようになった。

この時点まで、「危機交渉」という言葉が聞かれることもなかった。警察が立てこもり犯に対応するとき、犯人を説得するかどうかは多くの場合、正式訓練を受けていない担当警察官に委ねられた。また、実績が芳しくないにもかかわらず、現場に突入することが唯一の解決方法だとされることも多かった。しかし、もっと良い方法があるはずだと考えた二人の警察官がいた。

その一人、ハーベイ・シュロスバーグは、心理学の博士号を持つ刑事という変わり種だった。片や、フランク・ボルツはニューヨーク市警の世慣れたベテラン刑事。彼らは、犯人と話をすることこそ、死傷者を減らし、こうした深刻な問題をより成功裏に解決する方法だと信じていた。

とはいえ、過去に試みた者はなく、彼らの手法は、実力行使こそ唯一の選択だとする多数の者の抵抗に遭った。シュロスバーグとボルツは、ニューヨーク市警が人質事件の際に使える作戦ノートを作ったが、人命が懸かった緊急事態で果たして役に立つのかどうかわからなかった。だがそれを試す機会は、予想以上に早くやってくる。

一九七三年一月一九日、四人のイスラム過激派グループが、ブルックリンにあるスポーツ用品店、ジョン&アルズに侵入し、一二人の人びとを人質に取った。ニューヨーク市警との三時間におよぶ銃撃戦の末、警察官一人が死亡。警官二人と銃を持った犯人一人が負傷した。人質を取った犯人は、死ぬまで戦うと宣言していた。その言葉を真剣に受け止めたほうがいい十分な理由があった。その店では、一般のスポーツ用品のほかに、正真正銘の武器が売られ、ハンターやスポーツマン向けの銃と弾薬がストックされていたからだ。

一触即発の脅威のなか、犯人への対応を指揮していたSWAT部隊にかわって、〝頭脳集団〟が招集された。以後ニューヨーク市警はいっさい銃撃せず、唯一の武器として心理学が用いられることになった。シュロスバーグとボルツが現場に到着し、単純明快な助言を行った――犯人と話をして、あとは待つように、と。そうして始まった交渉は、過去最高に迫る四七時間にわたって続いた。

一人のイスラム教徒の閣僚が、店に入ることを許され、悪い知らせを持ち帰った。「犯人たちは、アラーの神のために死ぬ覚悟だ」と。それだけでなく、警察に対して、予想外のところから無言の圧力がかかった。人質を取った犯人は黒人だったのに対し、警察当局は圧倒的に白人が多かった。周辺地区では元々人種間の緊張が高く、警官たちは、事件が長引けば地域住民が犯人側に同情的になるのではないかと恐れたのだ。それでもニューヨーク市警は計画を貫き、交渉を続行した。

やがて犯人側が、自分たちの要求を伝えるために人質の一人を釈放した。彼らは食料、タバコ、怪我をした仲間の治療を要求していた。人質をさらにもう一人釈放するのを条件に、医師が差し向けられた。

二日目の晩になり、店のほうから堰《せき》を切ったように銃が乱射されたが、警察は応戦しなかった。それから予想もしないことが起こった。犯人たちが交渉に気を取られている隙に、なんと残りの人質九人が逃げだしたのだ。石こうボードの壁を破って、屋上に上がり、そこで救急隊員によって無事に助けられた。人質を失ってパニックになった犯人側は、周囲の警官めがけて銃を乱射した。人質を傷つける心配がなくなり、ようやくニューヨーク市警も突入できる状況になったが、彼らは動かなかった。そのかわり、犯人の家族を連れてきて、話しかけさせた。そして四時間後。犯人グループが、包囲されながら店から出てきた。事件は無事に解決したのだ。

犯人側は最初の銃撃戦から何百発も銃を撃っていたが、ニューヨーク市警は、終始言葉だけで対応した。その結果、誰も傷つかずに済んだのである。

ニューヨーク市警は、作戦ノートを審査してもらうためにＦＢＩに提出した。それは審査を通ったのみならず、高く評価され、一年経たないうちにＦＢＩはクワンティコの施設で人質交渉プログラムを開始した。今日、警察の交渉官の約七〇％はＦＢＩプログラムを用いて養成されている。人質籠城事件で警察が突入した場合、死傷率は七八％に達するが、ＦＢＩのデータによると、人質交渉をした場合には平和的解決が九五％にのぼる。その後今日にいたるまで、ニューヨーク市警人質交渉チームのモットーは「私に話してください」である。

人質交渉の話を聞くと、多くの人は首を横にふりながら、「なんで犯人を撃ってしまわないんだ？」と言う。しかしその人びとは統計を知らないのだ。警察が襲撃を仕掛けると、死傷者の大部分は犯人側ではなく警察側の人間だ。交戦すれば、事件は早く終結するかもしれないが、良い形で終われないことは調査結果に表れている。

「説明する」のは「戦争を仕掛けている」のと同じ

私たちは個人的な人間関係において、これと同じことをやっている。ものごとがまずい方向へいくと、往々にして私たちの最初の反応は戦うことだ。暴力ではないが、話し合いや交渉に比べ、怒鳴り合いや口論が多い。それはなぜか？

哲学者で認知科学者のダニエル・デネットによれば、人間の脳には進化の過程で「戦争のメタファー」が組み込まれていて、他者との不一致を戦争という観点で理解し、行動する回路が備わっているからだという。

戦争においては、どちらかが征服される。それは事実や論理による話し合いではなく、命懸けの戦いだ。どちらが真に正しいかに関係なく、片方が勝てば、他方は負け。ほぼすべての会話でも、勝者か敗者かという地位が懸かっている。誰しも、自分のほうが愚かに見えることを望まない。したがって、デネットが指摘するように、私たちは、諭された側イコール敗北という状況をつくり上げてしまうのだ。

たとえあなたが手堅い証拠と完璧な論理性を武器に反論者を追いつめたとしても、その結果どうなるか？　相手は譲歩しても、間違いなくあなたのことを憎むだろう。勝ち負けに持ちこめば、どちらの側も実質的に敗者になる。
臨床心理士のアル・バーンステインも同意見で、「ゴジラ対ラドン効果」と名づけた。もし相手が怒鳴りだし、あなたも怒鳴りだせば両者は「戦争のメタファー」をたどることになり、ビルがなぎ倒される。東京じゅうが破壊され、収穫はほとんど何もない。あなたはこう思うだろう。

「ただ説明しようとしているだけなのに」

しかし、バーンステインが言うには、それこそが罠だ。説明するという行為の多くは、ベールに隠された支配欲である。あなたは相手に教えようとしているのではなく、勝利しようとしている。言外の意味は「私が正しく、あなたが間違っている理由はこうだ」である。そしてあなたがどう説明を尽くそうと、相手の耳に残るのはこの言外の意味なのだ。
神経科学の分野での調査も、このことを裏づけている。誰かが何かに関して苛立っていて、あなたが彼らの信じていることに対する反証を挙げているとき、彼らの脳のMRI画像はどんな反応を示すだろう？　脳の論理性を司る部位は文字通りシャットダウンする。かわりに攻撃性に関わる部位が活性化する。彼らの脳に関するかぎり、これは理性的な議論ではなく、戦争なのだ。彼らの脳はあなたが話す内容を処理できない。ただ勝とうとするだけだ。そしてあなた自身の脳も、理性的にコントロールしようとしないかぎり、同じように反応してしまう。

自説を曲げない人は、反論するかもしれない。会話において、戦いの論理が働くはずはないと。だが実際にそうなのだ。調査によると、あなたに力があり、相手に力がない場合には、威嚇がとても効果的だ――少なくとも短期的には。もし上司が声を張りあげれば、あなたは引きさがるだろう。しかしそのことで両者の関係はどうなる？　あまりに頻繁に部下を威嚇する上司は、引く手あまたのすぐれた従業員に去られてしまうだろう。

それに、体重五〇〇ポンドのゴリラは、五〇〇ポンドのゴリラでい続けねばならない。つまり人を威圧する権力者は、ずっと権力者のままでいなければならない。誰かをいじめれば、相手はそれを忘れない。後年あなたが力を失えば、力をつけた彼らに報復されるだろう。

ブルックリンの人質事件におけるニューヨーク市警は、賢明にもこの罠に陥らなかった。人質が逃亡に成功した後でも、市警は戦闘に打って出なかった。最善の策ではなかったからだ。銃を発砲しながら突入すべきだったと言う人もいたかもしれないが、そうしていたら警官に甚大な被害が出たであろうことがわかっている。

法執行機関は、人の生死を扱っている。私たち一般人はそうではないのに、そうであるかのように振る舞うことがある。私たちの〝恐竜脳〟が、すべての議論を生存の危機だと見なしてしまうからだ。たとえば、「誰がゴミ出しをすべきかという議論は、死活問題だ」といった具合に。まあ、たしかにもっともだが。

しかし、人命が危険にさらされている状態でも、ニューヨーク市警のような賢い人質交渉者は、戦闘より話し合いを選ぶ。一九七〇年代以降、危機に対処する交渉人は交渉（交換）モデルに焦点を置くようになる。武力は用いない。「人質を解放すれば、金を渡そう」。このほうが良さそうではないか？　しかし、この方法にも問題があった。

なぜ「友情」が最強なのか

このやり方が劇的な転換を遂げたのは一九八〇年代だ。警察は、犯人との話し合いは大きな効果をあげると認識した一方で、ビジネス式の交渉モデルは、彼らが遭遇する多くの事件に適用できないとわかった。

七〇年代には、明確な要求を持ったテロリストによる、劇場型犯罪の航空機ハイジャックが増加した。ところが、八〇年代に警察が遭遇した事件の九七％は、金を要求するわけでもなければ、これといった政治的要求もない、精神に混乱をきたした犯人によるものだった。

そこで、次なる交渉原則が開発された。戦闘も交換も思うような成果をあげなかった結果、暴力的な犯人と対峙した交渉人と重装備の警察官が最善策として考えたものは何だったか？　それは「共感」だった。家庭内紛争の当事者も自暴自棄な犯人も、セールスマンのような口調の人間には反応を示さなかった。しかし、誠実な態度で、犯人の心情に焦点を合わせるやり方は、効果的な解決に結びついたのだった。

危機管理のエキスパート、マイケル・マクメーンの調査によると、危機的な事件への対処において、警察は三つの間違いを犯したという。すなわち、何もかも白か黒かで判断しようとし、早急に解決を図ろうとし、犯人の感情面に配慮しようとしなかった。

私たちも同じ間違いをする。じつは私たちも、時おり精神が動揺した人びとを相手にしている。それは職場の仲間とか、家族と呼んでいる人たちだ。彼らは要求をつきつけるテロリストではない（ときにはそんな風に見えるとしても）。たいていの場合、彼らはただ憤慨して、自分の言い分を聞いてほしがっているだけだ。

人質交渉人は、想像しうる最も緊迫した事態に対処するが、危機の最初から最後まで、彼らの態度は一貫して受容、思いやり、忍耐に徹している。

ここで再び友情に立ち返ろう。戦争と同じように、友情もまた私たちが本能的に理解するものだ。そして友情と関連が深い受容、思いやり、忍耐は、人間関係において焦点を合わせるべき最も重要なものだ。残念ながら私たちは、大切な人びととの多くの状況で、具体的な解決がなかなか図れないからだ。

人間関係の研究で知られる心理学者、ジョン・ゴットマンは、夫婦間の問題の六九％

は永続することを発見した。つまり、そうした問題は解決されないのだ。交渉型アプローチがうまくいかない理由もそこにある。したがって相手の話に耳を傾け、共感し、理解する必要がある。そうすれば、たとえこれらが問題解決に結びつかなくても、結婚生活はうまくいく。私たちがたがいの気持ちに寄り添わず、具体的な交渉に重点を置くときにこそ、破たんするのだ。

私たちは皆、気持ちの威力や効果を知っている。不機嫌なとき、人は別人のようになってしまう。たとえば空腹で機嫌が悪いときに何かを食べて復活すると、すべてがうまくいき、はるかに機嫌のいい人間になったりする。ある調査によると、食事は説得するための有効な手段であるという。

「人は提供された食事をとるあいだ、提供者に対して一時的に服従の心理状態になる。この心理は食事中が最も強く、食事後は急激に弱まっていく」

私たちはチーズバーガーがあるといい気分になり、商談をまとめるのに最適な心理状態になるというわけだ。

感情は、人びとの行動も変えさせる。作家のダニエル・ピンクは、自身のテレビ番組で、身体障害者用の駐車スペースでの違法駐車をやめさせようと試みた。障害者用の標識を、車椅子に乗った人の写真に変えたところ、違法駐車をする者は減ったどころか、まったくいなくなってしまった。写真で人の顔を見て、違法駐車をすれば相手がどんな気持ちになるかを思い浮かべることが、人びとの行動を変えたのだ。

相手の感情を動かすという方法を、職場での論争にも活用できるだろうか？ それも真剣な交渉の場で？ 答えはイエスだ。ハーバード大学ビジネススクールのディーパック・マルホトラが、賃金交渉の際に最も重要なこととして学生に教えたものは何だっただろうか？ それは、交渉相手から好かれることだ。

なぜ友情は、対人関係で、あるいはビジネスの関係でさえ、これほど実効力のあるモデルなのだろう？ その理由は詰まるところ、交渉人たちが「価値創造」と呼ぶものにほかならない。

交渉モデルにはまり込んで抜けだせないとき、私たちはいつも短期的なコストと利益にばかり目が行っている。友情による誠実さと信頼がなければ、相手と競争関係になってしまう。すなわち、相手が自分より多く得ることを良しとしない。

ところが相手との関係を友人関係のように扱うと、もっと多くの情報を交換でき、たがいのニーズを満たす新たな方法を探すことができる。あなたにとって安上がりなことが、相手にとっては高くついたり、またはその逆もあるだろう。相手より大きなパイの一切れを取ろうとするかわりに、双方のためにパイ全体を大きくすることができるのだ。

友情の多くの要素が、良い交渉につながることは、調査でも裏づけられている。楽しい気分が、良い交渉者を生むからだ。交渉過程に対して前向きな気持ちにある人びとのあいだでは、商談がまとまりやすく、また、結果に対して両サイドが満足する可能性も高くなる。さらに、友人同士のように冗談を飛ばすことで、信頼関係も築ける。

論争をなくし良い結果だけを得る四つのルール

それでは、人質交渉と臨床心理学を参考にした四つの方法を紹介しよう。どれも論争を友好的な話し合いに変えるのに大切なことだ。

1 落ち着いて、ゆったりしたペースで話す

決して腹を立ててはいけない。では怒りをどうコントロールするか? 臨床心理士のアル・バーンステインは、子どもに話しかけるような気持でと助言している。あなたは大声でわめいている子に腹を立てたり、理詰めで諭そうとしたりしないだろう。子どものヒステリーには取り合わず、根底にある問題に対処しようとするはずだ。「ゴジラ対ラドン効果」を忘れないように。ニューヨーク市警は人質交渉人に、彼らの振る舞いは周囲に感染しやすいと教えている。

ゆったりしたペースで話そう。あなたが怒鳴り返したりして助長させないかぎり、相手の怒りは時間とともに収まるだろう。ことを急げば相手にプレッシャーになり、理性的な意思決定ではなく、感情的な意思決定を強めてしまう。バーンステインがよく用い

る言葉はこうだ。
「どうぞゆっくり話してください。あなたの力になりたいのです」

2 傾聴する

傾聴とは、相手の話にしっかりと耳を傾け、また、そうしていることを相手に知らせることだ。その際、くれぐれもあなたの意見を差し挟まないように。元ＦＢＩの卓越した国際人質交渉人だったクリス・ヴォスは、相手に、自由回答を求める質問をするように助言する。イエス、ノーだけで答えられない、「何（What）」または「どのように（How）」で始まる質問が最適だ。

相手の言うことを批判してはいけない。ひたすら耳を傾け、受けいれること。時おり相手から聞いた内容を、わかりやすく言い換えて問い返してみよう。ここでのあなたの目標は、相手から「その通り」という返事を引きだすことだ。相手が言いたい主旨をくり返して言えば、「話にならない！」とか「あなたは何もわかっちゃいない！」という罵声は飛んでこないはずだ。これはゲームだと考えて、刑事役に徹しよう。

簡単そうに聞こえるだろうが、じつは用心が必要だ。賛同できないことを相手が言ったとき、思わず口を挟みたくなる衝動を抑えなければならない。それに、こちらの注意が散漫になる危険性がある。人間は一分間に約七〇〇語聞いて理解することができるが、人が話すのはせいぜい一〇〇語なので、その差が原因になって気が散る。心して集中しよう。

相手の言うことをじっくり聴いて、受けいれる。たったこれだけで、大きな差が生まれる。人間関係を研究するジョン・ゴットマンは、夫婦関係を改善する一番の秘訣は何だと言っただろうか？　良い聞き手になることだ。それから、人びとが離職する一番の理由は何か？　上司が自分の言うことを聞いてくれないと感じることだ。

3 相手の気持ちにラベルを貼る

相手の気分に焦点を合わせることを忘れないように。「それは辛いですね」とか、「怒るのも無理ないよ」などと言いつつ、相手の気持ちに反応するようにする。人質交渉人たちも、この手法を用いて犯人に理解を示し、相手の興奮をなだめている。また神経科学の調査でも、感情に名前をつけると、その激しさを軽減できることが示されている。

4 相手に考えさせる

相手の頭の中の怒れる怪物を鎮静化させ、思考する領域を再活性化させよう。ここでもまた、あなたの意見は言わずに、質問をしよう。バーンステインがよく使うのは、「私に何をしてもらいたいですか？」という質問だ。すると相手は感情を爆発させるばかりでなく、選択肢を検討し、考えることを余儀なくされるからだ。

間違っても相手の問題を自分で解決し、何をすべきか彼らに指示してはいけない。それでは、戦争のメタファーに戻ってしまう。ソクラテスの問答法を見習い、質問することによって、彼ら自身が問題を解決できるように手助けしよう。相手の返答をフィードバックし、彼らの言っていることが理にかなっているかどうか、それとなく考えさせたほうがいい。

彼ら自身が解決策を思いついたら、それをやり通す可能性が高くなる。あなたに敗北を認めて、「仰せの通りです」と言わされる屈辱感もない。自分自身で問題を解決することで、彼らは抗戦の構えを緩めることができるのだ。

ウィリアムズバーグの事件で人質が逃亡に成功した後、ニューヨーク市警は犯人たちを銃撃することもできたが、そうはしなかった。かわりに犯人の家族を連れてきて、話をさせた。共感。コミュニケーション。だからこそ最善の結果が得られたのだ。

「ありがとうと伝える」が科学的に必要な理由

私たちはこの章で多くの友と出会った――ポール・エルデシュ、アイザック・ニュートン、ジャド・アパトー。それに、かつてのハーバードやMITより少し賢くネットワークを築く方法も学んだ。ネットワーク構築の第一歩は、すでに持っている人間関係を大切にすることだというのも重要な教訓だった。では、どうやって？　締めくくりにその点について補足したい。

認知と情動に関する問題を扱う雑誌『コグニション・アンド・イモーション』に掲載された調査によると、人びとにもっとあなたと時間を過ごしたいと思ってもらう秘訣は、彼らに対する感謝の気持ちにほかならないという。感謝こそは、幸福をもたらす最強の兵器であり、また、長続きする人間関係の礎《いしずえ》である。

時間を割いて、ありがとうと伝える――これほど簡単なことを、なぜ私たちはなおざりにしているのだろう？　こうした傾向を、心理学者たちは「快楽適応」と呼び、私たちは「ありがたみを忘れる」と呼ぶ。

あなたが新しい家を初めて買ったとき、生涯で最高に素晴らしい出来事だと思った。ところが一年後、もう屋根の修理が必要になり、とんだ金食い虫だと思う。新しい出来事による幸せは、決して長続きしない。そしてこの現象は、何に関しても起こる。

その最たる例がある。ティム・クレイダーという男が休暇中に喉を刺された。傷は、頸動脈をわずか二ミリそれた場所で、彼の言葉を借りるなら、「もう少しで飛行機の客席ではなく、貨物倉に載せられて帰ってくるところだった」。彼は命拾いしたのだ。

その後の一年は、何が起きても平静でいられた。ただ生きているだけで、幸運だと感じたからだ。喉を切りつけられたことで、あらゆるネガティブなことがどうでもよくなっていた。

「こんなことで気に病むと思うかい？　僕は喉を刺されたんだぞ！」

だが時が経つにつれ「快楽適応」が作用し、クレイダーはまたも渋滞やコンピュータの不具合など、些細なことにイライラするようになった。生きていることが再び当たり前になったのだ。誰もがそうであるように。

そこでクレイダーはささやかな解決法を思いついた。毎年〝刺された記念日〟を祝うことで、自分がどれほど幸運な男か再認識することにしたのだ。あなたも、同じことをする必要がある。時間を取って、「快楽適応」の状態になっている対象に感謝の念を持とう。

あなたの周囲の人に感謝を伝えよう。時間を取って「ありがとう」を伝えることで、自分がいかに恵まれているかあらためて実感できるだろうし、言われる相手との関係維持にも効果てきめんだ。

私からの提言は、あなたを支えてくれた人びとを訪ねて、感謝を伝えることだ。マーティン・セリグマンの研究によれば、感謝を目的とした訪問は、自らの幸福感を増すとともに、その過程で他者も幸せにする最も効果的な方法の一つだという。メールだっていい。感謝を示すことは友情をいっそう深め、その後の満足な関係を促すことが調査でも示されている。

ほんの一言、心からの感謝を示すくらいなら、忙しすぎてできないはずはない。言わなくても気持ちは伝わると思うかもしれないが、はっきり伝えてこそ、感謝の魔法がかかるのだ。

第５章
「できる」と自信を持つのには効果がある?

チェスの達人、特務機関、カンフー詐欺師、
恐怖不感症の人びとから、
自信と妄想の境界を綱渡りする術を学ぶ

チェスチャンピオンを困惑させたコンピュータの「一手」

訳がわからない。どうしてコンピュータはこんな手を打ってきたんだ？　彼は時計を見つめた。一手にあまり時間を費やしたくなかったが、正直困惑しきっていた。

それは一九九七年、チェスの元世界チャンピオン、ガルリ・カスパロフが、ＩＢＭコンピュータのディープ・ブルーと対戦したときのことだ。たんなる親善試合ではなく、「コンピュータと人間で賢いのはどちらか」という大々的な議論にまで発展した。

じつはそれは再試合で、カスパロフは、前年に六ゲーム中一回落としたのみで、楽勝していた。チェスのグランドマスターであるモーリス・アシュレーは、ドキュメンタリー番組、『人類対コンピュータ』のなかで次のように語った。

カスパロフは、同世代で群を抜いて最強のプレーヤーで、すでに一二年間も世界チャンピオンのタイトルを保持していた。彼は史上最高位にランクされたチェスの王者だった。（カスパロフが）参加するトーナメントでは、ほかのプレーヤーは一位ではなく、二位を目指して戦うことを考えた。この男が優勝することは、目に見えていたからだ。

しかし、ディープ・ブルーも手をこまねいていたわけではない。前年の対戦ではカスパロフに敗北したものの、最初のゲームでは彼に勝利していた。そのうえ、豊富な資金を提供されたＩＢＭの技術チームは敗北から学び、過去一年間を費やしてディープ・ブルーのソフトウェアに磨きをかけていた。

そんなことはお構いなしに、カスパロフは自信に満ちていた。ＩＢＭのチェスコンサルタントのジョエル・ベンジャミンはこう語った。

「カスパロフは間違いなく健全な自負心の持ち主で、それは一般的に、チャンピオンにとってのポジティブな資質とされています。自信がないよりは、自信過剰なほうが良いのです」

ところがこのとき、コンピュータがカスパロフの手を止めさせた。第一ゲームの四四手目で、ディープ・ブルーは、ルークをＤ５からＤ１に動かしたのだ。なぜそんなことをしたのか、カスパロフにはどうしても理解できなかった。

カスパロフは、その手の意味を何度も何度も考えた。刻一刻と時が過ぎていく。

「もしかしたら、コンピュータがエラーを起こしたのではないか……？」

だがそう考えるのは危険だ。対戦相手の意図が理解できないからといって、その度に相手がしくじったと思うのは、自己中心的で怠惰だ。一度打ち負かした相手だからという理由だけで、コンピュータの能力を過小評価するのは、あまりにも安易だった。

彼は最強の王者だった。彼がコンピュータの指した手を理解できなければ、誰にも理解できない。ディープ・ブルーは、カスパロフの過去の全試合内容や戦法を熟知している一方で、カスパロフはコンピュータの能力についてわずかな知識しか持ち合わせていなかった。

もしも彼が考えているよりディープ・ブルーが賢かったら？　五手から一〇手先ではなく、二〇手先まで考えられるとしたら？

「私の頭では理解できないことをしているのかもしれない……」

結局、四四手目はゲームの行方に影響せず、カスパロフはとにかく勝利した。だが、彼は見るからに動揺していた。

第二ゲームで、ディープ・ブルーはまたも説明のつかない動きを見せた。クイーンを動かすべきときに、ポーンを動かしたのだ。それはカスパロフにとってたまたま都合が良かったが、またしても「訳がわからない」手だった。コンピュータが彼より賢い可能性を除けば。

彼は、椅子のなかで居心地悪そうに体を動かした。それからほんの数手を指したところで、カスパロフが勝てないことは、誰の目にも明らかになった。それでも、引き分けに持ち込むことはできたかもしれない。

しかしカスパロフはディープ・ブルーの代理人のほうに手を差しだした。敗北を認めたのだ。

残りのゲームでは、カスパロフの戦法が劇的に変化した。攻撃的だったスタイルが、守りに入った。第三、第四、第五はすべて引き分けに終わった。第六ゲームで彼は初歩的なミスを犯し、ありふれた罠にはまった。カスパロフにしては考えられない失態だ。彼はおじけづいていた。それが引き金になって第六ゲームも負け、ディープ・ブルーとの二度目の対戦で敗北を喫した。

コンピュータがついに人間に勝利した。だが、ディープ・ブルーは本当に人間チャンピオンの頭脳を上まわる天才だったのだろうか？　二〇手先まで読めて、グランドマスターが手も足も出ないすぐれた戦略を用いたのだろうか？

違う。事実はその逆だった。第一ゲームでのルークの説明のつかない動きは、じつはコードエラーによるソフトウェアの誤作動だった。

IBMはこの種の対局に備えて安全装置をプログラムしていた。フリーズなど軽微な不具合の際に時間を費やさなくて済むように、単にランダムな一手を打つようにしていて、それがあの意味不明な指し手となった。

もちろん、カスパロフはそんなことを知る由もなかった。ディープ・ブルーに考えがあって奇妙な手を指したと解釈し、悩みに悩んだ。彼はコンピュータのランダムな動きを、天才的で揺るがぬ自信、自分よりすぐれた知性の証として読み取った。その結果生じた自信喪失が彼の敗北を招いたといえる。

容姿が良い人が成功しやすい本当の理由

のちに証明されたように、カスパロフは第二ゲームを引き分けに持ち込むことが可能だったが、敗色濃厚だと感じた時点で、彼は断念してしまった。つまり、自分の能力に自信をなくし、コンピュータの知性が自分を凌駕《りょうが》していると思い込んだのだ。いつもなら、カスパロフは対戦相手の目をのぞき込み、表情を読むことができた。しかしディープ・ブルーは顔色一つ変えなかった。機械だからたじろぐことさえできなかったのだが、いずれにせよカスパロフの自信を揺るがしたのだった。

ときには、うわべだけの自信でも、勝敗を分けることがある。

ズバリ言うと、成功する人は最初から自信を持っている。そして成功をおさめるにつれ、ますます自信を持つようになる。『エコノミスト』誌がトップ実業家に影響を与える思想的指導者と認めたマーシャル・ゴールドスミスは、次のように語る。

成功する人は同業者に比べて、自己を買いかぶる傾向が強い。私が主宰する研修プログラムに参加した五万名以上を対象に、仕事ぶりをどう自己評価しているか調査したところ、八〇～八五％の人は、自分が同業者の上位二〇％に位置すると回答。また、七〇％の人は上位一〇％に位置すると回答した。回答者が外科医、パイロット、投資銀行家など、社会的認知度の高い職業に就いていると、自己評価はさらに高まる傾向にあった。

一流実業家のなかに、自信不足の者はまず見られない。今日、各家庭に灯りをともしている発電・送電システムの開発で知られる電気技術者ニコラ・テスラは、署名をするときに自分の名前ではなく、「GI」とサインすることで知られていた。GIとは、「偉大な発明家（Great Inventor）」の略であり、謙虚さとはあまり縁のない人物だったことを物語る。

また、『自己評価と収入の関係』と題する研究によれば、自信度は少なくとも賢さと同程度に、最終的にその人がどれほどの収入を得るかを左右する重要な要素だという。

ところで、容姿が良いほうが成功するということはあるだろうか？　じつはそうだ。美しい女性は四％ほど収入が高く、ハンサムな男性は三％ほど収入が高い。大した違いではないように思えるが、平均的な雇用者の場合、職歴全般を通じての収入が二三万ドル以上増える計算になる。一方、魅力的でない女性は収入が三％ほど低く、魅力的でない男性は二二％も低いという。ただし、見ばえの良い人のほうが稼ぐのは、その外見が好まれるからではない。調査によると、容姿が良い者は自信を持つようになるからだという。

自信を持てば持つほど、利益がもたらされる傾向がある。研究によると、人は自信過剰なほうが生産性が伸び、より困難な課題に挑戦するようになり、それにより職場で頭角を現すことになる。自信過剰な人は、実質的に業績を上げている人より、昇進する可能性が高い。すでに述べたように、最初に口を開き、たびたび発言する――つまり自信がある態度――だけで、周りからリーダーと見なされる。

過剰な自信は、勘違いにつながらないだろうか？　その通り。しかし、それも良いほうに働く。マーシャル・ゴールドスミスは分析する。

「成功者は、良い意味で〝妄想状態〟にある。彼らには、自らの経歴を、自分が何者で、何を成し遂げてきたかの証明としてとらえる傾向がある。こうした過去の肯定的解釈は未来に対する楽観主義を増幅させ、ひいては将来の成功の確率を高める」

ある研究によると、「自分を欺くことは、ストレスの軽減、ポジティブな自己バイアス、苦痛への耐性強化と関連し、これらすべてが、競争的な仕事において意欲と業績を向上させる」という。

大半の人はすでに、自分自身に対する肯定的な妄想をある程度持ち合わせている。

『USニューズ&ワールド・レポート』誌は一九九七年、一〇〇〇人の人を対象に、

「死んだら天国に行けそうな人は誰か?」という調査を行った。全回答者の五二%がビル・クリントンと答え、六五%がマイケル・ジョーダンと答え、七九%がマザー・テレサと回答した。では、最高の支持を集めたのは誰だったか? マザー・テレサをしのぐ八七%の人が天国に行けると太鼓判を押した人物は誰かと言えば、それは「私」だった。つまり、回答者の八七%は、自分こそが天国の門をくぐるのにふさわしい人間だと思ったのだ。

こうなると、自信は傲慢さなのかという疑問が出てくる。自信によって私たちは〝嫌なヤツ〟に成り下がるのだろうか? あいにく、傲慢さがプラスに働く面もある。ナルシストで鼻持ちならない自信家の王様や女王様は、就職試験の面接で良い点を取るという。そうした研究の執筆者はこう述べた。

「人びとは別にナルシストを雇いたいわけではないのだが、結果としてそうなりやすい。なぜなら、彼らは自信にあふれ、有能な印象を与えるからだ」

さらに、自信家はリーダーの地位におさまる可能性が高い。自信過剰な態度は、チームの生産活動を高めるが、自信不足は悪影響を及ぼすという。

自信はなぜそれほどまでに強力なのか? 自信があると、コントロールできているという感覚が得られるからだ。マーシャル・ゴールドスミスは次のように説明する。

自分は成功できると信じている者は、ほかの者なら脅威とみなすところにチャンスを見いだす。彼らは、不確実性や曖昧さを恐れず、喜んで受けいれる。彼らは、より多くのリスクを負い、より大きな利益を達成する。選択肢がいくつかあれば、自分自身に賭ける。成功する人は、「内部要因思考」をする傾向が高い。すなわち、自分は運命の被害者だと考えない。同様に自分の成功も、運や偶然、定めによるものとは思わず、自分自身のモチベーションや能力の賜物だと考える。たとえ幸運によるところが大きくても、成功を引き寄せたのは自分だという信念を持ち続ける。

カスパロフは、ディープ・ブルーがなぜルークを動かしたのか理解できなかった。しかし、コンピュータは意味があってその手を指したに違いないと判断し、それにより試合をコントロールできているという感覚を失った。コントロールを失ったことで、彼は自信を失い、ついには対戦で敗北を喫した。

自信にそれほど絶大な効果があるなら、たとえ自信がなくても、あるかのように装うべきだろうか?

「見せかけ上手」の極致ゴースト・アーミー

アメリカ人はずさんだった。そのままの状態が続けば、ドイツはこの戦争に勝てるはずだった。それは一九四四年のことで、ナチス・ドイツはすでに四年もフランスを占領していた。いたるところにナチスのスパイが送り込まれていた。アメリカは、自分たちの計画は嗅ぎつけられていないと思っていたが、ドイツは彼らの一挙一動を監視し、つねに先を行っていた。

米軍のあるグループが地元の酒場からワインを一箱盗んだ。アメリカ人はほとんど気づいていなかったが、そこのあるじはナチスの協力者で、スパイ網の一員だった。また、ほかの客たちも、パブや酒場に出入りするアメリカ兵に気づいていた。所属を示す記章を着けていなくても、ドイツの諜報機関はアメリカの部隊について克明に調べていたので、酔ったときに彼らが口ずさむ歌を聞いただけでどこの部隊かわかるほどだった。

ナチスは、ただ漫然と情報を集めていたわけではなく、それらを活用していた。どの部隊が配置されているのか、どこで米軍の将校のジープ（バンパーの星印によって確認できる）が目撃されたかといった情報や、米軍の大砲の動きがわかる航空写真に基づいて、ドイツは勝利を確実にする計画を入念に練っていた。ドイツのラムケ将軍は、米軍の機甲師団が進軍してくるのを待ち受けて、多数の八八ミリ対戦車砲で奇襲攻撃するつもりだった。

しかし、不意打ちを食らったのはドイツ軍のほうだった。諜報員が集めた情報の大半はまったくのでたらめだったからだ。

じつはアメリカ側は、酒場のあるじがナチスの協力者だと知っていた。ワインを盗まれたことを怒って、米兵が飲みにくることをナチスに通報するだろうと踏んでいた。たしかにアメリカ兵が飲みにきていたが、その実態はわずか一〇人ほどで、連隊記章を取っ替え引っ替えし、口ずさむ歌も変えていたのだ。彼らはあちこちの酒場に出没し、記章や歌を変えては、実際はいもしない多数の部隊が存在するかのように見せかけた。アメリカの将軍が街に来ているように思わせるのも簡単だった。ふつうのジープに星印を塗りつけ、少佐や中佐に将軍の服を着せ、偉そうな態度を取らせればいい。

冗談や悪ふざけでやったわけではない。一連の行動はすべて、ゴースト・アーミーこと第二三本部付特殊部隊の周到な作戦だった。

一九四三年に、ラルフ・インガーソルとビリー・ハリスは、もっぱら敵を欺く目的でこの特殊部隊をつくった。その任務は、アメリカ軍が実際はいないところにいるかのように信じ込ませ、ドイツ軍への奇襲攻撃を成功させること、および、ドイツ軍の武器と兵力を無用な場所に集結させることだった。インガーソルは親愛の情を込めてこの部隊を「私のペテン師たち」と呼んだ。彼らは一九四四年六月から四五年三月にかけて、計二一もの欺瞞作戦を実行した。

連隊記章を着けて歌を歌ったのは、氷山の一角に過ぎない。ゴースト・アーミー部隊は「聴覚」「通信」「視覚」という三つの部隊から成っていた。「聴覚」部隊では一四五人の隊員が戦車や大砲、兵士が移動する音を録音し、それを二四キロ先まで音が届く重さ二〇〇キロ以上の強力スピーカーで流し、部隊が進撃してくると敵に信じ込ませた。「通信」部隊の二九六人の隊員は、ドイツ側がアメリカ軍の通信を傍受していることを知っていたので、実在する各部隊の通信をそっくり真似て、アメリカ軍の所在に関するニセ情報を流した。そして「視覚」部隊の三七九人はその多くがアーティストで、本当はいない米軍部隊が存在するかのように欺く任務を請け負った。

なかでも活躍した偽兵器は重さわずか四二キロの空気で膨らませたダミー戦車で、上空かなたから見れば、本物の戦車にしか見えなかった。ブルドーザーでいかにも戦車らしい轍《わだち》をつけ、聴覚部隊が録音した騒音を聞かせ、装甲部隊の移動を伝える偽の通信も流すという念の入れようで、偽装工作はほぼ完璧だった（ときどき戦車の砲身がしぼんで垂れ下がり、細い紐で吊られていたが）。

敵を欺く作戦の歴史は古いが、第二次世界大戦以前は、それだけに特化し、装甲部隊の外観や騒音、通信まで本物そっくりに偽装する部隊は存在しなかった。

この部隊に軍事規則は適用されず、隊員たちは奇人・変人の集まりで、戦闘員というより芸術家だった。非番のときにはトランプでなく、スケッチをしていた。比較的こぢんまりした部隊で、わずかな武器しか持たず、敵の関心を故意に引きつけようとしていた。一〇〇〇人に満たない隊員で三万人の師団を装っていたのだ。

ゴースト・アーミーにとって、最大の試練にして最重要任務だったのはベトンブール作戦だ。当時、アメリカ軍はナチス・ドイツ軍をライン河まで後退させていた。ドイツはそこで徹底抗戦を図ると思われた。現に彼らは、ライン川をアメリカ人の血で赤く染めると宣言していて、単なる虚勢ではなかった。ところが、進撃するアメリカ軍の前線には一一〇キロほどの空白地帯があった。ドイツ側がそれに気づいて進撃してくれば、連合国側にとって非常に不利になる。

そこでその穴を埋めるべく、ゴースト・アーミーが派遣された。彼らの任務は、二万人の師団を装って空白地帯の防御を万全に見せかけるとともに、ドイツ軍に、アメリカ軍の準備が整ったはるか南部を攻撃させることだった。

ゴースト・アーミーにとって想定外だったのは、欺瞞作戦が丸一週間にも延びたことだった。それほど長く偽装工作を持ちこたえさせた経験はなかった。日が経つにつれ、偽装が見破られるのではと緊張が高まったが、ドイツの降伏後に没収された地図から、彼らが完全に騙されていたことが明らかになった。ドイツは、ゴースト・アーミーが偽陣地に仕立てた空白地帯は、防御が堅くて攻撃に適さないと判断していた。このベトンブールでの作戦成功一つを取っても、ゴースト・アーミーの存在価値は十二分に証明されたのだ。

重要な局面では立派に使命を遂行したゴースト・アーミーだったが、すべて抜かりがなかったわけではない。あるとき、防衛境界線を通った二人のフランス人が、四人の米軍兵士が四〇トンのシャーマン中型戦車を持ち上げている光景を目にした。二人は度肝を抜かれ、思わずそばにいた米軍兵士をふり返った。彼は何食わぬ顔で「アメリカ人は怪力なんだ」と言った。

強さを装うことはできる。自信を装うことも可能だ。ときにはゴースト・アーミーのように、それで難局を乗り切れることもある。

では自信に関しては「本当にそうなるまでそのフリをする」べきなのだろうか？

自信があるフリはどこまで効果があるか

カリフォルニア大学バークレー校の研究によれば、自信過剰な振る舞いを見せると、他者はあなたを有能で高い地位にある人だと見なすという（ちなみにほかの研究で、眼鏡をかけた人は知的に見られることが裏づけられた。ただし、やや魅力的でなくなるという）。

リーダーシップについて言えば、研究者のキアラ・アマティは「リーダーシップを装うことはある程度、人的管理にプラスの効果を生むようだ」と率直に主張する。ジェフリー・フェファーも同意見で、「リーダシップの秘訣は、その役になりきり、演技する能力にある――自分の意思をよく理解してもらうには、強さを伝える術《すべ》を習得しなければならない」と言っている。

装うことが自分自身にもたらすプラスの効果は、多くの研究で裏づけられている。心理学者のリチャード・ワイズマンの著書『その科学があなたを変える』（文藝春秋）によれば、悲しいときに笑顔をつくれば幸せな気持ちになれること、力強く振る舞うと痛みへの耐性が本当に増すことなどが、相当数の研究によって証明されている。また前述のように、ものごとを管理できているという気持ち（実際にはできていなくても）は、ストレスを軽減するとの調査結果がある。

つまりどう認識するかは、実態以上に肝心なのだ。

しかし、そうした思い込みを四六時中持続させることが本当にできるのだろうか？とても疲れそうだ。ナルシストたちを見ていると、彼らでさえ、それを永久に続けるのは無理なようだ。

仕事でも恋愛でも、彼らの第一印象は素晴らしい。だがデータによると、数週間後、職場では信用を失い、また数か月後、デートの相手からの評価もガタ落ちなことが多い。見せかけを装うことは、モルドバに引っ越すようなものだ。信用はとてもはかない。失うのは容易く、取り返すのは至難の業だ。

仮に、あなたが素晴らしい役者だとしよう。アカデミー賞に値するような。おそらく、持ち前の演技力で自分さえも欺くことができるだろう。だが、そこには一つ大きな問題がある。カリスマ投資家のウォーレン・バフェットはかつてこう言った。

「公の立場で他者を欺くCEOは、やがて私生活において自分自身を欺きかねない」

この主張に納得するだけの十分な理由がある。

心理学者のダン・アリエリーは、試験でカンニングする機会を被験者に与える実験を行った（彼らは、試験の監督官が不正を見分けられることを知らなかった）。もちろん、試験で不正をした者は良い点を取った。だがここで、興味深いことが起こった。別の試験後に、それぞれの出来ばえを尋ねたところ、不正を行った被験者はそうでない被験者より、自分の点数を高めに評価していた。言い換えれば、先の試験で不正行為により高得点を取った者は、自分が賢いから良い点を取ったと錯覚していた。他者を欺く者は結局、自分を欺くようになるのだ。

これは非常に危険である。実際にはほかの誰かが操作しているのに、飛行機を操縦しているように装い、次回、自分は良いパイロットだと信じ込んで操縦室に入るようなものだ。

小説家のナサニエル・ホーソンは次のような言葉を遺した。

「どんな人でも、自分に対する顔と、世間に対する顔を長らく使い分けていたら、しまいには必ず、どちらが本当の自分かわからなくなってしまうだろう」

要するに、見かけを装うのは間違った戦略だ。他者を欺くうちに、必ず自分まで欺くことになるだろう。ということで、自信を持つことのマイナス面を取りあげよう。

間違った自信の大きすぎる代償

ジョージ・ディルマンは、数十年にわたる武術のキャリアを誇り、とりわけモハメッド・アリやブルース・リーを指南したことで知られる。ディルマンは空手九段で、四年連続で全米空手チャンピオンに輝いた。またナショナル・ジオグラフィック・チャンネルのテレビ番組『イズ・イット・リアル?』では、目を疑うような武術のテクニックを披露し、一躍有名になった。そのテクニックとは、体内の気のエネルギーを集めて、指一本触れずに敵を倒すというものだ。

事実、ディルマンは壁越しで敵が見えない状態でも、相手を倒せる。テレビカメラの前では、三メートルほど離れた人物とのあいだが薄いシートで遮られたが、その見えない相手を倒すことができた。ディルマンは、このように集中的に気を使うと、非常に体力を消耗すると言った。この技は習得までに何十年もかかり、その実演を見る機会は稀である。

眉唾だと思っているだろうか? 無理もない。では、ディルマンとは別の気功師が、同じく「触れずに敵を倒す術」を本格的に証明しようとしたときの話をしよう。

柳龍拳《やなぎりゅうけん》も触れずに人を倒すことができる。この術で、柳は一度に一二人以上の敵を倒せる。その光景を映したビデオは圧巻だ。ときには三人の弟子たちが同時に柳に向かっていく。柳が手首を振ったとたん、まるで顔面を殴られたかのように弟子たちがばたばたと倒れる。ものの数秒で、すべての敵が倒された。

自身の驚異の能力を証明するために、柳は総合格闘家、岩倉豪からの挑戦を受けた。勝者には五〇〇〇ドルが支払われることになった。ついに、気功によって人を倒す力を正確に試す機会が訪れた。レフェリーが両者のあいだに立ち、試合開始を告げた。柳は手を上げて、敵に向かって気を集中させた――。

とその瞬間、岩倉が柳を激しく殴った。

勝負は一分足らずで決した。懐疑的だったあなたは正しい。自分の能力に対する極端な自信は強力な力になる。しかし、物理学、生理学の法則を曲げるほどの力にはならない。

ちなみにジョージ・ディルマンは、試合によって試されることを一貫して拒否している。

しかし柳龍拳がいんちきなら、どうしてわざわざ対決を受けたのだろう？　尻を蹴られ、五〇〇〇ドルを失い、インターネットで無数の人に見られて恥ずかしい思いをしてまで？

柳は明らかに、自分がいかさまだとは思っていなかった。自分には気功で人を倒す能力が本当にあると自信を持っていたのだ。弟子たちもそう信じていた。そうでなければ、じつは効力のないまじないの〝パンチ〟に反応して床に転がるはずはない。

作家で神経科学者のサム・ハリスはこう言う。

柳龍拳の誤った思い込みがどのような経緯で生じたのかはわからないが、一たび誰もがこぞって転びだすと、彼の妄想がどのように維持されたかは容易に想像できる。柳の視点に立って想像してみよう。もしかしたら自分は、少し離れた敵を倒すことができるのではないかと考えていたとする。すると弟子たちが見計らったように揃って倒れるようになり、それが何年も続き、自分には本当にそうした能力があるのだと信じ始めたのかもしれない。

こうした経験をするのは武道家にかぎらない。企業経営者にもよく見られる。そしておそらくあなたにも。自信は、能力を向上させ、成功を引き寄せる。また、他者にあなたを信用させる。その一方で、自信には極めて危険な面もあり、妄想や傲慢さにつながる恐れがある。そしてあなたの過剰な自信が現実に直面すると、柳龍拳のように手痛い思いをするだろう。

ことわざにもあるように、「〝そこそこ腕のいい〟ワニ・レスラー（米先住民の伝統であるワニとレスリングをする人）は存在しない」。実力をともなわない過剰な自信は、命取りになりかねない。

人は誰でも多かれ少なかれ錯覚をしている（わが子は人並み以上に思えるし、運転が下手な人の多くはそのことを認めない）。だが、一定の閾値《いきち》を超えたときに、問題が生じる。不幸にも、私たちはこの問題についてあまり話し合わない。誰もが、自信をもっと高めたいと思っている。自信があれば気分が良いからだ。

無能な者より自信過剰な者が危険をもたらす

自信があると、自分が強くなったように感じる。だが、自分に力があるように感じると、現実の否定や傲慢さにつながりやすいことは、多くの調査で示されている。無痛症の少女、アシュリンのことを思い出してほしい。痛みを感じないことは、一瞬都合のいいことに思えるが、実際には大問題であることは見てきた通りだ。自信を持つのは良いことだ。ただし、度を超さなければ。そして、現実がたまたまあなたの妄想に合致しなければ。

これは、実業界での成功への道のりに立ちはだかる大きな問題になる。ハーバード大学ビジネススクール名誉教授のリチャード・テッドローは次のように述べている。

私は過去四〇年にわたって企業などの経営史について指導、および執筆をしてきました。これまで研究した企業や経営者に関して印象深かったのは、本来避けることができ、また、避けるべきだった間違いを犯した者がいかに多いかです。それらの間違いは、たんに後知恵によってではなく、当時その瞬間その場で入手可能だった情報に基づいて、避けることができたものです。これらの間違いはいずれも、当事者である人びとが現実を否定したことに端を発していました。

私たちは、能力がないことを嘆くのに多大な時間を費やすが、作家のマルコム・グラッドウェルがハイポイント大学で語ったように、自信過剰であることのほうがはるかに大きな問題だ。

なぜか？　能力がないことは、経験不足な人びとの問題であり、ほかの条件が同じなら、私たちは未熟な者に権力や権威を委ねたりはしない。一方、自信過剰はどちらかというと熟達者に見られる問題であり、そうした者はしばしば大役を任せられる。能力のなさにイライラさせられるのはもちろんだが、無能な者が深刻な被害をもたらすことはそれほど多くない。むしろ取り返しがつかない事態を引き起こしかねないのは、自信過剰な者なのだ。

傲慢さは、ただ妄想や勘違いにつながるだけでなく、実社会で数々の問題を起こす。企業をだめにするのはどんなCEOか知りたいだろうか？　株主に向けた年次報告書で、CEOが何回、「私」という言葉を使っているか数えてみればいい。

これは、金融アナリストのローラ・リッテンハウスが、企業リーダーとその会社の業績を評価している際に発見したものだ。「私」の連発は、企業の死を招くという。ところが傲慢さに飲み込まれ、自己陶酔に陥った者は、現実を真っすぐに見られない。さらにまずいことに、本人がそのことにまったく気づかない。つまり自己の盲目さに盲目なのだ。

最も自信家の人びとを集めたら、奇妙なグループができ上がるのはそのためだ。自信を基準に人を集めれば、最も有能な者と最も無能な者の双方が入り交ざった集団ができるからだ。専門用語ではこれを「ダニング＝クルーガー効果」と呼んでいる。

小さな子どもたちを思い浮かべてほしい。彼らは、地下室でおばけと格闘したとか、あり得ない話を自信たっぷりにする。まだ世の中がよくわかっていなくて、ルールも知らないので、自分の能力にお門違いの評価を下せるのだ。

これは子どもに限ったことではない。たとえばある分野に関して素人の人びとは、その世界でどんな技が簡単で、どんな技が難しいのか適切に評価する知識を持ち合わせない。だからプロのマジシャンは私たちと違うトリックに喝采を送り、コメディアンは私たちが笑うのとは別のジョークで笑う。彼らは専門家ならではの洞察力で、それらの芸を仕上げるのがどれほど難しいかを見抜くからだ。

「ダニング＝クルーガー効果」とは、経験が浅い者ほど、ものごとがどれほど困難なのかを評価する尺度を持たないので自信満々でいられる、という奇妙な現象のことをいう。きっと誰でも経験があるはずだ。たとえば、誰かがヨガのポーズを取っているのを見ると簡単そうに思えるが、いざやってみると思っていた以上に難しかったりする。絵画を見ながら、「私でも描けそう」とつぶやいたりするのも同じことだ。

私たちの自信は、たとえ始まりは理にかなったものであっても、やがて知らず知らず坂道を転げ落ち、自分の小さな領分を超えて技量があるかのように錯覚しだす。私たちがばかなわけではない。ただ、自分自身に語りかけるストーリーが私たちを過信させ、ついつい勘違いするのだ。

その挙句に五〇〇〇ドルを失い、「手も触れずに人を倒す術」など信じない武道家に思い切り殴られ、面目をつぶされる。しかしここは好意的に解釈しておこう。おそらくあなたはまだ現実を見失っていないだろう。だが、自信が与えてくれるパワーにはもう一つ大きな難点があり、成功への道に立ちはだかる障害になる。それはあなたを鼻持ちならないヤツに変えてしまうかもしれない。

データが警告する「権力を持ったら気を付けないといけないこと」

自分には力があるという認識が、人間性に悪影響を及ぼすことを示した研究は驚異的な数にのぼる。力は共感を弱め、私たちを偽善者的にし、他者を非人間的に扱うように仕向ける。これにはある程度、もっともな面もある。権力を持つ地位についた人びとは、短期的には問題があるが、長期的には正しいという難しい決断を下さなければならないときがある。

軍の将官なら、戦争に勝つために、兵士を危険な地へ送らなければならない。もし彼らが、一人ひとりの犠牲者に対して身がすくむような罪悪感を持ったら、正しいことをできなくなってしまう。しかし、現実が見えなくなるという弊害と同様に、他者と共感できなくなるという難点も、歯止めが利かなくなりがちだ。

権力意識は、利己主義を強め、不義を犯す可能性を高めるとの調査報告も数多くある。たんに嘘をつく回数が増えるだけでなく、嘘が上手になっていく。自分がナンバーワンだという意識を持つと、誰かを傷つけても平気になっていき、小さな嘘をついても露ほどもストレスを感じなくなるのだ。

このことが職場にどんな影響を与えるかは容易に想像できる。カリスマ性のあるリーダーは、従業員に良い影響を及ぼすが、尊大なリーダーはときに、職場のチームワークに悪影響を及ぼす。ある調査は次のように結論づける。

「リーダーの権力意識が高まると、言葉のトーンが支配的になり、従業員は、リーダーの寛容さと、チームのコミュニケーションの自由闊達度が低下したと感じる。その結果、リーダーの権力がチームの仕事ぶりに悪影響を及ぼすことになる」

現実を直視せず、鼻持ちならないヤツになることは、成功への道からあなたを逸脱させる。自信を持つことは大切だが、それが過剰になると、あなたも〝そこそこ腕のいい〟ワニ・レスラーになりかねない。そうかといって、自信の欠如が解決策になるとも思えないのだが……。あるいはなるのだろうか?

恐怖を感じない人間はどうなるか

SM-046と呼ばれる女性がいる。本名は公表されていない（その理由はじきにわかる）。日ごろは三児の母として、ごくふつうの生活を送っている——恐怖をまったく感じないことを除けば。

恐いという感情について説明してみてくださいとか、脅《おび》えた顔を描いてみてくださいと研究者たちから言われても、彼女にはできない。ホラー映画の怖いシーンを見せ、彼女を震えあがらせようとしても、興奮こそしたが、決して怖がらなかった。それどころか、後で借りたいからと言って、そのうちの一本のタイトルを尋ねたという。

さらにSM‐046をペットショップに連れて行き、ヘビを触らせたところ、「まあ、かっこいい！」と歓声を上げた。彼女はもっと大きくて危険なヘビに触らせてほしいとせがんだが、危険だからと店員から断られた。それにもめげず、じつに一五回も毒ヘビに触りたいと懇願し、挙句に毒グモのタランチュラに手を伸ばし、止められる始末だった。

次に彼女が連れて行かれたのは〝世界最恐の幽霊病院〟だ。それはテレビ番組『ゴースト・ハンターズ』をはじめ、超常現象を扱う番組で何度となく取りあげられてきた「ウェイバリー・ヒルズ・サナトリウム」だった。今は廃墟だが、二〇世紀初めまで結核病患者の施設で、多くの人がここで亡くなった。毎年ハロウィーンの時期には、幽霊屋敷として人気を集める。暗い病室、不気味な音楽、そして部屋の片隅から怪物に扮した役者が跳びだしてくる。そんな彼らを、SM‐046は逆に脅《おど》かした。化け物を怖がらなかったどころか、衣装を着けたスタッフに話しかけようと近づいていく始末。なかの一人は、彼女がマスクに触ろうとした瞬間に脅えて後ろへ跳びのいたという。

彼女が人と違うのはなぜなのか？　SM‐046には、非常に稀有な遺伝性脳疾患、ウルバッハビーテ病がある。これまでに四〇〇例ほどしか報告例がなく、患者の外見や行動は、ほとんど正常だ。ややしわがれ声で、少し陽に晒されたような乾燥肌をしているが、異常というほどではない。

ところが彼女の灰白質は、人と大変異なる。この疾患は脳の一部を石灰化するので、その部位は硬化して死滅する。多くの場合、破壊されるのは恐怖感を生みだしている扁桃体。SM-046は正常なIQを持ち、喜びや、悲しみなど、あらゆる感情を感じられるが、唯一恐怖だけはまったく感じないのだ。

彼女は脳の障害が起こる以前の子ども時代、ドーベルマンに脅えた記憶がある。しかし、成人してからは恐怖を感じたことが一度もない。

じつは、この疾患により彼女はいっそうオープンで愉しい人になっている。調査によれば、左右両側の扁桃体が完全に損傷している人は、一般の人に比べて、見知らぬ人を信用して、近づいていく傾向が強いという。

無痛症のアシュリンと同様に、恐怖心がないことは喜ばしいようでいて、じつは恐ろしい。SM-046は、本能的に身を守ることができない。恐怖をいっさい感じないため、危険を察知することができないのだ。

現に、SM-046は何度も犯罪の被害に遭っている。喉元にナイフを突きつけられ、二度も銃で脅された。最初の夫には、危うく殴り殺されるところだった。そんな恐ろしい出来事の最中でさえ、恐怖感は微塵もなかった。警察の報告が、彼女の障害を裏づけた。ナイフを突きつけられた公園には、翌日も出かけている。研究者たちは、彼女はPTSD（心的外傷後ストレス障害）を発症することさえ不可能なのだろうと考えている。

恐怖がなければ、ストレス反応もないからだ。

二〇一三年、研究者たちは彼女に二酸化炭素ガスを吸引させて、恐怖を感じさせることに成功した。しかし、それはあくまで実験室内でのことであり、実生活での恐怖は今も経験したことがない。SM‐046と呼ばれるのもそのためで、研究者たちは、彼女を保護するために、個人情報を公開すべきでないと考えている。彼女には、身の安全を守る能力が欠落しているからだ。

というわけで、怖いもの知らずになってはいけない理由がある。また、やたらと自信過剰になってはいけない理由もある。どちらも大変まずい状況になりかねない。とかく人生は、少し自信がないくらいのほうがうまくいく。

「自信がない」にも二大メリットがある！

ここでは、自信がもたらす弊害について見てきた。現実を受けいれないことと、傲慢なヤツになることだ。ビジネス心理学者のトーマス・チャモロ・プレムジックが『ハーバード・ビジネス・レビュー』誌のなかで述べているように、この二つの問題をなくすだけで、大きなプラスの効果が得られる。

自信を抑えれば、傲慢な印象を減らせるばかりか、現実離れの妄想にはまる可能性も減らすことができる。たしかに、自信が控えめな人物のほうが、他者を責めずに、自身の誤りを認める可能性が高い。また、人の手柄を横取りすることも稀である。こうした点は間違いなく、自信が控えめなことの最も重要な利点である。控えめな自信は、個人だけでなく、組織や社会全体を成功へ向かわせることを示しているからだ。

つまりこのことは、自信があまりないことの長所を示唆している。自信は、学んだり改善したりすることをとても困難にする。すべての答えがわかっていると思う人は、もはや探そうとしなくなるからだ。思想的指導者のマーシャル・ゴールドスミスはこう言う。

「自信に満ちた妄想は、何かを達成するのに役立つが、何かを変革するのを困難にする」

私たちは、確信がないときのほうが、新しい考えを柔軟に受けいれ、受動的にも能動的にもアンテナを広く張って新たな情報を求める。逆に自分の力に自信があるときは、それほど注意を払わなくなる。その必要がないと感じるからだ。

『権力、競争力、助言の聞きいれ――権力者はなぜ助言を聞かないか』というそのものズバリの題名の論文では、被験者に権力意識を持たせると、初心者のみならず専門家からの助言も無視するようになることが証明された。

他者の考えに耳を傾けることは、知力を高める。ある研究では、社会的な交流が実際に人を賢くするという結果が示された。もっとも一つ気をつけなければいけない。人との交流で認知機能を向上させるには、相手の観点で考える必要がある。よほど注意を払っていないと、それは難しい。

傲慢さは二重の意味で災いする。まず、自信満々になるあまり、人の話を聞かなくていいのだと思い込む。すると誰も異論を唱えなくなるのはもちろん、長期的には、誰もあなたと話したいと思わなくなってしまう。あなたが無惨に失敗でもしようものなら、彼らは嬉々として喝采するだろう。気配りを推奨したとは言いがたいマキャベリでさえ、指導者には、内々に率直に話をしてくれる人が必要だと忠告している。そうでなければ、しまいにはびくびくしたイエスマンばかりに囲まれることになると。

小説家のジェームズ・ボルドウィンはかつてこう述べた。「直面したからといって、すべてを変えられるわけではない。だが、直面しなければ何一つ変えられない」。

プレムジックは、謙虚さには二つの利点があるという。現実を把握できることと、傲慢にならずにすむことだ。謙虚さは、結果的に自己の改善を促してくれると彼は言う。現実の自分となりたい自分のギャップを認識できるからだ。それに、周りが思うより能力があることは、尊大な態度のわりに実質が劣っているよりはるかに良いことだ。

じつは人びとに謙虚さを強いるだけでも、驚くほどの成果がある。医師にはともすれば尊大な者が多いとされる。ある病院（ジョンズ・ホプキンス大学病院）は患者の感染を減らしたいと思い、医師に対し、治療前にチェックリストの項目を必ず実行するように要求した。医師にとってはいささか屈辱的だった。だが経営陣は真剣だったので、医師が手順を実行しない場合には介入できる権限（上層部のお墨付きで）を看護師に与えた。

その結果どうなったか？　なんと、留置日数一〇日間でのカテーテル感染率が一一％からゼロになった。自信過剰な医師はそれまで必要な手順を省いていたが、いざ規則に従うように強制されると、効果は劇的だった。さらにこの実験を導入した別の病院では、最初の一五週間で八人の命が救われ、二〇〇万ドルの経費が節約できた。

というわけで、針路を外れないかぎり、自ら鼻柱をへし折ることも悪くないかもしれない。プレムジックの話の続きを聞いてみよう。

自信が不足していると人は悲観的になるが、悲観主義が野心とコンビを組むと、目覚ましい業績をあげることがよくある。何の道であれ、究めるには自分自身が最も厳しい批評家になる必要があり、出発点から自信満々だと、それがほぼ不可能になってしまう。

なんてことだ、ネガティブなことにも意味があるとは。客観的に見て最悪なこと（たとえばタイヤがパンクするとか）とはわけが違うようだ。

批評眼を持ってものごとに取り組めば、自分の欠点を見つけて落ち込むこともある。しかしそれはまた、改善への一歩である。ある心理学的調査によれば、ネガティブな感情は学習意欲を生むという。もしテストでAを取れば、あなたは満足してそのまま進むだろう。ところがもしFを取ったら、なぜそうなったのか知りたいと思う。

『どこが間違っていたのか教えて』と題する研究では、人が専門家を目指す途上で転機が訪れることを示している。初心者は、まだ得意でないことに励み続けるために、肯定的なフィードバックを必要とする。しかしやがて転機が訪れる。次第に熟達するにつれ、いっそう腕を上げるために、彼らは否定的なフィードバックを求めるようになる。初心者のころと違い、今や正すべき点はわずかだからだ。

「控えめでオープン」な大統領リンカーンの特徴的な業績とは？

これは、楽観主義とグリットに関して学んだこととつながる。私たちは前進し続け、他者を味方につけるために楽観主義と自信を必要とする。しかし、問題点を見つけて改善するには、否定的な考え方と悲観主義が必要だ。つまり、成功するには、楽観主義と悲観主義の両方が欠かせないのだ。

エイブラハム・リンカーンが良い例だ。彼こそは、これまで見てきた控えめな自信の長所を体現している。彼は自分と異なる考えに対してオープンで、提案される戦略内容に精通していられるように、膨大な時間を費やして陸軍省に入る電報に目を通した（事実、リンカーンは新しいアイデアに非常に関心が高く、特許を持つ唯一人の大統領でもある）。

リンカーンは誰に対してもオープンだった。そのリーダーシップに焦点をあてた研究によると、おそらくリンカーンはアメリカ史上、最も近づきやすい大統領だった。その時間の七五％以上を人と会うことに費やしたという。また、南北戦争初期に志願したすべての北軍兵士と会ったとされている。

リンカーンならきっと、ネットワークづくりは友だちづくりという考え方に共鳴しただろう。「諸君よ、もしあなたが誰かを味方につけたいなら、まずあなたが彼の誠実な友であることを納得させよ」とは本人の言だ。それでは、完全に敵対的な相手には、どのように対応したのだろうか？　「友人になることによって、私は敵を滅ぼす」。

リンカーンは謙虚だっただろうか？　その通り。何のためらいもなく自分の過失を認めた。北軍総司令官、ユリシーズ・Ｓ・グラントに充てた書簡でも、率直に自分の非を認めている。

「貴殿が正しく、私が間違っていたことを、ここに個人として認めたいと存じます」

調査によれば、こうした謙虚さは報われる。弱みを示し、自分を過小評価する上司は最も人気がある。スタンフォード大学ビジネススクールのフランク・フリンによると、自責の念を抱く人は、同業者から好ましいリーダーとして見られる。また、アメリカ海軍での調査では、人望のあるリーダーは、民主的で、話をきちんと聴く技能にすぐれた人物だった。乗員たちは、緊急時を除いて（海賊と同様に）、上官が意思決定に際し自分たちの意見を聞いてくれることを望んでいる。

私たちは、リーダーにはナルシシズムの傾向があると思いがちだ。また、すでに見てきたように、たしかにナルシストや自信家がリーダーに選ばれやすい面もある。だが彼らは結局リーダーとして成功しない。ナルシストの仕事ぶりは、彼らがかっこよく見える機会がどれくらいあるかに左右される。これは、リーダーとして致命的だ。事態が悪化し、今こそリーダーが求められるというときに、彼らが熱心に仕事をする可能性は低いからだ。

じつのところ、人格に問題があってもCEOとして業績をあげる者を選ぶなら、ナルシストより依存症の人を選ぶほうが適切だ。ジョンズ・ホプキンス大学医学部教授で神経科学者のデイヴィッド・J・リンデンによると、常習性のある人間は、ここぞというとき、とことん仕事に打ち込む。

依存症の人に多く見られる、リスクを厭わず、新奇なものを求める特性や強迫的な性格は、職場で業績をあげるのに役立つことがある。多くのリーダーの場合、依存症があるにもかかわらず成功しているという見方は間違いだ。むしろ彼らを中毒者にしている脳の回路や化学反応自体が、彼らに、仕事で秀でる行動特性を与えているのだ。

成功において自信よりも大切な概念「セルフ・コンパッション」

ここまで自信過剰と自信があまりないことの双方を見てきた。自信過剰はあなたの気分を良くし、グリットを与えてくれ、他者に強い印象を残せる。しかし反面、傲慢になりやすく、人びとから疎外され、自己を改善できず、また現実を見ないためにすべてを失うかもしれない。一方、自信が不足気味なほうが、道を究めるのに必要な意欲と手段を得られ、人びとから好感を持たれる。だが、気分は沈みがちで、他者から能力を低く見られるようなシグナルを送ってしまいがちだ。

なんともすっきりしない！　どうすれば人生での成功や幸せにつながるのか、はっきりした答えが見つからない。自信のレベルが高ければ人びとを強く印象づけられるが、ひんしゅくを買う。自信のレベルが低ければ好感を持たれるが、敬意は得られない。矛盾しているように思える。ということで、いっそこうするのはどうだろう？

自信に関する理論は、きれいさっぱり忘れてしまおう。

まあまあ、落ち着いて。自信をめぐる議論がまとまらない本当の理由は、自尊心のレンズを通して見ることにあり、そのことは数多くの研究で指摘されている。

では、自信に代わる概念があるだろうか？　教育心理学者でテキサス大学准教授のクリスティン・ネフは、それは「自分への思いやり（セルフ・コンパッション）」だという。自分自身への思いやりを持てば、失敗したときに、成功の妄想を追う必要もなければ、改善の見込みがないと落ち込む必要もない。ばかげた期待を膨らませたり、目標に届かないと自分を責めたりしてヨーヨーのように上がり下がりすることもない。私はなんて素晴らしいんだ、と自分に嘘をつく必要もない。そのかわり、うまくいかないときには、自分を許すことに心を注げばいいのだ。

セルフ・コンパッションには、自尊心のプラス面がすべて含まれるが、マイナス面は含まれない。良い気分で仕事の成果を上げられ、高慢ちきになることもなければ、自己の改善を怠ることもない。自信と異なり、自分への思いやりは妄想につながることもない。

実際、『セルフ・コンパッションと自己に関連する不快な出来事に対する反応―自己を思いやることの意義』と題する研究では、自分への思いやりのレベルが高い人は、現状認識も正確であることが明らかになった。彼らは自分自身や世界を正確に把握していたが、だからといって失敗したときに、自己を責めることもない。一方、自尊心に重きを置く人びとは、ときどき自分を欺いたり、否定的だが有益なフィードバックを退けたりする。現実を受けいれるより、自己の価値を証明することに執着するのだ。これは傲慢さやナルシシズムにつながりかねない。統計的に調べると、自尊心とナルシシズムのあいだには確かな相関関係があったのに対し、セルフ・コンパッションとナルシシズムの相関関係はほぼゼロだった。

自尊心を煽《あお》るのではなく、ズバリ、自然体で自己や自分の能力に満足していられたらどんなことが起こるだろう？　ズバリ、人から好かれる。過剰な自信が共感性を失わせるのと対照的に、自分への思いやりを育むと、他者への思いやりも増すことが神経科学の研究によって証明されている。

ｆＭＲＩの画像で、自分を許している人びとの脳を調べると、他者を思いやるときに活性化するのと同じ領域が活性化していることがわかる。また、夫婦が良いパートナーかどうかの判断材料としても、自尊心よりセルフ・コンパッションのほうが優れていると評価された。

この章の前半で述べたように、自信の効果の一つは、あなたを幸せにすることだ。ところがセルフ・コンパッションも同じ効果をはたす。しかも、自信がもたらすような弊害はいっさいない。調査によると、自分への思いやりは、幸福感、楽天主義、個人の主体性、他者とのつながりによる充足感と強く結びついている。さらに、不安感や抑うつ感、神経症的な完璧主義、反芻《はんすう》思考などの緩和とも大いに関連している。

自尊心だとうまくいかない場面でもセルフ・コンパッションならうまくいくのはなぜ

だろう？

自尊心は妄想的か不確かかのどちらかで、いずれにせよ良い結果につながらないからだ。自分は素晴らしいとつねに感じているために、現実から自分を切り離すか、自分の価値を証明するためにルームランナーで走り続けなければならない。いつかは自分の期待値に届かず、ひどく落ち込むことになる。また、執拗に自分を証明し続けるので心身が疲れ、不安で落ち着かないのは言うまでもない。

一方、自分への思いやりは、事実に目を向け、あなたが完璧でないことを受けいれる。著名な臨床心理学者、アルバート・エリスがかつて言ったように、「自尊心は、男女を問わず厄介な病である。つねに条件付き」だからだ。片や、自分への思いやりがある人は、たえず自分を証明する必要にも駆られず、また、調査によれば、「敗北者」だと感じることも少ない。

読者のなかにはこう考える人もいるだろう。

いつも自分を許していたら、受け身になってしまうのではないか？

自尊心を維持する心配がなくなったら、意欲や鋭さも失ってしまうのではないか？

しかし実際は、セルフ・コンパッションが足りない人ほど受け身になるのだ。あなたが自信満々なとき、自分の認識に合わないフィードバックは無視しがちではないだろうか？　自信がないときは問題に目を向けるが、それを克服する試練に堪《た》えられそうにない。

ところがセルフ・コンパッションはあなたに問題を直視させ、それを解決するための手立てを実行させる。調査によると、この自分に寛容なアプローチなら、問題に取り組んだ結果落ち込むことも少ないので、問題に対してより積極的に向かうことができる。つまりセルフ・コンパッションがある人々は自分を責めないので、失敗をそれほど恐れず、ひいては先延ばしを減らし、グリットを高めることにつながる。

自分を許すことはまた、自信を保ち続けるより簡単だ。自分自身に語る手柄話を更新する必要もなく、自分の価値を証明するために毎日ドラゴンを退治する必要もない。調査によると、私たちは自分の良い評判を聞くのが好きだが（これは当然として）、じつは本当のことを聞くのも好きだ。だが本当の話は自尊心と相いれないことが多いので、なおざりにされることがある。しかし自分への思いやりがある人なら、真実を聞くことも厭わないのだ。

では、どうやって自分への思いやりを育めばいいだろう？　まずは、海軍特殊部隊シールズに学び、ポジティブな言葉で自分に語りかけよう。しかし信じてもいない意欲を引きだす言葉や、無理のある褒め言葉で自分に拍車をかけるのではなく、ただ穏やかに、優しく自分に話しかけてみよう。

ものごとがうまくいかないとき、自分を責めたり、批判したりするのはやめよう。研究者のクリスティン・ネフはこう述べている。「生涯でただ一人、四六時中あなたに寄り添い、優しくケアしてくれるのは誰だろう？　そう、あなた自身だ」。

それから、自分の人間らしさを受けいれよう。人間とは誤りを犯すものだ。バットマンのようにつねに完璧でいる必要はないし、そうするのは、誰だって不可能だ。完璧でいようとすること自体が不合理で、あらゆるマイナス感情の元になる。

最後に、自分の失敗とフラストレーションを認めよう。否定したり、この世の終わりのように嘆かないこと。正当化するのも、悲劇の主人公になるのもいけない。そうして、何らかの対処をしよう。研究によると、時間を取って、自分への語りかけを書きとめると、気分が晴れて、自分を思いやる気持ちが高まるという。たとえば、自分も誤りを犯す人間の一人だということ、どうすれば問題を悲劇としてとらえず、その本質を見きわめられるかなどだ。瞑想やマインドフルネスも効果がある。それらを併用するとさらに良い成果が得られるだろう。

これで一夜にしてあなたの人生を改善できるだろうか？　そんなことはない。しかし時とともに、これまでの副作用つきの「自信がある――自信がない」のスペクトラムとは違って、改善は確実に望める。

セルフ・コンパッションの価値がわかったところで、その体現者の話をしよう。

アメリカ合衆国の「皇帝」

彼は、すべてを失った。家財道具いっさいも。それとともに正気も失ってしまった。だがその男、ジョシュア・ノートンは、自信を失わなかった。なかには気が狂って、働けなくなり、解雇された者もいたが、ノートンは違った。それどころか、彼は前よりもはるかにいい仕事を手に入れた。

一八五九年九月一七日、ノートンは合衆国皇帝ノートン一世になった。

二一年間、ノートンは肩章がついた陸軍の軍服を着て、腰にサーベルを差し、孔雀の羽飾りを挿したビーバーの皮製シルクハットをかぶり、誇らしげにサンフランシスコの通りを闊歩《かっぽ》した。そばには二匹の野良犬のバマーとラザルスが、お付きのようについていた。

ウィリアム・ドゥルーリーによるノートンの伝記にはこう綴られている。

> 彼は、皇帝らしい威厳のある雰囲気を漂わせていたが、それでいて親切で親しみやすく、おどけた会話をする人物と見られていた。さまざまなテーマについて理性的に、知的に話をした。ただし、彼自身とその帝国以外についてだったが。

サンフランシスコは変わり者を受けいれる都市との評判があるが、その気質は当時も今も変わらない。市民はノートンに寛大だっただけでなく、快く騙されたふりをし、彼をサンフランシスコの非公式マスコットとして扱った。

レストランはノートンにタダで食事をふるまい、劇場のオーナーは公演初日の席を彼のために確保した。サンフランシスコ市はわざわざ予算を組み、〝皇帝〟の宿泊費や、軍服が古びたときに新調する費用まで負担した（ノートンは市の行政官に〝終身貴族特許状〟を贈り、謝意を表した）。また、皇帝の財源が枯渇しないよう、市民たちは喜んで〝税金〟を払った。印刷所は親切に〝帝国政府〟の国債を発行し、地元の業者はウィンクしながら頷き、それを通貨として受け取った。なかには、ノートンにドル紙幣を〝売る〟店もあった。

あるとき警察官が皇帝閣下を狂人として捕えたが、サンフランシスコ市民の怒りと猛抗議にあった。ノートンはすぐに釈放され、警察署長がじきじきに謝罪した。いつも慈悲深い皇帝は〝特赦〟を下した。その日以来、警官たちは通りでノートンを見かけると、敬礼するようになった。

だが市民から敬愛されるのをいいことに、ノートンが責務をなおざりにするようなことは断じてなかった。彼は定期的に勅令を発するなど、堂々と公務を遂行した。地元紙は皇帝勅令を喜んで記事に掲載した。勅令で有名なものは、バージニア州知事の解雇を命じたものから、合衆国議会のワシントンでの招集を禁じたもの、共和党と民主党間の抗争が嘆かわしい事態になったときに両党の廃止を命じたものなど、多岐にわたる。

ノートン皇帝の治世が終わりを告げた悲しい日、『サンフランシスコ・クロニクル』紙は、「Le Roi Est Mort（王は逝けり）」とフランス語の見出しを掲げ、その死を悼《いた》んだ。別の新聞は、カリフォルニア州の新知事就任はわずか三八文字で伝えたにもかかわらず、ノートンに関しては詳細な追悼記事を掲載した。その葬列は三キロ以上に及び、一万人以上の市民が皇帝との別れを惜しんだ（葬儀の費用は、裕福な人びとからの寄付で賄われた）。半旗も掲げられた。墓石には「合衆国皇帝、メキシコの庇護者」と、引用符なしで刻まれている。

ノートンが遺したものは今も不滅だ。マーク・トウェインとロバート・ルイス・スティーブンソンは作品を通じて、ノートンに不朽の名声を与えた。ノートンが発行した国債は今もコレクターのあいだで人気だ。一九八〇年には、サンフランシスコ市によって、ノートンの死後一〇〇年を記念する式典が開かれた。

ノートンは「皇帝」として成功したといえる。勅令のいくつかは、彼の尽力によるものではないが、後年実現された。信条としていた女性やマイノリティへの支援は広く採用されるところとなった。また彼は国際連盟の設立を提唱し、オークランドとサンフランシスコを結ぶ橋の建設を命じていた。昨今、サンフランシスコ・オークランド・ベイブリッジの名称を、ノートンの名を冠したものに改称しようとする動きも見られる。

マーク・トウェインは、「ノートンは、自分の人生の空虚さを帝位という妄想で埋めた」と述べた。ノートンが自信に満ちて公務に勤《いそ》しんだからこそ、サンフランシスコの人びとは一〇〇年経た今も彼のことを懐かしく偲ぶのだろう。

しかし自信というものを勘違いすれば、あなたが皇帝になれるのはどこでもない、ただ自分の頭の中だけだ。そうはならないように注意したいものだ。

自信のジレンマを解決する

それではここまでで、自信について学んだと自信を持って言えるのはどんなことだろう？

1 自分を信じることは素晴らしいが、自分を許せることはもっと素晴らしい

自分を実態以上に大きく見る必要はないし、そうしないほうが望ましい。現実拒否に陥ったり、嫌なヤツになったりしたくない。つねに学び続けたいが、目標に届かないときに自己嫌悪に陥りたくもない。妄想に翻弄される自尊心や、たえず自己の価値を証明する行為とはおさらばしよう。

そのかわり、自分に思いやりを持つ。セルフ・コンパッションには、自信の良い部分

がすべて含まれるが、悪い部分とは無縁だ。

2 自尊心を自然なレベルに調整しよう

あなたは日ごろ自信があるほうだろうか？ それなら、自信の恩恵に服しながらも妄想に陥らないようにし、また、共感できる心を失わないようにしよう。能力が試されるような状況に自分を置き、謙虚さを失わないように心がけよう。つねに開かれた心を持ち、答えを知っていると思い込まないようにしよう。人に優しくなろう。自分の頭のなかだけの皇帝にならないようにしよう。

それともあなたは自信がないほうだろうか？ 何も問題ない。知ったかぶりの人より早くものごとを吸収し、友だちもたくさんできるだろう。そして、能力評価が周囲の認識に左右されないような分野に力を注ぐことだ。やっていることに秀でれば、自信は自ずと高まる。そうすれば、次のポイントに進める——。

3 それでも自信を高めたい？ ならば獲得しよう

自信は、成功の結果であって、原因ではない。だから、私の熱心な反対にもかかわらず、まだ自信に焦点を合わせたいなら、最も確かな方法は、あなたが取り組んでいることに熟達することだ。

社会学者のダニエル・チャンブリスが、トップクラスの競泳選手たちを調べたところ、毎日「小さな勝利」をあげることに集中することで、彼らの技術が進歩し、また自身の能力についての自信も高まることが明らかになった。もしあなたが競争好きなら、成績が競争相手に及ばないとき、敗者意識を持つことになる。そんなときには、成績や外聞を気にするのではなく、ひたすら技量を磨くことに集中しよう。

多くの研究によると、「業績目標」は意欲を高め、辛い課題を面白くし、活力を与えてくれるという。この効果は次の課題にも引き継がれる。例によって自分に合った、〝適切な池〟を選ぼう。ペンシルバニア大学ウォートン・スクールのG・リチャード・シェルは、自分を信じてくれる人びとを周りに配置することは、彼らからの期待が自己達成的予言につながり、結果として実際に自信が増すと説く。つまり時間が経つにつれあなたは難しい仕事にもっと自信が持てるようになる。

知能テストの創案者であるアルフレッド・ビネーが知能について言ったように、「幼少期に最も賢い者が、成人後に最も賢いとはかぎらない」のだ。

4 インチキはしない

インチキをするのは容易ではなく、しかも失敗したときの代償が大きすぎる。他者に印象づけられるという短期的メリットは、不誠実のレッテルを貼られて〝モルドバに移住〟するデメリットにまったく見合わない。たとえうまく人を騙せたとしても、それはやがて自分自身を騙すことにつながり、最も危険なシナリオになる。

ノーベル賞物理学者リチャード・ファインマンの次の言葉はよく知られている。

「第一の原則は、自分を騙してはいけないということだ。自分というのは、最も騙しやすい人間なのだ」

たしかに、周囲に良い印象を与える必要があり、インチキをするのが最良の選択肢に思えるほど危機的なときもある。しかし最善の策は、自分でない者を装うのではなく、自分の一番いいところを見せることに集中することだ。

『最善の自助努力が真の自分を明らかにする――ポジティブな自己提示こそが、より正確に人格を印象づける』と題した研究では、次のような結果が得られた。役を演じる必要はない。ただ最高の自分を見せること。そうすれば人びとは本当のあなたを見るだろう、と。


さて、セルフ・コンパッションが、もう一つおまけにもたらしてくれる素晴らしいものとは何だろう？

それは「賢明さ」と呼ばれるささやかなものだ。私は別に感傷的にも、詩的にもなっていない。

『ストレスに直面したときの自分への親切』と題した研究によると、自分に思いやりを持つことは、じつは賢さと関連し合っているという。知能指数でも、知識でもなく、賢明さである（毎日行っていることのなかで、あなたを賢くしていると本当に言えるものが、はたしていくつあるだろう）。

自分のことを、「良い」か「悪い」か、「成功している」か「成功していない」かで厳しく判断することは、シロかクロかの偏狭な見方だ。賢明さを身につけるには、もう少し柔軟性と、受容と、それから成長とともにもたらされる学びを必要とする。

あなたが知っている最も賢い人びとを思い浮かべてみよう。彼らは怒鳴り散らしたり、傲慢な態度を取ったりしただろうか？　もしくは、まったく自信のない態度だっただろうか？　おそらくその人たちは、平静で、思いやりがあり、寛容で、批判がましくなかっただろう。私たちもいつか、そのレベルの賢明さを身につけたいものだ。セルフ・コンパッションは、そのための大いなる第一歩となる。

第６章
仕事バカ……
それとも、
ワーク・ライフ・バランス？

どうやって家庭と職場の調和を見つけるかを、
スパイダーマン、アルバート・アインシュタイン、
チンギス・ハンから学ぶ

人並み外れたオールラウンダーの強迫的な労働意欲

野球のオールドファンならテッド・ウィリアムズを知っているだろうか。一九三九〜六〇年にメジャーリーグで活躍した名打者で、ベーブ・ルースとトップの座を争った。だが、あなたがテッドを知ろうと、知らなかろうと、注目すべきことがある。テッド・ウィリアムズが決して野球をプレーしなかったことだ。

問題は動詞にある。ウィリアムズは野球を「プレー」していなかったのだ。彼にとって、ボールを打つことは、ゲームではなかった。とにかく真剣に取り組んだのだ。強迫的で完璧主義の労働意欲と言ってもいいだろう。ウィリアムズは取材にこう答えている。「私は物理的な資質に恵まれていたが、それでも、ひたすら根気よく打撃練習を続け、四六時中、野球のことしか頭にない日々を過ごさなかったら、ヒットを打って一面大見出しに載ることはなかっただろう。私は、次の打席に入るためだけに生きていた」

エキスパートになるために必要な一万時間？　おそらくウィリアムズは、それを何回もやったはずだ。彼はとり憑かれていた。放課後は近所のグラウンドへ行き、照明が消える九時までぶっ通しで打撃練習を続けた。それから帰宅し、両親にせかされてしぶしぶ床につくまで、家の裏庭でなおも練習に励んだ。朝は早く登校し、授業が始まる前に寸暇を惜しんでまた練習。そのままバットを携えて教室へ行った。宿題が少なめなクラスを選んで取ったが、それは怠け者だからではなく、少しでもバッティング練習をしたかったからだ。

それほどしてもなお、ウィリアムズには練習時間が足りなかった。そこで、第3章で紹介したスペンサー・グレンドンやピーター・ドラッカーなら誇りに思うだろうが、彼は守備をまったくと言っていいほど無視した。外野で本塁に背を向けていることもあった。なんと、バットに見立てたグローブを振ってバッティングの練習をしていたのだ。チームメイトにはイライラの種だった。

女の子とデート？ そんな暇はなかった。メジャーリーグ二年目になるまで、彼は童貞だった。しかもメジャーリーグに入ったとき、本当は八月が誕生日なのに、一〇月だと偽った。野球シーズン中の誕生日は気が散る、というのがその理由。のちに彼は『タイム』誌に語っている。

「偉大な野球選手になる才能を持った子どもは何百人といるが、それを引きだすには、一にも二にも練習あるのみだ」

ウィリアムズを偉大にしたのは、練習時間の量だけではない。時間の使い方も際だっていた。彼は徹底的に改善に努める完璧主義者だった。野球データの統計学的分析であるセイバーメトリクスや『マネーボール』（メジャーリーグの貧乏球団のGM、ビリー・ビーンがセイバーメトリクスを用いて、強豪チームをつくり上げていく様子を描いたノンフィクション書籍、および映画）よりはるか以前に、野球というゲームを純粋科学として分析していた。野球の物理学を学ぶために、ＭＩＴに通ったこともある。ついには一流打者の打撃を分析し、本まで書いた。『テッド・ウィリアムズのバッティングの科学』（ベースボールマガジン社）は、今日でもバッティング技術のバイブルとして評価が高い。

ウィリアムズのもう一つの武器は、ピッチャーを熱心に研究したことだった。彼は「敵を知る」重要性を信じていた。審判員に取り入っていろいろなピッチャーのスタイルの特徴を仕入れ、黒い手帳に書き込んだ。さらに第一線を退いた選手からも、敵方のチームに関する情報を聞きだした。「ピッチャーの投球を言い当てるわけじゃない。彼らが次に何を投げるかを解明するんだ」。ウィリアムズが自身の引退後数十年を経ても、多くのピッチャーの癖や好みを正確に思い起こす様子に、人びとは驚嘆した。

彼は毎夜、愛用のバット数本をアルコールで消毒し、湿気などで重さが変わっていないかどうかを確認した。クラブハウスの自分用のロッカーの横に、バット専用のロッカーも持っていた。まるで赤ん坊にするように自分のバットを大切に扱い、血がにじむまでそれを振った。

その努力は報われ、最高の選手の一人となったのだが、人生はときに変化球を投げてくる。

第二次世界大戦が始まり、ウィリアムズも従軍した。キャリアから外れることを余儀なくされたとき、いったい彼はどうしたか？　そこは彼のこと、海軍のパイロットになることを求められれば、その道でも一流を極めた。友人のジョン・グレンはその自伝でこう述べている。「彼は、バッティングのときと同じように、戦闘機の操縦でも、完璧に神経が行き届いていた」。ウィリアムズは、高校までの教育しか受けていなかったが、目の前の仕事をものにする情熱に支配されていたので、どんな任務でもたちまち達人の域に達した。

ウィリアムズは、戦争で三シーズンを棒に振った。野球選手に戻ったとき、彼は挫折しただろうか？　そんなことは微塵もない。もともと常軌を逸していた練習計画をさらに倍にし、三週後にはみごと出場メンバーに復帰したのだった。

ほとんどのプロスポーツは青年の競技であることが否めないなか、ウィリアムズは四二歳までメジャーリーグで活躍した。最後の年には、現役最高の輝かしい本塁打率を記録。一九六〇年の引退前、最後となる打席でも劇的なホームランを放った。

引退後は、ワシントン・セネターズの監督を務めた。生来の完璧主義には不向きな仕事だったが、それでも目を見張るような成果をあげた。その熱血指導ぶりは、「私が一万時間を達成できたのだから、君たちだってできるはずだ」と言わんばかりだった。ゴルフをするとバッティングの技術が混乱するとの持論から、シーズン中にゴルフをした選手には一〇〇〇ドルの罰金を科した。また、バッティングの長時間練習を義務づけ、夜間外出禁止令を設定し、飲酒を制限し、ナイターの前に仮眠を取らせ、さらに、できるかぎり禁欲主義を守らせようとした。対戦チームのピッチャーの投球スタイルを覚えないバッターは、監督の逆鱗《げきりん》にふれた。

だが、そこまでした甲斐があり、チームの打率は上がり、三振は減り、観客動員数はうなぎのぼりだった。チーム成績は、過去二四年で最高を記録した。ウィリアムズに嫌われていたスポーツ記者（彼もウィリアムズを嫌っていた）は、アメリカン・リーグの最優秀監督に彼を指名せざるをえなかった。

完璧主義はさておき、一年三六五日働ける者はそういない。誰でも休みが必要だ。それから趣味など、仕事と生活のバランスを保つものも必要だ。ウィリアムズは釣りをこよなく愛した――リラックスでき、穏やかな時間が過ごせるといわれるスポーツだ。だが、彼の場合は違う。気を休めるはずのときでさえ、彼は何かを達成すべく駆り立てられていた。友人の一人は言う。

「魚を釣りあげながら、彼はもの凄い勢いで罵り言葉をまくし立てるんだ。一種詩的で、叙情的で、歌をうたってるようだった。悪意があるとか、怒ってるわけじゃない。それがありのままの彼で、つねに自分を超えようとしていたのさ」

なるほど、彼は釣りでも、「全米川釣り記念館」並びに「国際ゲームフィッシュ協会」の殿堂入りを果たした。

一九九九年、ウィリアムズは、『スポーティング・ニューズ』誌が選定した「最も偉大なプロ野球選手トップ一〇〇」の八位に選出された。また、一九九一年には、ジョージ・W・ブッシュ大統領によって、大統領自由勲章が授与された。

テッド・ウィリアムズは偉大だった。なぜなら片時も休まず仕事に励んだからだ。

膨大な生産力は長時間労働から生まれるという夢のない現実

こうした人並み外れた精勤ぶりは、彼に至福をもたらしただろうか？　はっきりとイエスだ。何かを達成した傑出した人びとの研究で知られるディーン・キース・サイモントンは、卓越した人になるための驚愕すべき公式を導きだした。

「何かを達成したい人は、その目標に向けて人生全体を体系化する必要がある。追求するものに関して、偏執的、さらには誇大妄想的に没頭する必要がある。早いうちに取り組み始め、たゆまず努力し、決して目標を諦めてはならない。怠け者や優柔不断な者、移り気な者に成功は訪れない」

カリフォルニア大学サンタクルーズ校名誉教授のフランク・バロンはかつてこう言った。

「目覚ましい貢献をした人びとにあって、膨大な生産力はむしろ標準的なことであり、例外的なことではない」

早い話が、何ごとかを成すには、ばかみたいに夢中になって努力する必要がある。

プライスの法則（デレク・J・デ・ソーラ・プライスによる、すぐれた研究成果の半分は研究者数の平方根の人数が出しているという法則）は、無我夢中で働くことがいかに大切かを如実に示している。ある分野で活躍する人の数を、わかりやすくするために仮に一〇〇人とする。次に平方根を出して一〇人とする。プライスの法則によると、これら一〇人がその分野で傑出した業績を手がけるとしている。一〇〇人のうち一〇人が、注目される仕事の半分を生みだすわけだ。

けれど、あなたは植物学者でも画家でもないって？　心配ご無用だ。すべての専門的な仕事で同様の現象が見られる。つまり、「その分野に従事する者の上位一〇％は、同分野の標準的な就業者より生産性が八〇％も高く、下位一〇％の就業者より生産性が七〇〇％も高い」。これだけの差は効率だけでは片付かず、当然長時間働いていることにもなる。

また、ハーバード・ビジネススクール教授のジョン・コッターが、さまざまな業種のトップ経営陣について調べたところ、週六〇時間以上の労働時間が珍しくないことがわかった。そして、スタンフォード大学ビジネススクール教授のジェフリー・フェファー（第2章で紹介した）が、企業で成功する秘訣の一番に挙げたものは何だったかというと、「活力とスタミナ」だった。是が非でもそれが必要だからだ。

あなたは、膨大な時間を費やすことなく、生産性を高めることができるだろうか？　もちろん、ある程度までは可能だろう。しかし、才能と効率が同等なら、より多くの時間を費やす者が勝つ。しかも、優秀で傑出した人びとのあいだでさえ、時間数の問題は顕著な要素である。

もちろん、聡明さは大きな要素だが、「閾値《いきち》仮説」によると、頭が切れることがすべてではない。技術などの大躍進に関しては、とくにそれがいえる。著名な人びとを見ると、たしかに大半の人は標準より頭がいい。一二〇前後のＩＱなしに、革新的なものを生みだしたり、歴史に名を刻んだりすることは稀だという。しかし意外なことに、一二〇を超えてしまえば、それ以上ＩＱの数値が増えても業績への効果はほとんどないことが調査で明らかになった。

では違いをもたらすのは何か？　運ではない。投入された時間数だ。たとえば、原爆を開発したマンハッタン計画の、ＩＱ一八〇の物理学者はたしかに素晴らしいが、一二〇を超えた六〇ポイントが発揮する効果は、時間数がもたらす効果には及ばないのだ。

なかには膨大な時間を費やした仕事が何も生みださない例もある。ロバート・シールズという牧師は、死ぬまでになんと三七五〇万語もの日記を書いた。毎日何時間もかけて、血圧の数値からその日届いた迷惑メールまで、すべての事柄をこと細かに書き綴った。二時間ごとに起きあがり、見たばかりの夢の詳細まで書きとめたという。その結果金持ちになったわけでも、ギネスブックに載ったわけでもない。ただ奇妙で人目を引く死亡記事によって、頭のおかしな男として世に知られただけだった。

ショック！　医者の技量は「時間をかけて繰り返す」だけでは上達しない

ただやみくもに時間数をかけてもだめだ。テッド・ウィリアムズのように、たえず向上しようという意識を持つ必要がある。

あなたは車の運転にかなりの時間を費やしてきたかもしれない。だからといって、F1レースに出場できるだろうか？　無理だろう。向上に努めるとは、日常的に行う活動の大半（仕事も含めて）で私たちがやっていることとは異なる。

こんなことを言うと病院に行くのが怖くなるかもしれないが、医師と看護師の技量は、時間を経ても格段に向上するわけではないとの調査結果がある。彼らは「習得しようという情熱」がないかぎり、エキスパートを目指そうとはせず、ハンドルを握ったあなたのように、何時間もただ同じ業務をこなす。

ミケランジェロは言った。「これほど熟練した技を身につけるまで、どれほど血のにじむような努力をしたかを人びとが知ったら、さほど感嘆しなくなるだろう」。

教育学者、ベンジャミン・ブルームが行った国際的アスリート、科学者、芸術家を対象にした調査によると、すぐれたメンターの重要な要素は、とっておきの知識を授け、心の支えになるだけでなく、弟子が努力するように拍車をかけることだった。すぐれたメンターからの要求は、「弟子が人間として可能なほぼすべてのことを期待される段階に達するまで、たえず高まった」という。

調査によれば、ある人の野心だけでも、その後の成功を予測できる。そして意欲は、その人の仕事での成功を、知能や能力、給与より正確に予測する。

テッド・ウィリアムズは、バッティングのことだけ考え続け、たえず腕を磨こうと、天文学的な時間数を練習に費やした。今あなたは、成功とは、五〇歳までの心臓発作つきの殺人的なスケジュールを意味すると思ってはいないだろうか？

だが一般的に、働きすぎは良くない。運動不足になり、医者にかかる回数が減り、タバコの量が増える。さらに悪いことに、『あなたの幸せを祈って？ 勤務時間外労働と労働者の福利』と題した研究によると、多くの場合、成功がもたらす利点より幸福感やストレスの観点から見た否定的要素のほうが上まわるという。とどめの一押しをするなら、人生の最期に人びとが最も後悔する上位五つの一つは、「あんなに一生懸命仕事ばかりしなければよかった」だという。

ただし、自分の仕事に意義を見いだしている場合には、事情が変わってくる。すでに紹介したように、「ターマン調査」では、一〇〇〇人の被験者がその幼少期から死亡まで追跡調査された。人生を長期的スパンでとらえる調査は、有意義な仕事におけるハードワークに関してどのような発見をしただろうか？

『ウォール・ストリート・ジャーナル』紙が報じたように、「有意義な仕事に従事し続け、精一杯働いた者は、最も長生きした」のである。ここでの有意義な仕事とは、（a）自分にとって重要、（b）自分が得手とする、の双方を満たすものを言う。自分が比類なく適していること（心理学者が言う「自分を特徴づける強み」）に従事する場合、その仕事は、幸せを増進する活動のなかで最強のものとなる。

ギャロップ調査によると、アメリカ人が自分の強みを生かし、最も得意とすることを毎日するようになると、心配やストレス、怒り、悲しみ、物理的な痛みに関する報告が減ることがわかった。もし自分の強みを生かせる仕事を丸一日、毎日続けられるとしたら、どんな人生を送れるか想像してみてほしい。もちろん、長時間仕事をしても苦ではないだろう。家に帰りたいとも思わないかもしれない。

「退屈な仕事」はあなたを殺す――文字通りの意味で

ここでくせ者なのは「仕事（Work）」という言葉だ。「仕事」は嫌なものだという響きがある。「この仕事を全部しなければならないなんてウンザリだ」とか。でも、仕事には「職務（Job）」という意味もある。自分の職務が充実していたら、ちっとも悪いものではなくなる。マーク・トウェインが『トム・ソーヤーの冒険』で書いているように、「仕事はしなければならないことでできているが、遊びはしなくてもよいことでできている」。

あなたが仕事を楽しめば、たとえストレスがあろうと、結局それは報われる。マラソンの中盤は誰だって苦しいし、エベレスト登山の中腹では、何でこんなことをしようと思ったんだろうと後悔するかもしれない。博士号を取得するにも、何年も孤独で骨の折れる努力をしなければならない。だが、どれも人びとが最も誇りに思うことでもある。

最たる例は子どもを持つことだろう。親の務めは、間違いなくストレスが多いし、ときに困難だ。かかりきりの仕事になる場合もある。それでも「親業は命に関わる」などと言う者はいない。ときには、寿命が縮むように感じるかもしれないが、大方の人の生涯で最も意義のあることであり、その困難さは計り知れない喜びとなって報われる。あなたが大切に思う仕事もそれと同じだ。

有意義な仕事が長寿につながるとしたら、あなたの寿命を短くするものは何か？　失業だ。マクギル大学教授のエラン・ショアによると、職がない状態は、若死にするリスクをじつに六三％も高めるという。持病の有無では違いが見られなかったことから、失業と若年死の関係は、相関関係ではなく、因果関係である可能性が非常に高い。これは小規模の調査ではなく、四〇年間にわたって、一五か国の二〇〇〇万人を対象に行われた大がかりなものだ。しかもこの六三％という数字は、どの国でも変わらなかった。

　失業が幸福感に及ぼす悪影響はさらに深刻かもしれない。多くの調査で、人びとの幸福度は生涯にわたって比較的一貫していることが示されている。結婚は幸福度を増すが、数年後には、結婚前のレベルに戻る。配偶者が亡くなれば、平均七年は悲しみが増すが、それ以降はやはり基準値に戻る。

　しかし、笑顔が減るなど、永続的に気持ちの激しい落ち込みをもたらす要因もある。大病の経験や離婚、それに失業だ。実際、再就職した後も、幸福度は完全には回復しない。職を失った経験は、心に生涯消えない傷を残すという。

　では退職はどうだろう？　こちらは「正しい」失業ではないか？　それは違う。退職は認知機能の低下、心臓疾患、ガンの発症につながる。こうした影響は、老化によるものではなく、活動的に職務に携わっていた状態でなくなることに起因する。

　長時間仕事をすることを、失業と比較するのはフェアではない。しかし、嫌いな職に就いていることは、失業よりさらに悪い。二〇一〇年のギャロップ調査によると、疎外感を覚えたり、感情移入できない職に就いている人は、失業状態にある人より幸福度が低い。スウェーデンの就業者を対象とした調査では、単調な仕事は心筋梗塞の発症リスクを高めることが明らかになった。つまり、退屈な仕事はあなたを殺すのだ。

　死を目前にした人びとの大きな後悔の一つに、「仕事を頑張りすぎた」ことが入っていると先ほど述べた。それはたしかに間違いない。では、一番の後悔は何だっただろう？

「ほかの人が自分に望む人生ではなく、自分に誠実な人生を生きる勇気を持てばよかった」というものだ。仕事についての後悔は手堅く二番目につける。生き方についての後悔が一番で、他者との関係が三番だった。

私たちは仕事にかなりの時間を費やす。あんなに仕事ばかりしなければよかった、と後悔する人は、自分の職が好きでなかったのではないか。困難だがやり甲斐のある仕事は、私たちを幸福にし、満たしてくれる。そこでくり返すが、もし有意義な仕事なら、それはいわゆる「仕事」ではないかもしれない。

さて、成功した（自分の強みを生かした職に就いた）仕事中毒者の言い分は以上だ。次は、一心不乱に働くことの弊害について、そこまで仕事に魅せられていない人びとの言い分に耳を傾けよう。

アインシュタインが妻に突きつけた「契約」

アルバート・アインシュタインとチャーリー・チャップリンは、『街の灯』のプレミア試写会にともに出席していた。二人のスーパースターに熱狂する観衆を前に、チャップリンはアインシュタインに言った。「誰もが私のことを理解できるから喝采し、誰もがあなたのことを理解できないので喝采しているのです」。

人びとにアインシュタインの業績について尋ねれば、相対性理論だと答えるだろう（それは何かと重ねて尋ねれば、気まずい沈黙が流れるだろう。大半の人には、なにか重要なことらしいという認識しかない）。アインシュタインの素晴らしい伝記の著者であるウォルター・アイザックソンによれば、彼は、画期的な光の量子論を考案し、原子の存在を証明するのに貢献し、ブラウン運動を説明し、時間と空間の概念を覆し、科学でのちに最も有名になる方程式を生みだした。

アインシュタインはいつかはノーベル賞を受賞するだろうと誰もが疑わなかったが、何しろ業績があまりに多く、そのうちのどれが受賞するのか定かでなかった。一九二一年についに受賞にいたったとき、皮肉なことに受賞理由は相対性理論ではなかった。そしてアインシュタインの功績の多くは、二六歳だった一九〇五年に成し遂げられた（偏平足と足底多汗症で兵役を免除された青年としては悪くない）。

ニュートンと違って、アインシュタインはチャーミングで、社会正義のために尽力し、家庭を持ち、子どもがいた。だが隠遁生活を好んだニュートンと同様に、人生の多くの時間を思索に費やした。明らかに、彼は天才だった。だが真に驚異的な力は、彼が費やした途方もない時間と集中力だった。名声を得て、友人や家族に囲まれていながら、しばしば世間と隔絶し、脳のなかだけで生きられた。アイデアを探究するのにまことに都合が良かった。

アインシュタインは、ファウスト的契約を交わしながら、代償は払わなかった。代償を払ったのは彼の家族だ。アイザックソンはこう述べている。

「彼の思索者として——親としてではなく——の強みは、自分の気を散らすものをすべてしめ出せる能力、あるいは傾向だった。そのしめ出される範疇のなかには、ときどき家族や子どもも含まれていた」

家族がアインシュタインに配慮を求めると、彼はなおいっそう仕事に打ち込んだ。彼のこの習性により、家族は限界まで追い詰められた。「私は妻を、解雇できない雇い人として扱っている」とアインシュタインはいとこへの手紙に書いている。しかも、これはかっとしたはずみの言葉ではなかった。結婚生活が破たんし始めたとき、彼は妻に契約書を提示した。そこには、もし婚姻関係を続けるなら妻に次の条件を要求するという項目が綴られていた。

A　あなたは以下のことに気を配る
①私の服と洗濯物がすぐ使える状態に整えられていること
②私が自分の部屋で、定期的に三度の食事を受け取ること
③私の寝室と書斎がきれいに整頓され、とくに机は、私以外が使用することを禁

ずること

B　社会的理由から必要となる場合をのぞき、あなたは私との個人的関係をいっさい放棄する。

とくにあなたは以下の事項を放棄する

①家で一緒に過ごすこと

②一緒に外出、または旅行に行くこと

C　私との関係において、あなたは以下の事項に従う

①私にいっさいの親しい関係を期待してはならない。私にあらゆる非難をしてはならない

②私が要求した場合、話しかけてはならない

③私が要求した場合、抗議をせずに、寝室および書斎から即刻立ち去ること

D　あなたは子どもたちの前で、言葉や行いを通じて私を軽く扱わないことを約束する

アインシュタインの妻はこの契約に渋々同意した。だが、当然のことながら結婚生活は破たんした。彼のよそよそしさ、および若い女性との浮気によるものだった。その女性はアインシュタインに感情的な見返りをいっさい求めなかったという。

アインシュタインは、息子たちが幼いときには思いやりのある父親だったが、時が経つにつれて無関心になり、ますます思索にふけるようになった。そして離婚後は子どもたちと会うのは稀になり、いっそう仕事に没頭した。次男のエドゥアルトは精神疾患で自殺を図り、ついには精神病院で余生を過ごした。結局アインシュタインはその死まで、三〇年以上も会わずじまいだった。長男のハンス・アルベルトはこう言ったと伝えられている。

「おそらく、父が唯一断念した研究課題はこの私だろう」

勤勉さは、才能を生みだす。そして才能プラス時間は、成功をもたらす——だが、どこまでが適度で、どこからがやり過ぎなのか？

「怒り」という増強装置の光と闇

テッド・ウィリアムズの強迫的な労働意欲と完璧主義が、人間関係に及ぼした影響についてはどうだろうか？　じつは悲しいかな、アインシュタインの場合と似たりよったりだった。

ウィリアムズの驚異的な能力は、彼が持てる時間のすべてを野球につぎ込んだ結果、手に入れたものだった。だがまさにそのやり方が、彼の弱点でもあった。ウィリアムズの晩年のパートナー、ルイス・カウフマンの息子、ロブ・カウフマンはこう言っていた。

「彼には社交術というものがまったく欠けていた。ロッカー・ルームで時間を使い過ぎたからね。とても賢かったが、仲間の選手たちが身につけた社会的能力が、ついぞ身につかなかった」

ウィリアムズは三回離婚した。つき合いのあったイブリン・ターナーという女性は、彼からの求婚を何度も断っている。あなたの生活のなかで、私を何よりも優先してくれるなら申し出を受けてもいい、と彼女は言ったが、ウィリアムズの答えは次のものだった。

「一番は野球だ。二番は釣り。三番が君だ」

また、三番目の妻、ドロレス・ウィタッシュと争ったときには、『私の打席にはタマが来なかった』という題名で自伝の続編を書くわよと脅されたという。友人の一人、シェルビー・ホイットフィールドは、「ウィリアムズはたぶん、結婚相手にするにはおよそ最低の部類だった」と言った。

父親としても褒められたものではなかった。本人でさえ、それは認めていた。

「父親としては、私は三振ばかりだった。肝心なときにいたためしがない。いつも出かけていた。やらなくちゃならない仕事があって、親としての役目を果たさなかった」

彼に栄光をもたらしたフィールドでの時間は、同時に、彼と三人の子どもとの関係を壊したのだ。どの子の誕生日にも、そばで祝う彼の姿はなかった。ある日、娘のボビー・ジョーから、パパの子どものころの話を聞かせてとせがまれたウィリアムズは、自伝を読むようにと答えたという。

監督時代も結果は出したものの、対人関係のまずさは選手との関係にも見られた。レッド・ソックスの内野手、テッド・レプシオは言う。

「彼は、僕みたいな手合いの選手がどうしてうまく打てるのか理解に苦しんでいた。完璧主義者以外の扱いには、かなり手こずってたみたいだね」

完璧主義者の頂点に君臨する者として、ウィリアムズはすべてを制御することを欲した。それが叶わないと、彼は爆発した。短気に関する逸話は枚挙にいとまがなく、伝説的だ。人生のすべてを征服したいという情熱をたぎらせていたが、彼の力ではどうにもならない存在――妻たちや子ども、家族――が現れると、もはや征服するという選択肢は消えてなくなり、怒りだけが残った。

ウィリアムズの怒りっぽさは、第1章で述べた「増強装置」だった。三番目の妻、ドロレスは、彼の怒りについてこう語っている。

「怒りは彼の親友だった。なぜなら怒りが、彼にとって救いになることを達成する力を与えてくれたから。そのことがとても重要だったの。バットを振るときに怒ってると、ボールは天高く飛んだし、釣りのときに怒ってると、毛鉤《フライ》が虫そのもののように水面を飛び、魚に勝ち目はなかった」

しかしこの怒りが、こと人間関係になると、壊滅的な打撃を与えた。親しい仲間とチェスのゲームをしていて負けようものなら、チェス盤を部屋にぶちまけた。伝記作家のベン・ブラッドリーはこう書いている。

「ドロレスに言わせれば、テッドの怒りの源は、完璧主義的な野心を満たせられない自分の無能さだった。自分自身の期待に応えられないと、それがどんなに無害な活動であっても、彼はキレた」

たえずそびえ立つような高い期待を自身や他者に向けるせいで、ウィリアムズは果てしなく満たされなかった。チームメイトだったジミー・ピアソールは彼に、どうしていつも怒っているのかと尋ねたことがある。ウィリアムズはこう答えた。

「どうしてかって？　僕は毎日上出来じゃないとダメだからさ。君はその必要ないだろうけど」

あるときウィリアムズは怒りをたぎらせ、自分に悪態をつきながらベンチに戻ってきた。試合最後のバッティングに納得がいかず、どうにも気がおさまらない。誰だってこんな状況になったことがあるはずだ。失敗をしでかしたと感じ、自分を責め続けてしまう。だがこの試合でウィリアムズはホームランを打っていた。しかもそのホームランで試合に勝ったのだが、彼にはそんなことはどうでもよかった。チームメイトが勝ってはしゃぐなか、彼は地団太を踏んでいた。もっとうまく打てたはずだと。

才能がものをいう野球のような競技では、こうした姿勢は驚異的な成果（幸福ではなくても）をもたらした。だが人間関係では、そうはいかなかった。悲しいことに、ウィリアムズの先天的傾向と長時間の練習は、彼の完璧主義をますます助長し、彼自身、止めようがなかった。彼を史上最高の野球選手の一人に仕上げた増強装置は、同時に、最も大切な人びとと永久に相いれない運命を彼に与えたのだった。

仕事の大成功と家庭円満は両立しない――古代ローマから現代までこれだけの証言

もう少し続けてみようか。

バーナード・ショーは「真の芸術家は妻を飢えさせ、子どもを裸足でいさせ、七〇になる母親を働かせて生活を工面させ、自分の芸術以外のことは何もしない」と言った。モーツァルトは、妻が今まさに第一子を産もうというときに、どこにいただろう？家の別室だ。もちろん作曲をしていたのだ。

仕事熱心な医師にも同じことが言える。一〇〇〇人を超えるオランダ人の専門医を対象にした調査では、燃え尽き症候群の第一位の理由は、家族との衝突と完璧主義だった。

心理学者のリチャード・ライアンも言う。

高位に就いた者（高い目標を達成した者）の抑うつ症状と不安感の一つの理由は、

自分が良い人間関係を築いていないということだ。彼らは富を成し、自分の目標に邁進するのに忙しかった。それはとりもなおさず、彼らの人生には、愛や気遣い、思いやり、共感など、本当に大切なものを慈しむ余地があまり残されていなかったことを意味する。

自己の情熱のために家族をないがしろにする現象は、決して目新しいものではない。古代ローマにはすでに、「子どもか、本か（libri aut liberi）」という言葉があったという。もしあなたが真摯に何かを生みだそうとすれば、家族を犠牲にすることになる。

エネルギーの問題も重大だ。創造的な労働者が、配偶者と過ごす時間は量的に少ないだけでなく、経営学の学術誌『アカデミー・オブ・マネージメント・ジャーナル』によると、その質も劣るという。家に帰るころ、彼らの脳はへとへとに疲れている。気遣いのあるパートナーになりたくても、ガス欠なのだ。また、完璧主義の傾向が強い人びとは、配偶者と満足な関係を持てる可能性が三三％低いとの研究結果もある。

なかには、時間の質を無理して上げる者もいる。定評ある雑誌『ネイチャー』は、一四〇〇人の読者を対象に非公式な調査を行った。二〇％の人びとは集中力を増すために薬を使っていた。最も使われていたのは興奮剤のリタリンだった。メイソン・キュレイが天才の常用癖を調べたところ、かなり多くの人がポール・エルデシュと同様に、中枢神経興奮薬のアンフェタミンを使っていることを発見した。また、ミシガン大学のショーン・エステバン・マッケイブはアメリカの学部生を分析し、四・一%がやはりアンフェタミンを常用していると報告した。

そんなわけで、常軌を逸したように夢中になれる天職を持った者は目標を達成し、成功を手に入れるが、反面、幸せへの鍵である大切な人間関係を犠牲にすることがある。ハーバード大学の研究者、ショーン・エイカーも同じ考えで、次のように述べている。「ストレスに耐える力が最も強いのは、ストレス状態のさなかに社会に貢献する投資を増やせる人で、それは大半の人とは反対の行為である。社会的なつながりは、幸福の最大の予測因子だということが調査の結果わかった」

ちなみに、死を目前にした人びとが四番目に後悔することは、「友だちと連絡を取り続けていればよかった」というものだ。

ただやみくもに、例の一万時間の計画的な訓練に励んでも、明るい未来につながらない恐れがある。ハーバード教育学大学院教授のハワード・ガードナーは、ピカソ、フロイトといった、創造的な功績で名高い人びとについて調べた。

研究の結果わかったことは、創造的天才たちはその類まれな才能の維持に万全を期するために、何らかのファウスト的な契約に組み込まれていたことだ。一般的に、並はずれて創造的な人びとは、自分の使命の追求に没頭するあまり、ほかのすべて、とりわけ、個人としての円熟した人生の可能性を犠牲にしていた。

伝説のチェスマスター、ボビー・フィッシャーは、インタビューでまさに同じことを語っている。もしチェスに没頭していなかったら、どんな人生を送っていたと思うか？と記者から尋ねられ、「そりゃあ、もっといい人生だったでしょう。もう少しバランスが取れていて――いろいろな意味でもっと豊かだったと思う」と答えた。

フランツ・カフカはもっと踏み込んで言っている。

「作家としての私の定めは単純明快だ。幻想のような精神生活を表現する私の才能は、ほかのすべてのものごとを遠景に追いやった。その結果私の人生は恐ろしく貧弱になり、今もやせ衰えていく一方だ。しかし、これ以外のどんな人生にも、私は満足できないだろう」

第2章でスペンサー・グレンドンやピーター・ドラッカーとともに見てきた「機会費用」の問題がここにも当てはまる。あなたが仕事に当てる一時間は、家族や友人と過ごせなかった一時間だ。

世界的レベルで成功するためには、こうした生き方が本当に必要なのだろうか？　残念なことに、そうらしい。ロンドンスクール・オブ・エコノミクスの進化心理学者、サトシ・カナザワの論文『なぜ生産性は年齢とともに衰えるのか――犯罪と天才に見られる共通性』では、少なくとも男性の場合、結婚は、科学者、作家、ジャズミュージシャン、画家、さらには犯罪者の生産活動に著しいマイナス効果を及ぼすという結果が報告された。カナザワによれば、「科学者は結婚後、ただちに研究活動が衰えるが、未婚の科学者は、晩年まで偉大な科学的貢献を続ける」。

これらはすべて、あなたに「究極の夢の職業」があった場合の話だ。では、そうした仕事がなかったら（大半の人がそうだが）？　別に理想の仕事がなくても驚くにあたらないが、もしあなたが夢中になれる仕事でもないのに、死にもの狂いで働いていたら、深刻な弊害がもたらされる。

燃え尽き症候群の知られざる原因

私たちの大多数は、心臓発作や自殺にいたるほど働きすぎたりはしない。いや、違う。私たちはただ、ひどく惨めでも状態を受けいれてしまうのだろう。この問題はふつう、「燃え尽き症候群」と呼ばれる。だが興味深いのは、心理学者たちが、燃え尽き症候群はただ過剰なストレスによるものではなく、ありきたりな臨床的うつ病だと気がついたことだ。『燃え尽き症候群とうつ病の比較症候学』と題した論文には、「この度の調査結果は、燃え尽き症候群とうつ病が別の疾患であるという仮説を裏づけるものではなかった」と記されている。

誰でもストレスを経験するが、大半の人は休みを取れば回復する。この分野で指導的な研究者で心理学者のクリスティーナ・マスラックは、本当の燃え尽き症候群は、自分に適していない職業に就いたときに起こると言う。

仕事に夢中な人間は、人間関係を壊し、物理的な極度の疲労から死ぬ可能性はあるが、一般の労働者のように燃え尽き症候群にならないのはそのためだ。研究者のキャリー・チャーニスとデビッド・クランツは、「従業員が自分の職務を単なる仕事ではなく天職ととらえる、男子修道会やモンテッソーリ学校、宗教関係の施設などでは、事実上燃え尽き症候群が見られない」ことを発見した。

しかし、果たすべき役割が自分に合っていないとき、負担が重すぎるとき、あるいは職務が自分の期待や価値観と一致しないとき、あなたに及ぶ悪影響は、ストレスの問題だけではなくなる。恐いのは、ものの見方が変わってしまうことだ。いくら努力しても自分が進歩しないと感じ、やる気を失い、ついには疑り深くなり、悲観的になる。

つまり、燃え尽き症候群はグリット（やり抜く力）の裏返しである。海軍特殊部隊シールズやマーティン・セリグマンの実験について紹介したとき、楽観主義が回復力につながることを見てきた。それと対照的に、自分の職に対する悲観的な態度は、燃え尽き症候群につながるのだ。「どうにもならないし、私の手には負えない。いつまでたっても状況が良くならない」と。

困難に耐え抜けばいいじゃないか、と思うかもしれないが、悲観的な心理状態にある人にとって、成功を成し遂げるのは非常に難しい。

職業評価等に関する研究結果を紹介する『ジャーナル・オブ・キャリア・アセスメント』誌に掲載されたジュリア・ベームとソニア・リュボミルスキーによる研究によれば、楽天主義があなたを前進し続けさせてくれるとすれば、燃え尽き症候群は悲観的な下方スパイラルにあなたを陥らせる。そうなると、何をやっても無駄に思え、職務をまっとうするのが難しくなる。そしてしまいには、気づかぬうちに過労死を望むようになるかもしれない。

こんな状況を打破するにはどうしたらいいか？　給与が大幅に上がれば、辛抱するだけの価値があるという意見も多いが、それは間違っている。『仕事の主観的成功と客観的成功の相互関係は経時的にどのように変化するか』と題した論文によると、給与は仕事の満足度を高めないという。賃金が増えたからと言って、職務が自分に合うようになるわけではない。すなわち、燃え尽き症候群を減らす可能性もない。もしも自分に合わない職業で働きすぎているなら、転職を考えるときかもしれない。

もしあなたが夢中になれる仕事でキャリアを追求しているなら、解決策は意外なものではない。すなわち、あなたはもっと人とのつながりに時間を費やすべきだ。米国医師会が第一線で活躍する医師を対象に、燃え尽き症候群をどのように回避しているか調査したところ、多かった回答の一つは「家族や友人と問題を共有すること」だった。

要するに人には限界があり、バランスの取れた豊かな人生を築くには、自分に合ったキャリアに加え、支えになってくれる最愛の人びとが欠かせない。成功を極めるには、常軌を逸したような仕事ぶりが必要かもしれないが、それではバランスの取れた充実した人生を送れないのだ。

このことは、また別の問題を提起する。もし私たちが成功を望みながらも、友人や家族との絆を大切にしたくて、うつ病や燃え尽き症候群にもなりたくないとすれば、本当はほどほどに仕事するほうが、豊かな人生につながるのだろうか？　遊び心を持ち、人生を楽しみながら成功することは可能だろうか？　あるいは、それは夢物語だろうか？

ボストン・コンサルティング・グループの「あり得ない実験」

科学者が二五四名の社会人学生の陽気さや遊び心を調べ、それから彼らの成績証明書を見たところ、遊び心と良い成績は相関関係にあることがわかった。いや、じつはそれ以上だった。陽気で冗談好きな学生は、とくに予習が求められていない教材まで読んでくることが多い。彼らは好奇心が強く、意欲的だった。また、別の調査では、子どもたちの休み時間の長さと学業成績のあいだに関連があることがわかった。よく遊ぶほど、よく学べるのだ。

楽しいことは、私生活のみならず職場でも、他者とのつながりを築くうえで強力な助っ人になってくれる。結局のところ、一緒に笑ったこともなければ、その相手をどの程度知ることができるだろう？　心理学者のウィリアム・ハンプスが九八人の学生を対象に調査したところ、ユーモアのセンスと信頼のあいだには顕著な関係が見られた。つまり私たちは、冗談を言い合える相手を信頼する傾向にあるのだ。

しかし、自分が上司だった場合、楽しいことばかり考えるわけにはいかないだろうか？　そんなことはない。もしあなたが最高の人材を採用したかったら、楽しく過ごしている人に目を向けるべきだ。リーダーシップと組織の問題を取りあげる『ジャーナル・オブ・リーダーシップ・アンド・オーガニゼーショナル・スタディーズ』誌に掲載された研究によると、「職場の楽しさは、志願者にとっての魅力度を予測する要素として、給与や昇進の機会よりすぐれている」そうだ。つまり、給与や昇進より、楽しい職場で働けるほうが重要というわけだ。

あなたにはまだ、長時間働くことが必要だろうか？　たくさん働けば、成果もたくさんついてくる。果たしてそうだろうか？　とびきり最高の例を見てみよう――それからとびきり最悪の例も（あなたの見方次第だが）。

経営コンサルティングは、長時間労働と仕事がきついことで有名だ。週八四時間労働はざらで、加えて頻繁な出張や絶え間ないメールチェック、そして多くの者が〝パワーポイントによる死〟（パワーポイント依存の発表が退屈で死んだように眠ること）に悩まされている。

研究者のレスリー・パーロウとジェシカ・ポーターは、考えてみた。

「もし世界最高のコンサルティング会社が突拍子もないことをしたら、何が起こるだろう？」

そこでボストン・コンサルティング・グループに依頼して、社員に完全休養の日（業務関連の電話、メールを禁じる）を定期的に取らせる実験を行った。

なんという発想だろう。同社社員の日ごろの殺人的ペースにしてみたら、それは考えられないことだった。たしかに社員は休みを取っているが、それは「緊急の際——日常茶飯事だった——には、いつでも出勤する」という類のものだ。つまり、パーロウが言うところの「予測可能な休み」は、事実上選択肢になかった。パーロウが最初に依頼した同社の共同経営者《パートナー》は、この申し出を断った。この奇抜な実験を快諾してくれる別のパートナーを見つけるまで、じつに半年かかったという。

被験者になった社員がこの試みを気に入ったのは、想像するに難くない。旧来の休みを取っている社員に比べ、「予測可能な休み」を取った社員は、「自分の職務に満足している」と答える傾向が二三％高く、また、「毎朝会社に行くのが楽しみ」と答える傾向が二四％高かった。さまざまな評価基準において、彼らは自分の仕事、人生について以前より満足しており、また、今後も会社に留まりたいと考える傾向が高かった。

それはそうだろう。休みは気分がいいものだ。だが、結果はそれだけではなかった。完全休養を取った社員は、「クライアントに以前より良いサービスを提供している」と答える傾向が一一％高かった。しかも、このことはクライアントの評価によっても裏づけられた。完全休養を取った社員に対するクライアントの評価は、最低でも通常の社員と同等で、最高の場合には、通常の社員の評価をはるかに上回っていた。

ボストン・コンサルティング・グループはこの実験結果を無駄にしなかった。四年後には、同社の九〇〇チーム以上（三〇か国にまたがる）が、予測可能な休みを採用。従業員の勤務時間数は減ったが、なんと、会社の業績は伸びたのだ。要するに、平均的従業員には自ずと限界があり、仕事量があまりに増えると、仕事の質に支障が出る。同時に、生活の質（ＱＯＬ）も低下することになる。

二〇一四年のギャラップ調査によると、アメリカ人就業者の三九％は週に五〇時間以上働き、一八％は六〇時間以上働いている。こうした残業がもたらす利益は何か？　スタンフォード大学の調査によれば、無に等しい。五五時間を超過すると生産性は急激に低下するので、「週に七〇時間働く者は、余分な一五時間で何も生産しないことになる」という。生みだされているのはストレスだけ。

社会科学と関連する経済的問題を扱う雑誌『ジャーナル・オブ・ソシオエコノミックス』に掲載された論文では、残業ストレスによる幸福感の減少は、残業代がもたらす幸福感の増加を上まわるとの調査結果が示された。お金では埋め合わせが利かない。

「リラックス」と「睡眠」の最新科学

楽しみやリラックスすることが、成功と関わっている点はほかにもある。たとえば昨今、どこの企業もイノベーションの必要に迫られ、創造性を必要としているが、職場で長時間残業すれば新しい発想が浮かぶわけではない。むしろ逆だ。数多くの研究で、ストレスや残業を減らし、リラックスしてこそ創造性が発揮されることが証明されている。

事実、あなたが最も創造性に富む時間帯は、じつは職場に着く前に訪れている。大半の人はシャワーを浴びているときに妙案が浮かぶという。ペンシルバニア大学のスコット・バリー・カウフマンは、七二％の人はシャワーでアイデアがひらめいた経験があり、職場でアイデアが浮かぶ経験よりはるかに頻度が高いことを発見した。なぜシャワー中？ 単純にリラックスできるからだ。そういえば、アルキメデスが「ユリーカ！（われ発見せり！）」と叫んだのは仕事場ではなく、のんびりと温かい風呂につかっていたときだ。

今日多く見られるつねにハイペースな職場は、創造的思考に適した環境と対極にある。ハーバード大学のテレサ・アマビールは研究の結果、過度な時間的プレッシャーの下では、創造的な解決策を思いつく可能性が四五％減少することを発見した。あらゆるストレスは、創造性のかわりに、「プレッシャーによる二日酔い」とアマビールが名づけたマイナス効果を生みだすという。しかも、人びとがストレスから解放された後も、何日か創造性が低下する現象だ。

本当の意味で創造的になるには、過度の緊張状態から脱して、心を自由にさまよわせる必要がある。空想にふけることは、じつは問題解決と類似していると、研究者たちは考えている。この行為は、あなたが難題を解いているときに活性化する脳の領域と同じ場所を使う。空想にふけりやすい人びとが、問題解決に向いていることが研究結果でも示されてきた。

そして休憩といえば、忘れてならないのが、私たちが毎日取る大きな休み、睡眠のことだ。あまたの理由で睡眠が大事なことは言い尽くされてきている（それでも、私は人一倍煩《うるさ》く言おうと思う）。

当然だが、充分な睡眠を取らないと明らかに脳の力が低下する。ワシントン州立大学医学部教授、ジョン・メディナは次のように説明する。

全科目でクラスの上位一〇％の成績を取っていた優等生がいた。ある調査結果によれば、彼女が平日に七時間未満の睡眠を取り、週末には平日より四〇分だけ多く眠ったところ、睡眠を充分取っている学生の下位九％の成績になってしまったという。

脳の力は、回復するのに思った以上に時間がかかる。二〇〇八年にストックホルムで行われた研究では、五時間睡眠を数日続けた人びとの脳は、通常睡眠に戻して一週間経った後でも、まだ一〇〇％正常な状態に回復していなかった。

調査によると、睡眠は、意思決定や倫理、健康状態のみならず、インターネットでどれぐらい時間を無駄遣いするかにも影響を及ぼす。また、若さと美容を保つのに良い睡眠が必要なことも証明されている。さらにある調査で、人びとが睡眠不足になる前と後の写真を被験者に見せたところ、睡眠不足の写真では、魅力度の観点からの評価が顕著に低下することがわかった。

はいはい、たしかにあなたは大丈夫かもしれない。いや、それでもやはり大丈夫とは言い切れない。運転できると叫んでいる酔っ払いと同じかもしれないから。本人は睡眠不足に気づいていないことが多々あり、そこが油断できないところだ。疲れを感じていないとしても、休息が充分取れていて、最適な状態で働けているとはかぎらない。

失礼だが睡眠不足かどうかという自分の判断も、疑ってかかったほうがいい。『ニューヨーク・タイムズ』紙に掲載されたペンシルバニア大学の睡眠研究者、デービッド・ディンジスの研究によると、四時間睡眠が二週間続いた被験者は、疲れているがとくに問題ないと回答していた。そこで一連の試験を実施すると、彼らの脳機能はゼリーに近かった。六時間睡眠が二週間続いた被験者の脳は、事実上酩酊状態だった。平均的アメリカ人は何時間眠っているのだろう？　ギャロップ調査によると、六・八時間だという。なかには、毎晩、短時間の睡眠で平気だという人もいるが、あなたはほぼ確実にその部類ではないだろう。なぜなら、「短時間睡眠者《ショートスリーパー》」は人口のわずか一〜三％だからだ（この症状を訴えて医師にかかる人はいないので、その実態を把握するのは至難の業だ）。

朝型人間には、病的なまでに元気で動きが速い人がいるが、短時間睡眠者は四六時中そんな感じだ。そうした状態を研究者は「行動活性化している」と言う。短時間睡眠者は、おそらく潜在性軽躁病（第1章で述べた疾患）、つまり軽度の躁うつではないかと考えられている。異常ではなく、ただ楽天的で、エネルギーがみなぎっており、感情的に立ち直りが早い。この〝障害〟は遺伝性で、hDEC2遺伝子の突然変異が関係している。すなわち遺伝子異常がなければ、あなたは短時間睡眠者ではない。ただ疲れすぎて、自分がどれほど疲れているかわからなくなっているだけだ。

睡眠不足の人は性格までネガティブになる

ふつうの人が短時間睡眠者の真似をしたらいったいどうなるか？　正直なところ好奇心からというのもあるが、極端な例を見てみよう。

ランディ・ガードナーというサンディエゴの高校生が、意識を保ったまま一一日間眠らなかったという記録を樹立した。研究者はその経過をすべて記録し、ガードナーの体に持続的な健康問題は生じなかったこと、実験後に睡眠を取った後は正常な状態に戻ったことを確認した。一一日間のあいだ平気だったかといえば、無論そんなはずはない。彼の脳は完全に調子が狂った。断眠しだしてしばらくすると、ろれつが回らなくなり、幻覚を見だし、目の焦点が合わなくなった。また、本人はコーカサス系だったにもかかわらず、一時的に自分はアフリカ系アメリカ人のフットボール選手だと妄想していた。ちなみに、睡眠を取らないことは「健康上好ましくない」という理由で、ギネスブックはもはや断眠記録の認定を行っていない。

睡眠不足は、疲労度や思考の明晰度に影響するだけではない。情緒面にも影響を及ぼす。誰でも疲れて不機嫌なときがあるが、睡眠不足になるとそれに拍車がかかり、認知機能のレベルにまで影響が及ぶ。体が疲れ果てると、脳はネガティブな側面に焦点を置くようになる。

前に述べた扁桃体のことを覚えているだろうか？　恐怖を認識しない女性の脳で、まったく活動していなかった部位だ。カリフォルニア大学バークレー校のマシュー・ウォーカーの研究によれば、断眠をすると、脳は、ちょうどこの女性と逆の状態になり、否定的な刺激にだけ反応しやすくなる。三五時間不眠の状態にある学生たちの脳のｆＭ

RI画像を分析したところ、正常な睡眠を取っている人びとに比べて、ネガティブ（敵対的・悲観的）な刺激に対する扁桃体の反応が六〇％も高まることがわかった。八時間の睡眠が取れていると、私たちの脳は「リセット」され、情緒面で安定した状態になるが、睡眠不足な状態では、脳は嫌なことに過剰反応するようになる。いたって単純なことだ。人は疲れていると上機嫌でいるのが難しくなる。

朝の気分も、その日一日の仕事ぶりを左右する。どんな睡眠を取ったかは、通勤のストレスと同様に、職場に到着した瞬間から退社するまでの生産性に影響を及ぼす。ペンシルバニア大学ウォートン・スクールの研究によると、その日の出来事にどう反応するかは、朝の気分によって感化されるという。仕事仲間のしくじりは、ちょっとした迷惑か、それとも大変な災難だろうか？（上司が怒った顔で職場に現れたら、昇給を願い出るのは別の日にしたほうがいいかもしれない）

朝の時間が重要なことには、もう一つ理由がある。朝は、あなたが最も生産的な時間帯だからだ。本書に何度か登場しているダン・アリエリーと話したとき、彼は次のように語ってくれた。

「大半の人は、午前中最初の二時間が生産的だと調査でわかった。起きた直後ではなく、あなたが七時に起きたとすると、だいたい八時から一〇時半ごろまでが最も生産的な時間になる」

疲れていたり、不機嫌に過ごしたりして、この黄金の時間帯を台なしにしないように。また、こうも考えられる。睡眠不足な状態での三時間と、活力がみなぎり、楽観的で、没頭できる一時間なら、仕事がはかどるのはどっちだろう？　疲れ切っていて、不機嫌で、注意散漫な状態での一〇時間は、〝完全に集中してノッている状態〟での三時間より、生産性がはるかに劣るかもしれない。というわけで、仕事の時間数より、あなたがベストな状態で取り組めることに重点をおくのはどうだろう？

NASAの研究で明らかになった「昼寝」の重要性

それではここで、怖くて眠れない……ならぬ、怖くて眠りたくなる話をしよう。

イギリスの研究者たちが、通常六～八時間睡眠を取っていて、その後睡眠時間が減少したホワイトカラーの就労者について調べ、一〇年以上経ってから追跡調査を行ったところ、予想を上まわる人数の被験者が亡くなっていた。研究報告にはこうある。

「睡眠時間が六～八時間を下回った被験者は、経時的に同じ睡眠時間を保った者に比べ、心臓血管疾患及びすべての原因による死亡率が高くなったという確かな証拠が得られた」

では、なぜ私たちは充分な睡眠を確保しようとしないのか？　誰でも寝るのは好きなので、睡眠不足の原因はもちろん仕事だ。ペンシルバニア大学医学部の研究者、マサイアス・バスナーは言う。「睡眠を奪い去る最も重要な原因が仕事であることを示す証拠は圧倒的に多い。しかも、そうした証拠は社会人口学的な属性、および、調査でのアプローチ法に関係なく一貫して見られる」。

また、言い得て妙なのはゲームプログラマーのエヴァン・ロビンソンによる指摘だ。要約するとこうなる。「勤務中に酔っている者がいたら、会社は躊躇なくクビにする。なのにどうして従業員を（睡眠不足で）事実上酩酊させるような環境をつくり出して平気でいられるのか」。

人間は、二四時間三六五日動きつづけるコンピュータとは違う。休みが必要だ。ところが勤務中に居眠りをすれば罰せられる。だがじつは、仕事中に仮眠を取るのはすこぶる良い考えだ。仮眠で仕事の効率が上がることを裏づけた証拠も驚くほど多い。

仮眠について取りあげるなら、宇宙飛行士について語らなければならない。良い睡眠を取るには、自然のシグナルに従う必要がある。脳は、明るくなれば起きているべきだと判断し、暗くなればもう寝ようと思う。このことが、宇宙飛行士の悩みの種だ。宇宙空間では、シグナルがまったく働かないからだ。

地球では一日に一度、太陽が上る。それと同じ二四時間に、宇宙飛行士は日の出を一二回も経験する。そこで、NASAは睡眠に関して、膨大な実験をしなければならなかった。もし彼らが疲れて職務を正しく遂行できないと、命にかかわるからだ。NAS

Aは、「疲労対策プログラム」を開発した。それは、莫大な予算規模の政府機関が「昼寝」と呼ぶものだった。

NASAの研究により、昼寝が飛行士の活力をよみがえらせることがわかったのだ。「研究結果は、フライト中に計画的に設けられた四〇分の仮眠が、長期任務における宇宙飛行士たちの仕事ぶりと生理的覚醒を顕著に改善することを証明した」

睡眠不足の状態では、不機嫌になりやすいことはすでに述べた。ところがありがたいことに、九〇分の仮眠を取ると、その状態をリセットできる。昼寝は、脳の嫌なことに対する過剰反応を鎮めるだけでなく、善いことに対する反応を高めてくれる。

休暇の注意点――旅行の前後に働きすぎては意味がない

休みを取ることや楽しみは、ほかにどんな役に立つだろう？　昼寝は短いから、もっと思い切っていこう。休暇を取るのはどうだろう？

教師を対象にしたドイツの調査では、二週間の休暇を取った者は、仕事にいっそう打ち込めるようになり、燃え尽き症候群になる可能性も減少した。そうした効果は約一か月持続し、その後は次第にフェードアウトした。

休暇はあなたの〝燃料タンクを補充〟すると考えるべきだろう（このページを切り取って上司のデスクに置いてもらってもいい）。ただし、カレンダーに旅行の予定があるからといって、働きすぎや睡眠不足を甘んじて受けいれてはいけない。研究によると、休暇から戻った後に過剰なストレスがあると、休暇の効果はひと月持たないという。燃料タンクは、瞬く間にまた空っぽになってしまう。逆に休暇後に楽しく過ごせれば、休暇の効果は長く持続するという。

私たちには休みと楽しみが必要だ。この二つはあなたが成功する可能性を増やし、また、あなたの雇用主にも利得をもたらしてくれる。やみくもに働くことが、良い仕事を意味するとは限らない。ネットサーフィンでもわかるように、大量の情報と質の高い情報は別ものだ。

もしあなたが質の良い仕事ができるのなら、仕事量を増やす必要はない。ピーター・ドラッカーが説いた「八〇対二〇の法則」（利益の八〇％は顧客の二〇％がもたらす）を念頭に置き、メールチェックで時間を浪費するのではなく、意味のある変化をもたらす業務に集中しよう。

作家のアーサー・トニー・シュワルツは語る。

「時間ではなく、エネルギーこそが、すぐれたパフォーマンスを生みだす基本通貨である」

本当に管理すべきは時間ではなく、エネルギーなのだ。そこで量的な価値より質的な価値に焦点を合わせるレンズが必要となる。すべての時間は、質的に同等ではない。また、私たちは機械ではない。けれども、時間モデルは機械をモデルとしている。私たちの仕事は機械になることではない。あくまでも、機械にすぐれた仕事をさせることだ。

ということで、天職に就いた者、そこまで魅せられる仕事に出会っていない者の双方を見てきた。テッド・ウィリアムズのような強迫的な熱血漢は狂ったように働き、目覚ましい成果を上げるが、人間関係において高い代償を払わなければならない。また、自分が目指す仕事に就いていない者は、長時間働いても、得るものより失うもののほうがはるかに大きい。誰だって、過労死の被害者になりたくない。楽しい時間を過ごし、よく眠り、休みを取ることは、仕事の時間を奪うかもしれないが、仕事の質と集中度の観点から、それを補って余りあるものをもたらす。

ワーク・ライフ・バランスはなぜこれほどジレンマになるのだろう？　昔から問題だったのだろうか？　この問題の核心は何で、それをどう解決すればいいだろう？　それをより効果的に説明するために、スパイダーマンを取りあげたい。

スパイダーマンとワーク・ライフ・バランス

ピーター・パーカー（スパイダーマンの日常の姿）はまたも疲れ切っていた。

最近は、ほとんどいつも疲れ果てている。犯罪と闘うことは当然、心身ともに消耗するが、彼の超能力はこの種の疲れから守ってくれていた。だが、今は何かがおかしい。

スパイダーマンとして活躍するなか、パーカーは宇宙空間で新しい衣装を見つけ、持ち帰った。いつもの青と赤の物にかわって、今度のは黒と白のコスチュームだ。外見が格好いいだけでなく、彼の能力を大幅にパワーアップしてくれる。しかもパーカーの意思に反応してどんな服にも変形してくれるので、正体を隠している場合には申し分のないアイテムだ。そのうえウェブシューターなしに、ほぼ尽きることなく糸を出すことができる。蜘蛛の糸を発射するスーパーヒーローにとっては、これ以上ないほどのコスチュームだった。

しかしこのコスチュームを着るようになってから、パーカーは異常に消耗するようになった。なんだか知らないが四六時中疲れている。それでも、コスチュームのせいであるわけがない、ただの繊維なんだから、と思っていた。ある晩までは――その晩、パーカーはコスチュームを脱いで、ベッドに倒れ込み、泥のように眠りに落ちた……。

と、コスチュームが動いた。ジリジリと忍び寄り、再び彼の体を覆った。それから彼を立たせ、窓の外へ。蜘蛛の糸でビルからビルへと飛び移ったが、パーカー自身はコスチュームの中で眠り続けていた。翌朝目覚めたとき、パーカーはまたも芯から疲れていたが、なぜだかまったくわからない。どうにかしなければ、と彼は思った。

パーカーはヒーローチーム「ファンタスティック・フォー」のすぐれた科学者、リード・リチャーズに助けを求めた。リチャーズがいくつか検査をしたところ、衝撃的な事実がわかった。新しいコスチュームは、繊維でできたただの衣裳ではなく、生命体だったのだ。生物学的には、パラサイトのような共生体（シンビオート）で、自我を持ち、知能も高かった。パーカーの超能力を糧とし、彼と融合しようと企てていた――永久に。つまりスパイダーマンを乗っ取り、彼を奴隷のよう服従させようとしていた。

ここで大きな問題が起こった。パーカーが共生体に気づいただけでなく、共生体もまた、パーカーが気づいたことを察知。そのため共生体を脱ぐことができなくなってしまった――。

「なんでスーパーヒーローの衣裳について延々と話し続けるんだ？」といぶかる向きもあると思うので、このぐらいにしておいて、コミックファンでない読者のために具体的に説明しよう。

あなたが初めて仕事に就いたとき、またとないチャンスだと思ったのではないか？それなのに、成功を目指すうちに、やたら英気を吸い取られると思ったことはないか？なぜか四六時中疲れると。あなたの仕事は、休むべき夜も働かせ、仕事に打ち込ませるようなことはないか？　自立を維持しようと闘いながらも、どんなに力尽くしても、今の状況から抜け出せないと思い知らされたことはないだろうか？

そう、その通り。私はあなたにとってのリード・リチャーズになりたい。あなたが就いているのは仕事ではなく、共生体（シンビオート）かもしれないのだ。

今こそ、スパイダーマン（スパイダーウーマン）は反撃に転じる方法を見つけなければならない。

エレベーター設計者は知っている――よりせっかちになり続ける世界

今日の世界が私たちに与えるプレッシャーについて、誰よりも理解しているのは誰だろう？　人びとがどれほど〝時間貧乏〟になり、どれほどせっかちで短気になったか。それを誰よりも痛感しているのは、エレベーターの設計者だ。

作家のアーサー・ジェームズ・グレイックによれば、オーティス・エレベーター株式会社の製品は、九日ごとに地球上の総人口に匹敵する人数を運ぶという。人びとは、エレベーターがもっと速くきてほしい、もっと速く上ってほしい、もっと速くドアが開いてほしいと望む。

少しでも待たされれば苛立つ人びとの果てしないフラストレーションに対処するため、メーカーの設計者たちはあらゆる策を講じてきた。アルゴリズムによって、需要を予想して待ち時間を最短にするように制御されている。三菱電機のエレベーターは、秒速一二メートル以上の速さで上昇する。それでも私たちは待ち切れずに足を踏み鳴らし、呆れたように目をむく。人びとのせっかちにスピードがまだまだ追いつかないのだ。

エレベーターの設計者は、私たちが平均一五秒なら待てることに気づいた。四〇秒待たされるとこぶしを握りしめる。調査によれば、二分待たされた人は、一〇分待ったと報告するという。そこでメーカーはトリックを使いだした。たとえば鏡張りのようなエレベーターホール。あまり上品ではないが、鏡に映る自分に気を取られ、待ち時間への愚痴が減るからだ。

だがエレベーターに乗っても状況は変わらない。扉が閉まるまでの数秒の時間——設計者は「滞留時間」と呼んでいる——が問題になる。通常は四秒とかからないが、それでも人は遅いと感じる。どのエレベーターでも、あまりに頻繁に押されるので塗料がはげているのはどのボタンか？　それは〈閉〉ボタンだとグレイックは請けあう。

ここで再びワーク・ライフ・バランスの話に戻る。私たちは昔からこれほど時間に追われてきただろうか？　両親や祖父母も、こんなに時間が逼迫《ひっぱく》した感覚を持っていたのだろうか？　一九八六〜九六年の一〇年に、メディアが仕事と生活のバランスの問題を取りあげたのはたった三二回だった。それが二〇〇七年になると、一年でじつに一六七四回に達している。まさに時代は変わる。

一つには、人びとの労働時間が増えたのだ。『ハーバード・ビジネス・レビュー』誌が、アメリカ人の上位六％に入る所得を得ている一五〇〇人以上を対象に調査したところ、そのうちの三五％は週に六〇時間以上働き、一〇％は週八〇時間以上働いていた。一九八〇年には、アメリカでフルタイムの職に就いている大卒男性の二二・二％が週五〇時間働いていた。二〇〇一年までに、それが三〇・五％になった。これが、エリートたちが「お金の余裕はあるが、時間がない」と感じている理由だ（もっとも、私たちの多くは「お金も時間もない」とも感じているが）。

もちろん、余分に働く時間は、ほかから持ってこなければならない。『ハーバード・ビジネス・レビュー』誌が上位六％の所得者で週六〇時間以上働いている人びとに聞き取り調査をしたところ、エリートたちの悩みが明らかになった。

「彼らの六九％以上は、労働時間を大幅に減らせばもっと健康になれると信じていた。五八％は、子どもとの信頼関係を築くうえで、仕事が妨げになっていると答えた。四六％は、配偶者との関係で障害となっていると答え、また五〇％は、仕事が満足な性生活の妨げとなっていると答えた」

お察しの通り、労働時間は人生の幸福に大きな影を落としている。過去に行われた調査の多くでは、三〇歳以上の成人は概して青少年より幸福度が高いとされてきた。もはやそうではない。二〇一〇年以降、三〇歳未満の人びとは前世代の同年齢者より幸福度が高いが、三〇歳以上の成人は、前世代の同年齢者に比べて幸福度が低下している。

いったいなぜか？　研究者のジーン・トウェンジは次のように説明する。

アメリカの文化は、自己への高い期待と夢の追求――若いころには快感を与えるもの——をますます強調するようになった。しかしながら、平均的な熟年層は自分の夢は叶わないかもしれないと認識しており、その分、必然的に幸福感が差し引かれる。前世代の熟年層は、自己への期待がそれほど高くなかったが、今日の熟年層は期待が高いため、夢が実現されない可能性が高まっている。

成功が「達成不可能」になった世界で、いま私たちが考えるべきこと

またほかの研究では、一九七六〜二〇〇〇年のあいだに、高校三年生が抱く抱負と期待が異常なまでに高まっていることがわかった。しかもその傾向は今も高まり続けている。ちょっと計算すれば明らかだが、彼らは現在、夢破れた熟年層になっている。偉大な哲学者、タイラー・ダーデン（ブラッド・ピットが映画で演じた悪のカリスマ）の言葉がそれを物語っている。

「俺たちは皆、テレビを観ながら育ち、自分もいつか億万長者や映画俳優、ロックスターになれると信じてきた。だけど、そうはならなかった。それからだんだんと現実を学んできた。で、俺たちは今、もの凄く腹が立っている」

いったい何が起きているのか？　現代では、成功の基準がすこぶる高くなってしまったのだ。「なかなか達成できない」どころではなく、「達成不可能」なものになった。

テレビは、シリコンバレーで成功した二〇代の億万長者を取りあげる。自分はこれが得意だと思っても、ネット上にはもっと才能にあふれ、もっと働く時間が少なく、もっと幸福な人びとがいる。おまけにルックスもいい。

人類史で言えばつい最近まで、私たちはせいぜい一〇〇～二〇〇人規模の部族にいたので、これだけは誰にも負けないというものを持てた。特別で価値ある存在になれたのだ。しかし今、私たちは七〇億人という地球規模の種族に属している。自分よりすぐれた存在が際限なくいて、メディアはいつもそうした人びとを取りあげる。その結果、目標に近づくための基準もかぎりなく跳ねあがった。

それだけではすまない。現代世界では、あらゆる競争が激化している。人材供給の市場が地球規模に拡がったので、もしあなたが仕事をこなせなくても、会社は焦らない。地球の裏側にいる誰かが難なくこなせるからだ。そのうえコンピュータはすべてを効率化し、少ない人材で事足りるので、グローバルな人材市場は、求人の一〇倍もの候補者を供給できる。

世界が「もっと、もっと、もっと」と求めるので、私たちもより多くを求める。マーケティングの専門家J・ウォーカー・スミスは『ウォール・ストリート・ジャーナル』紙にこう語った。

「今日、中流階級になりたいという望む者はいない。誰もが、トップになりたいと願うのだ」

人びとはおそらく、今までにないほど多くを手に入れているが、たぶんそれほど幸せではない。誰もが、問題はまだ「もっと多く（モア）」によって解決されると本能的に思っている。もっとたくさんのお金、もっとたくさんの食べ物、もっとたくさんの物品、とにかくもっともっと――。もはや、自分たちが何をもっと求めているのかさえわからないが、今自分たちが手にしているものでは絶対に足りない、だからもっと量も数も最大限にしないと、と。

ことわっておくが、これは反資本主義者の怒りでも、あなたのおじいさんが口にしていた「最近の子は、何ひとつ感謝しない」というボヤキでもない。私たちの本能がしくじるもう一つの例だ。問題は、「私の気分を良くするもの」を追い求める冒険に、ゴールがないことだ。パイの早食いコンテストで優勝しても、賞品にもらうのは、「もっと多く」のパイだ。

「世界のエリート」は幸せじゃない

「もっと」と求める期待は、私たちが周囲の環境から自然に引き継いだ目標で満足することを困難にする。しかも、問題はそれだけではない。今日の世の中では、「すべては私たちのせい」になる。または、少なくともそう感じさせられる。

人は選ぶことが好きで、とくに二一世紀は、私たちにほとんど無限に近い選択肢を与えている。テクノロジーの進歩により、一日のどの時間にも仕事をするという選択肢を持っている。職場の扉は、もう五時で閉まったりはしない。友人と過ごしたり、子どもと遊んだりする時間もすべて、働こうと思えば働ける時間になった。つまり、一瞬一瞬をどう過ごすかという決断が自分自身にゆだねられている。この決断は、過去にはなかったものだ。そして、たえず頭の奥でこの決断を迫られていることは、もの凄いストレスになる。

選択肢にまつわる問題と幸福について研究しているスワースモア大学教授、バリー・シュワルツと話をしたとき、彼は次のように語ってくれた。

最近では、あなたが帰宅すると、仕事もついてきます。実際どこへ行こうとも、あなたの仕事も一緒についてくるわけです。野球をしていても、ポケットには仕事が入っているでしょう。つまり、四六時中働きたいわけではなくても、あなたは、わざわざ「今は働かない」という決断を下さなければならないということです。強制はされません。「子どもと遊ぶべきか、それともメールに返信すべきか？」。この問題は、三〇年前にはありえませんでした。家に帰れば、迷う余地なく、あなたは子どもと遊んで過ごしたからです。決定など必要なかった。ところが今では、たえず決断を迫られるのです。

テクノロジーは、良くも悪くも、私たちの選択肢を劇的に増やした。先ほど紹介したアメリカの上位六％の所得者を対象とした調査で、「七二％の人びとは、テクノロジーは仕事をするうえで大いに力になっていると答えた。五九％は、テクノロジーによって仕事の時間が延びたと回答した。そして六四％は、テクノロジーによって家族との時間が侵害されていると答えた」という。

レスリー・パーロウが調査していると、一人の企業幹部がスマートフォンに目をやりながらこう言ったそうだ。「私はこれが大好きだが、同時に憎んでもいる。大好きな理由は、私にとって強力な武器になるからだ。嫌いな理由は、私を強力に支配するからだ」。

バリー・シュワルツはこう説明する。かつて世界はあなたにあまり選択肢を与えず、思うようにものごとが運ばなければ、それは世界のせいだった。あなたにはどうしようもないからだ。ところが今、あなたに一〇〇もの選択肢がありながら、選択を誤ると、責任はあなたにシフトする。もっと良い選択をできたはずだからだ。

ここに問題がある。私たちは選択権を持つことが好きだ。しかし選択をすることは嫌いだ。選択肢があることは、可能性を意味するが、選択することは、その可能性を失うことを意味する。そして選択肢が多いほど、後悔する機会も増えることになる。

仕事をすることがつねに選択肢にある場合、すべての行動がトレードオフになる。仕事の時間を増やせば、友人、配偶者、子どもと過ごす時間が減ることになる。間違った選択をすれば、非は自分にあることになり、選択のストレスがまた増える。懸命に働くほどに、ますます気分が滅入る。すべての選択がその都度、妥当性を問われているからだ。

ジム・ルーベンスは著書、『成功の向こう』（未邦訳、原題 *Over Success*）のなかで、そうした影響を示した調査結果を紹介している。

五万ドル以上の所得がある二三〇〇人の消費者を対象に行った調査では、「向上心が強く、ストレスが高く、周囲から孤立し、不安を感じている」人びとの存在が明らかになった。「コミュニティの一員だと感じている」「仕事と私生活のバランスが取れている」「親しい友人が多い」と回答したのはそれぞれ、被験者一〇人中四人以下だった。また、「自分の容姿に満足している」と答えたのは一〇人中三人で、「恋愛関係に満足している」と答えた者はわずか一八％だった。

二〇〇八年にアメリカ人を対象に行われた調査では、被験者の五二％が、ストレスのために夜眠れずにいると回答し、四〇％はストレスがひどいときは泣きたくなると答えている。また女性の三人に一人は、自分のストレスレベルが一〇段階で八か九、場合によって一〇だと答えている。

同様に、家族との時間にも影響が及んでいる。一九八〇～九七年のあいだに家庭での会話は一〇〇％減少した。そう、一〇〇％だ。同調査の報告者によると、「一九九七年に、平均的アメリカ人は、家族との語らいを中心に過ごす時間が週当たりでゼロだった」。報告者はさらに続ける。

「二〇〇〇年にYMCAが行ったアメリカの一〇代を対象にした標本調査では、回答者の二一％が、『両親と過ごす時間が充分にないこと』を最大の懸念として挙げている」

ごく平均的な一〇代の一番の心配事が親とあまり会っていないことだとすると、たしかに問題だ。

仕事でも家庭でも成功を目指すように強いプレッシャーにさらされ、つねに選択を求められ、いつも自分に非があるように感じるなか、私たちは必死に打開策を求めている。なかには、人生のある側面をひとまず脇に置き、ほかのカテゴリーでの成果を目指す者もいる。

ハーバード大学ビジネススクール教授のクレイトン・クリステンセンと、『ちょうど充分』（未邦訳、原題 *Just Enough*）の著者ローラ・ナッシュとハワード・スティーブンソンは、こうした戦略を「シークエンシング（優先順位づけ）」と呼んでいる。それは、

「まず、あまり気に入らない職に就いて資金を貯め、次に家族を持ち、それから本当にしたいことをして幸せになる」というものだ。

しかし、この方法では人間関係がうまくいかない。クリステンセンも、的確にこう指摘する。

「大切な人間関係で深刻な問題が生じるころには、もう関係を修復するには遅すぎることが多い。皮肉なことに、家族や親しい友人と絆を結ぶことへの投資が最も重要なときは、表面上、そうした投資が不要に思えるときなのだ」

この点は、ナッシュとスティーブンソンが、企業トップを対象とした調査によって裏づけている。企業幹部たちは、キャリア的には成功を成し遂げている。しかし、そのベールの下はというと、テッド・ウィリアムズやアインシュタインに通じるものがある。「多くの幹部たちはほかの目標——家族との円満な関係、長期的な事業経営の健全性、従業員が本当に評価するような職場環境を整えること、要職を離れても輝きを失わないような人格を形成すること——では必ずしもうまくいっていない事実が浮かびあがった」

人間関係に順番をつけることはできない。家族も友人も、絶え間なく目を配り、気遣う必要がある。一九世紀の思想家、ラルフ・ウォルド・エマーソンの名言にもあるように、「私たちはいつも生きる準備に余念がなく、決して今を生きていない」のである。

「つまされる人（ピッカー）」と「選ぶ人（チューザー）」

さて、暗くなる話はここまで。それで、私たちにできることは何だろう？

まず、あなた個人にとっての成功を定義することだ。周囲を基準に、自分が成功しているかどうかを判断するのは、もう現実的ではない。他者との比較で、相対的に成功をおさめようとするのは危険だ。

あなたの努力や投資のレベルが他者によって決定されるので、つねに誰かに追いつこうとして全速力で走り続けなければならない。「ナンバーワンになりたい」と漠然と言っていても、誰もが不眠不休で働くグローバルな競争の中ではまったく歯が立たない。

また、私たち現代人は、選択肢と柔軟性を望み、それを獲得した。もはや外部から限界を課せられないので、際限なく仕事を選択することも可能になり、歯止めがなくなった。世界はあなたに、どこまでも走り続けろと言うだろう。

そこで心して聞いてほしいが、意思決定はあなたがしなければならない。世界はもう限界を設定してはくれない。全部自分で決めるのだ。まずは自分の心に尋ねることだ。

「私は人生に何を望んでいるのか？」

そうでなければ、あなたは、〝ほかの誰か〟があなたに望むものを得るだけになる。

こんなことは言いたくないが、今日の世界ではカテゴリーごとに他者が頂点を極めているので、「欲しいものをすべて手に入れる」ことは不可能だ。また、かつては仕事に関して、「もうそこまで」と周囲の世界が言ってくれたが、今では、ほかの人生目標とのバランスを自分で取らなければならない。

さもなければ、前述の人生最期の一番の後悔を抱えることになりかねない――すなわち、他者に定められた人生ではなく、自分が本当に望む人生を生きる勇気を持つべきだったと。

企業家のケン・ハクータは言う。「成功とは、あなたがビジネスでたえず直面するものだ。あなたはつねに、何かを基準に自分の成功を解釈するだろう。そしてその何かとは、あなた独自の目標や目的であるべきだ」。

スッワースモア大学教授のバリー・シュワルツは、「つまされる人（ピッカー）」ではなく、「選ぶ人（チューザー）」になるべきだと提唱する。「つまされる人」は選択可能なオプションの中からつまみ取るので、目の前の選択肢によって誤った二分法に導かれる場合がある。しかしそんなとき「選ぶ人」は、どの選択肢も満足がいくものでないと判断し、もし本当に正しい選択肢を望むなら、自らそれを生みだすほかはない、と結論をくだす思慮深さを持つ。

人生にどんなものが揃っていたら、あなたは充分に満たされたと感じるだろう？　もっと、と望む必要がなくなるには？　数かぎりない選択肢が絶え間なく声をはり上げているこの世界で、あなたを椅子の背に反り返らせ、「ありがとう。でももう充分です」と静かに言わせるのは、どんな要素を組み合わせたものだろう？

『ちょうど充分』の著者たちは、向上心に燃える専門家に六〇回のインタビューを重ね、九〇人の企業幹部を調査した。これらの人びとの多くも、先ほどの質問への答えを知らなかった。興味深いことに、彼らは一貫した間違いを犯していて、それがヒントとなり、研究者たちは私たちが人生で必要とする要素、また、それを探す最善の方法について手がかりをつかむことができた。

幸せな人生は、お金だけで手に入らないことは誰でも知っている――しかし、お金以外のものが何なのか、それを得るにはどうすればいいのか、誰もはっきりとわかっていない。正直に認めよう。

お金の価値はわかりやすく、また、少なくとも短期間なら、お金はたしかに幸せを運んでくる。私たちは皆、愛や友人やその他いろいろなものが重要なことは知っている。しかし、それらはかなり複雑で、アマゾンで家まで届けてもらうわけにもいかない。

人生の破滅へ一直線の「崩壊戦略」を避ける方法

そもそも、人生を一つの測定基準で評価することが一番の問題なのだ。人生の成功は、たった一つの尺度ではとうてい測れない。

一つの尺度で人生を測ることを、『ちょうど充分』の著者たちは、「崩壊戦略《コラプシング》」――人生が順調かどうかを一つの測定基準だけで測ろうとする望ましくない戦略――と呼んでいる。多くの人はお金に焦点を合わせるのが手っ取り早いと感じ、とにかく額を増やそうとする。簡単で便利だが大きな間違いだ。著者たちが取材したとんでもない成功を遂げた人びとは、たとえば人間関係など、人生の別の側面を犠牲にした（崩壊させた）と痛感していることがわかった。一つの測定基準しかないと、必然的にフラストレーションを抱えることになる。

研究者たちは、人生には多様な尺度が必要なことに気がついた。たとえば、家族と良い関係を築くには、ともに時間を過ごす必要がある。つまり一緒に過ごす時間数は、家族との絆《きずな》を測る一つの尺度になる。だが、もし罵りあってその時間を過ごしていたら意味がない。そこで、ともに過ごす時間の量と質の双方を測らなければならない。ローラ・ナッシュとハワード・スティーブンソンの調査結果から、幸福の測定基準として、次の四つが必須要素であることが明らかになった。

1　幸福感　人生から喜びと満足感を得ていること
2　達成感　何らかの業績でほかに抜きんでていること
3　存在意義　身近な人びとに、ポジティブな影響を及ぼしていること

4　育成　自分の価値観や業績によって、誰かの未来の成功を助けていること

これらを「ビッグ・フォー」（幸福の四要素）と呼ぶ。

ナッシュとスティーブンソンはまた、これらビッグ・フォーにつながる行動も提示した。

1　幸福感＝楽しむ
2　達成感＝目標を達成する
3　存在意義＝他者の役に立つ
4　育成＝伝える

成功したと感じるためには、それぞれの測定基準でどのぐらい必要だろうか？　この四つをどんなバランスで達成したら、あなたの人生に必要なものが得られるかを、今すぐ決めるのは難しい。そこまで一足飛びに行かなくても大丈夫。一〇歳のあなたが満たされる状況が、二〇歳のあなた、ましてや八〇歳のあなたに当てはまるわけではない。状況は変わっていくが、それで良いのだ。具体的な内容は変化する。しかしあなたの根本的な価値観はそれほど変わらないはずだ。

この四つのニーズに定期的に貢献している状態でありたい。このうちの一つでも軽視すれば、あなたは崩壊戦略を採用して進むことになる。

人生を一つの尺度で測るやり方はうまくいかない。どれかを長期間ないがしろにすれば、あなたは人生の重要な要素にシークエンシングをしていることになる。このことを、私が好きなウォーレン・バフェットの言葉が、端的に表してくれている。

「本当はあまり好きじゃないが、まずこれを一〇年やって、それからあれをしようと思っている……」と言う人びとがいる。これではまるで、年寄りになるまで性生活はお預けというようなものだ。あまり感心できないね。

なるほど、ごもっとも。だがここで、ワーク・ライフ・バランスの核心に踏み込まなくてはならない。つまり、どこで限界を設定するかという問題だ。もう「目標の達成」は充分やったから、そろそろ「他者の役に立つこと」や「伝えること」にもっと力を注ごう、とあなたはどこで判断すればいい？

まず手始めに有効なのは、何をもって「これで充分と言えるか？」と自分に問いかけることだ。

じつは必須のものだけに絞る考え方は、あまり万人に受けない。だからこそ、ワーク・ライフ・バランスが問題になるのだ。選択肢も競争も無限にくり広げられる現代において、「四要素だけ」というのはあまり受けないのだ。

ところが逆もある。プロクター&ギャンブル社は、かつて二六種類ものシャンプーを販売していたが、あるとき「これで充分」と判断し、いくぶん手ごろな価格の一五製品だけを残し、ほかはすべて販売終了にした。その結果どうなったか？　売り上げは下がったが、収益は逆に一〇%上がったのだ。

ＴＥＤの講演で有名になった心理学者のバリー・シュワルツが言うには、私たちはしばしば気づかないが、これらの制約はじつは歓迎すべきものだということだ。制約があれば決定が簡単になる。人生もシンプルになる。「あなたのせいではない」と言ってもらえる。そのほうが私たちは幸せだ。

あわれな「最大化人間」になってはいけない

私たちも、こうした制約は結局のところ、無限に選択肢がある状態より良いのだとわかっている。無制限な自由は、私たちを圧倒するか、麻痺させるかのどっちかだ。そのうえ、昨今私たちが制約の恩恵にあずかれるのは、自分の価値観に照らして自らそれを設定するときだけだ。

多くの選択肢があるとき、人は二つの方法で対処する。「最大化」と「満足化」である。「最大化」とはすべての選択肢を探り、品定めし、最高のものを得ようとすることだ。「満足化」は、自分が必要とするものを考え、そのニーズを満たすと思った最初のものを選択する。満足化は、「これで充分」なものを得て満足する生き方だ。

現代社会において、「最大化」はまず不可能で、なおかつ満足もできない。アマゾンで、「あなたに最適な本」を探すことを想像してみてほしい。一冊残らず検討したら、何年かかるだろうか。しかも、見落としがちだが、もっとゆゆしい問題がある。より多くの選択肢を検討したら、客観的で良い結果につながると思うかもしれない。本来それは正しい。ところが、選びに選んだ結果について、主観的満足感はむしろ低くなるのだ。

これはまさに、バリー・シュワルツとシェイラ・イエンガーが得た研究結果だった。卒業後に最高の仕事を得ようとする「最大化人間」の学生は、給与が平均より二〇％高いなど、結果として条件の良い仕事を手に入れる。ところが結局のところ、彼らは「満足人間」に比べて仕事への満足感が低い。「最大化人間」はもっと良いものがあるのでは、と果てしなく探し続けるので、もっと良い選択があったのにと後悔することが多い。

たしかに、脳外科医を比較するのなら、「最大化」は意味があることかもしれない。しかし人生のほとんどの局面では、「最大化」はむしろ私たちを不幸にする。ノーベル賞受賞者で、「最大化」「満足化」の概念を生みだしたハーバート・サイモンは最終的に言った。ストレス、成果、努力などすべての要素を含めて判断した場合、じつは「満足化」こそが「最大化」する方法であると。

ナッシュとスティーブンソンが指摘するように、「もし二つの事柄がトレードオフの関係にあるなら、双方を最大化することは不可能」だ。これもまた「人が一生のあいだに行うことはすべてトレードオフだ」というスペンサー・グレンドンのルールに一致する。

一日は二四時間しかなく、使えるエネルギーも限られている。多数のカテゴリーで成果をあげるには、限度を設定しなければならない。一つのカテゴリーに全力を注ぐことで、人生全般で成功をおさめることも不可能なのだ。そして、最終的に一つの質問に行きつく。

「私は何を望んでいるのか?」

あなたが自分でそれを決めないと、周囲の世界があなたに代わって決めることになる。

家族労働研究所（FWI）のエレン・ガリンスキーは調査で子どもたちにこう尋ねた。

「もし君の生活に影響を与える親の働き方を変えるお願いが一つだけできるとしたら、何を望みますか?」

最も多かった答えは、親の「ストレスや疲れをもっと減らしてほしい」だった。

もし、あなたが望むものが仕事と生活のバランス（ワーク・ライフ・バランス）なら、バリー・シュワルツが私に言った言葉を覚えておいてほしい。「これで充分」は、だいたいの場合、「充分に満足」なのだ。

そう、つまりあなたは、幸福の基準として重要な四つの要素を考え、それぞれで「これで充分」に達することが必要だ。そしてあなたは、つままされる人（ピッカー）ではなく、選ぶ人（チューザー）になるべきだ。あなたは、「世界を制覇したい」と望んでいるが、その一方で、六時までに帰宅したいし、週末は働きたくないと思っている。それはまず不可能に思える。では、実際に不可能なことを達成したのは誰だろう？　実際に世界を征服したのは誰だろう？

チンギス・ハン。彼はいったいどうやってそれを成し遂げたのか？　彼には計画があった。

正真正銘、世界を制服した男の「計画力」に学ぶ

テムジンは、過酷な時代に、過酷な場所で生を受けた。一二世紀のアジアの大草原はまるで開拓時代のアメリカ西部のようだった。いや、それ以下だった。生き延びることさえ困難で、日々資源をめぐって争うので、当然のことながら遊牧民族のあいだで戦いが絶えなかった。

乱世には、実力行使が常態になる。誰もが自分が直前に受けた不当な仕打ちに対してやり返そうとしていた。戦いに勝って、「フレー」と歓声（ちなみに「フレー」の語源は

モンゴル語である）を上げたのもつかの間、翌週には間違いなく誰かに報復される。そしてまた反撃――という攻防が永遠にくり返され、収拾がつかなかった。歴史的に、当時のモンゴル人は蛮族だったと考えられているが、実際にそうだった。テムジンが現れるまでは。

彼が生まれた年は定かではなく（一一六二年だと推測されている）、生まれた場所も不明だ。青年時代には、当時のあらゆる困難に見舞われている。父は敵対する部族に毒を盛られ、テムジン自身も一時期人質にされていた。彼は生涯読み書きを習えず、たとえばアレキサンダー大王が得ていたような教育や資産とはいっさい無縁だった。

非道な時代に非道な場所で生まれ育った字も読めない若者が、ローマ人が四〇〇年かかって征服した土地より広大な地域を、いったいどうやってわずか二五年で征服できたのだろう？　どのようにして三〇〇〇万平方キロ以上に及ぶ帝国を築きあげたのだろう？　しかも、ハンの研究で知られる作家のジャック・ウェザーフォードの言う「現代なら大きめの競技場にすっぽり収容されてしまうような」一〇万足らずの軍勢だけで。

テムジン以外の人間は、最近自分に襲い掛かった恐ろしい事態に反撃するので手一杯だった。だが、テムジンはその悪循環から脱けだした。彼は、ただ反撃するのではなく、自分が望むビジョンを描き、計画を練ったのだ。

彼はまず、大草原の種族の統一に着手した。遊牧民族がはまっていた抗争サイクルの元凶である親族関係を断ち切った。そしてスキルと忠誠心が評価され、血統と政治を排除する能力主義の社会を確立した。妻にする女性の強奪を禁じ、土地に蔓延《はびこ》っていた血の復讐の連鎖を防ぐために、法を破った者には厳罰を処した。諸部族名も廃止し、すべてを「フェルトの家の民」として統一。一二〇六年までに、モンゴルの大草原の遊牧民部族は一つになった。テムジンは統治者たる大ハーンに即位し、今日も知られるチンギス・ハンという尊称を得た。

これだけでも、とてつもない成功だ。その後、彼はどのようにして文明の進んだ中国やヨーロッパの国々を征したのだろう？　たった一〇万の遊牧民を率いて、はるかによく訓練され、装備も上回っていた巨大な軍隊を打ち負かせた秘密は？　またしても、彼には周到な計画があった。

ハンの戦略は、敵の得意分野で戦うのではなく、自分たちならではの強みを生かして戦うことだった。モンゴル人は三歳から馬に乗っている。近代的な技術のない素朴な遊牧民が、その猛烈な速さと機動力をもって、はるかに規模が大きく、装備も整った軍隊に勝利した。ウェザーフォードによれば、「チンギス・ハンの革新的な戦闘技術により、中世の鎧で重装備した騎士たちは時代遅れなものとなり、よく統制がとれ、一体となって動く騎馬隊が取って代わった」のだ。

モンゴル民族は、道すがら食糧を得る暮らしをしていたので、移動の遅い食材供給用の隊列に足を引っ張られることがなかった。加えて、一人の騎馬兵が三～五頭の馬を引き連れているので、乗る馬が疲れすぎていることもなかった。そのため、燃焼機関が生みだされる何世紀も前に、彼らはたった九日間で一〇〇〇キロ近くも移動できたのである。

モンゴルの騎馬隊は近代的な軍隊のように戦った。彼らは敵を「ハチの大群のように襲撃し、それも別々の群れがバラバラの方向から一斉に襲いかかった」。もしモンゴル人の戦い方を見たら、彼らは未来を透視できたのかと思うだろう。だが逆で、近代の戦略家たちが彼に倣《なら》ったのだ。誰もがチンギス・ハンのやり方を研究し、馬を戦車や飛行機に置き換えた。ハンは、ドイツ人たちより何世紀も前に、電撃戦を展開していた。

ハンの軍隊は農民のように見え、見くびられることがしばしばだったが、彼はその点もすかさず利用した。虚勢を張って反動的に攻撃することもなかった。敵に弱いと思われれば、むしろ幸い。撤退したように見せかけるのが、得意の戦術だった。勝ったと思い込んだ敵は、編隊をくずしながら追ってきて、モンゴル軍が待ち伏せするところへまんまと突入。袋のねずみとなった敵に、騎馬隊が雨あられと矢を射かけた。

さしものモンゴル軍も万里の長城は越えられないだろうと思われていた。モンゴルの草原には二階建ての建物さえなく、要塞の襲撃法など知るはずがないからだ。加えて攻囲戦や城門を破壊する投石機を使った経験もなかった。だが、彼らには必要なかったのだ。

　ハンは、自分にも知らないことがあること、そして、それらを学ぶ時間がないことを認識していた。そこで彼は、知識のある人材をたえず採りたてていた。征服された人びとのなかで有能な者はモンゴル軍に入ることが許された。ある敵方の射手は、ハンの馬を下から射抜き、捕えられたが、ハンはその男を処刑せず、なんと将官に採りたてた。同様に、攻囲戦に通じた金王朝の技術者を大勢味方に引きいれることで、万里の長城も越えたと考えられている。

　ハンの計画はあまりに手堅かったので、モンゴル帝国は彼の死後も崩壊せず、その後一五〇年にわたって領土を拡大し続けた（次に手紙を投函するとき、ハンのことを思ってほしい。最初の国際郵便制度は、彼によって生まれた）。

　ハンは、過酷な時代に過酷な地に生まれ、父のいない、字も読めない、名もなき若者だったが、歴史上最も強い男となった。チンギス・ハンは、やみくもに問題に対処したわけではない。自分はどうしたいのかを考え、計画を練った。そうして自分の意思を世界に広めていった。

　計画――これこそあなたが必要とするものだ。大半の人は、時間を割いて計画を練らない。草原の部族のように問題が起きてから反応する。そしてワーク・ライフ・バランスの問題とは、かつてはあった限界が取り払われていることに起因する。そんな世界を生きる計画がなければ、「まだ充分でない」という思いに始終駆られることになる。

だが、あなたは中国やヨーロッパの軍隊に対峙するわけではない。最初から最後まで自分との闘いだ。正しい計画を立てさえすれば、確実に勝てる戦いである。その戦いであなたにとって役立つものは、ほかの人に役立つものとは違うかもしれないが、武器になりそうなものを後に紹介する。

ストレスを消す特効薬は「コントロール感」

バリー・シュワルツが明らかにしたように、私たちは今日、選択の洪水のなかにいるので、「チューザー（選ぶ人）」ではなく、「ピッカー（つままされる人）」になるのがオチだ。そこに問題の重要な部分がある。自分が何を望んでいるかを決定してから、それを達成するということをしていない。ものごとを目の前に差しだされ、肩をすくめて「そうね、まあまあかな」と言う。基本的に、ほかの人に言われたことをやっている。

アリストテレスは、神は「不動の動者だ」と言った。神はものを動かすが、何者にも動かされない。私たちもこの戦略を見習えば、明らかに恩恵を得られるはずだ。

ものごとが起きてから反応する「受け身」でいることは、真に望んでいるものを手に入れるチャンスを逸するばかりでなく、あなたが真の幸福を得る機会まで減らす結果を招く。

私たちは往々にして楽なものを選んでしまい、自分を本当に幸せにしてくれるものを選ばない。心理学者のミハイ・チクセントミハイによると、一〇代の若者がテレビを見ているとき、本当に楽しいと感じたのは、視聴していた時間の一三%だけ。趣味に興じていたときには三四%、スポーツをしていたときには四四%が本当に満足した時間だった。で、一〇代の若者が最も頻繁に選んでいるのはどれか? 彼らはほかの娯楽の約四倍もの時間を、テレビ視聴に費やしていた。計画がなければ、私たちは本当に満足感が得られるものではなく、受け身で楽なものを選択する。

心理学者のロバート・エプステインが、三〇か国の三〇〇〇人を対象に調査したところ、ストレスを減少させる最も効果的な方法は、計画を立てることだとわかった。前もってどんな障害があるのか予想し、克服法を考えておくと、状況をコントロールできていると感じる。これこそが、ものごとを成し遂げるための秘訣だ。

機能MRIを用いた調査でも、「コントロール感」は、私たちのやる気を高めることが証明されている。自分で状況を変えられると思うと、熱心に取り組む傾向が強まる。ハンドルをしっかり握れていれば、ものごとはそれほど恐ろしくない。

しかも面白いのは、都合がいいことに、実際に状況をコントロールできていなくても、こうした変化が起こることだ。つまり、肝心なのはコントロールできていると「感じる」こと。下山途中に脚を骨折したジョー・シンプソンは状況を制御できなかったが、ゲームに見立てることで、コントロールができるように感じられたのだ。

コントロール感の重要性は、神経科学の領域に行きつく。ごく簡単に言えば、ストレスを感じるとき、あなたは理路整然と考えられない（頭がまともに働かない）。ストレス下では、理性的思考をつかさどる前頭前皮質がお手上げの状態にあるのだ。かわりに手綱を握るのは、本能をつかさどる辺縁系の爬虫類脳だ。

イエール大学医学大学院のエミー・アーンステンによれば、「ちょっとした制御不能なストレスでさえ、前頭葉前部の認知能力を急激に低下させる」という。「前頭葉前部の機能不全が起きるのは、私たちがコントロール感を失ったときだけだ。私たちが状況を制御できているか否かを決定するのは、ほかでもない前頭前皮質なのだ。コントロール感がたとえ幻想でも、私たちの認知機能は正常に保たれる」

さらに、コントロール感の欠如は心臓にも応える。『ヘルス・サイコロジー』誌に掲載された研究によると、ものごとをコントロールできていないと感じるとき、心臓発作の発症リスクが高まる。なかでも大幅に危険度が増すのは、日ごろは心臓病のリスクを抱えていない人びとだという。

日常的なコントロールの重要性についてよく理解するために、企業家のケースを見てみよう。二〇〇〇人近くの小企業事業主を対象にした調査では、彼らの五〇％以上が週に四〇時間以上働いていることがわかった。仕事内容も決して楽ではない。四一％は、経営者になってストレスが減ったと答えたが、三二％はストレスが増えたと回答した。ところが、じつに七九％もの人が小企業の経営者になったことに満足し、七〇％は自身のライフスタイルに喜びを感じていた。前に述べた調査での、雇用者が仕事に満足している割合に大差をつけている。労働時間もストレスも変わらないが、事業主ははるかに満足度が高い。

いったいなぜか？　事業を始めた理由として、彼らは「誰にも雇われたくなかったから」「自分で決定を下したかったから」「自分の好きなようにやりたかったから」と回答している。要するに、自分でコントロールすることが望みだった。だから労働時間やストレスに変化がなくても、幸福感が高まったのだ。

生産性と成功の関係はどうだろう？　ロンドン・スクール・オブ・エコノミクスは、三五七人のインドのＣＥＯがどのように時間を使い、それが利益にどう影響しているかを調査した。幹部たちが働く時間が増えるほど、会社の利益は上がった。ただし、違いを生みだしたのは、増えた時間数ではなく、その使い方だった。余分な利益はすべて、従業員との計画的な活動によってもたらされていた。ＣＥＯが計画以外のことに従事した時間は、会社に一銭も利益をもたらしていなかった。

自分の人生を選び、生きる科学的手順

というわけで、成功し、幸せになりたかったら、計画を立てることは何よりも重要だ。そこで次に、今すぐ計画を実行に移すための手順を紹介する。

だが、具体的な話に入る前に、やりがちな間違いについてふれておきたい。自分がすでに実行している項目を見つけ、「こんなことはもうやってる！　なかなか賢いじゃないか！　もうこの本を読まなくていいな」と言うことだ。自分を安心させるのは気分がいい。しかし、あなたがまだ手をつけていない項目に注目しなければならない。ネガティブな事実に着目するのは、気が進まないかもしれないが、それこそが改善への道のりなのだ。一流の専門家は皆そうしている。

1　時間の使い方を追跡調査してみる

自分がどのように時間を使っているかを把握しないかぎり、使い道のバランスを取ることはできない。インテルの元CEOアンディ・グローブは、「会社の戦略を理解するには、彼らが今後するという内容より、今実際にやっていることを調べるべきだ」と見抜いている。

まずは、自分の二四時間がどう使われているかを書きだしてみよう。あやふやな記憶

に頼らないこと。この作業を一週間続ける。参加した活動は、あなたをどんな世界へ連れて行ってくれただろう？　それは、あなたが本当に行きたいと思っているところだろうか？（注意：この作業は気が重くなるかもしれない。きっと思った以上に、時間を浪費していることに気づかされるだろう）

その後で、ビッグ・フォーの要素（幸福感、達成感、存在意義、育成）にそれぞれ何時間貢献できたかも書きとめよう。それともあなたの時間は、四要素以外のことに費やされただろうか？

時間の使い方を改善するために、ここでちょっと犯罪学から学ぼう。都市の犯罪を減らすには、人間より地理に注目するほうが効果的だ。研究者たちは、ある都市の場合、犯罪の約半数がたった五％の地域で集中的に起きていることに気づいた。いわゆるホットスポット（犯罪多発地点）である。これらの地域のパトロールを倍に増やしたところ、ホットスポットでの犯罪が半減し、都市全体の警察への通報が六〜一三％減ったという。

さて、あなたのスケジュールのホットスポットを探してみよう。時間を最も浪費しているのはいつ？　四要素のどれかに時間を費やしすぎて、ほかをおろそかにしているのはどんなとき？　とくに無駄の多いホットスポットの行動パターンを変えれば、漠然としたやり方（「働く時間を減らす」とか「もっと家族と一緒に過ごす」と心がける）に比べて格段に効果が大きいはずだ。同様に、良い傾向も探してみよう。目立って成果をあげられているのはいつ？　早朝、または深夜？　場所は家、もしくは職場？　そうした時間を一貫して持てるように心がける。

くれぐれも、あなたに本当の幸せをもたらすビッグ・フォーのバランスを図ることが大切だ。それぞれに毎週どれくらいの時間を割り当てたいかを決定すること。あとで修正も可能だが、自分が目指すバランスを今決めて、しっかり書きとめる必要がある。一つのカテゴリーに割り当てる時間を決めたら、ほかのカテゴリーでも目指す時間数を書きとめる。第3章でも述べたが、こうしてゲームに見立てると、厄介な問題をもっと楽しく、魅力的なものにすることができる。

高名なベンチャー投資家、ビノッド・コースラは、もちろん自身の投資事業を完全に把握しているが、その傍ら、月に何度家族と夕食をともにしているかをアシスタントに記録させている。仕事以外のカテゴリーに賢い測定基準を設けていることが、のちに大きな成果を生む。

コンサルティング会社ＫＰＭＧのマネージング・ディレクター（事業戦略策定）、ケビン・ボーレンは、もっと妻や二人の息子たちと一緒に過ごしたいと思った。彼にとってのホット・スポット（時間の使い方がもったいない）は出張旅行だと判明した。そこで、航空会社のマイレージ・サービスのプラチナ会員資格を失うことを目標にした。その結果、無料のフライトなどの特典が減ってしまったが、ワーク・ライフ・バランスを示すうってつけのバロメーターになった。

2 上司と話す

日々の行動パターンを大きく変える余裕などないという人もいるだろう。第一、上司が認めないと。でもあなたが本気で仕事と生活の調和を目指したいのであれば、最初から決めつけないこと。上司と膝を交えて、話し合ってみることだ。もちろん、「仕事を減らしてもらいたい」などと言ってはいけない。あなたに求める役割や期待していることについて、上司のはっきりした考えを訊いてみよう。あなたの業務の部分的な見直しが本当に支障をもたらすかどうかについても尋ねることができる。彼らのニーズを考慮しつつ、双方にとって利益のある方向に持っていけば、もしかしたら驚くような答えが得られるかもしれない。

メールの返信や会合への参加などの〝浅い仕事〟にどれくらい時間をかけてほしいと思っているか、また、実質的な成果を生みだす〝深い仕事〟にどれほどの時間集中してほしいと思っているかを尋ねよう。

上司とこうした会話を持つだけでも、ストレス度が下がるだろう。健康心理学の雑誌『ジャーナル・オブ・オキュペーショナル・ヘルス・サイコロジー』に掲載された研究によると、仕事の要求が厳しいときに、自分に期待されていることがはっきりと認識できると、精神的緊張が軽減される。そのほうが適切な判断をしやすく、無駄な気苦労をしなくてすむ。

こうした話し合いは、上司が自覚しているかどうかは別として、彼らにとっても意義がある。『ハーバード・ビジネス・レビュー』誌は、企業幹部とその上司がそれぞれ成し遂げたい仕事での目標と個人的目標を語り合う「アクティブ・パートナーリング」という方策を紹介している。ある事例では、四七三人の幹部を対象に一年にわたってこのプログラムを実施したところ、真剣に退社を考えていた六二人が会社に留まることを決めた。また、そのなかの多くは昇進も果たしたという。

そのうちにまた計画を調整するなどして、あなたはさらに会話を望むかもしれないが、たぶん上司は理解を示してくれることだろう。自分なりの計画があり、優先順位についてて上司に尋ね、事前にトラブルの芽を摘もうとする従業員は貴重だ。何か問題が起きてから、後始末をさせる部下にこそ手を焼くからだ。そしてあなたが結果を出せば、もっと裁量の自由が認められるようになる。つまり、自分の計画をより自由にコントロールし、実行できるようになる。そして与えられた自由を正しく活かせば、誰でも上昇スパイラルに乗ることができる。

あなたは行動記録から時間を浪費していたホットスポットと、逆に上々の成果をあげていた時間と場所を見つけた。それからビッグ・フォーに時間を割り振り、目指す方向を見つけ、上司の承認も得た。さあ、いよいよ人生に変化をもたらすことができる。

3「To Doリスト」には落とし穴がある。すべてを予定表にすること

ジョージタウン大学教授のカル・ニューポートは、生産性を征したチンギス・ハンだ。ニューポートによれば、To Doリスト（やることリスト）は悪魔的だという。所用時間をまったく考慮に入れてないからだ。リストの最後までいったためしがないのはなぜか？　一日は二四時間なのに、二八時間分の活動を記入してしまうからだ。時間内に何がこなせるか、現実的に考える必要がある。そのために有効な唯一の方法は、長大なリストをつくるかわりに、すべてを予定表にすることだ。

まず何時に職場を出たいかを決め、何時間使えるのか心づもりしておく。その間にやるべきことを優先順位にしたがって組み込んでいく。ニューポートはこれを「固定スケジュールによる生産性」と呼ぶ。ワーク・ライフ・バランスを取りたければ、限界を設定しなければならない。それによって、否が応でも効率を上げられる。六時という期限を設け、業務をスケジュールすることにより、職責の嵐に翻弄されずに、つねに現実的でいられる。

私たちの多くは、日程表の使い方を根本的に間違っている。仕事の予定ではなく、割り込んだ用事を書き込んでいるからだ。会合や、電話の約束、医者にかかる予定——そ

の結果、忘れられがちなのが本業の仕事だ。

実際、それ以外はすべて気を散らすものにすぎない（そもそも本来、ほかの人の仕事だったりもする）。それでも一定時間、身を入れなければならず、気づけば肝心な仕事が置き去りにされる。もしそれが収益を左右し、それによってあなたが注目され、昇給や昇進に結びつくような仕事なら、そちらにこそ時間をかけるべきなのではないか。

また、毎日少なくとも一時間、できれば朝の時間帯に「自分だけの時間」を作るのも良い。誰にも邪魔されずに本当にやるべき仕事に専念できる時間。儀式さながらに、このコンセプトを大切にしてみよう。この時間だけは〝侵されざる聖域〟にするのだ。

メール処理やミーティング、電話への応対は「浅い仕事」であることも多い。この一時間は、カル・ニューポートの言う「深い仕事」に当てるべきだ。無益に過ごすかわりに、実際にものごとを前進させる時間だからだ。浅い仕事はあなたがクビになるのを防いでくれるが、あなたを昇進させてくれるのは深い仕事だ。

この貴重な時間を、何かと邪魔が入る一日の終わりに持ってきてはいけない。大事な仕事には、フル回転する頭脳で取り組もう。調査によれば、起床後の二時間半〜四時間が、脳が最も活発に働く時間帯だ。〝黄金のとき〟を電話会議やスタッフ・ミーティングで無駄にしないように。

では、職場で完全に忙殺され、聖域の時間が取れないときはどうすればいいか？　そんな場合は、始業前に自宅で一時間、「自分だけの時間」を取ろう。ピーター・ドラッカーが引用した、一二人の企業幹部を対象にしたスウェーデンの調査によると、彼らはたった二〇分さえも、邪魔されずに自分の仕事をする時間が確保できなかった。そのなかで唯一、思慮深い判断が下せたのは、大混乱の職場に入る前に九〇分間、自宅で仕事をしてきた者だった。

毎日の予定を厳密に管理することは、初めは苦痛だが、効果はてき面だ。ついでに、自由な時間についても、計画を立てるべきかもしれない。

尻込みするあなたに、ある調査結果を紹介しよう。幸福度研究に関する専門誌『ジャーナル・オブ・ハピネス・スタディーズ』誌に掲載された四〇三人を対象にした調査によると、自由時間を管理することこそ、人生の質を向上させることが明らかになった。興味深いのは、たんに自由な時間を増やしても人びとの幸福度に何の影響もなかったが、その時間の過ごしかたについて事前に計画を立てると結果が大違いだったことだ。

すでに述べたが、私たちの多くはオフの時間を賢く使っていない。本当に幸福感が得られることより、ついつい楽なことを選んでしまう。少し時間を取って計画を立てれば、カウチポテトより格段に楽しい時間を過ごせるだろう。

そういうわけで、すべてを計画し、聖域の時間を設ければ、重要な仕事を確実に片づけられる。それでも、浅い仕事は減らないじゃないかと思うかもしれない。効果的な対処法は、「バッチ（まとめて処理すること）」だ。たえず未処理箱や受信トレーを見るのではなく、一日に数回まとめてチェックし、メールを処理したり、電話を返したり、あるいは、書類の整理をする。そしてこの作業タイムが終わったら、メールの通知機能をオフにし、電話もサイレントモードにし、重要な仕事に戻る。

私は日に三回のバッチで支障がないが、もっと頻繁にやり取りする仕事なら増やす必要がある。要は、この作業タイムを日程に組み込み、可能なかぎりコントロールし、深い仕事の時間を侵食させないことだ。

予定を組むうえで、もう一つ肝に銘じておくべきことがある。あなたがこれまでに達成してきたすべてを台なしにしないために大切なことだ。「ノー」と言えるようになろう。

不要な活動を控え、すべてを事前に計画し、聖域の時間を設け、繁雑な仕事をバッチ処理にまわしても、どうでもいい仕事を持ってくる人は後を絶たず、あなたは永久に〝浅瀬〟から抜けだせないかもしれない。あなたには、上司から与えられた優先事項があり、その日に使える時間数に合わせて仕事を調整しなければならない。振られた仕事がとくに優先すべきものでなく、時間もないようなら、「ノー」と言わなければならない。

ウォーレン・バフェットの言葉を借りるなら、「成功した人と大成功した人の違いは何かと言えば、大成功した人は、ほとんどすべてのことに『ノー』と言うことだ」。

4　自分がおかれた状況をコントロールする

環境は、あなたが思っている以上に、重要な問題だ。たとえ自分で気づかなくても、あなたの決定に多大な影響を及ぼす。ダン・アリエリーは、私にこう語った。

過去四〇年に社会科学が残した大きな教訓の一つは、環境が重要だということです。あなたが食堂に行くとしますね。食事がどうオーガナイズされているかによって、あなたは一つの料理を食べることもあれば、ブッフェ形式でたくさんの料理を食べることもあるでしょう。私たちは自分で決定を下していると思っていますが、じつは環境がかなりの部分を決定しているのです。したがって、自分の環境をどうやって変えるかを考える必要があります。

もちろん、行く先々で環境を制御することはできないが、通常のやり方よりコントロールを増すことはできる。たとえば気を散らせるものは、現に人びとの能力を低下させる。騒音が多い鉄道線路沿いの教室で学ぶ学生たちは、静かな教室で学ぶ学生に比べ、最終的に丸一年分、学力が後れを取った例もある。防音装置によって騒音問題が解消されたところ、学力の差もなくなったという。

職場もこれと大差ない。調査によれば、生産性が際だって高いコンピュータプログラマーには共通点がある。それは経験でも給与でも、プロジェクトに投資される時間数でもなく、雇用者から集中できる静かな環境を与えられていることだ。

ちょっとした工夫で環境を変える一例を示そう。ハーバード大学のショーン・エイカーは「二〇秒ルール」を提唱している。すなわち、あなたがすべきことを二〇秒だけ早く始めやすくし、すべきでないことを二〇秒だけ実行しにくくするというものだ。些細なことのようだが、これが格段の差を生む。

たとえば、気を散らすものが見えなくなるように職場の配置を変えるだけで、仕事により集中できるようになる。アリエリーは私に、グーグルのニューヨーク支社が行った簡単な実験の話をしてくれた。小粒チョコのM&Mをすぐ手に取れる状態で置くかわりに容器に入れてみたところ、職員がM&Mを食べる量がひと月当たり、三〇〇万粒も減ったそうだ。

仕事に集中できるようにウェブブラウザは閉じ、部屋の反対側で携帯を充電しよう。

とはいえ、職場環境をコントロールするのはたしかに難しい。だだっ広い共有スペースに、間仕切りのないオープンオフィス、雑談する同僚たちに、肩越しに目を光らせる上司……。

そこで私は、一日の一部分だけでも「雲隠れ」するという簡単な解決法を薦めたい。会議室を予約して、そこで仕事に没頭してはどうだろう。雑音から解放され、フルに創造性を発揮できるはずだ。スタンフォード大学のジェフリー・フェファーとボブ・サットンはこう述べている。

「大規模に行った調査によると、権威ある人たちが職場を歩き回り、従業員に質問を発したり、感想を述べたりするほど、肝心な仕事の創造性は低下する一方だ。なぜなら、創造的な仕事とは本来、挫折や失敗の連続なのに、部下たちは上司の前ではそれができない。すなわち、失敗する心配がなく、創造性が低い仕事ばかりをするようになるからだ」

5 一日を首尾よく、予定した時間に終えよう

あなたは「固定スケジュールによる生産性」をしっかり活用しただろうか？　仕事を切りあげる時間を決め、それに合わせてスケジュールを調整できていれば順調だ。

よろしい。レスリー・パーロウによると、ワーク・ライフ・バランスのコツは、「タイムオフを順守するメカニズム」を課すことだ。仕事、仕事、仕事ばかりでなく、「楽しむこと」「目標を達成すること」「他者の役に立つこと」「伝えること」の箱にも時間

とエネルギーを積み立てられるように、退社時間を明確に決めるべきだ。

自分の仕事を嫌いたいならともかく、そうでないなら、一日をどう終えるかは、あなたが思う以上に大切だ。

さて、ここでは説明のために、文字通り「ケツにものを突っ込む」話をしなければならない。

ノーベル賞を受賞したダニエル・カーネマンとダニエル・レデルメイヤーは、結腸内視鏡検査を受けた人びとがどのくらい痛みを記憶しているかを調べた。すると、処置にかかった時間数と、痛みの平均値は人びととの記憶に影響しないことがわかった。最も影響するのは、ピーク時の不快感と、検査の終わり方だった。検査時間が長く、痛みの平均値が高くても、ピーク時の痛みが大したことなく、検査の終わり方が優しくて丁寧だと、それほど不快な検査として記憶されなかった。その一方で、検査がすぐに終わり、痛みの平均値は低かったにもかかわらず、ピーク時の痛みがひどく、不快な終わり方をした場合には、はるかに印象の悪い検査として記憶された。

配偶者との口論にしろ、ハリウッド映画のラストシーンにしろ、肝心なのはその終わり方だ。ということで、少々時間を割いても、一日を良い気分で終えよう。職場を出る直前の状況は、自分の仕事に対するあなたの気持ちに大きく響くからだ。

カル・ニューポートは、時間を取って一日の仕事を締めくくり、明日に備える

「シャットダウンの儀式」を薦めている。調査によると、明日やるべきことを書きとめると、脳が落ち着き、リラックスできるという。神経科学者のダニエル・J・レビティンは次のように説明する。あなたが何かを気にかけていると、それを忘れてしまうことを灰白質が恐れ、「リハーサルループ」と呼ばれる脳の一群の領域を活動させる。するとあなたは延々と気にし続ける。終業前に考えを書きとめ、明日の計画を練っておくことで、こうした脳活動のスイッチを切ることができる。

さあ、オフの時間だ。ストレス解消に最適な方法は？　趣味を楽しんだり、友人と過ごしたりするのが一番だ。調査によれば、週末は、大切な人と過ごすためのとっておきの時間だ。週末には平均で一・七時間余分に友人たちと過ごせるので、それによって幸福度が上昇する。でもくれぐれも寝不足にならないように。アメフトのスター選手になった幻覚を見だしたら大変だ。

あなたは「三種類の人間」のどれになるか

計画の大筋が固まったら、紙に書きとめること（チンギス・ハンにはできなかったが、あなたにはできる）。心理学者のロイ・バウマイスターによれば、書きとめることは目標達成に役立つだけでなく、リラックスすべきときに脳がくよくよと考え続けるのを止めてくれる。

あなたの計画は、最初から完璧ではないだろう。もしかしたら大失敗するかもしれない。でも大丈夫。セルフ・コンパッションを忘れずに。自分を許すと、気分が良くなるだけでなく、なんと先延ばしも予防できる。一一九人の学生を対象にした調査によると、あるテストの勉強を先延ばしにした自分を許した者は、次のテストで先延ばしをする割合が低くなった。自分を責めるより先へ進むことができたので、好成績をおさめられたのだ。

実行してみてうまくいったかどうかにより、計画を手直ししよう。ビッグ・フォーの要素のうち、時間が不足しているのはどれだろう？　自分が理想とするバランスに近づくまで調整を続けよう。行動スケジュールの追跡調査→見直し→改善という方法は、ピーター・ドラッカーが言った、自分が望む場所へ行く方法だ。

今日地球上にいる全男性の〇・五％は、チンギス・ハンの子孫だと言われている。じつに二〇〇人に一人である。彼はつねに計画を立てた。あなたは実際にも、比喩的にも世界を征する必要はない。ビッグ・フォーのバランスさえ心に留めておけば、「これで充分」こそ「充分に満足」になるのだ。

タイム・ワーナー社の会長だったスティーブン・ジェイ・ロスは次のように端的に述べている。

人には三種類ある。職場に行き、デスクに脚を上げ、あとは一二時間夢を見る人。毎朝五時に出勤し、一六時間働き、一瞬たりとも夢を見ない人。デスクに脚を上げ、一時間夢を描き、それから夢のために何かをしだす人だ。

結論　本当に人生を成功に導く法則は何か

覚悟してほしい。次の言葉は心に刺さるだろう。

「死ねばいいのに」

決して聞きたくない言葉だ。とりわけ息子として母親から言われたくはない。だが、母親が愛したマーティンはどこかへ消えてしまった。彼はぴくりとも動かず、ベッドに横たわっている――脳死状態だった。母は、こんな息子をこれ以上見ているのが耐えられなかった。

マーティンの両親は、毎日彼の世話をしていた。父親は毎晩二時間おきに起き、床ずれにならないように息子の体の向きを変えた。息子の介護は、とてつもない重圧として家族にのしかかった。二度と意識が戻らないと医師から言われたにもかかわらず、家族は、かつて息子だった体の面倒を看続けた。マーティンを愛していたから。しかし、彼の状態は何年も変わらなかった。

しかし、マーティンは脳死ではなかった。じつのところ、意識も正常にあった。彼はただ〝閉じ込められていた〟。周囲の状況をすべて認識していたが、体を動かせなかったのだ。母親が放った言葉も聞いていたが、反応する術が彼にはなかった。

たしかに「死ねばいいのに」という言葉は彼の心に突き刺さったが、私たちが思うほどではなかった。結局のところ、彼自身そう願っていたからだ。母とて、息子が疎《うと》ましいわけではなかった。あれほどエネルギッシュだったのに生ける屍《しかばね》になってしまったマーティンを見て、この惨状に終わりが来ることを願ったのだ。母に対する怒りは湧いてこなかった。むしろ気の毒に思った。

一二歳で奇病に襲われて以来、マーティンは寝たきりで、脳死状態だと考えられていた。ところが数年後、自分の意思で動かせない体のなかで、彼は意識を取り戻した。それから一一年という途方もない年月、閉じ込められた世界で生きるのが彼の人生だった。

母親から死ねばいいと願われることは、この上なく惨めだ。だが少なくとも、関心を向けられている。外界はだいぶ前から、マーティンを生命のない物体と見なしていたので、関心を持たれるだけマシだった。周囲は彼を物のように扱い、動かし、整え、清潔にしたが、ふれあう対象ではなかった。せいぜい面倒な荷物といったところだった。

相手を人間でないと思ったとたん、人の態度はがらりと変わる。鼻くそをほじって、マーティンの目の前で食べたりする。ナルシストと言われるわけもないとばかりに、鏡に自分を映して何度も何度もチェックする。はたまた〝生きた〟人間の前ではこらえる大きなおならも放出する。

ずっと変わらなかったのは、マーティンが感じていた圧倒的な無力感だった。人生のすべてが他人に決められる。食べるか食べないか。左右のどちら側を下にして寝るか。

病院の介護士たちは、彼に冷淡だった。何度となくあからさまな虐待を受けた。だが彼は何一つ抵抗できず、声すら上げられなかった。

夜中に独りベッドで、怖ろしい考えに囚われたことはないだろうか？　その連続がマーティンの人生だった。思考こそ、彼の持てるすべてだった。

「おまえは無力だ」――それは歌のように、頭にこびりついて離れなかった。

「おまえはたった独りだ」――彼には何一つ希望がなかった。

ただ生存しているだけの状態を脱し、正気を失わないために、いつしかマーティンは禅師のようになっていた。彼は、思考から自分自身を切り離した。何の訓練も受けずに、マインドフルネスの境地を身につけたのだ。数時間、数日、ときには数週間さえ、瞬く間に過ぎ去った。実生活や思考から自己を切り離していたからだ。だが「空」の状態は「涅槃《ねはん》」の境地にはほど遠く、ただの闇だった。苦しみがないかわりに、希望もなかった。彼は、ときどき一つの考えが自分に忍び込むのを許した。それは、母親から言われたのと同じで「死ねばいいのに」という考えだった。

それでも、ときに社会が割り込んできた。グイッと彼をつかんで現実に引き戻す。決まって現れた宿敵は誰だったか？

それは「バーニー」だ。紫色の恐竜の格好をした子ども向け番組のキャラクターは、テレビで容赦なく陽気に歌い、そのあまりに楽しそうな様子に、マーティンはいっそう自分の惨めさを思い知らされた。チャンネルを変えたり、テレビを叩き壊したりできない彼は、バーニーの歌を何度も何度も聞かされるのだった。

マーティンは社会から逃れられなかったので、別の自衛策を講じた。今度は想像の世界に逃げ込んだのだ。物理的法則や現実に縛られず、彼の指示をことごとく無視する頑固な体もそっちのけに、ありとあらゆる素晴らしいことを夢想した。自分が人生に望むかぎりのことを空想に描いた。それはいい暇つぶしになった。

やがて二つの変化が起きた。二〇代半ばにして、体をいくらか動かせるようになり、手で物をつかめるようになった。それから、マーティンの目の動きを追っていた介護士が、もしかしたら彼は意識があるのではないかと気づいた。彼女が医師に検査をするように言ってくれたおかげで、マーティンに意識が戻っていたことが明らかになった。

その後は展開が早かった。マーティンは、操作レバー（ジョイスティック）とコンピュータを使ってコミュニケーションを取れるようになった。車椅子での移動もできるようになり、心の底から安心した。しかしポッドキャスト番組の『インヴィジビリア』にも公開されたように、彼は満足しなかった。たくさんの夢を思い描いた後だったから。今度はその夢を叶えるために動きだした。

二年後、マーティンは仕事に就いた。だが、まだ満足はしない。元来機械に強かった彼は、フリーランスのウェブデザイナーになった。そして自分の会社を興した。

それから大学へも行った。自分の経験を綴った自伝『ゴースト・ボーイ』（PHP研究所）も出版し、好評を博した。車の免許も取った。

そして二〇〇九年、三三歳の彼はもう独りではなくなった。妹の友だちでスカイプで出会ったジョアンナと結婚したのだ。一〇年間、彼は顔すら動かせなかったが、今の彼はずっと笑顔なので顔の筋肉が痛いという。BBCのインタビューを受けたときにはこう語っている。

成功とは不思議で、続々と新たな成功を生む。何か一つを達成すると、それが、もっと頑張れと私の背中を押す。そして自分にとって実現可能なことの幅をどんどん広げてくれる。これができたのなら、ほかに何ができるだろう？　ってね。

マーティンはまだ車椅子を使っているし、コンピュータを使わないと話せない。だが、彼は教育を受け、成功者となり、幸せな結婚生活を送っている。つまり、良い人生を築き上げている。その幸せを手に入れるまで、誰よりも長く壮絶な道のりを耐えたことを思うと、ただただ圧倒させられる。

マーティン・ピストリウスが直面したほどの試練に遭う者は稀《まれ》だが、誰しもときには窮地にはまり、身動きが取れなくなるものだ。まるで〝閉じ込められた〟ように。私たちは精神的に逃避したり、そのまま放っておいたりする。だが、タイム・ワーナー社のスティーブン・ジェイ・ロスが言ったように、夢を描き、それからその夢のために何かをしてこそ成功を成し遂げられる。実際、それが唯一私たちにできることだ。

成功はさまざまな形でやってくる。信じられないほど鮮烈なもの、シンプルなもの、風変りなもの、滑稽なもの——。私たちはよくメディアで見るような成功の極みに憧れ、重要なのは自分なりの成功だということを忘れる。自分オリジナルの成功を定義してこそ、それを達成できるのだ。

生まれつきの才能を気にすることはない。教育心理学者、ベンジャミン・ブルームの成功者を対象にした調査によれば、彫刻家からオリンピック選手、数学者にいたるまで、あなたが人生で達成できるものを左右するのはたいがい才能以外のものだ。ブルームは言う。

「アメリカやその他の国々の学校教育について、四〇年にわたる綿密な調査を行ったところ、誰でも学べる分野なら、進学前後に適切な学習環境が与えられれば、ほぼ例外なくすべての人が能力を伸ばせることができるとわかった」

あなたが、自分なりの成功の定義を決めにくいのはなぜだろう？　ほとんどの場合、時間と努力を費やせば、あなたが乗り越えられないものはない。成功の限界について考えるとき、私はいつもスクラブル（単語を作成して得点を競うボードゲーム）が頭に浮かぶ。ナイジェル・リチャーズは、史上最高のスクラブルのプレーヤーで、フランス語のスクラブルの世界チャンピオンである。ウェブニュースサイトの『ファイブ・サーティ・エイト』は次のように報じている。

「公式評価での彼と二位との差は、二位と二〇位の差にだいたい等しい」

リチャーズは二八歳になるまでスクラブルをやったことがなかったが、初めて全国大会に出場したところ、優勝してしまった。フランス語のスクラブルで彼の右に出る者はいない。

おっと、それからもう一つ――じつは、ナイジェル・リチャーズはフランス語を喋れない。

彼に受賞スピーチをしてもらうには、通訳が必要だ。英語のスクラブル界を何年も征したのち、リチャーズはフランス語に目を向け、単語を憶え始めた。彼に単語の意味はわからない。それにフランス語のスクラブルは北米版スクラブルより二〇万語も多く、格段に難しい。彼はフランス語版スクラブルのチャンピオンを志したとき、自分がフランス語を話せないことを理由に諦めようとはしなかった。

私は本書で、成功にまつわる多くのことを述べてきた。山での遭難に学ぶグリットの重要性から、ノーベル賞受賞者たちが結腸内視鏡検査から導きだした幸福の意味にいたる、じつにさまざまなことだ。最後は、シンプルに締めくくりたいと思う（内視鏡検査より不快感が少なくて済むように）。

成功者となるために、覚えておくべき最も重要なことは何だろう？

ひと言でいえば、それは「調整すること（アラインメント）」だ。

成功とは、一つだけの特性の成果ではない。それは、「自分はどんな人間か」と「どんな人間を目指したいか」の二つを加味しつつ、そのバランスを調整することだ。

成功の秘訣は、たとえばあなたの強みであるスキルを最適な職務で活かすこと。周りをギバーに囲まれたギバーになること。あるいは、あなたが前進できる形で社会とつなげてくれるストーリー。あなたを助けてくれるネットワークと、あなた本来の内向性、外向性を活かせる仕事。また、ものごとを習得するときも、失敗した自分を許すときも、たえずあなたを前進させてくれるセルフ・コンパッション。そして、多方面で豊かな人生をつくる四要素間のバランスである。

ローラ・ナッシュとハワード・スティーブンソンはバランスを求めて奮闘した成功者に関する調査についてこう述べている。

自分の価値観と自分なりのスキルを、たがいに増強させるような形で調整する

（連携させる）と、「達成」、「意義」、「幸福」、「育成」に心情面でも打ち込める力強いパワーを生みだせる。とくにあなたの内なる目標の選択が、あなたが参加するグループの方向と一致する場合、得られる成果はさらに大きくなるだろう。

では、どのようにして最適なバランスを見つければいいだろう？　古代デルポイの神殿に刻まれた格言のように、「汝自身を知れ」に尽きる。あなたの増強装置《インテンシファイア》は何だろう？　あなたはギバーだろうか？　それともテイカー、またはマッチャーだろうか？　あなたはどちらかと言えば内向型だろうか？　それとも外向型だろうか？　自信過剰か、それとも自信不足のほうだろうか？　あなたはビッグ・フォーのどれを意識せずに満たし、どれをおろそかにしがちだろうか？

次に、そうした自分の特性と周囲の世界を最適な関係に調整しよう。まずは自分にとって最適な池を選ぼう。あなたの増強装置を活用できる仕事を見つけよう。あなたを前進させ続けてくれるストーリーを作ろう。〝小さな賭け〟をして可能性を広げよう。描いた夢を実現するために、ＷＯＯＰを活用しよう。

なかでも重要な調整は何だろう？　自分が望むような人になっていくのを助けてくれる友人たちや愛する人たちとつながることだ。金銭的な成功もいいが、人生で成功をおさめるには幸福感が必要だ。キャリアでの成功が幸福をもたらすとは限らないが、幸福は成功をもたらすことが調査結果で示されている。人間関係こそが、あなたに幸福をもたらすものだ。研究者でベストセラー作家のショーン・エイカーはこう報告している。

「私が二〇〇七年に一六〇〇人のハーバード大学の学生を対象に行った研究によると、本人が認識している社会的サポートと幸福の相関関係は〇・七だった。これは喫煙とガンの相関性より高い」

満ち足りた社会生活と同じくらいあなたの幸福度を上げようと思ったら、どれほどのお金が必要だろう？　社会科学と関連する経済的問題を扱う雑誌『ジャーナル・オブ・ソシオエコノミック』のデータによれば、年に一二万一〇〇〇ドル余分に稼がなければならないという。

ここでもっと遠い将来まで考えてみよう。人生の最期に臨んだあなたにとって、成功とは何を意味するだろう？　ある研究者がそれを明らかにした。ハーバード大学医学部教授のジョージ・ヴァリアントは、男性グループを大学卒業から死亡まで追跡調査した「グラント研究」を指揮した。数十年にわたる研究を、彼はこう結論づけた。

「人生で本当に重要な唯一のことは、他者との関係である」

あらゆる人間関係や恋愛は、あなたの成功願望にとって不快で曖昧なものだろうか？　そんなことはない。

ヴァリアントとその研究チームは、四七歳になった被験者を、人間関係の充実度によって評点した（結婚して何年か、子どもは何人か、子どもとの信頼関係はどうか、友人は何人いるか、など）。その結果は、被験者たちのキャリアにおける成功度とほぼ一致した。人間関係における彼らの充実度は、さながら水晶玉のように、彼らの収入や、仕事での業績を映しだしていたのである。人間関係で最高点だった被験者は、最低点だった者の二倍以上の収入があった。それとも、人間関係は原因ではなく、結果のほうだったのだろうか？　それは考えにくい。際だって共感的な被験者たちは、自己中心的な者たちの二・五倍の収入を得ていた。

人間関係は、成功の可能性を高めるだけではない。あなたの命も救う。

肝臓移植を受けたスペンサー・グレンドンの話を覚えているだろうか？　最初に深刻な状態になったとき、いずれ移植が必要になるとわかり、友人たちは皆、適合検査を受けた（肝臓は再生するユニークな臓器なので、ドナー、レシピエント双方の肝臓がいずれ元通りに回復する）。その結果、カールの肝臓が適合しやすいとわかった。数年経ち、スペンサーの体調はさらに悪化した。医師たちは万策尽き、ついに臓器移植が必要になった。

カールはドナーになることを快諾しただけではなかった。自分の肝臓が適合するとわかって以来、移植手術に備え、人知れず食事療法や運動療法に励んでいた。いよいよ移植手術の日がきたときに、とびきり健康な肝臓を提供できるように、何年もかけて体調に磨きをかけていたのだ。カールが陰で努力してくれていたおかげで、今日、二人とも健康で幸福だ。あなたも私もカールのような友人に恵まれることを願いたいものだ。自分自身の特性を仕事や周囲の人びとと最適に調和させれば、キャリアの成功ばかりでなく、幸福や満足感につながる上昇スパイラルを生みだすことができる。

私たちの旅も終わりに近づいた。

本書で私は、過去の研究や成功談が示してきた法則が、本当に人生の成功をもたらすのかどうか、真実を究めたいと思った。どこまで成功しただろうか？　それはあなたの判断にまかせたい。もちろん、すべての答えがわかったわけではない。私はただ内向的な蘭で、希望の持てるモンスターで、ふるいにかけられていないリーダーであり、また、ときどき自信過剰でセルフ・コンパッションを育む必要があるマッチャーで、ギバーになることを目指している。それでも私は自分に合った池を選び、素晴らしい友人たちと絆を持てている。私はこれで「充分に満足」だ。

どうか時間を取ってあなた自身を見つめ、ぴったりな池を見つけてほしい。

もっと知りたい人は、私のウェブサイトBakadesuyo.comを訪ねてほしい。新しい記事もご覧いただける。ときに問題のある言葉、「ネットワーキング」と同じく、「著者」などと聞けば人間の爬虫類脳はぎこちなくなってしまうかもしれない。だから、私たちの頭になじみ深い概念のほうを採用しよう――私はあなたの友人だ。どうぞ遠慮なく以下のアドレスまでご連絡を。
ebarker@ucla.edu.
それでは、あなたの人生の成功を心から祈っている。

文庫版　特別付録

コロナ時代を生き抜くために

*2020年3月～4月に配信された
著者のメールマガジン(Barking Up The Wrong Tree)を
翻訳したものです

パンデミック特集1（2020年3月29日配信）

自粛生活を素晴らしいものに変える最も楽しい方法

一九六二年、少女たちのあいだで笑いの集団発作が起こり、原因はまったく謎だった。もっと奇妙なことに、笑いは伝染していった。まるでウィルスのように。

それはタンザニアのカーシャシャにある全寮制の女子学校での出来事だった。数人の少女が笑いだし、止まらなくなった。その奇妙な笑いの発作は少女から少女へと伝染し、一五九人中九五人の生徒が、抑えようのない笑いの発作に襲われた。六週間後、学校は閉鎖を余儀なくされたが、笑いの集団発作はそれでも収まらなかった。

さらにンシャンバという隣り村まで拡がり、二一七人にのぼる少女が苦しむ。そしてブコバという都市までも伝播し、さらに四八人の少女に「感染」した。

この「大流行」は収束までに一年半を要し、一四校が閉鎖に追い込まれ、一〇〇〇人以上の子どもがこの発作に侵されたという。

でたらめな話に聞こえるかもしれないが、これはれっきとした事実だ。それに、この類の話がほかにないわけでもない。

中世には「踊りのペスト」が大流行した。どうにも止められない踊りの発作がヨーロッパじゅうに拡がり、数万人の人びとが感染した。もちろん、これも作り話などではなく、歴史的事実である。

人のネットワークを介して広がるのは、ウィルスとはかぎらない。態度や行動も伝播する。

イエール大学教授のニコラス・クリスタキスの研究によると、ネットワークは、ありとあらゆるものを伝える――ファッションやトレンド、一時的ブームのみならず、喜びや悲しみ、親切、残酷な行為までもが伝染病のように広まるのだ。

私がインタビューした際、ニコラスは次のように語ってくれた。

　私たちの研究で、利他的な行為も卑劣な行為もさざ波のように広がることが明らかになりました。社会的ネットワークは、種を撒かれたものなら何でも拡散します。エボラ出血熱やファシズム、不幸、暴力のみならず、愛や博愛的行為、幸福、情報なども広めるのです。

幸福な友だちを持つと、あなたが幸福になる可能性が九%上がる。逆に不幸な友だちを持つと、七%下がる。つまり幸福は不幸より伝染しやすい。カルマの科学的バージョンだ。

友人の友人の友人まで影響がおよぶという「三次の影響のルール」により、友だちを幸せにしてあげようという小さな計らいは、あなた自身に戻ってくる可能性が十分ある。クリスタキスの研究によれば、過去半年に友だちが幸せになったとすると、四五%の確率であなたの幸福度が上がるという。素晴らしいだろう?

梅毒はマラリアによって退治された

興味深い話をもう一つ。

オーストリアの医師、ユリウス・ワーグナー＝ヤウレックは一九二七年、「発熱療法」(pyrotherapy) によってノーベル賞を受賞した。この印象的な名前の高熱療法は、何万人という人びとの命を救った。まだ抗生物質が発見される前で、梅毒は当時不治の病いだった。

いっぽう、マラリアにはすでに治療法があった。じつは梅毒菌は熱に弱かったのだが、マラリアに罹ると高熱が出る。そこでワーグナー＝ヤウレックは、梅毒患者を意図的にマラリアに感染させ、その高熱で梅毒菌を殺した。次いでマラリアの治療を行うと患者はみごとに快復した。

毒をもって毒を制す? たしかに名案だった。だが、この話の意味するところは何か？

人びとのネットワークはウィルスを広げる――しかし一方で、幸福や助け合い、感謝の気持ち、楽観主義もまた広める。

感染症をもって感染症を制することができるのではないか？　つまり、「火をもって火を制する」だ。

それなら、私たちなりの「パンデミック（世界的流行）」を広げて、それを武器として新型コロナ・ウィルスと闘うのはどうだろう？

これはたんなる比喩、あるいは一種の創作的許容と思ってもらってもかまわない。私はけっして、たった今幸福や善意を人びとのあいだに広めることで、COVID‐19を魔法のように撃退できると言っているわけではない。これほど由々しい問題を軽んじるつもりも断じてない。

しかしこのウィルスと闘い続けるには、私たちはつねにポジティブに、希望を持ち続ける必要がある。たがいに助け合い、励まし合うことが大切だ。体の健康を守らなければならないのはもちろんだが、そのためには、心や気力、感情も健やかに保ち、レジリエンス（心の回復力）をもつ必要がある。

人類の先祖は、この生き物ですらない性悪のRNAウィルスに鋭気をくじかれるために食物連鎖の頂点に立ったわけじゃない。私たちは、希望を失ったりはしない。人類はけっして原始アメーバに先祖がえりして、心を閉ざしたりなんかしない。冗談じゃない、こんなやつに潰されたり、仲間と引き裂かれたりするものか。

ということで、今後も続く闘いに備え、私たちの心をたくましく保つために、ポジティブな感情のパンデミックを起こしていこう。

そう、火をもって火を制するのだ。

コロナを制するために、私たちがコロナ以上に撒き散らすべき4つのもの

コロナを制するために、コロナ以上の勢いで伝播させるべきものは四つ。人とのつながり、助け合い、感謝の気持ち、そして楽観主義だ。

1 人と人とのつながり

『ハッピーな自分になれる一〇〇の魔法』（文香社）によると、あなたの幸福の七〇％は、友だちの数、友だちとの親しさ、家族の親密さ、同僚や近所の人との関係などの「他者との関係」によってもたらされる。

ところが、ソーシャル・ディスタンス（社会的距離）を保つ必要から、今は一人で過ごす人も多い（私も独り暮らしだ）。人と触れあえない時間が増えたことは辛い。とてもこたえる。

ユーゴスラビア紛争で独房に監禁されていた捕虜のＭＲＩ画像には、釈放から数か月経っていたにもかかわらず、重篤な神経障害が見られた。このことから、長期にわたって社会的接触を絶たれることにより、人間の脳は、頭部への外傷に匹敵するような損傷を被る、と考えられるという。

孤独感は、いきなり顔面を殴られるのと同等の衝撃を与える。これは喩えではなく、紛れもない事実だ。

ジャーナリストのヨハン・ハリは著書『失われたつながり』（未邦訳、原題*Lost Connections*）で次のように述べている。

孤独感は、あなたに起こりうる最も衝撃的な出来事と同じくらいコルチゾール濃度を急激に上昇させる。ある実験によると、寂しさを強く感じると、身体的な攻撃を受けた場合と同等のストレスを受けることが明らかになった。深い孤独感に襲われることは、見知らぬ人間から殴打されるのに匹敵するストレスを引き起こすと思われる。

私たちは今、外出の自粛を求められ、程度はさまざまだが、人との接触を減らしている。だからといって孤独に過ごすことはない。妙に聞こえるかもしれないが、まあついてきて。

群衆のなかやパーティ会場で寂しさを感じたことはないだろうか？　故ジョン・カシオポは、孤独を科学的に考察したエキスパートだ。人が寂しさを感じるのは、周りに人がいないからではないとカシオポは言う。他の人とつながらず、分かち合うことができないから、孤独を感じるのだ。人びとに囲まれていても孤独感に襲われるのはそうしたわけだ。

だから、連絡を取り合おう。私たちの目ざすポジティブな感情のパンデミックでは、人とつながっているという感覚を、あまねく広める必要がある。メールを送ろう。電話をかけよう。オンラインで集まって話そう。何でもいい、のろしでも手旗信号でもなんでも……。とにかく、あなたが彼らのことを気にかけていると知らせよう。

いつしか連絡が途絶えている友人はいないだろうか？　そろそろ〝再起動〟する良いタイミングかもしれない。疎遠になってしまったあの人は？　非常事態の今だからこそ、この際アリだと思う。縁をつなぎ直そう。

人とつながっていることが、どれほど良い気分をもたらすかご存知だろうか？　ある調査によると、年に約八三〇万円の報酬を余計にもらうことに匹敵するという。

友人たちと連絡を取り、あなたが彼らのことを思っていることを伝えよう。私たちには、二四時間いつでも指先で操作できる、人類史上最強のコミュニケーション手段があるのだから。COVID‐19は、対面接触によって感染が拡がるが、私たちのポジティブ感情のパンデミックは、直接会わなくても広められる。

2 助け合い

人びとに、なくて困っているものはないか尋ねてみよう。ほかの人たちは、善意以上の何かを、たった今求めているかもしれない。

誰もが救いの手を差しのべるべきだ。一人残らず。そう、身勝手な人でも。少しだけ無私無欲になることは、じつは利己的な人にとっても一番の得策だからだ。

ポジティブ心理学の権威で、ペンシルバニア大学教授のマーティン・セリグマンは『ポジティブ心理学の挑戦――〝幸福〟から〝持続的幸福〟へ』（ディスカヴァー・トゥエンティワン）のなかで次のように述べている。

私たち科学者が発見したのは、親切をするという行為が、私たちの試したあらゆるエクササイズのなかで、幸福度を一時的に増やす最も信頼できる方法だという事実だった。

でももしあなたが、利己的なだけでなく、自己陶酔的な自慢屋だったら？

まったく問題ない。自分がどれほど他人を助けたかをどんどん人に伝え、その功績を認めてもらうことをお勧めする。

そしてほかの人が支援をしているのを見ると、自分も誰かを助けたくなる。この利他的な精神をほかの人に感染させよう。利他主義は、じつは進化の過程で私たち哺乳類の脳に組みこまれている。ラット（そう、ネズミだ）にさえ、恩送りの行動が備わっているのだ。

『親切な進化生物学者――ジョージ・プライスと利他行動の対価』（みすず書房）によると、ラットには、見知らぬラットの利他行動によって恩恵を得れば得るほど、自分もほかの見知らぬラットに利他行動を行うようになる傾向が見られた。

裏を返せば、もしあなたに助けが必要なら、躊躇せず今すぐ求めるべきだ。

たいていの人（それほど利己的でなく、自己陶酔的でもない）は、他者のお荷物になりたくないと思っているが、私たちは、自ら進んで人を助けようとする他者の習性を過小評価しすぎていることがわかった。

調査によると、人びとは、直接助けを求めた相手が応じてくれる可能性を、約五〇％低く見積もっていたのだ。助けの依頼は、幅広い内容で、実験室と自然な場面、双方の設定で行われた。

人助けを広めよう。あなたが人を支援していることをほかの人びとに伝えて、支援の輪を広げよう。そしてもし自分が困っていたら、躊躇せずに救いを求めよう。いつでも連絡を取り合えるようにし、皆が必要なものをすぐ手に入れられるようにしよう。

3 感謝の気持ち

人に感謝することは、誰もが認める幸福因子のチャンピオンだ。感謝の気持ちを忘れない人ほど、落ち込んだり、不安になったり、孤独を感じたり、嫉妬したりすることが少なく、神経質にもなりにくいと調査からもわかっている。

今のような状況では、ありがたく思えることがあまり見つからない、と言う人もいるだろう。確かにそうかもしれないし、そうでないかもしれない。

つまり……そのどちらでも構わないのだ。感謝したいことが見つからなくてもいい。大事なのは、見つけようとすることだと、ＵＣＬＡの神経科学者アレックス・コーブは著書で述べている。

最も重要なのは、感謝したいことが見つかることではない。見つけようと意識を向けることだ。感謝を忘れないことは、「心の知能指数（ＥＱ）」の一つの形である。ある調査では、感謝の気持ちを持つことは実際に、腹内側前頭前皮質《ふくないそくぜんとうぜんひしつ》と外側前頭前皮質における神経細胞の密度に影響をおよぼすことがわかった。こうした密度の変化は、心の知能指数が高まるにつれて、この領域の神経細胞がより強力になることを示している。つまり単純に、ＥＱが高くなるほど、感謝しやすくなるのだ。

感謝の気持ちを広げよう。

ありがとうのメールを送ることは、二人の人間を幸福にし、ポジティブなパンデミックを広げる最高の方法だ。

ハーバード大学でポジティブ心理学を教えるショーン・エイカーによる実証研究も、このことを裏づけている。

あなたができる最も簡単なことは、二分ほどで知人の誰かに感謝や賞賛のメールを送ることだ。私たちはフェイスブック、ＵＳフーズ、マイクロソフト社の協力を得てこの調査を行なってきた――二一日間続けて、毎日社内の誰かを称える、または相手に感謝するメールを二分ほどで書いて送ってもらった。そう、それだけ。その結果、組織内での幸福度の最も重要な指標である人と人のつながりが劇的に増加したのだ。

それから、ステイホームを一緒に過ごす人のことも忘れてはならない。たった今、不本意ながら毎日二四時間のリアリティ番組に参加させられているような生活で、パートナーとの関係に試練を課せられているという人もいるだろう。

そんなときには、パートナーに感謝を伝えることがとても大切だ。ノースウェスタン大学のエリ・フィンケルの研究によると、パートナーの片方が相手のしてくれたことに感謝の気持ちを抱くだけでも、二人の関係への双方の満足度が高まることがわかった。これってお得な話じゃないだろうか？

ただし、ただおざなりに「ありがとう」とつぶやいてもあまり効果はない。感謝が口にされるだけでは効果がないことも明らかになっている。だからあなたのパートナーや配偶者がしてくれたことに、心の底から感謝することが重要だ。

さて、それではコロナを制するための仕上げといこう。人びとの幸福感のみならず、グリット（やり抜く力）も高め、ついでに幸運までも引き寄せる方法がある。いったい何を広めればいいだろう？

4 楽観主義

調査結果によると、楽観主義は、幸福感、健康、レジリエンスや幸運まで高めることがわかっている（そう、幸運まで——なぜなら楽観主義だと心がオープンになり、新しい機会に恵まれやすいからだ。何にでもノーと言っていたらチャンスは訪れない）。

しかし、過度に楽観的だと、問題を軽視しかねないので危険だという意見もあるだろう。なるほど、それは正しい。私たちは楽観主義でありながらも慎重さも怠らず、深刻な問題をおろそかにしないようにするべきだ。

そのためのガイドラインとはなんだろう？　「失敗したときのコストは何か」を常に自問する、がその答えだ。マーティン・セリグマンは著書『オプティミストはなぜ成功するか』（パンローリング）で、次のように述べている。

楽観主義を用いるかどうかの基本的な指針は、特定の状況で失敗したときのコストを自問することだ。パイロットがもう一度翼の除氷を行うべきかどうか、パーティーで飲んだあと、車で帰ろうかやめておくか、はたまた、結婚生活に不満を抱く夫（妻）が、ばれたら離婚にいたる不倫関係を始めるかどうか――こうした判断は、楽観的に下すべきではない。これらの状況で失敗したときのコストはそれぞれ、墜落死、交通事故、離婚である。そうしたコストを軽視するような選択は不適切だ。いっぽう、失敗したときのコストが低い場合には、楽観主義を適用しよう。

たとえば、あなたに深刻な病気の徴候があるなら、そのうち自然に治るだろうと楽観して放置してはいけない。しかし、判断が間違っていたときのコストが、自分の思うとおりにいかなかったと軽く失望する程度で終わるなら、楽観主義でいくのがお勧めだ。

こうしたポジティブな気持ちを人びとに広めよう。楽観主義がレジリエンスを高める効果はとても強力なので、アメリカ陸軍では、兵士たちに楽観的な思考を教えるプランまで導入している。そしてレジリエンスと言えば、今日誰もが必要としているものなのだ。

笑顔の力はチョコレートバー二〇〇〇本分

大勢の人たちに楽観的になってもらうためにも、人びとを励まし、勇気づけるベストの方法についても見ておこう。

それは笑わせることだ。ユーモアは、ストレスや恐怖を和らげてくれる最高の緩衝材なのだ。

「ユーモアとは、思考や概念で遊ぶこと」だと、ウェスタン・オンタリオ大学で心理学を教えるロッド・マーティンは言う。

何かを面白いと思うたびに、私たちは別の視点から物事を見ている。ストレスフルな状況に陥り、押しつぶされそうなとき、人びとは一つの考えにはまり込んでいる――「とても耐えられない。ここから抜けださなくては」。だが、そこでもしユーモラスな見方ができたら、あなたは自分が置かれた状況を別の観点から見ていることになる。つまりあなたはもはや、硬直化したマインドセットから抜けだせているのだ。

今はハグし合えないから、笑いを送り合おう。友人とだけ通じる内輪ネタや、愉快な思い出話はないだろうか？　爆笑間違いなしの……。ぜひそれを友だちにメールしてみよう。

表情フィードバックに関する多くの研究によって、笑顔になるととても良い気分になることが証明されている。イギリスでヒューレット・パッカード社と調査を行なった研究者たちは、ｆＭＲＩ（磁気共鳴機能画像法）と心拍数モニターを使用して、笑顔が脳の報酬系を、非常に強力かつ驚くべき方法で刺激することを突きとめた。誰の笑顔を見るかにもよるが、なんと最高でチョコレートバー二〇〇〇本分（！）に相当する快感と刺激が脳にあたえられることを発見したのだ。

幸福感、健康、レジリエンス、幸運は、いずれも今、喉から手が出るほど渇望されているものだ。だから楽観主義を広めよう。これは、「幸福衛生」の新しいエチケットだ。

もちろん、手洗いのほうも忘れずに。そう、もう一度。

ところで、幸福研究のエキスパート、セリグマン教授が紹介してくれた、あなたが八〇歳になったとき元気で幸せかどうかを予測する〝魔法の質問〟は何だっただろうか？

「あなたに、朝の四時に電話して、安心して悩みを打ち明けられる相手はいるだろうか？」

その答えがイエスなら、ノーと答える人びとより長生きできる可能性が高いだろう。この事実を発見したハーバード大学の精神科医、ジョージ・バイヤンによると、ここで鍵となる究極の強みは、〝愛される力〟だという。

多くの場合、人間関係こそが、私たちの幸福と長生きへの鍵である。このことを、今こそ心に留めるべきだ。そして、人びとに広く行き渡らせるべきだろう。

そこでまず私からあなたへ‥


あなたが元気で過ごされることを願っている。

今あなたが読んでくれたことが、あなたの一助となることを願っている。

最後まで読んでくださってありがとう！

近いうちに必ず、事態が良い方向へ進むと信じている。

この四行のメッセージとともに、私からあなたへ、つながり、助け合い、感謝、そして楽観主義が広がっていくことを心から願っている。

私は、ポジティブなパンデミックの患者第一号になることを誇りに思っている。さあ、あなたの大切な人びとにポジティブな気持ちを広げよう。誰もが今それを求めている。

パンデミック特集2（2020年4月8日号）

レジリエンスこそ命――心の回復力を高めるには

「黒死病」――ただならぬ不穏さを感じさせる名前だ。

地震の規模を指標値（マグニチュード）で表すリヒター・スケールになぞらえ、歴史上の大惨事の規模を表した「フォスター・スケール」なるものがある。そのリストで堂々二位に登場するのが黒死病だ。死者数、物理的破壊、精神的苦痛の大きさでそれを上回ったのは、第二次世界大戦のみだと、フォスター・スケールの考案者でカナダの地理学者、ハロルド・D・フォスターは言う。

COVID‐19の致死率については意見の分かれるところだが、それでも一桁台にとどまる。一四世紀に広がったとされる腺ペストでは、死亡率が六〇％に及んだ。過去七〇〇年の人口増加を考慮し、仮に黒死病が今日大流行したとすれば、じつに一九億人が命を落としたことになる。

一三四七年～五二年に、ヨーロッパの人口の三分の一が黒死病で死亡した。たった五年で人口が七五〇〇万人から五〇〇〇万人に減少したことになる。もちろん、各国の死亡率は均等ではなく、最高だったイギリスの死亡率は五〇％に達した。わずか二年で人口が半減したのだ。

フィレンツェの人口も半減した。死者を弔う教会の鐘はやがて鳴りやまなくなり、人びとの士気に響くという理由で鳴らされなくなった。

当時の人びとは、疫病の原因がペスト菌だと知るよしもなく、それどころか、細菌の存在さえ知らなかった。もっぱら超自然的な説明がまかり通り、ある者は神の怒りのせいだと信じ、またある者は吸血鬼の仕業だと言った。パリの医学界は、「一三四五年三月二〇日午後に起きた土星、火星、木星の合」（太陽と惑星が地球から見て同じ方向にくること）が黒死病の原因だという声明を出した。

不可解で説明できないものを防ごうと、気力を奮い立たせるにはどうすればいいのか。人びとには、ただ祈るしか術がないようだった。

そんななか、一つの都市が立ちあがった。その都市は、科学的思考と刷新を取り入れたしなやか（レジリエント）な発想で黒死病に反撃を挑んだのだ。

今こそ見習うべき「レジリエンスの祖」ヴェネツィア

それはヴェネツィアだ。

当時、国際貿易ハブ港として繁栄をきわめたヴェネツィアは、瞬く間に黒死病蔓延の中心地となり、人口の六〇%が命を落とした。当初は大敗北を喫したヴェネツィア人たちだったが、ノックダウンされたわけではなかった。

もちろんヴェネツィア人にとっても、黒死病の原因は皆目わからず、この病気の治療は選択肢になかった。

代わりにとった戦略は、レジリエンス（回復力）に焦点をおくことだった。たとえば、ハリケーンを止められないのなら、風にたわみながらも跳ね返す、しなやかな木になればいい。彼らは実効性があるもの、ないものを徹底的に検証し、改良を加え、今日でも用いられるレジリエンス管理の実践的な対策を数々生みだした。

たとえば、ヴェネツィアはペストが流行した当時、「検疫（quarantine）」という言葉を作った。検疫という行為そのものを発案したわけではないが、それを改良し、非常に効果的な策にしたのだ。

ラグサ共和国（現在のクロアチア）はすでに汚染地域からの外国船を、入港前に三〇日間沖に停泊させ、黒死病の封じ込めに一定の成果をおさめていた。ヴェネツィアはその方法を取り入れ、詳細な記録をつけた。そのデータに基づき、停泊期間を四〇日間に延長したのだ。のちに近代医学は、腺ペストの感染から死亡まで三七日間要することを発見した。なかなかやるじゃないか、中世ヴェネツィア。まさに実効性のある対策を講じていたわけだ。なぜ効いたのかは理解していなかったにせよ。

ギリシャや南欧諸国の多くは、一六～一七世紀にも度々ペストの大流行に見舞われたが、ヴェネツィアやその支配下にあったイオニア諸島ではその間、小規模な流行を見るにとどまった。

新型コロナウイルス感染症（COVID‐19）は黒死病ではないし、あなたは都市のように大きくて複雑なシステムではない（家にいると、都市ばりの量のスナックを食べているかもしれないが……）。

それでも私たちは、自分と大切な人たちのために、これからも強く、しなやかに闘っていかなければならない。新型コロナウイルスの撃退は疫学者たちに委ねるにしても、ヴェネツィア人の粘り強くしなやかに立ち直る、レジリエンスの精神から学ぶところは大きい。

折れない心を持つ極意

困難な状況でも前進し続けるために、メンタルの強さを保つにはどうすればいいだろう？　幸運にも、私たちは中世のヴェネツィア人より豊富なデータを入手できる。

ということで、パンデミックに直面しても心の強さ、しなやかさを失わずにいられるように、学術的な研究成果や過酷な状況から生還した人、米軍特殊部隊員から学べることとは何だろう？

1 ポジティブな心のつぶやき

少し前に、私は米海軍爆発物処理チームのリーダーにインタビューをした。その際に、リーダーの上官が海中で不発弾処理にあたっていたときの話を聞いた。その上官は海底にはまり込み、身動きできなくなった。次の瞬間、上官の頭に浮かんだことは何だったか？

「呼吸ができている。これはいいぞ。ほかにできそうなことは何だろう？」

つまり、「物ごとの明るい面を見る」という姿勢だ。

スティーブン・M・サウスウィックとデニス・S・チャーニーは、二〇年にわたって、困難な状況から回復する能力をもったレジリエントな人びとについて研究を行ってきた。ベトナム戦争で捕虜となった退役軍人や米軍特殊部隊の教官に加えて、深刻な疾患や虐待、トラウマなど壮絶な体験を克服した一般人にもインタビューを行った。逆境から立ち直った人びとに共通して見られたものは何だったか？

それは楽観主義だ。

爆発物処理チームの上官もそうだった。まず良い面に目を向けつつ、現状を客観的に捉えられたことで、あくまでも冷静に、自分がコントロール可能なことに集中し、問題解決に向けて適切なステップを踏むことができた。リーダーはそのときのことを次のように語っている。

上官が言ったんだ。「自分の指をひくひくさせたり、体に巻きついた配線を揺り動かしたり、そのときの状況次第で何でもいい、わずかでも改善できることがあれば、それをすることだ。一つ、また一つと、できることをやっていけば、悲観のスパイラルではなく、ポジティブ思考の連鎖を引き起こせる」ってね。すると、取り組んでいる作業が何であれ、頭のなかで技術的な要素がひらめきだすんだよ。そこで自分にこう言う。「これははたして非常事態か？　ああ、だが真の非常事態とは、打つ手が何もない状況を言うんだ。さて、この状況を少しでも好転させるために、つぎにやるべきことは何だ？」

くり返すが、彼は海中にいて、手足の自由がきかず、爆弾のすぐ横にいた。それでも、最悪の事態だと認識していなかった。

解決策が何もない状況にいたってはじめて非常事態だと言える――これぞ楽観主義だ。しかし毎日二四時間、ニュースで死亡者数が報じられる状況で、いったいどうすれば楽観主義を保てるのか。じつは、鍵を握るのはあなたの頭のなかの声だ。

何せ人は、一分間に三〇〇～一〇〇〇の言葉を頭のなかで呟いているのだ。だから、自分にかける言葉はポジティブでなければならない。このことは、オリンピック選手や海軍特殊部隊シールズの隊員も認めている。あるオリンピック選手はこう語った。

大切な試合の直前、僕は気持ちを高めた状態を維持しようとしていた。ひたすら自分をリラックスさせ、これから臨むことについて、自分自身にポジティブな言葉をたくさんかけようと心がけた。僕らがうまくいかないはずがないと感じた。すべては自分たちにかかっている。そこで自分に言った。「マイナスの形で影響をおよぼすものは何もない。あとは精いっぱいやるだけだ。僕らならできる。そう、僕もベストを尽くすのみだ」ってね。

本書でも述べたように、「ポジティブな心のつぶやき」は、米海軍が、特殊部隊シールズの合格率を二五％から三三％に上げるのに用いた四つの方法の一つだ。

私たちは、他者にかける言葉はあれこれ慎重に考える。この大変な時期を粘り強く乗り越えるために、自分にかける言葉にも配慮しよう。できるだけポジティブな言葉で語りかけよう。

前向きなセルフトークは、あなたの脳を安定して落ち着いた状態にしてくれる。とはいえ、脳も体の一部だ。だから体のほうも強く、しなやかに保たなければ……。

2 体力づくりをする

最もレジリエントな人びとは、体を強く保ってくれる良い運動習慣を持っている。このことは、サウスウィックとチャーニーの調査でもくり返し証明され、その共著『レジリエンス：人生の危機を乗り越えるための科学と一〇の処方箋』（岩崎学術出版社）でも紹介されている。

「運動による適度なストレスは、人生で困難に直面した際のストレス耐性を高めてくれる」

激しい有酸素運動をしているあいだ、「不安感受性」の高い人たちは、不安感が高まったときと同じ身体感覚（心拍数の増加、発汗、速い呼吸）に耐えることを強いられる、と研究者たちは考えている。精力的に有酸素運動を続ける者は、時間が経つにつれ、これらの症状が危険でないことがわかり、恐怖心が徐々に弱まっていくという。

さらに、身体的に準備が整っていると実感すると、人の意識も変化する。

私が特殊部隊中佐のマイク・ケニーにインタビューしたとき、次のように教えてくれた。体調が万全であることは、精鋭隊員たちに自信とコントロール感をあたえ、彼らの武器となる上昇スパイラルを生みだすのだと。

人びとがつい忘れがちなのは、身体的準備には、たんに体を鍛え、体調を整えるだけでなく、精神を整える意味合いもあるということさ。身体的に準備が整うと、精神面もスタンバイOKとなる。「さあ、準備万端だ。求められる基準に達したから、任務を果たせるぞ。このレベルに達してるから、もうどんな難題が来ようと、十分応えられるはずだ」ってね。

人は、体の強さを実感できるとき、メンタル面でも強くなれる。

というわけで今、あなたの心はポジティブで、体の準備も整った。ではいよいよ、待ち受ける試練にどう立ち向かったらいいだろう？

3 ゲームに見立てる

さまざまな人から何度となく話を聞くうちに、あることに気がついた。彼らの話に共通するコンセプトの一つは、「ゲームに見立てる」だったのだ。

知らなかった？　いやいや、忘れただけだ。この本を読み返すこと！（145ページ、149ページ）

思い出したら現実に向き合おう——今日の状況は、日常生活というよりもはやSFに近い。何しろ排気弁つきのマスクを着けて歩きまわっているんだから。この際、現状を受けいれ、流れに順応してやっていこう。ゲームが難しいからって、私たちは投げだすだろうか？　むしろ逆で、嬉々として遊び続けるだろう。それがゲームの魔力だ。

そこで、この難局を不便・不自由な障害ではなく、ビデオゲームでの挑戦と捉えよう。あなたは家に閉じこめられたウスノロではない。食糧を求めて大惨事後の世界に立ち向かう勇士だ。

ばかげてる？　そうかもしれない。でもこんなときだからこそ、途方もなくばかげたことだってやれる。しかも、その効果はばかにならない。

たとえば、「やることリスト」の項目をゲームのレベルに見立てて、一つやり遂げるごとに自分にご褒美をあげよう。マリオ、君なら必ず姫を救いだせるさ。間違いない。

そんなわけで、ちょっとだけばかになろう。実際、私たちには「しょうもないこと」がもっと必要だ。なぜなら、研究者たちや極限状態のサバイバー、特殊部隊の精鋭隊員たちがこぞって言っているからだ。過酷な時を乗り越えるには、次に紹介するものが欠かせないと……。

4　ユーモアを忘れない

海軍特殊部隊シールズやレンジャー部隊、陸軍特殊部隊グリーンベレーと聞けば、アクション映画のヒーローよろしくストイックで気迫みなぎる姿を思い浮かべるかもしれない。

もちろん、彼らは真剣になるべきときはこのうえなく真剣だ。だが私がインタビューをする度に、彼らは口を揃えて言った。過酷を極めた状況を耐え抜いてこられたのは、ある不真面目なもののおかげだと――それは笑いだ。

米陸軍レンジャー連隊のジョー・アッシャーは、最も過酷と言われる訓練を乗り越えられたのは何のおかげだと言っただろう？

「いいかい？　レンジャースクールで一日一回笑えたら、なんとかやり遂げられるんだ」

海軍特殊部隊シールズのジェームズ・ウォーターズも同じことを言った。

「とにかく笑って楽しく過ごすことだ。自虐ギャグでも何でもね。僕も親友も笑って地獄の入隊訓練をくぐり抜けたのさ」

思い出してほしい。中世のヴェネツィアは、理由はわからないまま、とにかく黒死病の撃退に効果的な方法を見つけた。でも、科学がそれに追いつくには時間を要しただろう？　笑いの効能もそれと同じだ。

ストレスへの対処法としてのユーモアの効能に関しては、数多くのエビデンスがある。退役軍人、がん患者、外科手術患者をそれぞれ対象とした研究によると、ストレスフルな状況での威圧感を軽減するためにユーモアが用いられると、人びとのレジリエンスやストレス耐性に効果をおよぼすことが明らかになった。

今なら、ユーチューブの面白ビデオを存分に観られる。ほかの用事を先延ばしにしてるわけでもない。誰かに何か言われたら、だってこれは、現代のヴェネツィア人が科学的にレジリエンスを高めるシステムのキモなんでね、と言い返せばいい。

「それいったい何のこと?」と訊かれたら、ただ笑ってやり過ごせばいい。

とはいえ、四六時中笑っているわけにもいかない。とても深刻な脅威を乗り越えるには、真剣さもいくらか必要だ。

5「意味」を受けいれる

悲惨な出来事を乗り越えた人びとを調査した研究者が見いだした、まさに一番重要なことは何だっただろう? サウスウィックとチャーニーのレジリエンス論によると、次の通り。

「悲惨な出来事とそこからの回復を説明するうえで、当事者の宗教的信仰が、最も大きな力である」

では、もしあなたが信心深くなかったらどうすればいいだろう?

問題ない。もっと幅広く調査結果を調べたところ、重要なのは、何らかの形で人生の意義を見いだしていることだとわかった。そして多くの場合、それは他者との深い絆である。

サウスウィックとチャーニーによれば、精神的にレジリエントな人びとには、強い道徳観が共通して見られたという。自分の生命が脅かされるような状況でも、自分のことばかりでなく、彼らはつねに他人を思いやる。

インタビューを通じて、レジリエントな人びとの多くは、過度なストレスに曝される期間、およびその後の回復過程において、精神的な支えとなる強い道徳観を持つことに気づいた。また、利他的行為――無私無欲で他人を思いやること、見返りを求めず他人にあたえること――が彼らの価値観や「道徳的指針」の中心であることも多かった。

宗教活動によって得られる力の多くは、コミュニティの一員であることからもたらされる。だから、自分が信仰していないものと関わる必要はないが、自分の目的意識を高めてくれるコミュニティに参加することは望ましい。

たとえば、レジリエンスと宗教の関係はある程度、宗教活動に参加する際の社会的質によって説明される。religionの語源は、ラテン語のreligareで、「結びつく」という意味だ。礼拝などに定期的に出席する人びとは、宗教と縁のない人と比べて、より深くて幅広い社会的サポートが得られる可能性がある。

外出自粛が求められる今、私も含めて多くの人は独りで過ごしている。だが独りでいれば孤独なわけではない。メールでも電話でも、はたまた霊界と交信する文字盤でも、たがいにつながれば、私たちはきっと粘り強くやり通せるだろう。

「ソーシャル・ディスタンス」はとってはいけない

さて、新ヴェネツィア市民たる諸君へ。

最後に、もう一つ付け加えておきたい。

人とのつながりを通して、人生の困難の意味を受け入れること。

それから始めよう。危機的状況のサバイバーたちは、自分のことを一番に考えたから生き延びられた、とあなたは思うかもしれない。

それは間違っている。ローレンス・ゴンサレスが、生死にかかわる状況を生き抜いた人びとについて調査を重ねたところ、その結果わかったことはまさに正反対だった。『緊急時サバイバル読本　生き延びる人間と死ぬ人間の科学』（アスペクト）で明かした通り、他者を助ける人間のほうが、生き残る可能性が高かったのだ。ゴンサレスは言う。

ほかの人を助けることこそ、自分の生存を確保する最善の方法である。自分以外を気遣うことで、人はわれを忘れる。恐怖を乗り越えることができる。あなたはもはや被害者ではなく、救護者となる。自分のリーダーシップとスキルが他者を勇気づけるのを見て、危機に耐えるあなた自身の集中力とエネルギーが高まり、好循環が生まれる。あなたが他者を励まし、彼らの反応があなたを精神的に支える。また、たった独りで生き抜いた人びとの多くは、彼らを待つ誰か（妻、恋人、母、息子）のことを想って生き延びようとしたと報告している。

ヴェネツィアは島かもしれないが、あなたは違う。私たちはともに同じ危機に立ち向かっているのだ。

そう考えると、「社会的距離（ソーシャル・ディスタンス）」は、ちょっと腑に落ちない表現だ。

今、感染拡大を防ぐために重要なのは、人びとの「物理的距離」を取ることだ。

そのいっぽうで私たちは、社会的にはできるだけ親密でいる必要がある。

パンデミック特集3（2020年4月21日号）

非常時における毎日の習慣

ステイホーム8日目。わが家はまるでラスベガスだ。分きざみでお金が飛んでいき、昼夜を問わずカクテル飲み放題。そして、今いったい何時なのか誰にもわからない。というわけで……ついつい乱れがちな日々の習慣について、今日はお届けしてみよう。

コレラ禍を食い止めた意外な人物

わずか五日で、五〇〇人以上が命を落とした。死亡者は皆、街のある一角の住人だった。それも子どもの犠牲者がありえないほど多かった。一八四五年、史上最悪のコレラ禍がロンドンを襲ったときのことだ。感染源は謎で、それが判明するまで子どもが死に続けた。

コレラ菌が小腸で増殖すると、脱水症状が起こり、やがて臓器不全に陥る。ではどうやって人の腸から腸へと伝染するのか。まあ、下水と飲料水が混ざるのはよろしくないとだけ言っておこう。今日先進国で、コレラが蔓延したという話を聞かないのはそのためだ。下水処理の過程できちんと滅菌されているからだ。

しかし一八五〇年代、人びとは微生物が存在することさえ信じていなかった。まだ細菌論が確立される前で、妖精と同様に想像世界のものと見なされていた。

かわりに、「悪臭」が病気の原因だと考えられていた。ああ、本当だとも。

この「瘴気説《しょうきせつ》」が幅をきかせているあいだ、ロンドンでは子どもが死に続けた。当時のコレラ菌株では、感染から死亡までが一二時間以内だったという……。

一八四五年のコレラ禍をくい止めたのは、およそヒーローらしからぬ二人の人物だ。彼らの職種や経歴はまったく異なり、どちらも疫病対策を本業としていなかった。しかしこの難局を見過ごさずに、受けて立った点では共通していた。ロンドンじゅうが恐怖に慄《おのの》いていたとき、彼らは思わぬ手腕を発揮し、みごとに対処した。

ジョン・スノーはわざわざコレラに関わらなくてもいいほど、すでに名声をきわめた医師だった。

ヴィクトリア女王が第八子を出産する際、麻酔医を務めたほどの第一人者だ。それなのに、誰に頼まれたわけでもなく、スノーはコレラ禍に立ち向かったのだ。『感染地図：歴史を変えた未知の病原体』（河出書房新社）ではこう描写されている。

その男は、自らが先駆者となった麻酔法でヴィクトリア女王に仕え、当時の医療の頂点に君臨したにもかかわらず、少しでも時間があればロンドンの最も危険な界隈で数百軒の扉をたたき、当時最も恐るべき病に侵された家を探しまわった。その恐れ知らずの執拗さ、医師としての成功と王室からの引き立てという安全圏から踏みだす覚悟がなければ、スノー自身が「壮大な実験」と呼んだ試みは、徒労に終わったことだろう。

スノーは、瘴気説はナンセンスだと確信していた。コレラは飲み水を通して拡がると考えていたのだ。怪しいと睨んだのはブロード街の公共給水ポンプだった。スノーは犠牲者が発生した地点を地図に記し、それらが、住人たちが水を汲んでいた場所から放射状に広がっていることを突きとめた。

しかし、スノーはまだ、瘴気説論者から投げかけられる疑問のすべてには答えられなかった。疫病の発生源は何なのか？ 子どもが次々死んでいくのに、未亡人たちが無事なのはなぜか？ ポンプ近くの工場で働く工員たちはどうして感染しないのか？

スノーは、こうした疑問を課題ととらえ、その解明に力を尽くした。それは、患者の命が刻々と奪われていくなかでの時間との闘いだった。

そして答えを見つけた。

どうして工員たちは無事なのか？ この辺りの民間工場はどこも専用の給水ラインを

持っていることがわかった。また、ブロード街のライオン醸造所で働く労働者たちは井戸の水を飲まず、賃金の一部として支給されるビールを飲んでいた（終業まで仕事の効率が落ちなかったのかどうか定かではないが、とにかく誰もコレラで死ななかった）。

スノーは、作成した地図を教区役員会に提出した。役員たちは「病原菌」とやらのばかげた理論を信じなかったが、市民は続々と死んでいく。ほかに選択肢もなかったので、ポンプの柄を取り外したところ、急増していたコレラによる死者数はみるみる減少し、ゼロに近づいた。

とはいえ、スノーにとってこれはまだ小さな勝利で、飲み水媒介説が受けいれられたわけではなかった。未亡人は無事で、子どもばかり犠牲になる理由は、まだ説明できない。コレラがどのように発生したのかも謎のままだった。このままでは流行が再発するのも時間の問題と思われた。

そこへ登場したのが牧師のヘンリー・ホワイトヘッドだ。

瘴気説を信じるホワイトヘッドは、スノーの言うことはでたらめだと思い、このもったいぶった医師の説を反証したいと考えた。べつに素人疫学者を気取って走り回る必要もなかったのだが、教区の信者を訪問するのがしだいに精神的に苦痛となっていた。そこで自ら謎の解明を買って出て、この難題に立ち向かった。

じつのところホワイトヘッドは、どちらかというと教会より居酒屋にいるほうが多い牧師だった。だがそれが強みになった。なにしろ教区の住人すべてと顔なじみだ。スノーは死んだ人について調べ、ホワイトヘッドは生きている人と話した。この界隈に住む四九七人のみならず、高まる死者数に脅えてほかへ移り住んだ者も追跡して連絡を取った。

ホワイトヘッドが地道な聞きこみで集めた証拠はことごとく、瘴気説ではなく、スノーの説が正しいことを裏づけていた。

教区民たちとの話から、水汲みは子どもたちの仕事で、ポンプから直接水を飲むこともあったとわかった。そのせいで犠牲になった。かたや未亡人には、ポンプの水を汲みに行ってくれる者がいなかった……だから無事だったのだ。

感染症のカギを握る「ペイシェント・ゼロ」

スノーとホワイトヘッドは力を合わせることにした。一人は科学に精通し、もう一人はこの教区を熟知していた。飲料水媒介説を証明して疫病を永久に止めるために、彼らはまず、初発症例（ペイシェント・ゼロ）を追った。一人目の犠牲者は誰だったのか？

死者の出た日を調べていったが、はっきりとした証拠がつかめず、作業は行き詰まった。そこで、死亡者記録の範囲をさらに広げて調べた。

すると、コレラの流行前にブロード街近くで赤ん坊が「極度の消耗」で亡くなったという告知が、たまたまホワイトヘッドの目に入った。ひどい下痢を患い、激しい脱水状態で亡くなっていた。

ようやくたどり着いた。ルイスさんの赤ん坊がペイシェント・ゼロだったのだ。しかし、その子がどのようにして流行の発生源になったのか？

スノーとホワイトヘッドは赤ん坊の母親を訪ねた。彼女もまたホワイトヘッドの顔見知りだった。母親は家の中をきれいにしていた。悪臭などみじんもない。病気の子の汚れたおむつも室内に置かないようにし、家の裏にある汚水溜めに捨てていた。そしてその汚水溜めの水が、ブロード街のポンプに流れこんでいることを二人は突きとめた……。

考えただけでゾッとするが、とにかく謎は解けた。一九世紀後半になり、細菌論が受け入れられるにしたがって、瘴気説は忘れ去られていった。コレラの大流行も過去のものとなった。

スノーは、感染症疫学の父として知られている。今日、新型コロナウィルスの関係でよく耳にする「感染経路の特定」も、元はと言えば、スノーとホワイトヘッドが感染地図を作り、ロンドンの家を一軒一件回ったところから始まったのだ。

彼らは、文字通り世界を変えた。疫学の進歩はひとえに、何の義務もしがらみもなく、見過ごすこともできた二人が、自ら難題に立ち向かってくれたおかげなのだ。

「たしかにいい話だけど、それで？」って言いたくなる人もいるだろう。言っておくが、次のフライトで武漢へ飛んで感染地図を書きだすように、などと言うつもりはない。大半の人はまだ外出自粛中で、ネットフリックスで『コンテイジョン』や『アウトブレイク』『アイ・アム・レジェンド』などのテレビドラマを見続けているだろう。

コロナ鬱への対処法はストア学派に学べ

だが、新型コロナウィルスに感染していてもいなくても、私たちは皆この病気の影響を免れられない。ストレス量はとてつもなく、グラフの外へはみ出しそうだ。お金の心配に孤独、失業の不安……。そして非感染者は、自分たち自身の疫病にも直面する――いわゆるコロナ鬱である。

頭がボーッとする。

悪夢を見る。

私たちは家に閉じ込められ、ただひたすらこの生活が終わるのを待っている。

正直なところ、マヒしたような状態だ。

本当は今、こんなことをしている場合じゃないのに。自分や大切な人びとがパンデミックを生き抜き、対処していけるように、しなくちゃならないことがたくさんある。

それに加えて、コロナウィルスで激変した世界で暮らしを立て直すためにも、やるべき仕事がもっとあるだろう。問題に取り組むための資源がないことと、取り組もうとする意志がないのは別の問題だ。
まずこの停滞感を打破するには、どうすればいいだろう?

瘴気説を唱えたのは、古代ギリシャ人だ。もちろん、その考えは間違っていた（微生物学に関して古代人の知恵を頼るのはやめよう）。でも心理学について、古代ギリシャ人から学べることは多い……。

そう、あらためてストア学派に学ぶべきときだ。彼らは、目前の困難を別の視点からとらえなおせば、ソファから立ち上がって闘う意志を見いだせることを教えてくれる。

ライト州立大学の哲学部教授ウィリアム・アービンは次のように分析する。

ストア学派の心理学への貢献は、とりわけ印象的だ。じつはストア派の、人生の苦難を神からの試練ととらえる戦略は、現代の心理学者たちが再発見して「フレーミング効果」と名づけた、物事に対する認識法に基づいている。それは、ある状況を私たちが精神的にどう捉えるかによって、その状況に対する感情的反応が大きく変わるという概念だ。人間は、自分が経験する状況をどのような視点で捉えるかというフレーミングにおいて、かなりの柔軟性を備えているとストア派は気づいていた。もっと正確に言えば、さまざまな障害や挫折を自分への試練だと捉えることにより、私たちは、それらに対する感情的反応を劇的に変えることができると、ストア派は見いだしていたのだ。

あらゆる危機に使える「リフレーミング」の技術

では私たちは、新型コロナウイルスのパンデミックがもたらす問題を、どのように別の視点から見ること（リフレーミング）ができるだろう？

スノーとホワイトヘッドも、リフレーミングによって、コレラの流行を撃破した。二人はそれぞれ、このパンデミックをやりがいのある課題だと見なした。ホワイトヘッドにとってのそれは、コミュニティの人びとを救うための使命であり、スノーにとってのそれは知的パズル――「壮大な実験」だった。どちらもへこたれず、諦めもせず危機に立ち向かい、立派に仕事をやり遂げた。それぞれにとっての課題が、彼らにエネルギーをあたえたのだ。

偉大なストア哲学者、エピクテトスは言っている。

「人の真価は、逆境において証明される」

だから苦難に遭ったら、トレーナーたる神が、自分を屈強の若者と取り組ませたのだと思えばいい。何の目的で？　オリンピック級の素材に磨き上げるために。

とはいえ、目的をはたすにはひと汗かかなければならない。私に言わせれば、競技者が最高潮の状態にある敵を自分の鍛錬に活用するがごとく、あなたにこの苦難を活用する心構えがあれば、ほかの誰よりも、得難い試練とすることができるだろう。

人生の苦難は試練である。あなたのレジリエンスと柔軟な適応力に対する試金石だ。しかし、あなたの意思を打ちのめすようなものではなく、それに立ち向かうあなたをより強くしてくれるものだ。この試練を乗り越えるには、心の平静を保ちながら、いかなる障害も粘り強くしなやかに解決する方法を見つけなければならない。これは壮大なゲームだ。たしかに大きな賭けだが、正しい態度で臨めば、勝てるゲームだ。

ネガティブ思考に陥るのを避けるための五つの習慣

では、その正しい態度をどうやって身につければいいだろう？　ストア学派の書物からヒントをもらおう。準備はいい？

さあ、それではトーガ（古代ローマの外衣）をさっと身にまとい、危機に立ち向かう時だ。ただしN95マスクの下は笑顔で……。

1　朝の儀式

まずは、よくある誤解を解いておこう。ストア派は、非感情的でも禁欲主義でもない。

その哲学は、ネガティブな感情を取り除き、充実した人生を送ることに焦点を合わせている。マルクス・アウレリウスはこう言っている。

「朝起きたら、生きていること、呼吸すること、考えること、楽しむこと、愛すること――が、どれほどかけがえのない恩恵であるかを思い起こそう」

気分が良くなっただろうか？　だがアウレリウスはこうも言っている。

「朝起きたら、自分にこう言おう。今日私がかかわる相手はおせっかいで、恩知らずで、傲慢で、不誠実で、嫉み深く、不機嫌だろう……」

いやいや、アウレリウスは躁うつ性だったわけではない。シニカルで悲観的だったわけでもない。誰もが持っている悪い癖を予防する「ワクチン」が必要だと、彼は言っているのだ。人生には困難な時もあると、私たちは頭ではわかっているが、それを踏まえて行動できているかと言えば、そうでもない。

もしあなたに、「人生はとんとん拍子で、初めての挑戦で欲しいものが何でも手に入り、失敗したり、障害が立ちはだかったりすることなんかないと思ってる？」と尋ねたら、「まさか」と一笑に付すだろう。人生にはあらゆる問題や挫折がつきものだと知っている。

ところがいざ問題が起きたり、失敗したりすると、私たちはショックを受け、怒ったり、失望したり、悲しんだりする。おかしくないだろうか？

私たちはついつい心のどこかで、「世界はいつもシンプルで、こちらの都合に合わせてくれる」と思っている。もっと現実的な見方は、「世界は誰にも歩み寄ってはくれない」というものだろう。これは悲観主義でも冷笑的な態度でもない。私たちのなかに知らず知らずのうちに根づいている「都合よくいって当たり前」という思いに対する「ワクチン」なのだ。実際、世界は私たちの都合なんかお構いなしだ。ＣＯＶＩＤ‐１９は、そのことを大々的に示すネオンの看板だ。

でも、毎朝自分に「世界はいっさい手加減してくれない」「今日も試練が待ち受けている」と言い聞かせれば、あなたは不測の事態を避けられる。そう、ほとんどの場合、ネガティブな感情は、想定外の驚きから始まるのだ。毎朝自分にリマインドすれば、「調子良くいって当たり前」という、安穏さへの過度の期待も防げるだろう。

ジムでのトレーニングは疲れるとあなたは知っている。だから驚かない。筋トレが健康に役立つとも知ったうえで、きつさを受け入れている。

人生もそれと同じだ。

私たちは毎朝、一日の予定に備えてじっくり身支度をするのに、一番あなたを悩ませ、妨げとなるもの――私たちの心――の準備は気にも留めない。皮肉なものだ。怒りやフラストレーション、落胆、悲しみといったネガティブな感情は、じつはきっかけとなった些細な出来事よりよほど始末が悪い。

あなたの目標達成に立ちふさがるもの、あるいは、柔軟に試練を克服することやその過程を楽しむことを阻むもの、それはほとんどの場合、あなた自身のものの見方なのだ。ほかならぬ自分の心が泣きどころになってしまっては残念。人生にはいいことがたくさんあるが、世界はいっさい手加減してくれない。

毎朝起きたら、人生の試練を受けて立つ気概をもとう。そうすれば、今後に起こるいいことを心から楽しめるばかりでなく、ときに人生が投げかける変化球も十分に味わえるだろう。コロナ禍に立ち向かうにも、こうした態度が必要なのだ。

ということで、これから待ち受ける日々への心づもりはできた。ところが一〇分もすれば、あなたはそんな覚悟をしたことなどきれいさっぱり忘れる。

いろいろと忙しいし、皆人間だから。で、またまた不覚の事態が起こるというわけだ。

うーん、じゃあ、どうする？

2 注意をはらい、リマインドする

ネガティブな感情に火をつけるような出来事には、日ごろから注意を怠らないようにしよう。「そんなの不公平だ！」と思わぬ事態に声を荒らげたり、目を白黒させたりする前に、自分自身にリマインドしよう。これは厄介な問題ではなく、試練なのだと。

「君にはできっこないよ」と誰かに言われ、見返してやろう、と発奮した経験はないだろうか？

そう、その意気だ。自分にたいして発破をかけよう。

人生は、適応力とレジリエンスで苦難を乗り越えていくテストだ。試練を受けいれ、あなたの気骨を証明しよう。

私たちはとかく、怒りや悲しみ、フラストレーションといったネガティブな感情を払拭しようとする。でもじつは、ものの見方や解釈を変えるリフレーミングのほうがずっといい。

リフレーミングには、一次元上の画期的な効力がある。あなたが過去の失敗をうまくリフレームできれば、それにまつわるネガティブな感情は二度と甦らない。まさに、「1オンスの予防は1ポンドの治療に値する」のだ。

人生は平穏無事にいくと思っていると、障害や挫折に遭ったときの落胆が大きい。だが人生は試練の連続だと思っていれば、スポーツをするのと同じだ。対戦チームはこちらを打ち負かそうと挑んでくる。そのために彼らはいる。そうはさせないのが自チームの役割。ネガティブな感情を否定し、抑えようとすれば、かえってエネルギーが奪われ、目標から遠ざかる。しかしリフレーミングなら、私たちにエネルギーと闘志をあたえてくれるのだ。

ストア哲学者のわが友セネカは、次のように分析している。

悲しみは、紛らわすより、乗り越えるほうがよい。もしも娯楽や夢中になれるもので気を紛らせ、いったん退散させても、悲しみはいずれまた湧き起こり、かえって中断により私たちを打ちのめす勢いを増して戻ってくる。しかし、理性によって克服された悲しみは、永久に鎮められる。だから、長旅に出て自分を励ます、じっくり帳簿に目を通し、土地を管理して時間を潰す、あるいは、たえず新しい活動に参加するといった、多くの人が用いてきた対処法を私は勧めない。これらはすべてつかの間の救いにすぎず、悲しみを癒すのではなく、ほんの一瞬遮るだけだ。私は、悲しみを紛らすよりも終わらせたいのだ。

あなたがチェスのプレーヤーなら、対戦相手がいい手を指したとき、「ウソだろ！」などと取り乱して叫んだりはしないだろう。ただ笑みをたたえながら、「おみごとですね」と言う。そしてボードを見すえながら、勝利への新たな道筋を練るはずだ。

それと同様にあなたは大きな競技会にのぞむ勇気ある挑戦者なのだと自分に言い聞かせよう。人生は、肩にのしかかる重荷ではない。あなたの本領を発揮するチャンスなのだ。

では、そうした「フレーム」を維持しつつ、次に習慣にすべきことは何だろう？

3 柔軟な対応力

あなたが怒りや、天に拳をふり上げる行為に無駄なエネルギーを費やさなければ、チェスの相手の戦術《ギャンビット》に、もっと意識を集中し対抗策を練れるはずだ。

ジョン・スノーは、科学を駆使してブロード街のポンプの謎を解いた。ヘンリー・ホワイトヘッドは人脈を駆使して答えを見いだした。

二人とも、間違っても地団太を踏みながら「悪臭は原因じゃないんだ、このばかども が！」などとわめき散らしはしなかった。あくまでも謎の解明とその裏づけにエネルギーを注いだのだ。

二〇〇〇年前、マルクス・アウレリウスはこう言った。

　われわれの精神はどんな障害にも適応し、それを活動の達成に役立つ手段へと変えることができる。活動の障害となっていたものを、かえってその布石へと変えていける。道に立ちふさがっていた障害こそが、やがて新たな道となるのだ。

もちろん、そう簡単にはいかない。とくにはじめのうちは。あなたの従来の考え方（フレーム）が反撃するからだ。

何もかももっとすんなりいってくれ！　望みどおりのものをくれ！　今すぐに！　ごめんよ、そうはいかないのだ。なんでも思い通りになって当たり前という旧来「フレーム」の悪あがきに惑わされてはいけない。これもまた、対戦相手である人生による巧妙なやり口だ。だがそれに惑わされずに、あなたは薄ら笑いを浮かべてこう言おう。「なるほど、心理戦ときたか。さては私を自滅させるつもりだな。おみごとだ、人生よ。さすがは好敵手。だが私は騙されないぞ。これもまた試練に過ぎない。片眼鏡をちょっと調整して、おまえを打ちのめすもっと賢い方法を見つけだすまでだ！」

大切なのは、「挑戦者としてのフレーム」を保ち続けること。

試練をしっかりと受けいれ、目前の問題を柔軟に解決することに、あらためて意識を集中するのだ。「なんでこんなことが私に起こるんだ！」なんて泣き言をもらさないあなたのほうが、はるかに創意を発揮できるだろう。

4 自己評価

視点を変えるリフレーミングは、ただの手法では終わらない。今後の向上を目指して、必ず自己評価を行うようにする。少しずつ改善できているかどうかを確かめるために、その都度自分のパフォーマンスを評価してみよう。

試練に対処した後、自分の平静さ、レジリエンス、問題解決能力を審査する。

- 冷静でいられたか？
- 途中で見切りをつけなかったか？
- 最適な形で問題を解決できたか？

それから自分に問いかける。

「どうしたら次はもっと良くやれるだろうか？」

あなたが維持すべき「フレーム」を見失った直近の出来事で、狡猾な敵である人生は、どんなことを仕かけてきただろうか？　あなたの対応の弱点を突きとめ、改善に取り組もう。

この評価は、「良い」「悪い」を決めるものではない。失敗はなく、ただ成長があるだけだ。一つの試練でうまく対処できなくても、「悪い」という評価にはならない。その試練に取り組んだことが必ず、次の試練でのあなたのパフォーマンスを「より良い」ものにする。

力を尽くして成長できる機会を、みすみす逃したくないものだ。友人セネカも言っている。

私に言わせれば、あなたたちは不運だ。というのは、これまで不運に遭ったことがないからだ。敵と対峙することなく、これまでの人生を通り抜けてきてしまった。あなたにどんな力量があったのか誰にも知られず、あなた自身さえ気づかぬままなのだ。

人生とは、あなたをもっと強く、賢く、成熟した存在に高めるという崇高な意図をもったスパーリングの相手なのだ……そのためにはひと汗かこう。

世界のありとあらゆる苦難を楽しみに変える

かくして私たちは、どんな試練に直面しても、すべて克服できるわけだ。すばらしい！

結局のところ、あなた自身も試練をいとわない人間になりたいと望んでいる。いや、わざわざ無理をして苦労を求めるという意味ではない。自分の力で苦難を乗り越えていく人間になることを望んでいる。

それは、成長し続ける人生を選ぶということだ。そして、あえて極論すれば、この世界のありとあらゆる苦難を……楽しみに変えるということだ。

失敗を怖れるな。もしあなたが毎回成功しているなら、ハードルを低く設定し過ぎている。時おり失敗していれば、あなたは間違いなく奮闘している。強くなるためには、ウェイトの重さを上げなければならない。それがすなわち、レジリエンスへと通じる道だ。

そしてレジリエンスこそが、今あなたが世界と大切な人びとから求められているものだ。経済の面では、「大不況」になるかもしれないが、少なくとも私たちはコロナ鬱に陥ることなく乗り切れる。不安感や無力感に打ち克ち、真価を発揮できるだろう。

世界は向こうから歩み寄ってくれないし、手加減もしてくれない。人生には素晴らしいことがたくさんあるが、試練をくぐり抜けなければ手に入らない。

パンデミックはいずれ収束する。

だが人生での失望や落胆は果てしなく続く……それらを試練としてとらえないかぎりは。

監訳者解説

本書の著者エリック・バーカーは、大学を卒業してハリウッドで脚本の仕事をしたあと、二〇〇九年から個人ホームページの運営をはじめた。最初はインターネットの伝道師《グル》たちのインタビュー動画を載せていたが、やがて自分でブログを書くようになる。それがBarking up the wrong tree（間違った木に向かって吠える）で、いまや三〇万人の登録者をもち、ニューヨーク・タイムズやウォール・ストリート・ジャーナルなどでも紹介される人気ブロガーだ。

ブログは毎週一回の配信で、「悲劇から立ち直る方法」とか、「影響されやすさを止める方法」などのエントリーが並んでいる。これだけならよくあるまとめサイトだが、バーカーのブログの特徴は、そのあとにかならず「4 Secrets From Research（リサーチからわかった4つの秘密）」のような追記がついていることだ。

バーカーは、ブログのすべての主張に、それがどのようなエビデンス（証拠）にもとづいているかのリンクを貼っている。このちょっとした工夫（コロンブスのタマゴ）によって、うさんくさいものの代表だった自己啓発に〝科学〟をもちこんだのだ――。

と書いてはいるものの、じつは飛鳥新社の矢島和郎さんがやってくるまで、こんなブログがあることをまったく知らなかった。

矢島さんと会ったのは二〇一六年の夏で、翻訳権を取得したもののまだ一行も書かれていない本の「監訳」をやってくれないか、という話だった。わたしはプロの翻訳者ではないし、そもそも翻訳書（それも超訳）が一冊あるだけだから、通常はこうした依頼はお断りするのだが、ブログを読んでみるとものすごく面白い。それで、まだ影も形もないバーカーのはじめての著作の翻訳出版をお手伝いすることになった。

バーカーにはお茶目なところもあって、自分の名字を日本語の「バカ」にひっかけて、ブログのＵＲＬをbakadesuyo.com（バカですよドットコム）にしているのも気に入った理由のひとつだ。

本書はものすごくわかりやすく書かれているから、内容についての解説は不要だろう。そこでここでは、「成功法則をエビデンスベースで検証する」という試みの背景についてすこし書いてみたい。

ダーウィンが『種の起源』を発表したのは一八五九年だが、「現代の進化論」はそれから一〇〇年後、ワトソンとクリックがＤＮＡの二重螺旋の謎を解いた一九五三年が画期になる。二人は生命の本質がデジタルなアルゴリズムだということを明らかにしたが、だとすれば、いったいだれがそのプログラムを書いたのか？それは「進化」だ。

次いで進化生物学者が、アリやハチなどの社会性昆虫がどのようなプログラムで行動しているかを数学的に記述できることを示すと、生き物に対する認識は根底から覆された。生命は自然の神秘ではなく、コンピュータによってシミュレートできるのだ。

生き物の行動をプログラムとして解読する試みは、その後も野心的な生物学者たちによって昆虫から鳥や魚、哺乳類へと拡張していった。そして一九七五年、エドワード・O・ウィルソンが大著『社会生物学』（新思索社）で、われわれが「人間性」と呼んでいるものも（アリやハチと同じように）進化と遺伝の枠組みのなかで理解できるはずだと書いた。これが社会生物学論争という「文化戦争」を勃発させたのだが、当初は「現代の優生学」のレッテルを貼られて徹底的にバッシングされた進化生物学者たちは、膨大な証拠（エビデンス）を提出することで形勢を逆転し、二〇世紀末に論争はほぼ決着した。これによって、ヒトの身体と同様に「こころ（脳）」も進化の産物として研究できるようになったのだ。

二一世紀を迎えると、進化がヒトの脳をどのようにプログラムしたかを解明する作業が、進化心理学、社会心理学、行動経済学などさまざまな学問分野で同時並行的に行なわれるようになる。こうした研究を支えたのが脳科学の急速な進歩で、脳の活動を画像撮影することで、心理や意識を物理的な現象として理解することが可能になった。それと同時に、コンピュータの処理能力の高速化は、複雑な社会現象をビッグデータを使って統計解析できるようにした。これら一連の「知のパラダイム転換」によって、いまや経済学、社会学、心理学といった社会科学は自然科学に侵食され、融合しつつあるのだ――という話は、『「読まなくてもいい本」の読書案内』（筑摩書房）に書いた。

そうなると、「成功」や「幸福」など、これまで科学の領域とは考えられていなかった分野に続々とアカデミズムが進出するようになった。科学者（研究者）は真理を求めているが、それと同時に、研究費を獲得するには世間の注目が必要なのだ。こうした傾向はアメリカに顕著で、いまや全米の一流大学で「成功哲学」が大真面目に研究されている。

バーカーの慧眼は、こうした学問の潮流を逆手にとって、さまざまな文献を渉猟し、巷間に流布している成功法則にエビデンスがあるかどうかを調べたことだ。自己啓発本の大ベストセラーであるカーネギーの『人を動かす』（創元社）やコヴィーの『7つの習慣』(キングベアー出版)も、いまや科学のフレームワークで語ることができるようになったのだ。

こうした検証作業はたとえば、「強く願えば夢はかなう」かどうかを調べたニューヨーク大学心理学教授ガブリエル・エッティンゲンの実験によく現われている。それによると、ヒトの脳はフィクションと現実を見分けることが不得意で、夢の実現を強く願うと、脳はすでに望みのものを手に入れたと勘違いして、努力するかわりにリラックスしてしまう。

ダイエット後のほっそりした姿を思い描いた女性は、ネガティブなイメージを浮かべた女性に比べて体重の減り方が一〇キロ(!)もすくなかった。成績でAをもらうことをイメージしている学生は、勉強時間が減って成績が落ちた。自己啓発本の定番であるポジティブシンキングは、まさに「間違った木に向かって吠えている」のだ。

それに対して、願い(Wish)、成果(Outcome)、障害(Obstacle)、計画(Plan)をセットにした「WOOP」は夢を適切なシミュレーションにつなげ、活力を奪われることなく理想に向かっていくことができる。しかしこの「成功法則」にも限界があって、非現実的な夢にはまったく役に立たないのだ。

現在では、アメリカの自己啓発本はエビデンスベースで(根拠を示して)書くことが常識になっている。日本は例によって「グローバルスタンダード」から大きく遅れているが、早晩、この流れに飲み込まれることはまちがいない。

「主張にはエビデンス（証拠）がなければならない」という考え方は、一九九〇年代に医療分野でまず普及した。アメリカの病院の臨床結果を分析すると、医者によって治療効果にかなりのばらつきがあり、「名医」がかならずしも正しい診断をしているわけではないことがわかった。医療は日進月歩なのに、過去の経験だけをたのみにしていると、治る病気も悪化してしまうのだ。

このようにして、医療行為は医者が独断で行なうのではなく、なぜその治療法を選択したのか「根拠」を示さなければならなくなった。これがＥＢＭ（根拠に基づく医療evidence-based medicine）だ。

次いでこの流れは教育分野へと波及した。小学生に算数を教えるのに複数の手法があったとして、どれを採用するかを学校ないしは教師が勝手に決めるのは生徒の権利を侵害している。なぜなら、条件を揃えたうえでそれぞれの教授法を試してみれば、どれがもっとも優れているかを決めることができるからだ。だとすれば、すべての生徒が最良の教授法で算数を学べるようにすべきだろう。これをＥＢＥ（根拠に基づく教育evidence-based education）という。

さらに欧米では、この考え方は政治にも適用されている。政府がある政策を実施する場合、国民の税金を投入するのだから、それ以上の投資効果があることを納税者に示さなければならない。東京の外環道が一〇〇の投資に対し一五〇のリターンがあるとするならば、納税者は道路の建設に同意するだろう。一方、地方の橋が一〇〇の投資に対し五〇のリターンしか期待できないなら、そこに税を投入することを（利害関係者以外）だれも認めないだろう。これがＥＢＰＭ（根拠に基づく政策形成evidence-based policy making）だ。

こうした「エビデンス・ベースド」はさまざまな分野で急速に広まっており、今後、その流れはますます大きな潮流になっていく。もちろん、「成功法則」も例外ではない。

とはいえ、ここで注意しなければならないのは、「根拠に基づく主張」がつねに正しいとはかぎらないことだ。

科学的にもっとも強力な証拠は、新薬の実験などで使われるＲＣＴ（ランダム化対照実験Randomized Controlled Trial）と二重盲検法の組み合わせだとされる。無作為に選んだ患者グループに新薬と偽薬（プラシーボ）を与え、どちらの薬なのか患者も医師もわからないようにしたうえで（二重盲検の条件で）効果を計測する。なぜこのような面倒なことをするかというと、偽薬でも治療効果が出る場合がしばしばあるからだ（プラシーボ効果）。認可された新薬には医療費として多額の税金が投入されるのだから、偽薬以上に高い治療効果があることが厳密に証明されなければならない。

二重盲検法が必要なのは、プラシーボ効果が患者の期待に強く影響されるからだ。「病は気から」というように、これで病気が治ると（無意識に）思い込むと免疫機能が活性化する。患者の無意識は医者の微妙な表情まで読み取るので、薬を処方するときに医者が本物か偽物かを知っていると、どれほど上手に演技してもそれを見破ってしまうのだ。

社会心理学や行動経済学でもランダム化対照実験は頻繁に行なわれるが、二重盲検の条件を満たすのはかなり難しい。しかしさらに問題なのは、被験者に顕著な偏りがあり、ランダムになっていないことだ。

アメリカの大学で心理実験を行なう場合、予算の関係で、被験者を学生から募るのがふつうだ。その結果、実験のサンプルは一部の有名大学の（それも心理学を専攻した）学生に集中する。ところが近年になって、こうした学生は一般のアメリカ人と大きく異なる価値観をもっていることが指摘されるようになった。

彼らエリートの若者たちは、「欧米の（Western）」「啓蒙され（Educated）」「産業化された（Industrialized）」「裕福で（Rich）」「民主的な（Democratic）」文化のもとで暮らす特殊な階層で、その頭文字をとって「WEIRD（奇妙な）」と呼ばれる。さまざまな研究で示された「アメリカ人（西洋人）の心理や行動の特徴」は、ふつうのひとたちからかけ離れた「WEIRD」なものかもしれないのだ。

ランダム化対照実験が行なえない場合は、ビッグデータを使った統計解析で因果関係を推測する。その第一人者がアメリカの経済学者スティーヴン・レヴィットで、世界的なベストセラーとなった『ヤバい経済学』（東洋経済新報社）では詳細なデータ解析によって、一九九〇年代になってアメリカの犯罪件数が劇的に下がりはじめた理由が「中絶の合法化」だと主張した。中絶を合法化した年が州によって異なっており、一九七〇年代に中絶率が高かった州は一九九〇年代の犯罪率がより大幅に減少していたというのだ。

ここまでは完璧なエビデンスに思えるが、その後、犯罪学者などによって、同じ統計解析の手法を使ってまったく異なる説明がなされるようになる。それは、「胎児の血中の鉛レベル」だ。

胎児期および出生後に鉛レベルが高かった子どもは脳の前頭前皮質に損傷を被るリスクがあり、二〇代前半になると犯罪や暴力を起こしやすくなる。アメリカでは、環境中の鉛レベルは一九五〇年代から七〇年代にかけて上昇し、七〇年代後半から八〇年代前半の規制強化によって大きく改善した。その鉛レベルの推移と、二三年後の犯罪発生率とのあいだにはきわめて強い相関関係があるのだ（エイドリアン・レイン『暴力の解剖学』紀伊國屋書店）。

もちろんこれだけでレヴィットの「中絶の合法化」説がまちがっているということはできないし、鉛の環境規制との相乗効果があったのかもしれない。ここでいいたいのは、ビッグデータをコンピュータで統計解析すれば（あるいはAIに深層学習させれば）自動的に正しいこたえが出てくるわけではない、ということだ。

本書は学術書ではなく、エンタテインメントとして書かれているから、テーマごとに導入のエピソードが置かれている。これは〝いわずもがな〟かもしれないが、これらの魅力的なお話は個人的な体験や特殊なケースでエビデンスにはならない。それを「科学」へと落とし込んでいくところが著者の手腕なのだが、なかには日本人のわたしたちからみて、「なぜこのエピソード？」と不思議に思うものもある。たとえば第3章の「やり遂げる力（グリット）」のところで、プリンストン大学を中退して少林寺拳法を学びに中国に渡る若者が登場するが、彼のようなグリットをもちたいと思う読者はあまりいないのではないだろうか。

これはバーカーが、過去の膨大なブログのなかから読者に評判のよかったエピソードを選んでいるからで、この奇矯な若者の〝冒険〟は、アメリカ人の読者にはうけるのだ（たぶん）。そのような視点で、日本人とアメリカ人の「成功」観を比較してみるのも面白いだろう。

本書は企画の段階からかかわり、わたしの意向で原書の抄訳ではなく、参考文献リストも含めたかんぜんなかたちで出版してもらうことになった。邦訳文献は別にまとめたので、関連書籍を読んでみたい方には役に立つだろう。ただし、著者の同意を得たうえで、話の展開をわかりやすくするために、日本人にはあまり馴染みのないエピソードのいくつかを割愛したことをお断りしておく。翻訳にかんしては、監訳者としてわたしに責任があるのは当然だが、翻訳者・竹中てる実さんの素晴らしい仕事にほとんど手を加える余地がなかったことを記しておきたい。

二〇一七年九月

文庫版のための追記

日本のメディア、論壇、(文系)知識人はずっとエビデンスを無視・軽視していて、それればかりか一部の自称「リベラル」な知識人は、証拠に基づいた科学的な主張がリベラルなイデオロギー(ひとはみな平等)に反すると、「エビデンス至上主義」などと罵倒するようになった。

そのことをずっと残念に思っていたのだが、新型コロナウイルスの感染拡大を受けて、このひとたちがてのひらを返すように「政策にエビデンスを示せ」と叫ぶようになったのには驚いた。そのいちばんの理由は、根拠のない風説や似非科学をSNSで発信しつづける某国の大統領と自分の姿が重なることに気づいたからだろう。「だったらこれまではなんだったのか」と思わないでもないが、たんなる個人的な感想や偏見を「古典」とともに提示することを「学問」だと強弁し、グローバルスタンダードから脱落しつつあった日本の現状がこれを機会に変わることを期待したい。

二〇二〇年六月

橘　玲

※本書は２０１７年10月に小社より刊行された単行本に加筆・修正のうえ文庫化したものです。

参考文献

序章　なぜ､｢成功する人の条件｣をだれもが勘違いしているのか

Auerbach, Stephen. *Bicycle Dreams*. Auerfilms, 2009. Film.

Coyle, Daniel. "That Which Does Not Kill Me Makes Me Stranger." *New York Times*, February 5, 2006. www.nytimes.com/2006/02/05/sports/playmagazine/05robicpm.html?pagewanted=all&_r=0

"Limits of the Body." *Radiolab*. Season 7, episode 3. Radio broadcast, 32:07. Aired April 16, 2010. www.radiolab.org/story/91710-limits-of-the-body/

Snyder, Amy. *Hell on Two Wheels*. Chicago: Triumph Books, 2011.

第1章　成功するにはエリートコースを目指すべき？

Altman, Sam. "Lecture 9: How to Raise Money (Marc Andreessen, Ron Conway,and Parker Conrad)." How to Start a Startup. Stanford University class lecture. http://startupclass.samaltman.com/courses/lec09/

Arnold, Karen D. *Lives of Promise*. San Francisco: Jossey-Bass,1995.

Barnett, J. H., C. H. Salmond, P. B. Jones, and B. J. Sahakian. "Cognitive Reserve in Neuropsychiatry." *Psychological Medicine 36*, no. 08 (2006): 1053–64. http://dx.doi.org/10.1017/S0033291706007501

Bazzana, Kevin. *Wondrous Strange*. Toronto: McClelland and Stewart, 2010.

Belsky, Jay, Charles R. Jonassaint, Michael Pluess, Michael Vicente Stanton, B. H. Brummett, and R. B. Williams. "Vulnerability Genes or Plasticity Genes?" *Molecular Psychiatry* 14, no. 8 (2009): 746–54. doi:10.1038/mp.2009.44

Chambliss, Daniel F. "The Mundanity of Excellence: An Ethnographic Report on Stratification and Olympic Swimmers." *Sociological Theory* 7, no. 1 (Spring1989): 70–86. doi:10.2307/202063

Christian, Brian. *The Most Human Human*. New York: Anchor, 2011.

"Congenital Insensitivity to Pain." NIH, U.S. National Library of Medicine. Last modified November 2012. https://ghr.nlm.nih.gov/condition/congenital-insensitivity-to-pain

Coryell, W., J. Endicott, Monika Keller, N. Andreasen, W. Grove, R. M. A. Hirschfeld, and W. Scheftner. "Bipolar Affective Disorder and High Achievement: A Familial Association." *American Journal of Psychiatry* 146, no. 8 (1989): 983–88. doi:10.1176/ajp.146.8.983

Dobbs, David. "Can Genes Send You High or Low? The Orchid Hypothesis A-bloom." DavidDobbs.net. June 8, 2013. http://daviddobbs.net/smoothpebbles/orchids-dandelions-abloom-best-of-wired-nc-10/

Dobbs, David. "The Science of Success." *The Atlantic*, December 2009. www.theatlantic.com/magazine/archive/2009/12/the-science-of-success/307761/

Ellis, Bruce J., and W. Thomas Boyce. "Biological Sensitivity to Context." *Current Directions in Psychological Science* 17, no. 3 (2008): 183–87. doi:10.1111/j.1467-8721.2008.00571.x

El-Naggar, Mona. "In Lieu of Money, Toyota Donates Efficiency to New York Charity." *New York Times*, July 26, 2013. www.nytimes.com/2013/07/27/nyregion/in-lieu-of-money-toyota-donates-efficiency-to-new-york-charity.html

Gaskin, Darrell J., and Patrick Richard. "Appendix C: The Economic Costs of Pain in the United States," from *Relieving Pain in America*. Institute of Medicine (U.S.) Committee on Advancing Pain Research, Care, and Education. Washington, DC: National Academies Press, 2011. www.

ncbi.nlm.nih.gov/books/NBK92521/
Gino, Francesca, and Dan Ariely. "The Dark Side of Creativity: Original Thinkers Can Be More Dishonest." *Journal of Personality and Social Psychology* 102, no. 3(2012): 445–59. doi:10.1037/a0026406
Götz, Karl Otto, and Karin Götz. "Personality Characteristics of Successful Artists." *Perceptual and Motor Skills* 49, no. 3 (December 1979): 919–24. doi:10.2466/pms.1979.49.3.919
Gould, Stephen Jay. "Return of the Hopeful Monster." The Unofficial Stephen Jay Gould Archive.
Haynes, V. Dion. "Being at Head of Class Isn't Same as Having Inside Track on Life." *Chicago Tribune*, June 11, 1995. http://articles.chicagotribune.com/1995-06-11/news/9506110252_1_valedictorians-boston-college-achievers
Heckert, Justin. "The Hazards of Growing Up Painlessly." *New York Times Magazine*, November 15, 2012. www.nytimes.com/2012/11/18/magazine/ashlyn-blocker-feels-no-pain.html?pagewanted=all
Herbert, Wray. "On the Trail of the Orchid Child." *Scientific American*, November 1, 2011. www.scientificamerican.com/article/on-the-trail-of-the-orchid-child/
Howe, Sandra. "Valedictorians Don't Stay at the Head of the Class, Says Education Researcher." *Boston College Chronicle* 4, no. 5 (1995).
Inouye, Dane. "Congenital Insensitivity to Pain with Anhidrosis." *Hohonu* 6 (2008).
Interview with Gautam Mukunda by author. "Gautam Mukunda of Harvard Explains Secret to Being a Better Leader." *Barking Up the Wrong Tree* (blog). March 18, 2013.
Interview with Shawn Achor by author. "Be More Successful: New Harvard Research Reveals a Fun Way to Do It." *Barking Up the Wrong Tree* (blog). September 28, 2014.
Johnson, Steven. *Where Good Ideas Come From*. New York: Riverhead Books, 2011.
Judson, Olivia. "The Monster Is Back, and It's Hopeful." Opinionator. *New York Times*, January 22, 2008. http://opinionator.blogs.nytimes.com/2008/01/22/the-monster-is-back-and-its-hopeful/
Lacy, Susan. "Inventing David Geffen." *American Masters*. TV documentary, 1:55:00. Aired November 20, 2012.
Levine, Mark. "The Age of Michael Phelps." *New York Times*, August 5, 2008. www.nytimes.com/2008/08/05/sports/05iht-05phelps.15022548.html?_r=0
McMenamin, Brigid. "Tyranny of the Diploma." *Forbes*, December 28, 1998. www.forbes.com/free_forbes/1998/1228/6214104a.html
Mueller, Jennifer S., Jack Goncalo, and Dishan Kamdar. "Recognizing Creative Leadership: Can Creative Idea Expression Negatively Relate to Perceptions of Leadership Potential?" Cornell University, School of Industrial and Labor Relations. 2010. http://digitalcommons.ilr.cornell.edu/articles/340/
Mukunda, Gautam. *Indispensable*. Boston: Harvard Business Review Press, 2012. Kindle Edition.
Nagasako, Elna M., Anne Louise Oaklander, and Robert H. Dworkin. "Congenital Insensitivity to Pain: An Update." *Pain* 101, no. 3 (2003): 213–19. doi:10.1016/S0304-3959(02)00482-7
Papageorge, Nicholas W., Victor Ronda, and Yu Zheng. "The Economic Value of Breaking Bad Misbehavior, Schooling, and the Labor Market." Social Science Research Network. June 1, 2016.
Pete, Steven. "Congenital Analgesia: The Agony of Feeling No Pain." BBC News Magazine. July 17, 2012. www.bbc.com/news/magazine-18713585

Rao, Hayagreeva, Robert Sutton, and Allen P. Webb. "Innovation Lessons from Pixar: An Interview with Oscar-Winning Director Brad Bird." *McKinsey Quarterly*, April 2008. www.mckinsey.com/business-functions/strategy-and-corporate-finance/our-insights/innovation-lessons-from-pixar-an-interview-with-oscar-winning-director-brad-bird

Rubin, Shira. "The Israeli Army Unit That Recruits Teens with Autism." *The Atlantic*, January 6, 2016. www.theatlantic.com/health/archive/2016/01/israeli-army-autism/422850/

Silvia, Paul J., James C. Kaufman, Roni Reiter-Palmon, and Benjamin Wigert."Cantankerous Creativity: Honesty–Humility, Agreeableness, and the HEXACO Structure of Creative Achievement." *Personality and Individual Differences* 51, no. 5 (2011): 687–89. doi:10.1016/j.paid.2011.06.011

Simonton, Dean Keith. *Greatness*. New York: Guilford Press, 1994.

Simonton, Dean Keith. "The Mad-Genius Paradox: Can Creative People Be More Mentally Healthy but Highly Creative People More Mentally Ill?" *Perspectives on Psychological Science* 9, no. 5 (2014): 470–80. doi:10.1177/1745691614543973

Simonton, Dean Keith. *The Wiley Handbook of Genius*. Hoboken, NJ: Wiley-Blackwell, 2014.

Sokolove, Michael. "Built to Swim." *New York Times Magazine*, August 8, 2004. www.nytimes.com/2004/08/08/magazine/built-to-swim.html

Stanley, Thomas J. The Millionaire Mind. Kansas City, MO: Andrews McMeel, 2001.

Stein, Joel. "Thirteen Months of Working, Eating, and Sleeping at the Googleplex." *Bloomberg Businessweek*, July 22, 2015. www.bloomberg.com/news/features/2015-07-22/thirteen-months-of-working-eating-and-sleeping-at-the-googleplex

Tough, Paul. *How Children Succeed*. Boston: Houghton Mifflin Harcourt, 2012.

Weeks, David, and Jamie James. *Eccentrics, A Study of Sanity and Strangeness*. New York: Villard, 1995.

Westby, Erik L., and V. L. Dawson. "Creativity: Asset or Burden in the Classroom?" *Creativity Research Journal* 8, no. 1 (1995): 1–10. doi:10.1207/s15326934crj0801_1

第2章　「いい人」は成功できない？

Axelrod, Robert. *The Evolution of Cooperation*. New York: Basic Books, 2006.

Bachman, W. "Nice Guys Finish First: A SYMLOG Analysis of U.S. Naval Commands." In *The SYMLOG Practitioner: Applications of Small Group Research*. Edited by R. B. Polley, A. P. Hare, and P. J. Stone. New York: Praeger, 1988, 60.

Baumeister, Roy F., Ellen Bratslavsky, Catrin Finkenauer, and Kathleen D. Vohs."Bad Is Stronger than Good," *Review of General Psychology* 5, no. 4 (2001): 323–70. https://carlsonschool.umn.edu/file/49901/download?token=GoY7afXa

Bernerth, Jeremy B., Shannon G. Taylor, Jack H. Walker, and Daniel S. Whitman."An Empirical Investigation of Dispositional Antecedents and Performance-Related Outcomes of Credit Scores." *Journal of Applied Psychology* 97, no. 2 (2012): 469–78. http://dx.doi.org/10.1037/a0026055

Blackburn, Keith, and Gonzalo F. Forgues-Puccio."Why Is Corruption Less Harmful in Some Countries than in Others?" *Journal of Economic Behavior and Organization* 72, no. 3 (2009): 797–810. doi:10.1016/j.jebo.2009.08.009

Bowden, Mark. "The Man Who Broke Atlantic City." *The Atlantic*, April 2012. www.theatlantic.com/magazine/archive/2012/04/the-man-who-broke-atlantic-city/308900/

Butler, Jeffrey, Paola Giuliano, and Luigi Guiso. "The Right Amount of Trust." NBER Working Paper No. 15344, National Bureau of Economic Research, Cambridge, MA, September 2009. Revised June 2014. doi:10.3386/w15344

Chan, Elaine, and Jaideep Sengupta. "Insincere Flattery Actually Works: A Dual Attitudes Perspective." *Journal of Marketing Research* 47, no. 1 (2010): 122–33. http://dx.doi.org/10.1509/jmkr.47.1.122

Cottrell, Catherine A., Steven L. Neuberg, and Norman P. Li. "What Do People Desire in Others? A Sociofunctional Perspective on the Importance of Different Valued Characteristics." *Journal of Personality and Social Psychology* 92, no. 2 (2007): 208–31. http://dx.doi.org/10.1037/0022-3514.92.2.208

DeSteno, David. *The Truth About Trust*. New York: Penguin, 2014.

Dutton, Kevin. *The Wisdom of Psychopaths*. New York: Macmillan, 2010.

Falk, Armin, Ingo Menrath, Pablo Emilio Verde, and Johannes Siegrist."Cardiovascular Consequences of Unfair Pay." IZA Discussion Paper No. 5720, Institute for the Study of Labor, Bonn, Germany, May 2011.

Friedman, Howard S., and Leslie R. Martin. *The Longevity Project*. New York: Plume, 2012.

Gambetta, Diego. *Codes of the Underworld*. Princeton, NJ: Princeton Univ. Press, 2011.

Gino, Francesca, Shahar Ayal, and Dan Ariely. "Contagion and Differentiation in Unethical Behavior: The Effect of One Bad Apple on the Barrel." *Psychological Science* 20, no. 3 (2009): 393–98. doi:10.1111/j.1467-9280.2009.02306.x

"The Good Show." *Radiolab*. Season 9, episode 1. Radio broadcast, 1:05:07. Aired December 14, 2010. www.radiolab.org/story/103951-the-good-show/

Grant, Adam. *Give and Take*. New York: Penguin, 2013.

Helliwell, John F., and Haifang Huang. "Well-Being and Trust in the Workplace." *Journal of Happiness Studies* 12, no. 5 (2011): 747–67. doi:10.3386/w14589

Ilan, Shahar. "Thou Shalt Not Be a Freier." *Haaretz*, January 28, 2007.

Interview with Adam Grant by author. "Adam Grant Teaches You the Right Way to Give and Take." *Barking Up the Wrong Tree* (blog). April 9, 2013.

Interview with Robert Cialdini by author. "Robert Cialdini Explains the Six Ways to Influence People—Interview:"*Barking Up the Wrong Tree* (blog). June 3, 2013.

Interview with Robert Sutton by author. "The Leadership Secret Steve Jobs and Mark Zuckerberg Have in Common." *Barking Up the Wrong Tree* (blog). November 19, 2013.

James Jr., Harvey S. "Is the Just Man a Happy Man? An Empirical Study of the Relationship Between Ethics and Subjective Well-Being."*Kyklos* 64, no.2 (2011):193–212. doi:10.1111/j.1467-6435.2011.00502.x

Kivimaki, Mika, Jane E. Ferrie, Eric Brunner, Jenny Head, Martin J. Shipley, Jussi Vahtera, and Michael G. Marmot. "Justice at Work and Reduced Risk of Coronary Heart Disease Among Employees." *Archives of Internal Medicine* 165, no. 19 (2005): 2245–51. doi:10.1001/archinte.165.19.2245

Kordova, Shoshana. "Word of the Day Freier פראייר ." *Haaretz*, January 14, 2013.

Lambert, Craig. "The Psyche on Automatic." *Harvard Magazine*, November–December 2010. http://harvardmagazine.com/2010/11/the-psyche-on-automatic?page=all

Leeson , Peter T. "An - arrgh - chy: The Law and Economics of Pirate Organization." *Journal of Political Economy* 115, no. 6 (2007): 1049–94. doi:10.1086/526403

Leeson, Peter T. *The Invisible Hook*. Princeton, NJ: Princeton Univ. Press, 2009.

Leeson, Peter T. "Pirational Choice: The Economics of Infamous Pirate Practices." *Journal of Economic Behavior and Organization* 76, no. 3 (2010): 497–510. doi:10.1016/j.jebo.2010.08.015.

Malhotra, Deepak. "How to Negotiate Your Job Offer—Prof. Deepak Malhotra (Harvard Business School)." YouTube video, 1:04:23. Posted November 20, 2012. www.youtube.com/watch?v=km2Hd_xgo9Q

Markman, Art. "Are Successful People Nice?" *Harvard Business Review*, February 9, 2012. https://hbr.org/2012/02/are-successful-people-nice

Marks, Michelle, and Crystal Harold. "Who Asks and Who Receives in Salary Negotiation." *Journal of Organizational Behavior* 32, no. 3 (2011): 371–94. doi:10.1002/job.671

Miller, Marjorie. "It's a Sin to Be a Sucker in Israel." *Los Angeles Times, July* 25, 1997. http://articles.latimes.com/1997/jul/25/news/mn-16208

Mogilner, Cassie, Zoe Chance, and Michael I. Norton. "Giving Time Gives You Time."*Psychological Science* 23, no. 10 (2012): 1233–38. doi:10.1177/0956797612442551

Morrow, Lance. "Dr. Death." Books, *New York Times*, August 29, 1999.

Niven, David. *The 100 Simple Secrets of Successful People*. New York: HarperCollins, 2009.

Nowak, Martin, and Karl Sigmund. "A Strategy of Win-Stay, Lose-Shift That Outperforms Tit-for-Tat in the Prisoner's Dilemma Game." *Nature* 364 (1993): 56–58. doi:10.1038/364056a0

Nowak, Martin, and Roger Highfield. *SuperCooperators*. New York: Free Press, 2012.

Nyberg, A., L. Alfredsson, T. Theorell, H. Westerlund, J. Vahtera, and M. Kivimaki."Managerial Leadership and Ischaemic Heart Disease Among Employees: The Swedish WOLF Study." *Occupational and Environmental Medicine* 66 (2009): 51–55. doi:10.1136/oem.2008.039362

Pfeffer, Jeffrey. *Power*. New York: HarperBusiness, 2010.

Reuben, Ernesto, Paola Sapienza, and Luigi Zingales. "Is Mistrust Self-Fulfilling?" *Economics Letters* 104, no. 2 (2009): 89–91. http://ssrn.com/abstract=1951649

Schnall, Simone, Jean Roper, and Daniel M. T. Fessler. "Elevation Leads to Altruistic Behavior." *Psychological Science* 21, no. 3 (2010): 315–20. doi:10.1177/0956797609359882

Schwitzgebel, Eric. "Do Ethicists Steal More Books? More Data." *The Splintered Mind* (blog). December 08, 2006. http://schwitzsplinters.blogspot.jp/2006/12/do-ethicists-steal-more-books-more-data.html

Skarbek, David. *The Social Order of the Underworld*. Oxford: Oxford Univ. Press, 2014.

Smith, Pamela K., Nils B. Jostmann, Adam D. Galinsky, and Wilco W. van Dijk. "Lacking Power Impairs Executive Functions." *Psychological Science* 19 no. 5 (2008): 441–47. doi:10.1111/j.1467–9280.2008.02107.x

Stewart, James B. *Blind Eye*. New York: Simon and Schuster, 2012.

Sutton, Robert I. *Good Boss, Bad Boss*. New York: Piatkus, 2010.

University of California, Berkeley. "Gossip Can Have Social and Psychological Benefits." Public release. January 17, 2012.

University of Nebraska, Lincoln. "To Be Good, Sometimes Leaders Need to Be a Little Bad." Public release. October 19, 2010.

Van Kleef, Gerben A., Astrid C. Homan, Catrin Finkenauer, Seval Gündemir, and Eftychia Stamkou. "Breaking the Rules to Rise to Power: How Norm Violators Gain Power in the Eyes of Others." *Social Psychological and Personality Science* 2, no. 5 (2011): 500–7.

doi:10.1177/1948550611398416
Veenhoven, R. "Healthy Happiness: Effects of Happiness on Physical Health and the Consequences for Preventive Health Care." *Journal of Happiness Studies* 9, no. 3 (2008): 449–69. doi:10.1007/s10902-006-9042-1
Weiner, Eric. *Geography of Bliss*. New York: Twelve Books, 2008.
Wu, Long-Zeng, Frederick Hong-kit Yim, Ho Kwong Kwan, and Xiaomeng Zhang. "Coping with Workplace Ostracism: The Roles of Ingratiation and Political Skill in Employee Psychological Distress." *Journal of Management Studies* 49,no. 1 (2012): 178–99. doi:10.1111/j.1467-6486.2011.01017.x

第3章　勝者は決して諦めず、切り替えの早い者は勝てないのか？

Abramson, Leigh McMullan. "The Only Job with an Industry Devoted to Helping People Quit." The Atlantic, July 29, 2014. www.theatlantic.com/business/archive/2014/07/the-only-job-with-an-industry-devoted-to-helping-people-quit/375199/
"The Acceptance Prophecy: How You Control Who Likes You." *Psyblog*, August 27, 2009. http://www.spring.org.uk/2009/08/the-acceptance-prophesy-how-you-control-who-likes-you.php
Akil II, Bakari. "How the Navy SEALs Increased Passing Rates." *Psychology Today*, November 09, 2009. www.psychologytoday.com/blog/communication-central/200911/how-the-navy-seals-increased-passing-rates
Albert Einstein College of Medicine. " 'Personality Genes' May Help Account for Longevity." News release. May 24, 2012. http://www.einstein.yu.edu/news/releases/798/personality-genes-may-help-account-for-longevity/
Alloy, Lauren B., and Lyn Y. Abramson. "Judgment of Contingency in Depressed and Nondepressed Students: Sadder but Wiser?" *Journal of Experimental Psychology* 108, no. 4 (1979): 441–85. http://dx.doi.org/10.1037/0096-3445.108.4.441
Amabile, Teresa, and Steven J. Kramer. "The Power of Small Wins." Harvard Business Review, May 2011. https://hbr.org/2011/05/the-power-of-small-wins
Amabile, Teresa, and Steven J. Kramer. *The Progress Principle*. Boston: Harvard Business Review Press, 2011.
American Heart Association. "Optimism Associated with Lower Risk of Having Stroke." ScienceDaily. July 22, 2011. www.sciencedaily.com/releases/2011/07/110721163025.htm
Anonymous. "The Effects of Too Much Porn: 'He's Just Not That Into Anyone.' " *The Last Psychiatrist* (blog). February 15, 2011. http://thelastpsychiatrist.com/2011/02/hes_just_not_that_into_anyone.html
Ariely, Dan. *The Upside of Irrationality*. New York: HarperCollins, 2010.
Ariely, Dan. "What Makes Us Feel Good About Our Work?" Filmed October 2012. TEDxRiodelaPlata video, 20:26. www.ted.com/talks/dan_ariely_what_makes_us_feel_good_about_our_work
Association for Psychological Science. "In Hiring, Resume Info Could Help Employers Predict Who Will Quit." August 19, 2014. www.psychologicalscience.org/news/minds-business/in-hiring-resume-info-could-help-employers-predict-who-will-quit.html
Association for Psychological Science. "Keep Your Fingers Crossed! How Superstition Improves Performance." News release. July 13, 2010. www.psychologicalscience.org/news/releases/keep-your-fingers-crossed-how-superstition-improves-performance.html

Association for Psychological Science. "Why Are Older People Happier?" ScienceDaily. January 12, 2012. www.sciencedaily.com/releases/2012/01/120106135950.htm

Babcock, Philip S., and Mindy Marks. "The Falling Time Cost of College: Evidence from Half a Century of Time Use Data." NBER Working Paper No. 15954, National Bureau of Economic Research, Cambridge, MA, April 2010. www.nber.org/papers/w15954

Bakalar, Nicholas. "Future Shock Concept Gets a Personal Twist," *New York Times*, February 22, 2005.
www.nytimes.com/2005/02/22/health/psychology/future-shock-concept-gets-a-personal-twist.html

Baumeister, Roy F. "Suicide as Escape from Self." *Psychological Review* 97, no. 1 (1990): 90–113. doi:10.1037//0033-295X.97.1.90

Baumeister, Roy F., and John Tierney. *Willpower*. New York: Penguin, 2011.

Ben-Shahar, Tal. *Choose the Life You Want*. New York: The Experiment, 2014.

Boudarbat, Brahim, and Victor Chernoff. "The Determinants of Education-Job Match among Canadian University Graduates." IZA Discussion Paper No. 4513, Institute for the Study of Labor, Bonn, Germany, October 2009. http://ftp.iza.org/dp4513.pdf

Brad. "BUD/S Pool Comp Tips." SEAL Grinder PT, December 18, 2013. http://sealgrinderpt.com/navy-seal-workout/buds-pool-comp-tips.html/

Brooks, David. *The Road to Character*. New York: Random House, 2015.

Carrére, Sybil, Kim T. Buehlman, John M. Gottman, James A. Coan, and Lionel Ruckstuhl. "Predicting Marital Stability and Divorce in Newlywed Couples." Journal of Family Psychology 14, no. 1 (2000): 42–58.

Collins, Jim. "Best New Year's Resolution? A 'Stop Doing' List." JimCollins.com. December 30, 2003. www.jimcollins.com/article_topics/articles/best-new-years.html

Cooper, Douglas P., Jamie L. Goldenberg, and Jamie Arndt. "Empowering the Self: Using the Terror Management Health Model to Promote Breast Self-Examination." *Self and Identity* 10, no. 3 (2011): 315–25. doi:10.1080/15298868.2010.527495

Courtiol, A., S. Picq, B. Godelle, M. Raymond, and J.-B. Ferdy. "From Preferred to Actual Mate Characteristics: The Case of Human Body Shape." *PLoS ONE* 5, no. 9 (2010): e13010. doi:10.1371/journal.pone.0013010

Cowen, Tyler. "Be Suspicious of Simple Stories." Filmed November 2009. TEDxMidAtlantic video, 15:57. www.ted.com/talks/tyler_cowen_be_suspicious_of_stories

Coyle, Daniel. "How to Prepare for a Big Moment." The Talent Code. January 21, 2014. http://thetalentcode.com/2014/01/21/how-to-prepare-for-a-big-moment/

Csikszentmihályi, Mihály. *Creativity*. New York: HarperCollins, 2009.

Csikszentmihályi, Mihály. *Finding Flow*. New York: Basic Books, 2007.

Currey, Mason. *Daily Rituals*. New York: Knopf, 2013.

Diener, Ed, and Micaela Y. Chan. "Happy People Live Longer: Subjective Well-Being Contributes to Health and Longevity." *Applied Psychology: Health and Well-Being* 3, no. 1 (2011): 1–43. doi:10.1111/j.1758-0854.2010.01045.x

Dignan, Aaron. *Game Frame*. New York: Free Press, 2011.

"The Dilbert Index? A New Marketplace Podcast." Freakonomics podcast, 5:13. February 23, 2012. http://freakonomics.com/2012/02/23/the-dilbert-index-a-new-marketplace-podcast/

Dreifus, Claudia. "A Surgeon's Path from Migrant Fields to Operating Room." *New York Times*,

May 13, 2008. www.nytimes.com/2008/05/13/science/13conv.html?_r=0
Drucker, Peter. *The Effective Executive*. New York: HarperBusiness, 2006.
Duckworth, Angela. *Grit*. New York: Scribner, 2016.
Duckworth, Angela L., Christopher Peterson, Michael D. Matthews, and Dennis R. Kelly. "Grit: Perseverance and Passion for Long-Term Goals." *Journal of Personality and Social Psychology* 92, no. 6 (2007): 1087–101. doi:0.1037/0022-3514.92.6.1087
Feiler, Bruce. *The Secrets of Happy Families*. New York: William Morrow, 2013."Fighting Germs with Fun." YouTube video, 2:40. Posted by dw3348p, December 15,2009. www.youtube.com/watch?v=p9nCRJo73oI
Frankl, Viktor E. *Man's Search for Meaning*. Boston: Beacon Press, 2006.
Fry, Prem S., and Dominique L. Debats. "Perfectionism and the Five-Factor Personality Traits as Predictors of Mortality in Older Adults." *Journal of Health Psychology* 14, no. 4 (2009): 513–24. doi:10.1177/1359105309103571
Gardner, Howard E. *Creating Minds*. New York: Basic Books, 2011.
Gerster, Jane. "Toronto Vows to Outsmart Its Raccoons." *Wall Street Journal*, August 23, 2015. www.wsj.com/articles/toronto-vows-to-outsmart-its-raccoons-1440373645
Ghofrani, Hossein A., Ian H. Osterloh, and Friedrich Grimminger. "Sildenafil: From Angina to Erectile Dysfunction to Pulmonary Hypertension and Beyond." *Nature Reviews Drug Discovery* 5 (2006): 689–702. doi:10.1038/nrd2030
Gilbert, Daniel. *Stumbling on Happiness*. New York: Vintage, 2007.
Gilovich, Thomas, and Victoria Husted Medvec. "The Experience of Regret: What, When, and Why." *Psychological Review* 102, no. 2 (1995): 379–95 http://dx.doi.org/10.1037/0033-295X.102.2.379
Gino, Francesca. *Sidetracked*. Boston: Harvard Business Review Press, 2013.
Glass, Ira. "Tough Room Act One: Make 'em Laff." *This American Life*. Episode 348. Radio broadcast, 59:00. Aired February 8, 2008. www.thisamericanlife.org/radio-archives/episode/348/tough-room?act=1#play
Gonzales, Laurence. *Deep Survival*. New York: W. W. Norton, 2004.
Gottschall, Jonathan. *The Storytelling Animal*. Boston: Mariner, 2013.
Gottschall, Jonathan. "Why Fiction Is Good for You." Boston Globe, April 29, 2012. www.bostonglobe.com/ideas/2012/04/28/why-fiction-good-for-you-how-fiction-changes-your-world/nubDy1P3viDj2PuwGwb3KO/story.html
Grant, Adam. *Give and Take*. New York: Penguin, 2013.
Gurari, Inbal, Michael J. Strube, and John J. Hetts. "Death? Be Proud! The Ironic Effects of Terror Salience on Implicit Self-Esteem." *Journal of Applied Social Psychology* 39, no. 2 (2009): 494–507. doi:10.1111/j.1559-1816.2008.00448.x
Holiday, Ryan. *The Obstacle Is the Way*. New York: Portfolio, 2014.
"How Many Doctors Does It Take to Start a Healthcare Revolution?" Freakonomics podcast, 53:56. April 9, 2015. http://freakonomics.com/2015/04/09/how-many-doctors-does-it-take-to-start-a-healthcare-revolution-a-new-freakonomics-radio-podcast/
Interview with Dan Ariely by author. "How to Motivate People—4 Steps Backed by Science." *Barking Up the Wrong Tree* (blog). April 6, 2014.
Interview with James Pennebaker by author. "How to Deal with Anxiety, Tragedy, or Heartache—4 Steps from Research." *Barking Up the Wrong Tree* (blog). November 15, 2014.

Interview with James Waters by author. "A Navy SEAL Explains 8 Secrets to Grit and Resilience." *Barking Up the Wrong Tree* (blog). January 13, 2015.

Interview with Peter Sims by author. "The System That All Creative Geniuses Use to Develop Their Ideas." *Barking Up the Wrong Tree* (blog). September 24, 2013.

Interview with Richard Wiseman by author. "How to Attract Good Luck: 4 Secrets Backed by Research." *Barking Up the Wrong Tree* (blog). July 19, 2015.

Interview with Shawn Achor by author. "Be More Successful: New Harvard Research Reveals a Fun Way to Do It." *Barking Up the Wrong Tree* (blog). September 28, 2014.

Interview with Spencer Glendon by author. Unpublished.

Isabella, Jude. "The Intelligent Life of the City Raccoon." *Nautilus*, October 9, 2014. http://nautil.us/issue/18/genius/the-intelligent-life-of-the-city-raccoon

Iyengar, Sheena. *The Art of Choosing*. New York: Twelve, 2011.

Johnson, Steven. *Everything Bad Is Good for You*. New York: Riverhead Books, 2006.

Johnson, Steven. *Where Good Ideas Come From*. New York: Riverhead Books, 2011.

Jonas, Eva, Jeff Schimel, Jeff Greenberg, and Tom Pyszczynski. "The Scrooge Effect: Evidence That Mortality Salience Increases Prosocial Attitudes and Behavior." *Personality and Social Psychology Bulletin* 28, no. 10 (2002): 1342–53. http://dx.doi.org/10.1177/014616702236834

Kivetz, Ran, Oleg Urminsky, and Yuhuang Zheng. "The Goal-Gradient Hypothesis Resurrected: Purchase Acceleration, Illusionary Goal Progress, and Customer Retention." *Journal of Marketing Research* 43, no. 1 (2006): 39–58. doi:http://dx.doi.org/10.1509/jmkr.43.1.39

Lee, Louise. "Don't Be Too Specialized If You Want a Top Level Management Job." Insights by Stanford Business. August 1, 2010. www.gsb.stanford.edu/insights/dont-be-too-specialized-if-you-want-top-level-management-job

Lee, Spike W. S., and Norbert Schwarz. "Framing Love: When It Hurts to Think We Were Made for Each Other." *Journal of Experimental Social Psychology* 54 (2014): 61–67. doi:10.1016/j.jesp.2014.04.007

Lench, Heather C. "Personality and Health Outcomes: Making Positive Expectations a Reality." *Journal of Happiness Studies* 12, no. 3 (2011): 493–507. doi:10.1007/s10902-010-9212-z

Levitt, Steven D., and Stephen J. Dubner. *Think Like a Freak*. New York: William Morrow, 2014.

Liberman, Varda, Nicholas R. Anderson, and Lee Ross. "Achieving Difficult Agreements: Effects of Positive Expectations on Negotiation Processes and Outcomes." *Journal of Experimental Social Psychology* 46, no. 3 (2010): 494–504. http://dx.doi.org/10.1016/j.jesp.2009.12.010

Linden, David J. *The Compass of Pleasure*. New York: Penguin, 2012.

Lockhart, Andrea. "Perceived Influence of a Disney Fairy Tale on Beliefs on Romantic Love and Marriage." Ph.D. diss., California School of Professional Psychology, 2000.

Lyubomirsky, Sonja, Rene Dickerhoof, Julia K. Boehm, and Kennon M. Sheldon."Becoming Happier Takes Both a Will and a Proper Way: An Experimental Longitudinal Intervention to Boost Well-Being." *Emotion* 11, no. 2 (2011): 391–402. doi:10.1037/a0022575

MacDonald, Kevin. *Touching the Void*. Final Four Productions, 2003. Film.

Martin, Michael. "Illegal Farm Worker Becomes Brain Surgeon." *Tell Me More*. Radio broadcast, 13:51. Aired December 5, 2011. www.npr.org/2011/12/05/143141876/illegal-farm-worker-becomes-brain-surgeon

McGonigal, Jane. *Reality Is Broken*. New York: Penguin, 2011.

McRaney, David. "Confabulation." You Are Not So Smart podcast, 28:00. May 30, 2012.

http://youarenotsosmart.com/2012/05/30/yanss-podcast-episode-three/
Meredith, Lisa S., Cathy D. Sherbourne, Sarah J. Gaillot, Lydia Hansell, Hans V. Ritschard, Andrew M. Parker, and Glenda Wrenn. *Promoting Psychological Resilience in the U.S. Military*. Santa Monica: RAND Corporation, 2011. Ebook.www.rand.org/pubs/monographs/MG996.html
Miller, Gregory E., and Carsten Wrosch. "You've Gotta Know When to Fold 'Em: Goal Disengagement and Systemic Inflammation in Adolescence." *Psychological Science* 18, no. 9 (2007): 773–77. doi:10.1111/j.1467-9280.2007.01977.x
Minkel, J. R. "Dark Knight Shift: Why Batman Could Exist—But Not for Long." *Scientific American*, July 14, 2008. www.scientificamerican.com/article/dark-knight-shift-why-bat/
Mischel, Walter. *The Marshmallow Test*. Boston: Back Bay Books, 2015.
Munroe, Randall. *What If?* Boston: Houghton Mifflin Harcourt, 2014.
The NALP Foundation. "Keeping the Keepers II: Mobility and Management of Associates." Associate Attrition Reports. www.nalpfoundation.org/keepingthekeepersii
Newheiser, Anna-Kaisa, Miguel Farias, and Nicole Tausch. "The Functional Nature of Conspiracy Beliefs: Examining the Underpinnings of Belief in the Da Vinci Code Conspiracy." *Personality and Individual Differences* 51, no. 8 (2011): 1007–11. doi:10.1016/j.paid.2011.08.011
Niven, David. *100 Simple Secrets of Successful People*. New York: HarperCollins, 2009. Oettingen, Gabriele. *Rethinking Positive Thinking*. New York: Current, 2014.
Ohio State University. " 'Losing Yourself' in a Fictional Character Can Affect Your Real Life." ScienceDaily, May 7, 2012. www.sciencedaily.com/releases/2012/05/120507131948.htm
Orlick, Terry, and John Partington. "Mental Links to Excellence." *Sport Psychologist* 2, no. 2 (1988): 105–30. doi:10.1123/tsp.2.2.105
Parker, Matt. *Things to Make and Do in the Fourth Dimension*. New York: Farrar, Straus and Giroux, 2014.
Peterson, Christopher. *Pursuing the Good Life*. New York: Oxford Univ. Press, 2012.
Pettit, Michael. "Raccoon Intelligence at the Borderlands of Science." *American Psychological Association* 41, no. 10 (2010): 26. www.apa.org/monitor/2010/11/raccoon.aspx
Pfeffer, Jeffrey. *Managing with Power*. Boston: Harvard Business Review Press, 1993.
Polavieja, Javier G., and Lucinda Platt. "Nurse or Mechanic? The Role of Parental Socialization and Children's Personality in the Formation of Sex-Typed Occupational Aspirations." *Social Forces* 93, no. 1 (2014): 31–61. doi:10.1093/sf/sou051
Polly, Matthew. *American Shaolin*. New York: Penguin, 2007.
Polly, Matthew. *Tapped Out*. New York: Avery, 2011.
Quiñones-Hinojosa, Alfredo, and Mim Eichler Rivas. *Becoming Dr. Q.* Berkeley: Univ. of California Press, 2011.
Rich, Frank. "In Conversation: Chris Rock." *Vulture*, November 30, 2014. www.vulture.com/2014/11/chris-rock-frank-rich-in-conversation.html
Rock, David. *Your Brain at Work*. New York: HarperCollins, 2009.
Rooney, Andy. "Eliminating House Clutter." *Chicago Tribune*, October 21, 1984. http://archives.chicagotribune.com/1984/10/21/page/72/article/eliminating-house-clutter
Root-Bernstein, Robert, Lindsay Allen, Leighanna Beach, Ragini Bhadula, Justin Fast, Chelsea Hosey, Benjamin Kremkow, et al. "Arts Foster Scientific Success: Avocations of Nobel, National Academy, Royal Society, and Sigma Xi Members." *Journal of Psychology of Science and*

Technology 1, no. 2 (2008): 51–63. doi:10.1891/1939-7054.1.2.51
"SEALs BUD/s Training, 2 of 4." YouTube video, 1:46. Posted by America's Navy, December 1, 2006. www.youtube.com/watch?v=0KZuA7o1NIY
Seligman, Martin. *Authentic Happiness*. New York: Simon and Schuster, 2002.
Seligman, Martin. *Learned Optimism*. New York: Vintage, 2011.
Simpson, Joe. *Touching the Void*. Bournemouth, UK: Direct Authors, 2012.
Sims, Peter. *Little Bets*. New York: Simon and Schuster, 2013.
Skillman, Peter. "Peter Skillman at Gel 2007." Video, 18:42. Posted by Gel Conference, 2009. https://vimeo.com/3991068
Society for Personality and Social Psychology. "How Thinking About Death Can Lead to a Good Life." ScienceDaily. April 19, 2012. www.sciencedaily.com/releases/2012/04/120419102516.htm
Specht, Jule, Boris Egloff, and Stefan C. Schmukle. "The Benefits of Believing in Chance or Fate: External Locus of Control as a Protective Factor for Coping with the Death of a Spouse." *Social Psychological and Personality Science* 2, no. 2 (2011): 132–37. doi:10.1177/1948550610384635
Staff. "The Benefits of Bonding with Batman." *PacificStandard*, August 21, 2012. www.psmag.com/business-economics/the-benefits-of-bonding-with-batman-44998
Stanley, Thomas J. *The Millionaire Mind*. Kansas City, MO: Andrews McMeel, 2001.
Swartz, Tracy. "Dave Chappelle Show's No-Phone Policy Draws Mixed Emotions from Attendees." Chicago Tribune, December 2, 2015. http://www.chicagotribune.com/entertainment/ct-dave-chappelle-cellphone-ban-ent-1203-20151202-story.html
Thompson, Derek. "Quit Your Job." *The Atlantic*, November 5, 2014. www.theatlantic.com/business/archive/2014/11/quit-your-job/382402/
Vagg, Richard. *The Brain*. Darlow Smithson Productions, 2010. Film.
Wilson, Timothy D. *Redirect*. Boston: Little, Brown, 2011.
Wiseman, Richard. *The Luck Factor*. Calgary, Canada: Cornerstone Digital, 2011.
Wrosch, Carsten, Michael F. Scheier, Gregory E. Miller, Richard Schulz, and Charles S. Carver. "Adaptive Self-Regulationof Unattainable Goals: Goal Disengagement, Goal Reenegagement, and Subjective Well-Being." *Personality and Social Psychology Bulletin* 29, no. 12 (2003): 1494–508. doi:10.1177/0146167203256921
Wrzesniewski, Amy, and Jane E. Dutton. "Crafting a Job: Revisioning Employees as Active Crafters of Their Work." *Academy of Management Review* 26, no. 2 (2001): 179–201. doi:10.5465/AMR.2001.4378011
Zabelina, Darya L., and Michael D. Robinson. "Child's Play: Facilitating the Originality of Creative Output by a Priming Manipulation." *Psychology of Aesthetics, Creativity, and the Arts* 4, no. 1 (2010): 57–65. doi:10.1037/a0015644
Zauberman, Gal, and John G. Lynch Jr. "Resource Slack and Propensity to Discount Delayed Investments of Time Versus Money." *Journal of Experimental Psychology* 134, no. 1 (2005): 23–37. doi:10.1037/0096-3445.134.1.23
Zehr, E. Paul. *Becoming Batman*. Baltimore, MD: Johns Hopkins Univ. Press, 2008.

第4章　なぜ「ネットワーキング」はうまくいかないのか

"About: MIT Radiation Laboratory," Lincoln Laboratory, MIT website. www.ll.mit.edu/about/

History/RadLab.html
"The Acceptance Prophecy: How You Control Who Likes You." *Psyblog*, August 27, 2009. www.spring.org.uk/2009/08/the-acceptance-prophesy-how-you-control-who-likes-you.php
Achor, Shawn. *The Happiness Advantage*. New York: Crown Business, 2010.
Algoe, Sara B., Shelly L. Gable, and Natalya C. Maisel. "It's the Little Things: Everyday Gratitude as a Booster Shot for Romantic Relationships." *Personal Relationships* 17 (2010): 217–33. doi:10.1111/j.1475–6811.2010.01273.x.
Apatow, Judd. *Sick in the Head*. New York: Random House, 2015.
"Anecdotes About Famous Scientists." *Science Humor Netring*. http://jcdverha.home.xs4all.nl/scijokes/10.html#Erdos_8
Aron, Arthur, and Elaine Aron. *The Heart of Social Psychology*. Lanham, MD: Lexington Books, 1989.
Baker, Wayne E. *Achieving Success Through Social Capital*. San Francisco: Jossey-Bass, 2000.
Bandiera, Oriana, Iwan Barankay, and Imran Rasul. "Social Incentives in the Workplace." *Review of Economic Studies* 77, no. 2 (2010): 417–58. doi:10.1111/j.1467–937X.2009.00574.x
Barker, Eric. "Do You Need to Be Friends with the People You Work With?" *Barking Up the Wrong Tree* (blog). August 11, 2011.
Barrick, Murray R., Susan L. Dustin, Tamara L. Giluk, Greg L. Stewart, Jonathan A. Shaffer, and Brian W. Swider. "Candidate Characteristics Driving Initial Impressions During Rapport Building: Implications for Employment Interview Validity." *Journal of Occupational and Organizational Psychology* 85, no. 2 (2012):330–52. doi:10.1111/j.2044-8325.2011.02036.x
Bartlett, Monica Y., Paul Condon, Jourdan Cruz, Jolie Baumann Wormwood, and David Desteno. "Gratitude: Prompting Behaviours That Build Relationships." *Cognition and Emotion* 26, no. 1 (2011): 2–13. doi:10.1080/02699931.2011.561297
Bendersky, Corinne, and Neha Parikh Shah. "The Downfall of Extraverts and the Rise of Neurotics: The Dynamic Process of Status Allocation in Task Groups." *Academy of Management Journal* 556, no. 2 (2013): 387–406. doi:10.5465/amj.2011.0316
Bernstein, Elizabeth. "Not an Introvert, Not an Extrovert? You May Be an Ambivert." *Wall Street Journal*, July 27, 2015. www.wsj.com/articles/not-an-introvert-not-an-extrovert-you-may-be-an-ambivert-1438013534
Bernstein, Elizabeth. "Why Introverts Make Great Entrepreneurs." *Wall Street Journal*, August 24, 2015. www.wsj.com/articles/why-introverts-make-great-entrepreneurs-1440381699
Bolz, Captain Frank, and Edward Hershey. *Hostage Cop*. New York: Rawson Associates, 1980.
Booyens, S. W. *Dimensions of Nursing Management*. Cape Town, South Africa: Juta Academic, 1998.
Bosson, Jennifer K., Amber B. Johnson, Kate Niederhoffer, and William B. Swann Jr."Interpersonal Chemistry Through Negativity: Bonding by Sharing Negative Attitudes About Others." *Personal Relationships* 13, no. 2 (2006): 135–50.
Bouchard, Martin, and Frédéric Ouellet. "Is Small Beautiful? The Link Between Risks and Size in Illegal Drug Markets." *Global Crime* 12, no. 1 (2011): 70–86.doi:10.1080/17440572.2011.548956
Brafman, Ori, and Judah Pollack. *The Chaos Imperative*. New York: Crown Business, 2013.
Breen, Benjamin. "Newton's Needle: On Scientific Self-Experimentation." *PacificStandard*, July 24, 2014. https://psmag.com/newton-s-needle-on-scientific-self-experimentation-

b8a2df4d0ff2#.4pb3vdh96

Bruzzese, Anita. "On the Job: Introverts Win in the End." *USA Today*, April 28, 2013. www.usatoday.com/story/money/columnist/bruzzese/2013/04/28/on-the-job-introverts-vs-extroverts/2114539/

Cain, Susan. *Quiet*. New York: Broadway Books, 2012.

Casciaro, Tiziana, Francesca Gino, and Maryam Kouchaki. "The Contaminating Effects of Building Instrumental Ties: How Networking Can Make Us Feel Dirty." NOM Unit Working Paper No. 14–108, Harvard Business School, Boston, MA, April 2014. www.hbs.edu/faculty/Publication%20Files/14-108_dacbf869-fbc1-4ff8-b927-d77ca54d93d8.pdf

Casciaro, Tiziana, and Miguel Sousa Lobo. "Competent Jerks, Lovable Fools, and the Formation of Social Networks." *Harvard Business Review*, June 2005. https://hbr.org/2005/06/competent-jerks-lovable-fools-and-the-formation-of-social-networks

Chabris, Christopher and Daniel Simons. *The Invisible Gorilla*. New York: Harmony, 2011.

Chan, Elaine, and Jaideep Sengupta. "Insincere Flattery Actually Works: A Dual Attitudes Perspective." *Journal of Marketing Research* 47, no. 1 (2010): 122–33. http://dx.doi.org/10.1509/jmkr.47.1.122

Charness, Neil. "The Role of Deliberate Practice in Chess Expertise." *Applied Cognative Psychology* 19, no. 2 (March 2005): 151–65. doi:10.1002/acp.1106

Chen, Frances S., Julia A. Minson, and Zakary L. Tormala. "Tell Me More: The Effects of Expressed Interest on Receptiveness During Dialog." *Journal of Experimental Social Psychology* 46, no. 5 (2010): 850–53. doi:10.1016/j.jesp.2010.04.012

Christakis, Nicholas A., and James H. Fowler. *Connected*. Boston: Little, Brown, 2009.

Clark, Dorie. "How to Win Over Someone Who Doesn't Like You." *Forbes*, September 16, 2012. www.forbes.com/sites/dorieclark/2012/09/16/how-to-win-over-someone-who-doesnt-like-you/#742b8a8f4132

Cohen, Daniel H. "For Argument's Sake." Filmed February 2013. TEDxColbyCollege video, 9:35. www.ted.com/talks/daniel_h_cohen_for_argument_s_sake?language=en

Cohen, Don, and Laurence Prusak. *In Good Company*. Boston: Harvard Business Review Press, 2001.

Conti, Gabriella, Andrea Galeotti, Gerrit Müller, and Stephen Pudney. "Popularity." *Journal of Human Resources* 48, no. 4 (2013): 1072–94. https://ideas.repec.org/a/uwp/jhriss/v48y2013iv1p1072-1094.html

Cottrell, Catherine A., Steven L. Neuberg, and Norman P. Li. "What Do People Desire in Others? A Sociofunctional Perspective on the Importance of Different Valued Characteristics." *Journal of Personality and Social Psychology* 92, no. 2 (2007): 208–31. http://dx.doi.org/10.1037/0022-3514.92.2.208

Coyle, Daniel. *The Little Book of Talent*. New York: Bantam, 2012.

Cross, Robert L., Andrew Parker, and Rob Cross. *The Hidden Power of Social Networks*. Boston: Harvard Business Review Press, 2004.

Csikszentmihályi, Mihály. *Creativity*. New York: HarperCollins, 2009.

Dabbs Jr., James M., and Irving L. Janis. "Why Does Eating While Reading Facilitate Opinion Change?—An Experimental Inquiry." *Journal of Experimental Social Psychology* 1, no. 2 (1965): 133–44. http://dx.doi.org/10.1016/0022-1031(65)90041-7

Diener, Ed, Ed Sandvik, William Pavot, and Frank Fujita. "Extraversion and Subjective Well-

Beingin a U.S. National Probability Sample." *Journalof Research in Personality* 26, no. 3 (1992): 205–15. doi:10.1016/0092-6566(92)90039-7

Duhigg, Charles. *The Power of Habit*. New York: Random House, 2012.

Ein-Dor, Tsachi, Abira Reizer, Philip R. Shaver, and Eyal Dotan. "Standoffish Perhaps, but Successful as Well: Evidence That Avoidant Attachment Can Be Beneficial in Professional Tennis and Computer Science." *Journal of Personality* 80, no. 3 (2011): 749–68. doi:10.1111/j.1467-6494.2011.00747.x

Enayati, Amanda. "Workplace Happiness: What's the Secret?" CNN.com. July 10, 2012. www.cnn.com/2012/07/09/living/secret-to-workplace-happiness/index.html

Ensher, Ellen A., and Susan E. Murphy. *Power Mentoring*. San Francisco: Jossey-Bass,2005.

Ericsson, K. Anders, Ralf T. Krampe, and Clemens Tesch-Römer."The Role of Deliberate Practice in the Acquisition of Expert Performance." *Psychological Review* 100, no. 3 (1993): 363–406. http://dx.doi.org/10.1037/0033-295X.100.3.363

Feiler, Daniel C., and Adam M. Kleinbaum. "Popularity, Similarity, and the Network Extraversion Bias." *Psychological Science* 26, no. 5 (2015): 593–603.doi:10.1177/0956797615569580

Flora, Carlin. *Friendfluence*. New York: Anchor, 2013.

Flynn, Francis J., and Vanessa K. B. Lake. "If You Need Help, Just Ask: Underestimating Compliance with Direct Requests for Help." *Journal of Personality and Social Psychology* 95, no. 1 (2008): 128–43. doi:10.1037/0022-3514.95.1.128

Friedman, Howard S., and Leslie R. Martin. *The Longevity Project*. New York: Plume,2012.

"From Benford to Erdos." *Radiolab*. Season 6, episode 5. Radio broadcast, 22:59. Aired November 30, 2009. www.radiolab.org/story/91699-from-benford-to-erdos/

Garner, Randy. "What's in a Name? Persuasion Perhaps." *Journal of Consumer Psychology* 15, no. 2 (2005): 108–16. doi:10.1207/s15327663jcp1502_3

Gawande, Atul. "Personal Best." *New Yorker*, October 3, 2011. www.newyorker.com/magazine/2011/10/03/personal-best

Gladwell, Malcolm. "Most Likely to Succeed," *New Yorker*, December 15, 2008. www.newyorker.com/magazine/2008/12/15/most-likely-to-succeed-2

Gleick, James. *Isaac Newton*. New York: Vintage, 2007.

Gordon, Cameron L., Robyn A. M. Arnette, and Rachel E. Smith. "Have You Thanked Your Spouse Today?: Felt and Expressed Gratitude Among Married Couples." *Personality and Individual Differences* 50, no. 3 (2011): 339–43. doi:10.1016/j.paid.2010.10.012

Gosling, Sam. *Snoop*. New York: Basic Books, 2009.

Gottman, John, and Nan Silver. *The Seven Principles for Making Marriage Work*. New York: Harmony, 1999.

Goulston, Mark. *Just Listen*. New York: AMACOM, 2015.

Grant, Adam. *Give and Take*. New York: Penguin, 2013.

Green, Sarah. "The Big Benefits of a Little Thanks." Interview with Francesca Gino and Adam Grant. *Harvard Business Review*, November 27, 2013. https://hbr.org/ideacast/2013/11/the-big-benefits-of-a-little-t

Groth, Aimee. "The Dutch Military Is Trying Out a New Secret Weapon: Introverts." *Quartz*, July 14, 2015. http://qz.com/452101/the-dutch-military-is-trying-out-a-new-secret-weapon-introverts/

Harari, Yuval Noah. *Sapiens*. New York: Harper, 2015.

Harrell, Thomas W., and Bernard Alpert. "Attributes of Successful MBAs: A 20-Year Longitudinal Study." *Human Performance* 2, no. 4 (1989): 301–22. doi:10.1207/s15327043hup0204_4
Hast, Tim. *Powerful Listening. Powerful Influence*. Seattle: Amazon Digital Services, 2013.
Hemery, David. *Sporting Excellence*. New York: HarperCollins Willow, 1991.
Heskett, James. "To What Degree Does the Job Make the Person?" Working Knowledge, Harvard Business School. March 10, 2011. http://hbswk.hbs.edu/item/to-what-degree-does-the-job-make-the-person
Hodson, Gordon, and James M. Olson. "Testing the Generality of the Name Letter Effect: Name Initials and Everyday Attitudes." *Personality and Social Psychology Bulletin* 31, no. 8 (2005): 1099–111. doi:10.1177/0146167205274895
Hoffman, Paul. *The Man Who Loved Only Numbers*. New York: Hachette, 1998.
Hoffman, Paul. "The Man Who Loved Only Numbers." *New York Times*. www.nytimes.com/books/first/h/hoffman-man.html
Holiday, Ryan. "How to Find Mentors." Thought Catalog. August 5, 2013. www.thoughtcatalog.com/ryan-holiday/2013/08/how-to-find-mentors
Hotz, Robert Lee. "Science Reveals Why We Brag So Much." *Wall Street Journal*, May 7, 2012. www.wsj.com/news/articles/SB10001424052702304451104577390392329291890
Hove, Michael J., and Jane L. Risen. "It's All in the Timing: Interpersonal Synchrony Increases Affiliation." *Social Cognition* 27, no. 6 (2009): 949–61. http://dx.doi.org/10.1521/soco.2009.27.6.949
Interview with Adam Grant by author. "Adam Grant Teaches You the Right Way to Give and Take." *Barking Up the Wrong Tree* (blog). April 9, 2013.
Interview with Adam Rifkin by author. "Silicon Valley's Best Networker Teaches You His Secrets." *Barking Up the Wrong Tree* (blog). February 18, 2013.
Interview with Albert Bernstein by author. "How to Make Difficult Conversations Easy." *Barking Up the Wrong T*ree (blog). December 28, 2014.
Interview with Alex Korb by author. "New Neuroscience Reveals 4 Rituals That Will Make You Happy." *Barking Up the Wrong Tree* (blog). September 20, 2015.
Interview with Ben Casnocha by author. "Interview—NYT/WSJ Bestselling Author Ben Casnocha Teaches You the New Secrets to Networking and Career Success." *Barking Up the Wrong Tree* (blog). April 15, 2013.
Interview with Chris Voss by author. "Hostage Negotiation: The Top FBI Hostage Negotiator Teaches You the Secrets to Getting What You Want." *Barking Up the Wrong Tree* (blog). January 7, 2013.
Interview with John Gottman by author. "The 4 Most Common Relationship Problems—And How to Fix Them." *Barking Up the Wrong Tree* (blog). December 7, 2014.
Interview with Nicholas Christakis by author. "The Lazy Way to an Awesome Life: 3 Secrets Backed by Research." *Barking Up the Wrong Tree* (blog). July 26, 2015.
Interview with NYPD hostage negotiators by author. "NYPD Hostage Negotiators on How to Persuade People: 4 New Secrets." *Barking Up the Wrong Tree* (blog). November 22, 2015.
Interview with Ramit Sethi by author. "NYT Bestselling Author Ramit Sethi Explains the Secrets to Managing Money, Negotiating, and Networking." *Barking Up the Wrong Tree* (blog). February 25, 2013.
Interview with Richard Wiseman by author. "How to Attract Good Luck: 4 Secrets Backed by

Research." *Barking Up the Wrong Tree* (blog). July 19, 2015.
Interview with Robin Dreeke by author. "How to Get People to Like You: 7 Ways from an FBI Behavior Expert." *Barking Up the Wrong Tree* (blog). October 26, 2014.
Jones, Janelle M., and Jolanda Jetten. "Recovering From Strain and Enduring Pain: Multiple Group Memberships Promote Resilience in the Face of Physical Challenges." *Social Psychological and Personality Science* 2, no. 3 (2011): 239–44. doi:10.1177/1948550610386806
"Judd Apatow." *The Daily Show with Jon Stewart*. ComedyCentral.com. Online video of TV broadcast, 6:16. Aired June 15, 2015. http://thedailyshow.cc.com/videos/mkfc6y/judd-apatow
"Judd Apatow: A Comedy-Obsessed Kid Becomes 'Champion of the Goofball.'" *Fresh Air*. Radio broadcast, 37:22. Aired June 17, 2015. www.npr.org/2015/06/17/415199346/judd-apatow-a-comedy-obsessed-kid-becomes-champion-of-the-goofball
Judge, Timothy A., Chad A. Higgins, Carl J. Thoresen, and Murray R. Barrick. "The Big Five Personality Traits, General Mental Ability, and Career Success Across the Life Span." *Personnel Psychology* 52, no. 3 (1999): 621–52. doi:10.1111/j.1744-6570.1999.tb00174.x
Judge, Timothy A., Joyce E. Bono, Remus Ilies, and Megan W. Gerhardt. "Personality and Leadership: A Qualitative and Quantitative Review." *Journal of Applied Psychology* 87, no. 4 (2002): 765–80. doi:10.1037//0021-9010.87.4.765
Kesebir, S., and S. Oishi. "A Spontaneous Self-Reference Effect in Memory: Why Some Birthdays Are Harder to Remember than Others." *Psychological Science* 21, no. 10 (2010): 1525–31. doi:10.1177/0956797610383436
Kreider, Tim. *We Learn Nothing*. New York: Free Press, 2012.
Kuhnen, Camelia M., and Joan Y. Chiao. "Genetic Determinants of Financial Risk Taking." *PLoS ONE* 4, no. 2 (2009): e4362. http://dx.doi.org/10.1371/journal.pone.0004362
Lajunen, Timo. "Personality and Accident Liability: Are Extraversion, Neuroticism, and Psychoticism Related to Traffic and Occupational Fatalities?" *Personality and Individual Differences* 31, no. 8 (2001): 1365–73. doi:10.1016/S0191-8869(00)00230-0
"Lawbreakers." *Crowd Control*. Season 1, episode 1. National Geographic channel. Aired November 24, 2014. http://channel.nationalgeographic.com/crowd-control/episodes/lawbreakers/
Levin, Daniel Z., Jorge Walter, and J. Keith Murnighan. "Dormant Ties: The Value of Reconnecting." *Organization Science* 22, no. 4 (2011) 923–39. doi:10.2307/20868904
Levin, Daniel Z., Jorge Walter, and J. Keith Murnighan. "The Power of Reconnection—How Dormant Ties Can Surprise You." *MIT Sloan Management Review*, March 23, 2011. http://sloanreview.mit.edu/article/the-power-of-reconnection-how-dormant-ties-can-surprise-you/
Liberman, Varda, Nicholas R. Anderson, and Lee Ross. "Achieving Difficult Agreements: Effects of Positive Expectations on Negotiation Processes and Outcomes." *Journal of Experimental Social Psychology* 46, no. 3 (2010): 494–504. http://dx.doi.org/10.1016/j.jesp.2009.12.010
Lindstrom, Martin. *Brandwashed*. New York: Crown Business, 2011.
Lockwood, Penelope, and Ziva Kunda. "Superstars and Me: Predicting the Impact of Role Models on the Self." *Journal of Personality and Social Psychology* 73, no. 1 (1997): 91–103.
http://citeseerx.ist.psu.edu/viewdoc/download?doi=10.1.1.578.7014&rep=rep1&type=pdf
Lount Jr., Robert B., Chen-Bo Zhong, Niro Sivanathan, and J. Keith Murnighan. "Getting Off on the Wrong Foot: The Timing of a Breach and the Restoration of Trust." *Personality and Social Psychology Bulletin* 34, no. 12 (2008): 1601–12. doi:10.1177/0146167208324512

Lyubomirsky, Sonya. *The Myths of Happiness*. New York: Penguin, 2013.

Macdonald, Kevin. *One Day in September*. Sony Pictures Classics, 2009. Film.

Malhotra, Deepak. "How to Negotiate Your Job Offer—Prof.Deepak Malhotra (Harvard Business School)." YouTube video, 1:04:23. Posted November 20, 2012. www.youtube.com/watch?v=km2Hd_xgo9Q

Marche, Stephen. "Is Facebook Making Us Lonely?" *The Atlantic*, May 2012. www.theatlantic.com/magazine/archive/2012/05/is-facebook-making-us-lonely/308930/

Marks, Gary, Norman Miller, and Geoffrey Maruyama. "Effect of Targets' Physical Attractiveness on Assumptions of Similarity." *Journal of Personality and Social Psychology* 41, no. 1 (1981): 198–206. doi:10.1037/0022-3514.41.1.198

Marmer, Max, Bjoern Lasse Herrmann, Ertan Dogrultan, and Ron Berman. "Startup Genome Report Extra on Premature Scaling: A Deep Dive into Why Most Startups Fail." Startup Genome. August 29, 2011. https://s3.amazonaws.com/startupcompass-public/StartupGenomeReport2_Why_Startups_Fail_v2.pdf

Martin, Steve J. "Can Humor Make You a Better Negotiator?" Excerpt from original article (unavailable). *Barking Up the Wrong Tree* (blog). November 28, 2011.

Max-Planck-Gesellschaft."Negative Image of People Produces Selfish Actions." Public release. April 12, 2011. www.eurekalert.org/pub_releases/2011-04/m-nio041211.php

McMains, Michael J., and Wayman C. Mullins. *Crisis Negotiations*. 4th ed. Abingdon-on-Thames, UK: Routledge, 2010.

McPherson, Miller, Lynn Smith-Lovin, and Matthew E. Brashears. "Social Isolation in America: Changes in Core Discussion Networks over Two Decades." *American Sociological Review* 71, no. 3 (2006): 353–75. doi:10.1177/000312240607100301

Mongrain, Myriam, and Tracy Anselmo-Matthews. "Do Positive Psychology Exercises Work? A Replication of Seligman et al." *Journal of Clinical Psychology* 68, no. 4 (2012). doi:10.1002/jclp.21839

Neal, Andrew, Gillian Yeo, Annette Koy, and Tania Xiao. "Predicting the Form and Direction of Work Role Performance from the Big 5 Model of Personality Traits." *Journal of Organizational Behavior* 33, no. 2 (2012): 175–92. doi:10.1002/job.742

Neffinger, John, and Matthew Kohut. *Compelling People*. New York: Plume, 2013.

Nettle, Daniel. "The Evolution of Personality Variation in Humans and Other Animals." *American Psychologist* 61, no. 6 (2006): 622–31. http://dx.doi.org/10.1037/0003-066X.61.6.622

Niven, David. *100 Simple Secrets of the Best Half of Life*. New York: HarperCollins, 2009.

Nizza, Mike. "A Simple B.F.F. Strategy, Confirmed by Scientists." *The Lede* (blog). New York Times, April 22, 2008. http://thelede.blogs.nytimes.com/2008/04/22/a-simple-bff-strategy-confirmed-by-scientists/

Ohio State University. "Young People Say Sex, Paychecks Come in Second to Self-Esteem." Public release. January 6, 2011. www.eurekalert.org/pub_releases/2011-01/osu-yps010611.php

Paulhus, Delroy L., and Kathy L. Morgan. "Perceptions of Intelligence in Leaderless Groups: The Dynamic Effects of Shyness and Acquaintance." *Journal of Personality and Social Psychology* 72, no. 3 (1997): 581–91. http://neuron4.psych. ubc.ca/~dpaulhus/research/SHYNESS/downloads/JPSP%2097%20with%20Morgan.pdf

Pavot, William, Ed Diener, and Frank Fujita. "Extraversion and Happiness." *Personality and Individual Differences* 11, no. 12 (1990): 1299–306. doi:10.1016/0191-8869(90)90157-M

Peters, Bethany L., and Edward Stringham. "No Booze? You May Lose: Why Drinkers Earn More Money than Nondrinkers." *Journal of Labor Research* 27, no. 3 (2006): 411–21. http://dx.doi.org/10.1007/s12122-006-1031-y

Pickover, Clifford A. *Strange Brains and Genius*. New York: William Morrow, 1999.

Pines, Ayala Malach. *Falling in Love*. Abingdon-on-Thames,UK: Routledge, 2005.

Pink, Daniel H. "Why Extroverts Fail, Introverts Flounder, and You Probably Succeed." *Washington Post*, January 28, 2013. www.washingtonpost.com/national/on-leadership/why-extroverts-fail-introverts-flounder-and-you-probably-succeed/2013/01/28/bc4949b0-695d-11e2-95b3-272d604a10a3_story.html

PON Staff. "The Link Between Happiness and Negotiation Success." *Program on Negotiation* (blog). Harvard Law School. September 20, 2011. www.pon.harvard.edu/daily/negotiation-skills-daily/the-link-between-happiness-and-negotiation-success/

Reuben, Ernesto, Paola Sapienza, and Luigi Zingales. "Is Mistrust Self-Fulfilling?" *Economics Letters* 104, no. 2 (2009): 89–91. doi:10.1016/j.econlet.2009.04.007

Roche, Gerard R. "Much Ado About Mentors." *Harvard Business Review*, January 1979. https://hbr.org/1979/01/much-ado-about-mentors

Rueb, Emily S. "A 1973 Hostage Situation, Revisited." *Cityroom* (blog). New York Times, September 10, 2012. http://cityroom.blogs.nytimes.com/2012/09/10/a-1973-hostage-situation-revisited/?_r=2

Ryssdal, Kai, and Bridget Bodnar. "Judd Apatow on His Band of Comedians and Radio Roots." *Marketplace*, June 24, 2015. www.marketplace.org/topics/life/big-book/judd-apatow-his-band-comedians-and-radio-roots

Schaefer, Peter S., Cristina C. Williams, Adam S. Goodie, and W. Keith Campbell."Overconfidence and the Big Five." *Journal of Research in Personality* 38, no. 5 (2004): 473–80. doi:10.1016/j.jrp.2003.09.010

Schmitt, David P. "The Big Five Related to Risky Sexual Behaviour Across 10 World Regions: Differential Personality Associations of Sexual Promiscuity and Relationship Infidelity." *European Journal of Personality, Special Issue: Personality and Social Relations* 18, no. 4 (2004): 301–19. doi:10.1002/per.520

Seibert, Scott E., and Maria L. Kraimer. "The Five-Factor Model of Personality and Career Success." *Journal of Vocational Behavior* 58, no. 1 (2001): 1–21. doi:10.1006/jvbe.2000.1757

Seibert, Scott E., and Maria L. Kraimer. "The Five-Factor Model of Personality and Its Relationship with Career Success." *Academy of Management Proceedings*, August 1, 1999 (Meeting Abstract Supplement): A1–A6. http://proceedings.aom.org/content/1999/1/A1.2.full.pdf+html

Seligman, Martin E. P. *Flourish*. New York: Atria, 2012.

Shambora, Jessica. "Fortune's Best Networker." *Fortune Magazine*, February 9, 2011. http://fortune.com/2011/02/09/fortunes-best-networker/

Simonton, Dean Keith. *Greatness*. New York: Guilford Press, 1994.

Simonton, Dean Keith. *The Wiley Handbook of Genius*. Hoboken, NJ: Wiley-Blackwell,2014.

Sims, Peter. *Little Bets*. New York: Free Press, 2011.

Sinaceur, Marwan, and Larissa Z. Tiedens. "Get Mad and Get More than Even: When and Why Anger Expression Is Effective in Negotiations." *Journal of Experimental Social Psychology* 42, no. 3 (2006): 314–22. http://dx.doi.org/10.1016/j.jesp.2005.05.002

Singer, Monroe S. "Harvard Radio Research Lab Developed Countermeasures Against Enemy Defenses: Allied Scientists Won Radar War." *Harvard Crimson*, November 30, 1945. www.thecrimson.com/article/1945/11/30/harvard-radio-research-lab-developed-countermeasures/

Snow, Shane. *Smartcuts*. New York: HarperBusiness, 2014.

Spurk, Daniel, and Andrea E. Abele. "Who Earns More and Why? A Multiple Mediation Model from Personality to Salary." *Journal of Business and Psychology* 26, no. 1 (2011): 87–103. doi:10.1007/s10869-010-9184-3

Sundem, Garth. *Brain Trust*. New York: Three Rivers, 2012.

Sutin, Angelina R., Paul T. Costa Jr., Richard Miech, and William W. Eaton."Personality and Career Success: Concurrent and Longitudinal Relations." *European Journal of Personality* 23, no. 2 (2009): 71–84. doi:10.1002/per.704

Takru, Radhika. "Friends with Negatives," BrainBlogger.com. September 28, 2011. http://brainblogger.com/2011/09/28/friends-with-negatives/

"Understanding the Science of Introversion and Extroversion with Dr. Luke Smilie." The Psychology Podcast with Dr. Scott Barry Kaufman, podcast, 1:10:47. July 26, 2015. http://thepsychologypodcast.com/understanding-the-science-of-introversion-and-extraversion-with-dr-luke-smillie/

Uzzi, Brian, and Jarrett Spiro. "Collaboration and Creativity: The Small World Problem." *American Journal of Sociology* 111, no. 2 (2005): 447–504. doi:10.1086/432782

Uzzi, Brian, and Shannon Dunlap. "How to Build Your Network." *Harvard Business Review*, December 2005. https://hbr.org/2005/12/how-to-build-your-network

Valdesolo, Piercarlo. "Flattery Will Get You Far." *Scientific American*, January 12, 2010. www.scientificamerican.com/article/flattery-will-get-you-far/

Walton, Gregory M., Geoffrey L. Cohen, David Cwir, and Steven J. Spencer. "Mere Belonging: The Power of Social Connections." *Journal of Personality and Social Psychology* 102, no. 3 (2012): 513–32. http://dx.doi.org/10.1037/a0025731

Ware, Bronnie. *The Top Five Regrets of the Dying*. Carlsbad, CA: Hay House, 2012.

Weaver, Jonathan R., and Jennifer K. Bosson. "I Feel Like I Know You: Sharing Negative Attitudes of Others Promotes Feelings of Familiarity." *Personality and Social Psychology Bulletin* 37, no. 4 (2011): 481–91. doi:10.1177/0146167211398364

Weiner, Eric. *The Geography of Bliss*. New York: Hachette, 2008.

Whisman, Mark A. "Loneliness and the Metabolic Syndrome in a Population-Based Sample of Middle-Aged and Older Adults." *Health Psychology* 29, no. 5 (2010): 550–54. http://dx.doi.org/10.1037/a0020760

Wolff, Hans-Georg, and Klaus Moser. "Effects of Networking on Career Success: A Longitudinal Study." *Journal of Applied Psychology* 94, no. 1 (2009): 196–206. http://dx.doi.org/10.1037/a0013350

Zagorsky, Jay. "The Wealth Effects of Smoking." *Tobacco Control* 13, no. 4 (2004): 370–74. doi:10.1136/tc.2004.008243

Zelenski, John M., Maya S. Santoro, and Deanna C. Whelan. "Would Introverts Be Better Off If They Acted More Like Extraverts? Exploring Emotional and Cognitive Consequences of Counterdispositional Behavior." *Emotion* 12, no. 2 (2012): 290–303. http://dx.doi.org/10.1037/a0025169

Zinoman, Jason. "Judd Apatow's New Book Is a Love Letter to Stand-Up Comedy." *New York*

Times, June 14, 2015. www.nytimes.com/2015/06/15/books/judd-apatows-new-book-is-a-love-letter-to-stand-up-comedy.html?_r=0

第5章　「できる」と自信を持つのには効果がある？

Adolphs, Ralph, Daniel Tranel, and Antonio R. Damasio. "The Human Amygdala in Social Judgment." *Nature* 393 (1998): 470–74. doi:10.1038/30982

Aldhous, Peter. "Humans Prefer Cockiness to Expertise." *New Scientist*, June 3, 2009. www.newscientist.com/article/mg20227115.500-humans-prefer-cockiness-to-expertise

Andrews, Evan. "The Strange Case of Emperor Norton I of the United States." History.com. September 17, 2014. www.history.com/news/the-strange-case-of-emperor-norton-i-of-the-united-states

Baumeister, Roy F., Jennifer D. Campbell, Joachim I. Krueger, and Kathleen D. Vohs. "Does High Self-Esteem Cause Better Performance, Interpersonal Success, Happiness, or Healthier Lifestyles?" *Psychological Science in the Public Interest* 4, no. 1 (2003): 1–44. doi:10.1111/1529-1006.01431

Beyer, Rick. *The Ghost Army*. Plate of Peas Productions, 2013. Film.

Beyer, Rick, and Elizabeth Sayles. *The Ghost Army of World War II*. New York: Princeton Architectural Press, 2015.

Bhattacharya, Utpal, and Cassandra D. Marshall. "Do They Do It for the Money?" *Journal of Corporate Finance* 18, no. 1 (2012): 92–104. http://dx.doi.org/10.2469/dig.v42.n2.51

British Psychological Society. "Good Managers Fake It." *Science Daily*. January 10, 2013. www.sciencedaily.com/releases/2013/01/130109215238.htm

Brunell, Amy B., William A. Gentry, W. Keith Campbell, Brian J. Hoffman, Karl W. Kuhnert, and Kenneth G. DeMarree. "Leader Emergence: The Case of the Narcissistic Leader." *Personality and Social Psychology Bulletin* 34, no. 12 (2008): 1663–76. doi:10.1177/0146167208324101

Cabane, Olivia Fox. *The Charisma Myth*. New York: Portfolio, 2012.

Carney, Dana. "Powerful Lies." Columbia Business School, Ideas at Work. January 22, 2010.

Chabris, Christopher, and Daniel Simons. *The Invisible Gorilla*. New York: Harmony, 2011.

Chamorro-Premuzic, Tomas. "The Dangers of Confidence." *Harvard Business Review*, July 2014. https://hbr.org/2014/07/the-dangers-of-confidence/

Chamorro-Premuzic, Tomas. "Less-Confident People Are More Successful." *Harvard Business Review*, July 6, 2012. https://hbr.org/2012/07/less-confident-people-are-more-su

Chance, Zoë, Michael I. Norton, Francesca Gino, and Dan Ariely. "Temporal View of the Costs and Benefits of Self-Deception." PNAS 108, supplement 3 (2011): 15655–59. doi:10.1073/pnas.1010658108

Chen, Patricia, Christopher G. Myers, Shirli Kopelman, and Stephen M. Garcia. "The Hierarchical Face: Higher Rankings Lead to Less Cooperative Looks." *Journal of Applied Psychology* 97, no. 2 (2012): 479–86. http://dx.doi.org/10.1037/a0026308

Colvin, Geoff. *Talent Is Overrated*. New York: Portfolio, 2010.

Constandi, Mo. "Researchers Scare 'Fearless' Patients." *Nature*, February 3, 2013. www.nature.com/news/researchers-scare-fearless-patients-1.12350

Crocker, Jennifer, and Lora E. Park. "The Costly Pursuit of Self-Esteem." *Psychological Bulletin* 130, no. 3 (2004): 392–414. doi:10.1037/0033-2909.130.3.392

Crockett, Zachary. "Joshua Norton, Emperor of the United States." Priceonomics.com. May 28,

2014. http://priceonomics.com/joshua-norton-emperor-of-the-united-states/

Daily Telegraph Reporter. "Worriers Who Feel Guilty Before Doing Anything Wrong Make the Best Partners, Research Finds." *The Telegraph,* October 12, 2012. www.telegraph.co.uk/news/uknews/9602688/Worriers-who-feel-guilty-before-doing-anything-wrong-make-best-partners-research-finds.html

Drago, Francesco. "Self-Esteem and Earnings." *Journal of Economic Psychology* 32 (2011): 480–88. doi:10.1016/j.joep.2011.03.015

Dunning, David, Kerri Johnson, Joyce Ehrlinger, and Justin Kruger. "Why People Fail to Recognize Their Own Incompetence." *Current Directions in Psychological Science* 12, no. 3 (2003): 83–87. doi:10.1111/1467-8721.01235

Feinstein, Justin S., Colin Buzza, Rene Hurlemann, Robin L. Follmer, Nader S. Dahdaleh, William H. Coryell, Michael J. Welsh, et al. "Fear and Panic in Humans with Bilateral Amygdala Damage." *Nature Neuroscience* 16 (2013): 270–72. doi:10.1038/nn.3323

Feinstein, Justin S., Ralph Adolphs, Antonio Damasio, and Daniel Tranel. "The Human Amygdala and the Induction and Experience of Fear." *Current Biology* 21, no. 1 (2011): 34–38, http://dx.doi.org/10.1016/j.cub.2010.11.042

Finkelstein, Stacey R., and Ayelet Fishbach. "Tell Me What I Did Wrong: Experts Seek and Respond to Negative Feedback." *Journal of Consumer Research* 39, no. 1 (2012): 22–38. doi:10.1086/661934

Flynn, Francis J. "Defend Your Research: Guilt-Ridden People Make Great Leaders." *Harvard Business Review,* January–February 2011. https://hbr.org/2011/01/defend-your-research-guilt-ridden-people-make-great-leaders

Furness, Hannah. "Key to Career Success Is Confidence, Not Talent." *The Telegraph,* August 14, 2012. www.telegraph.co.uk/news/uknews/9474973/Key-to-career-success-is-confidence-not-talent.html.

Gawande, Atul. "The Checklist." *New Yorker,* December 10, 2007. www.newyorker.com/magazine/2007/12/10/the-checklist

Gino, Francesca. *Sidetracked.* Boston: Harvard Business Review Press, 2013.

Gladwell, Malcolm. "Malcolm Gladwell at HPU, North Carolina Colleges." YouTube video, 1:09:08. Posted by High Point University, January 16, 2012. www.youtube.com/watch?v=7rMDr4P9BOw

Goldsmith, Marshall. "Helping Successful People Get Even Better." MarshallGoldsmith.com. April 10, 2003. www.marshallgoldsmith.com/articles/1401/

Goldsmith, Marshall. "The Success Delusion." The Conference Board Review. MarshallGoldsmith.com. October 29, 2015. http://www.marshallgoldsmith.com/articles/the-success-delusion/

Grant-Halvorson, Heidi. *Nine Things Successful People Do Differently.* Boston: Harvard Business Review Press, 2011.

Haidt, Jonathan. *The Happiness Hypothesis.* New York: Basic Books, 2006.

Hamermesh, Daniel S. *Beauty Pays.* Princeton, NJ: Princeton Univ. Press, 2011.

Hawthorne, Nathaniel. *Scarlet Letter.* Seattle: Amazon Digital Services, 2012.

Hmieleski, Keith M., and Robert A. Baron. "Entrepreneurs' Optimism and New Venture Performance: A Social Cognitive Perspective." *Academy of Management* Journal 52, no. 3 (2009): 473–88. doi:10.5465/AMJ.2009.41330755

Horwitz, French, and Eleanor Grant. "Superhuman Powers." *Is It Real?* Season 1, episode 8. National Geographic channel. Aired August 20, 2005.

Human, Lauren J., Jeremy C. Biesanz, Kate L. Parisotto, and Elizabeth W. Dunn."Your Best Self Helps Reveal Your True Self: Positive Self-Presentation Leads to More Accurate Personality Impressions." *Social Psychological and Personality Science* 3, no. 1 (2012): 23–30. doi:10.1177/1948550611407689

Interview with Gautam Mukunda by author. "Gautam Mukunda of Harvard Explains the Secrets to Being a Better Leader." *Barking Up the Wrong Tree* (blog). March 18, 2013.

"Joshua A. Norton." Virtual Museum of the City of San Francisco website. www.sfmuseum.org/hist1/norton.html

Kahneman, Daniel. "Don't Blink! The Hazards of Confidence." *New York Times Magazine*, October 19, 2011. www.nytimes.com/2011/10/23/magazine/dont-blink-the-hazards-of-confidence.html?_r=0

Kaufman, Scott Barry. "Why Do Narcissists Lose Popularity Over Time?" ScottBarryKaufman.com. 2015. http://scottbarrykaufman.com/article/why-do-narcissists-lose-popularity-over-time/

Keltner, Dacher, Deborah H. Gruenfeld, and Cameron Anderson. "Power, Approach, and Inhibition." *Psychological Review* 110, no. 2 (2003): 265–84. doi:10.1037/0033-295X.110.2.265

Kendall, Todd D. "Celebrity Misbehavior in the NBA." *Journal of Sports Economics* 9, no. 3 (2008): 231–49. doi:10.1177/1527002507301526

Kinari, Yusuke, Noriko Mizutani, Fumio Ohtake, and Hiroko Okudaira."Overconfidence Increases Productivity." ISER Discussion Paper No. 814. Institute of Social and Economic Research, Osaka University, Japan. August 2, 2011. doi:10.2139/ssrn.1904692

Kraus, Michael W., and Dacher Keltner. "Signs of Socioeconomic Status: A Thin-Slicing Approach." *Psychological Science* 20, no. 1 (2009): 99–106. doi:10.1111/j.1467-9280.2008.02251.x

Lammers, Joris, and Diederik A. Stapel. "Power Increases Dehumanization." *Group Processes and Intergroup Relations*, September 3, 2010. doi:10.1177/1368430210370042

Lammers, Joris, Diederik A. Stapel, and Adam D. Galinsky. "Power Increases Hypocrisy: Moralizing in Reasoning, Immorality in Behavior." *Psychological Science* 21, no. 5 (2010): 737–44. doi:10.1177/0956797610368810

Lammers, Joris, Janka I. Stoker, Jennifer Jordan, Monique Pollmann, and Diederik A. Stapel. "Power Increases Infidelity Among Men and Women." *Psychological Science* 22, no. 9 (2011): 1191–97. doi:10.1177/0956797611416252

Lazo, Alejandro, and Daniel Huang. "Who Is Emperor Norton? Fans in San Francisco Want to Remember." *Wall Street Journal*, August 12, 2015.
www.wsj.com/articles/who-is-emperor-norton-fans-in-san-francisco-want-to-remember-1439426791

Leary, Mark R., Eleanor B. Tate, Claire E. Adams, Ashley Batts Allen, Jessica Hancock. "Self-Compassion and Reactions to Unpleasant Self-Relevant Events: The Implications of Treating Oneself Kindly." *Journal of Personality and Social Psychology* 92, no. 5 (May 2007): 887–904. doi.org/10.1037/0022-3514.92.5.887

Leder, Helmut, Michael Forster, and Gernot Gerger. "The Glasses Stereotype Revisited: Effects of Eyeglasses on Perception, Recognition, and Impression of Faces." *Swiss Journal of Psychology*

70, no. 4 (2011): 211–22. https://dx.doi.org/10.1024/1421-0185/a000059
Linden, David J. "Addictive Personality? You Might Be a Leader." *New York Times*, July 23, 2011. www.nytimes.com/2011/07/24/opinion/sunday/24addicts.html?_r=0
Machiavelli, Niccolò. *The Prince*. Inti Editions, 2015. Marshall, Frank. "The Man vs. the Machine." FiveThirtyEight.com. October 22, 2014. ESPN video, 17:17. http://fivethirtyeight.com/features/the-man-vs-the-machine-fivethirtyeight-films-signals/
Mingle, Kate. "Show of Force." 99% Invisible. Episode 161. April 21, 2015. http://99percentinvisible.org/episode/show-of-force/
Misra, Ria. "That Time a Bankrupt Businessman Declared Himself Emperor of America." *io9* (blog). February 11, 2015. http://io9.gizmodo.com/that-time-a-bankrupt-businessman-declared-himself-emper-1685280529.
Moylan, Peter. "Emperor Norton." Encyclopedia of San Francisco online. www.sfhistoryencyclopedia.com/articles/n/nortonJoshua.html
Neely, Michelle E., Diane L. Schallert, Sarojanni S. Mohammed, Rochelle M.Roberts, Yu-Jung Chen. "Self-Kindness When Facing Stress: The role of Self-Compassion, Goal Regulation, and Support in College Students' Well-Being." *Motivation and Emotion* 33, no. 1 (March 2009): 88–97. doi:10.1007/s11031-008-9119-8
Neff, Kristin D., Ya-Ping Hsieh, and Kullaya Dejitterat. "Self-Compassion, Achievement Goals, and Coping with Academic Failure." *Self and Identity* 4 (2005): 263–87. doi:10.1080/13576500444000317
Parke, Jonathan, Mark D. Griffiths, and Adrian Parke. "Positive Thinking Among Slot Machine Gamblers: A Case of Maladaptive Coping?" *International Journal of Mental Health and Addiction* 5, no. 1 (2007): 39–52. doi:10.1007/s11469-006-9049-1
"Pathology of the Overconfident: Self-Deceived Individuals More Likely to Be Promoted over the More Accomplished." *Signs of the Times*, August 29, 2014. www.sott.net/article/284663-Pathology-of-the-overconfident-Self-deceived-individuals-more-likely-to-be-promoted-over-the-more-accomplished
Pentland, Alex. *Honest Signals*. Cambridge, MA: MIT Press, 2010.
Pfeffer, Jeffrey. *Power*. New York: HarperBusiness, 2010.
Phillips, Donald T. *Lincoln on Leadership*. Marion, IL: DTP/Companion Books, 2013.
Pickover, Clifford A. *Strange Brains and Genius*. New York: William Morrow, 1999.
Richman, James. "Why Bosses Who Show Vulnerability Are the Most Liked." *Fast Company*, July 7, 2015. www.fastcompany.com/3048134/lessons-learned/why-bosses-who-show-vulnerability-are-the-most-liked
Rock, David. *Your Brain at Work*. New York: HarperBusiness, 2009.
Rucker, Derek D., David Dubois, and Adam D. Galinsky. "Generous Paupers and Stingy Princes: Power Drives Consumer Spending on Self Versus Others." *Journal of Consumer Research* 37, no. 6 (2011). doi:10.1086/657162
Shell, G. Richard. *Springboard*. New York: Portfolio, 2013.
Silver, Nate. "Nate Silver: The Numbers Don't Lie." YouTube video, 56:09. Posted by Chicago Humanities Festival, November 28, 2012. www.youtube.com/watch?v=GuAZtOJqFr0
Silver, Nate. *The Signal and the Noise*. New York: Penguin, 2012.
Starek, Joanna E., and Caroline F. Keating. "Self-Deception and Its Relationship to Success in Competition." *Basic and Applied Social Psychology* 12, no. 2 (1991): 145–55. doi:10.1207/

s15324834basp1202_2
Stuster, Jack W. *Bold Endeavors*. Annapolis, MD: Naval Institute Press, 2011.
Tedlow, Richard S. *Denial*. New York: Portfolio, 2010.
Tost, Leigh Plunkett, Francesca Gino, and Richard P. Larrick. "When Power Makes Others Speechless: The Negative Impact of Leader Power on Team Performance." *Academy of Management Journal* 56, no. 5 (2013): 1465–86. doi:10.5465/amj.2011.0180
University of Nebraska–Lincoln."How Do I Love Me? Let Me Count the Ways, and Also Ace That Interview." ScienceDaily. April 2, 2012. www.sciencedaily.com/releases/2012/04/120402144738.htm
Van Kleef, Gerben A., Christopher Oveis, Ilmo van der Löwe, Aleksandr LuoKogan, Jennifer Goetz, and Dacher Keltner. "Power, Distress, and Compassion Turning a Blind Eye to the Suffering of Others." *Psychological Science* 19, no. 12 (2008): 1315–22. doi:10.1111/j.1467-9280.2008.02241.x
Verkuil, Paul R., Martin Seligman, and Terry Kang. "Countering Lawyer Unhappiness: Pessimism, Decision Latitude, and the Zero-Sum Dilemma." Public Law Research Working Paper 019, Benjamin N. Cardozo School of Law School, Yeshiva University, New York, NY, September 2000. doi:10.2139/ssrn.241942
Vialle, Isabelle, Luís Santos-Pinto, and Jean-Louis Rulliere. "Self-Confidence and Teamwork: An Experimental Test." Gate Working Paper No. 1126, September 2011. http://dx.doi.org/10.2139/ssrn.1943453
Wallace, Harry M., and Roy F. Baumeister. "The Performance of Narcissists Rises and Falls with Perceived Opportunity for Glory." *Journal of Personality and Social Psychology* 82, no. 5 (2002): 819–34. http://dx.doi.org/10.1037/0022-3514.82.5.819
Wiseman, Richard. *The As If Principle*. New York: Free Press, 2013.
Wood, Graeme. "What Martial Arts Have to Do with Atheism." *The Atlantic*, April 24, 2013. www.theatlantic.com/national/archive/2013/04/what-martial-arts-have-to-do-with-atheism/275273/
"World with No Fear." *Invisibilia*. Radio broadcast, 24:43. Aired January 15, 2015. www.npr.org/2015/01/16/377517810/world-with-no-fear
Ybarra, Oscar, Piotr Winkielman, Irene Yeh, Eugene Burnstein, and Liam Kavanagh. "Friends (and Sometimes Enemies) with Cognitive Benefits: What Types of Social Interactions Boost Executive Functioning?" *Social Psychological and Personality Science*, October 13, 2010. doi:10.1177/1948550610386808
Yong, Ed. "Meet the Woman Without Fear." *Not Rocket Science* (blog). *Discover Magazine*, December 16, 2010. http://blogs.discovermagazine.com/notrocketscience/2010/12/16/meet-the-woman-without-fear/#.VgsT_yBViko
Zenger, Jack, and Joseph Folkman. "We Like Leaders Who Underrate Themselves." *Harvard Business Review*, November 10, 2015. https://hbr.org/2015/11/we-like-leaders-who-underrate-themselves.
Zhao, Bin. "Learning from Errors: The Role of Context, Emotion, and Personality." *Journal of Organizational Behavior* 32, no. 3 (2011): 435–63. doi:10.1002/job.696

第6章　仕事バカ……それとも、ワーク・ライフ・バランス？

Abele, Andrea E., and Daniel Spurk. "How Do Objective and Subjective Career Success

Interrelate over Time?" *Journal of Occupational and Organizational Psychology* 82, no. 4 (2009): 803–24. doi:10.1348/096317909X470924

Achor, Shawn. *The Happiness Advantage*. New York: Crown Business, 2010.

Ackerman, Jennifer. *Sex Sleep Eat Drink Dream*. New York: Mariner, 2008.

Alfredsson, L., R. Karasek, and T. Theorell. "Myocardial Infarction Risk and Psychosocial Work Environment: An Analysis of the Male Swedish Working Force." *Social Science and Medicine* 16, no. 4 (1982): 463–67. doi:10.1016/0277-9536(82)90054-5

Amabile, Teresa. "Does High Stress Trigger Creativity at Work?" *Marketplace*, May 3, 2012. www.marketplace.org/2012/05/03/life/commentary/does-high-stress-trigger-creativity-work.

American Psychological Association. *Stress in America*. October 7, 2008. www.apa.org/news/press/releases/2008/10/stress-in-america.pdf

Arnsten, Amy F. T. "Stress Signalling Pathways That Impair Prefrontal Cortex Structure and Function." *Nature Reviews Neuroscience* 10, no. 6 (2009): 410–22. doi:10.1038/nrn2648

Axelsson, John, Tina Sundelin, Michael Ingre, Eus J. W. van Someren, Andreas Olsson, and Mats Lekander. "Beauty Sleep: Experimental Study on the Perceived Health and Attractiveness of Sleep Deprived People." *BMJ* 341 (2010): c6614. http://dx.doi.org/10.1136/bmj.c6614

Bandiera, Oriana, Andrea Prat, and Raffaella Sadun. "Managerial Firms in an Emerging Economy: Evidence from the Time Use of Indian CEOs." July 2013. www.people.hbs.edu/rsadun/CEO_India_TimeUse_April_2013.pdf

Barker, Eric. "How Bad Is It to Miss a Few Hours of Sleep?" *Barking Up the Wrong Tree* (blog). November 5, 2009.

Barnes, Christopher M., John Schaubroeck, Megan Huth, and Sonia Ghumman. "Lack of Sleep and Unethical Conduct." *Organizational Behavior and Human Decision Processes* 115, no. 2 (2011): 169–80. doi:10.1016/j.obhdp.2011.01.009

Beck, Melinda. "The Sleepless Elite." *Wall Street Journal*, April 5, 2011. www.wsj.com/articles/SB10001424052748703712504576242701752957910

Behncke, Stefanie. "How Does Retirement Affect Health?" IZA Discussion Paper No. 4253, Institute for the Study of Labor, Bonn, Germany, June 2009. http://ftp.iza.org/dp4253.pdf

Bianchi, R., C. Boffy, C. Hingray, D. Truchot, E. Laurent. "Comparative Symptomatology of Burnout and Depression." *Journal of Health Psychology* 18, no. 6 (2013): 782–87. doi:10.1177/1359105313481079

Binnewies, Carmen, Sabine Sonnentag, and Eva J. Mojza. "Recovery During the Weekend and Fluctuations in Weekly Job Performance: A Week- Level Study Examining Intra-Individual Relationships." *Journal of Occupational and Organizational Psychology* 83, no. 2 (2010): 419–41. doi:10.1348/096317909X418049

Blaszczak-Boxe, Agata. "The Secrets of Short Sleepers: How Do They Thrive on Less Sleep?" CBSNews.com. June 27, 2014. www.cbsnews.com/news/the-secrets-of-short-sleepers-how-do-they-thrive-on-less-sleep/

Boehm, Julia K., and Sonja Lyubomirsky. "Does Happiness Promote Career Success?" *Journal of Career Assessment* 16, no. 1 (2008): 101–16. doi:10.1177/1069072707308140

Bradlee Jr., Ben. *The Kid*. Boston: Little, Brown, 2013.

Brown, Stuart. *Play*. New York: Avery, 2010.

Cain, Susan. *Quiet*. New York: Broadway Books, 2012.

Christensen, Clayton M., James Allworth, and Karen Dillon. *How Will You Measure Your Life?*

New York: HarperBusiness, 2012. Kindle Edition.
Csikszentmihályi, Mihály. "Contexts of Optimal Growth in Childhood." *Daedalus* 122, no. 1 (Winter 1993): 31–56.
Csikszentmihályi, Mihály. *Finding Flow*. New York: Basic Books, 2007.
Currey, Mason, ed. *Daily Rituals*. New York: Knopf, 2013.
Doherty, William J. "Overscheduled Kids, Underconnected Families: The Research Evidence." http://kainangpamilyamahalaga.com/pdf/studies/Overscheduled_Kids_Underconnected_Families.pdf
Drucker, Peter F. *The Practice of Management*. New York: HarperBusiness, 2010.
Duhigg, Charles. *Smarter Faster Better*. New York: Random House, 2016.
Eck, John E. "Sitting Ducks, Ravenous Wolves, and Helping Hands: New Approaches to Urban Policing." *Public Affairs Comment* 35, no. 2 (Winter 1989). Lyndon B. Johnson School of Government, University of Texas at Austin. https://www.researchgate.net/publication/292743996_Sitting_ducks_ravenous_wolves_and_helping_hands_New_approaches_to_urban_policing
Ferrie, Jane E., Martin J. Shipley, Francesco P. Cappuccio, Eric Brunner, Michelle A. Miller, Meena Kumari, and Michael G. Marmot. "A Prospective Study of Change in Sleep Duration: Associations with Mortality in the Whitehall II Cohort." Sleep 30, no. 12 (2007): 1659–66. www.ncbi.nlm.nih.gov/pmc/articles/PMC2276139/
Fincher, David. *Fight Club*. Twentieth Century Fox, 1999. Film.
Garbus, Liz. "Bobby Fischer Against the World." HBO Documentary, 2011. Film.
Gardner, Howard. *Creating Minds*. New York: Basic Books, 2011.
Gaski, John F., and Jeff Sagarin. "Detrimental Effects of Daylight-Saving Time on SAT Scores." *Journal of Neuroscience, Psychology, and Economics* 4, no. 1 (2011): 44–53. doi:10.1037/a0020118
Gleick, James. *Faster*. Boston: Little, Brown, 2000.
Golden, Lonnie, and Barbara Wiens-Tuers."To Your Happiness? Extra Hours of Labor Supply and Worker Well-Being." *Journal of Socio-Economics* 35, no. 2 (2006): 382–97. doi:10.1016/j.socec.2005.11.039
Gould, Daniel, Suzanne Tuffey, Eileen Udry, and James E. Loehr. "Burnout in Competitive Junior Tennis Players: III. Individual Differences in the Burnout Experience." *Sports Psychologist* 11, no. 3 (1997): 257–76.
Graham, Ruth. "The Unbearable Loneliness of Creative Work." *Boston Globe*, October 04, 2015. www.bostonglobe.com/ideas/2015/10/03/the-unbearable-loneliness-creative-work/5bY0LfwuWjZnMKLZTXOHJL/story.html
Gujar, Ninad, Steven Andrew McDonald, Masaki Nishida, and Matthew P. Walker."A Role for REM Sleep in Recalibrating the Sensitivity of the Human Brain to Specific Emotions." *Cerebral Cortex* 21, no. 1 (2011): 115–23. doi:10.1093/cercor/bhq064
Halliwell, John F., and Shun Wang. "Weekends and Subjective Well-Being." *Social Indicators Research* 116, no. 2 (2014): 389–407. doi:10.3386/w17180
"Hardcore History 43: Wrath of the Khans I." Dan Carlin website. www.dancarlin.com/product/hardcore-history-43-wrath-of-the-khans-i/
Harden, Blaine. "Japan's Killer Work Ethic." *Washington Post, July* 13, 2008. www.washingtonpost.com/wp-dyn/content/article/2008/07/12/AR2008071201630.html
Harter, Jim, and Saengeeta Agarwal. "Workers in Bad Jobs Have Worse Wellbeing than Jobless."

Gallup.com. March 30, 2011. www.gallup.com/poll/146867/Workers-Bad-Jobs-Worse-Wellbeing-Jobless.aspx

Henry, Paul. "An Examination of the Pathways Through Which Social Class Impacts Health Outcomes." *Academy of Marketing Science Review* 2001, no. 03 (2001). www.med.mcgill.ca/epidemiology/courses/655/SES%20and%20Health.pdf

Hewlett, Sylvia Ann, and Carolyn Buck Luce. "Extreme Jobs: The Dangerous Allure of the 70-Hour Workweek." *Harvard Business Review*, December 2006. https://hbr.org/2006/12/extreme-jobs-the-dangerous-allure-of-the-70-hour-workweek

Hitt, Michael A., R. Duane Ireland, and Robert E. Hoskisson. *Strategic Management Concepts*. 7th ed. Cincinnati: South-Western College Pub, 2006.

"Inside the Teenage Brain: Interview with Ellen Galinsky." *Frontline*. (Documentary aired January 31, 2002.) www.pbs.org/wgbh/pages/frontline/shows/teenbrain/interviews/galinsky.html

Interview with Barry Schwartz by author. "How to Find Happiness in Today's Hectic World." *Barking Up the Wrong Tree* (blog). February 22, 2015.

Interview with Benjamin Walker by Roman Mars. "Queue Theory and Design." 99% Invisible. Episode 49. March 9, 2012. http://99percentinvisible.org/episode/episode-49-queue-theory-and-design/transcript/

Interview with Cal Newport by author. "How to Stop Being Lazy and Get More Done—5 Expert Tips." *Barking Up the Wrong Tree* (blog). August 10, 2014.

Interview with Dan Ariely by author. "How to Be Efficient: Dan Ariely's 6 New Secrets to Managing Your Time." *Barking Up the Wrong Tree* (blog). October 12, 2014.

Interview with Michael Norton by author. "Harvard Professor Michael Norton Explains How to Be Happier." *Barking Up the Wrong Tree* (blog). May 18, 2013.

Interview with Scott Barry Kaufman by author. "How to Be Creative: 6 Secrets Backed by Research." *Barking Up the Wrong Tree* (blog). December 6, 2015.

Interview with Shawn Achor by author. "Be More Successful: New Harvard Research Reveals a Fun Way to Do It." *Barking Up the Wrong Tree* (blog). September 28, 2014.

Isaacson, Walter. *Einstein*. New York: Simon and Schuster, 2007.

Iyengar, Sheena S., Rachael E. Wells, and Barry Schwartz. "Doing Better but Feeling Worse: Looking for the 'Best' Job Undermines Satisfaction." *Psychological Science* 17, no. 2 (2006): 143–50. doi:10.1111/j.1467-9280.2006.01677.x

"Jobs for Life." *The Economist*, December 19, 2007. www.economist.com/node/10329261.

Jones, Jeffrey M. "In U.S., 40% Get Less than Recommended Amount of Sleep." Gallup.com. December 19, 2013. www.gallup.com/poll/166553/less-recommended-amount-sleep.aspx.

Jones, Maggie. "How Little Sleep Can You Get Away With?" *New York Times Magazine*, April 15, 2011. www.nytimes.com/2011/04/17/magazine/mag-17Sleep-t.html?_r=0

Judge, Timothy A., and John D. Kammeyer-Mueller."On the Value of Aiming High: The Causes and Consequences of Ambition." *Journal of Applied Psychology* 97, no. 4 (2012): 758–75. http://dx.doi.org/10.1037/a0028084

Kanazawa, Satoshi. "Why Productivity Fades with Age: The Crime–Genius Connection." *Journal of Research in Personality* 37 (2003): 257–72. doi:10.1016/S0092-6566(02)00538-X,
http://personal.lse.ac.uk/kanazawa/pdfs/JRP2003.pdf

Keller, Gary. *The ONE Thing*. Austin, TX: Bard Press, 2013.

Kendall, Joshua. America's Obsessives: *The Compulsive Energy That Built a Nation*. New York:

Grand Central, 2013.
Kibler, Michael E. "Prevent Your Star Performers from Losing Passion for Their Work." *Harvard Business Review*, January 14, 2015. https://hbr.org/2015/01/prevent-your-star-performers-from-losing-passion-in-their-work
Kuhn, Peter, and Fernando Lozano. "The Expanding Workweek? Understanding Trends in Long Work Hours Among U.S. Men, 1979–2006." *Journal of Labor Economics* 26, no. 2 (2008): 311–43, 04. doi:10.3386/w11895
Kühnel, Jana, and Sabine Sonnentag. "How Long Do You Benefit from Vacation? A Closer Look at the Fade-Out of Vacation Effects." *Journal of Organizational Behavior* 32, no. 1 (2011): 125–43. doi:10.1002/job.699
Laham, Simon. *Science of Sin*. New York: Harmony, 2012.
Levitin, Daniel J. *The Organized Mind*. New York: Plume, 2014.
Loehr, Jim, and Tony Schwartz. *The Power of Full Engagement*. New York: Free Press, 2003.
Maher, Brendan. "Poll Results: Look Who's Doping." Nature 452 (2008): 674–75. doi:10.1038/452674a.
"Man Claims New Sleepless Record." BBC.com, May 25, 2007. http://news.bbc.co.uk/2/hi/uk_news/england/cornwall/6689999.stm
Martin, Douglas. "Robert Shields, Wordy Diarist, Dies at 89." *New York Times*, October 29, 2007. www.nytimes.com/2007/10/29/us/29shields.html
Masicampo, E. J., and Roy F. Baumeister. "Consider It Done! Plan Making Can Eliminate the Cognitive Effects of Unfulfilled Goals." *Journal of Personality and Social Psychology* 101, no. 4 (2011): 667–83. http://dx.doi.org/10.1037/a0024192
Maslach, Christina. "Burnout and Engagement in the Workplace: New Perspectives." *European Health Psychologist* 13, no. 3 (2011): 44–47. http://openhealthpsychology.net/ehp/issues/2011/v13iss3_September2011/13_3_Maslach.pdf
Maslach, Christina, and Julie Goldberg. "Prevention of Burnout: New Perspectives." *Applied and Preventive Psychology* 7, no. 1 (1998): 63–74. http://dx.doi.org/10.1016/S0962-1849(98)80022-X
Maslach, Christina, and Michael P. Leiter. *The Truth About Burnout*. San Francisco: Jossey-Bass,2009.
Mazzonna, Fabrizio, and Franco Peracchi. "Aging, Cognitive Abilities, and Retirement." *European Economic Review* 56, no. 4 (2012): 691–710. http://www.eief.it/files/2012/05/peracchi_mazzonna_eer_2012.pdf
McGill University. "Men Who Lose Their Jobs at Greater Risk of Dying Prematurely." Public release. April 4, 2011. www.eurekalert.org/pub_releases/2011-04/mu-mwl040411.php
McLynn, Frank. *Genghis Khan*. Cambridge, MA: Da Capo Press, 2015.
Medina, John. *Brain Rules*. Edmonds, WA: Pear Press, 2008.
Meldrum, Helen. "Exemplary Physicians' Strategies for Avoiding Burnout." *Health Care Manager* 29, no. 4 (2010): 324–31. doi:10.1097/HCM.0b013e3181fa037a
Monteiro, Mike. "The Chokehold of Calendars." *Medium*. July 18, 2013. https://medium.com/@monteiro/the-chokehold-of-calendars-f70bb9221b36#.fnje9u6jm
Mullainathan, Sendhil, and Eldar Shafir. *Scarcity*. New York: Times Books, 2013.
MYOB Australia. "MYOB Australian Small Business Survey, Special Focus Report: Lifestyle of Small Business Owners." December 2007. https://www.myob.com/content/dam/myob-

redesign/au/docs/business-monitor-pdf/2007/2-MYOB_SBS_Special_Focus_Report_Dec_2007.pdf
Nash, Laura, and Howard Stevenson. *Just Enough*. Hoboken, NJ: Wiley, 2005.
Newport, Cal. *Deep Work*. New York: Grand Central, 2016.
Niven, David. *100 Simple Secrets of Great Relationships*. New York: HarperCollins, 2009.
Novotney, Amy. "The Real Secrets to a Longer Life." *Monitor on Psychology* 42, no. 11 (2011): 36. www.apa.org/monitor/2011/12/longer-life.aspx
O'Connor, Anahad. "The Claim: Lack of Sleep Increases the Risk of Catching a Cold." *New York Times*, September 21, 2009. www.nytimes.com/2009/09/22/health/22real.html?_r=0
Pais, Abraham. *Subtle Is the Lord*. Oxford: Oxford Univ. Press, 2005.
Peláez, Marina Watson. "Plan Your Way to Less Stress, More Happiness." *Time*, May 31, 2011. http://healthland.time.com/2011/05/31/study-25-of-happiness-depends-on-stress-management/
Pencavel, John. "The Productivity of Working Hours," *Economic Journal* 125, no. 589 (2015): 2052–76. doi:10.1111/ecoj.12166.
Perlow, Leslie A. *Sleeping with Your Smartphone*. Boston: Harvard Business Review Press, 2012.
Pfeffer, Jeffrey. *Managing with Power*. Boston: Harvard Business Review Press, 1993.
Pfeffer, Jeffrey, and Robert I. Sutton. *Hard Facts, Dangerous Half-Truths, and Total Nonsense*. Boston: Harvard Business Review Press, 2006.
Pink, Daniel H. *Drive*. New York: Riverhead Books, 2011.
Proyer, René T. "Being Playful and Smart? The Relations of Adult Playfulness with Psychometric and Self-Estimated Intelligence and Academic Performance." *Learning and Individual Differences* 21, no. 4 (2011): 463–67. http://dx.doi.org/10.1016/j.lindif.2011.02.003
Randall, David K. *Dreamland*. New York: W. W. Norton, 2012.
Redelmeier, Donald A., and Daniel Kahneman. "Patients' Memories of Painful Medical Treatments: Real-Time and Retrospective Evaluations of Two Minimally Invasive Procedures." *Pain* 66, no. 1 (1996): 3–8. doi:10.1016/0304-3959(96)02994-6
Reynolds, John, Michael Stewart, Ryan Macdonald, and Lacey Sischo. "Have Adolescents Become Too Ambitious? High School Seniors' Educational and Occupational Plans, 1976 to 2000." *Social Problems* 53, no. 2 (2006): 186–206. http://dx.doi.org/10.1525/sp.2006.53.2.186
Robinson, Evan. "Why Crunch Modes Doesn't Work: Six Lessons." International Game Developers Association. 2005. www.igda.org/?page=crunchsixlessons
Rock, David. *Your Brain at Work*. New York: HarperCollins, 2009.
Rohwedder, Susann, and Robert J. Willis. "Mental Retirement." *Journal of Economic Perspectives* 24, no. 1 (2010): 119–38. doi:10.1257/jep.24.1.119
Rosekind, Mark R., David F. Neri, Donna L. Miller, Kevin B. Gregory, Lissa L. Webbon, and Ray L. Oyung. "The NASA Ames Fatigue Countermeasures Program: The Next Generation." NASA Ames Research Center, Moffett Field, CA. January 1, 1997. http://ntrs.nasa.gov/archive/nasa/casi.ntrs.nasa.gov/20020042348.pdf
Ross, John J., "Neurological Findings After Prolonged Sleep Deprivation." *Archives of Neurology* 12, no. 4 (1965): 399–403. http://dx.doi.org/10.1001/archneur.1965.00460280069006
Rothbard, Nancy P., and Steffanie L. Wilk. "Waking Up on the Right or Wrong Side of the Bed: Start-of-Workday Mood, Work Events, Employee Affect, and Performance." *Academy of Management Journal* 54, no. 5 (2011): 959–80. doi:10.5465/amj.2007.0056

Rubens, Jim. *OverSuccess*. Austin, TX: Greenleaf Book Group, 2008.

Saad, Lydia. "The '40-Hour' Workweek Is Actually Longer—by Seven Hours." Gallup.com. August 29, 2014. www.gallup.com/poll/175286/hour-workweek-actually-longer-seven-hours.aspx

San Diego State University. "Adults' Happiness on the Decline in U.S.: Researchers Found Adults over Age 30 Are Not as Happy as They Used to Be, but Teens and Young Adults Are Happier than Ever." ScienceDaily. November 5, 2015. www.sciencedaily.com/releases/2015/11/151105143547.htm

Schaufeli, Wilmar B., Michael P. Leiter, and Christina Maslach. "Burnout: 35 Years of Research and Practice." *Career Development International* 14, no. 3 (2009): 204–20. doi:10.1108/13620430910966406

Schwartz, Barry. *The Paradox of Choice*. New York: HarperCollins, 2009. Kindle Edition.

Schwartz, Barry, Andrew Ward, Sonja Lyubomirsky, John Monterosso, Katherine White, and Darrin R. Lehman. "Maximizing Versus Satisficing: Happiness Is a Matter of Choice." *Journal of Personality and Social Psychology* 83, no. 5 (2002): 1178–97. doi:10.1037//0022-3514.83.5.1178

Sedaris, David. "Laugh, Kookaburra." *New Yorker*, August 24, 2009. www.newyorker.com/magazine/2009/08/24/laugh-kookaburra

Sherman, Lawrence W., and David L. Weisburd. "General Deterrent Effects of Police Patrol in Crime 'Hot Spots': A Randomized, Controlled Trial." *Justice Quarterly* 12, no. 4 (1995): 625–48. doi:10.1080/07418829500096221

Simonton, Dean Keith. *Greatness*. New York: Guilford Press, 1994.

Simonton, Dean Keith. *The Wiley Handbook of Genius*. Hoboken, NJ: Wiley-Blackwell, 2014.

Sims, Peter. *Little Bets*. New York: Free Press, 2011.

Smith, Dinitia. "Dark Side of Einstein Emerges in His Letters." *New York Times*, November 6, 1996. www.nytimes.com/1996/11/06/arts/dark-side-of-einstein-emerges-in-his-letters.html?pagewanted=all.

Streep, Peg, and Alan Bernstein. *Quitting*. Cambridge, MA: Da Capo Press, 2015.

Stuster, Jack W. *Bold Endeavors*. Annapolis, MD: Naval Institute Press, 2011.

Sullivan, Bob. "Memo to Work Martyrs: Long Hours Make You Less Productive." CNBC.com. January 26, 2015. www.cnbc.com/2015/01/26/working-more-than-50-hours-makes-you-less-productive.html

Surtees, Paul G., Nicholas W. J. Wainwright, Robert Luben, Nicholas J. Wareham, Shiela A. Bingham, and Kay-Tee Khaw. "Mastery Is Associated with Cardiovascular Disease Mortality in Men and Women at Apparently Low Risk." *Health Psychology* 29, no. 4 (2010): 412–20. doi:10.1037/a0019432

Tierney, John. "Prison Population Can Shrink When Police Crowd Streets." *New York Times*, January 25, 2013. www.nytimes.com/2013/01/26/nyregion/police-have-done-more-than-prisons-to-cut-crime-in-new-york.html?pagewanted=all&_r=1

Todd, Benjamin. "How Good Are the Best?" *80,000 Hours* (blog). September 1, 2012. https://80000hours.org/2012/09/how-good-are-the-best/

Twenge, Jean M., Ryne A. Sherman, and Sonja Lyubomirsky. "More Happiness for Young People and Less for Mature Adults: Time Period Differences in Subjective Well-Being in the United States, 1972–2014." *Social Psychological and Personality Science* 7, no. 2 (2016): 1–11.

doi:10.1177/1948550615602933

University of Massachusetts Amherst. " 'Sleep on It' Is Sound, Science-Based Advice, Study Suggests." ScienceDaily. June 8, 2011. www.sciencedaily.com/releases/2011/06/110607094849.htm

Visser, Mechteld R. M., Ellen M. A. Smets, Frans J. Oort, and Hanneke C. J. M. de Haes. "Stress, Satisfaction and Burnout Among Dutch Medical Specialists." *CMAJ* 168, no. 3 (2003): 271–75. PMCID:PMC140468.

Wagner, David T., Christopher M. Barnes, Vivien K. G. Lim, and D. Lance Ferris. "Lost Sleep and Cyberloafing: Evidence From the Laboratory and a Daylight Saving Time Quasi-Experiment." *Journal of Applied Psychology* 97, no. 5 (2012): 1068–76. doi:10.1037/a0027557

Wang, Wei-Ching,Chin-HsungKao, Tsung-ChengHuan, and Chung-ChiWu."Free Time Management Contributes to Better Quality of Life: A Study of Undergraduate Students in Taiwan." *Journal of Happiness Studies* 12, no. 4 (2011): 561–73. doi:10.1007/s10902-010-9217-7

Ware, Bronnie. *The Top Five Regrets of the Dying*. Carlsbad, CA: Hay House, 2012.

Wargo, Eric. "Life's Ups and Downs May Stick." *Observer*, May 2007. Association for Psychological Science. www.psychologicalscience.org/index.php/publications/observer/2007/may-07/lifes-ups-and-downs-may-stick.html

Weatherford, Jack. *Genghis Khan and the Making of the Modern World*. New York: Broadway Books, 2005.

Weiner, Eric. *The Geography of Genius*. New York: Simon and Schuster, 2016.

White, Gregory L., and Shirley Leung. "American Tastes Move Upscale, Forcing Manufacturers to Adjust." *Wall Street Journal*, March 29, 2002. www.wsj.com/articles/SB1017351317283641480

Wohl, Michael, Timothy A. Pychyl, and Shannon H. Bennett. "I Forgive Myself, Now I Can Study: How Self-Forgiveness for Procrastinating Can Reduce Future Procrastination." *Personality and Individual Differences* 48, no. 7 (2010): 803–8. doi:10.1016/j.paid.2010.01.029

Wood, Graeme. "What Martial Arts Have to Do with Atheism." *The Atlantic*, April 24, 2013. www.theatlantic.com/national/archive/2013/04/what-martial-arts-have-to-do-with-atheism/275273/

Xu, Xin. "The Business Cycle and Health Behaviors." *Social Science and Medicine* 77(2013): 126–36. doi:10.1016/j.socscimed.2012.11.016

Yoo, Seung-Schik, Ninad Gujar, Peter Hu, Ferenc A. Jolesz, and Matthew P. Walker."The Human Emotional Brain Without Sleep—A Prefrontal Amygdala Disconnect." *Current Biology* 17, no. 20 (2007): pR877–78. doi:http://dx.doi.org/10.1016/j.cub.2007.08.007

Zerjal, Tatiana, Yali Xue, Giorgio Bertorelle, R. Spencer Wells, Weidong Bao, Suling Zhu, Raheel Qamar, et al. "The Genetic Legacy of the Mongols." *American Journal of Hum Genetics* 72, no. 3 (2003): 717–21. doi:10.1086/367774.

Achor, Shawn. "Is Happiness the Secret of Success?" CNN.com. March 19, 2012. www.cnn.com/2012/03/19/opinion/happiness-success-achor

Boehm, Julia K., and Sonja Lyubomirsky. "Does Happiness Promote Career Success?" *Journal of Career Assessment* 16, no. 1 (2008): 101–16. doi:10.1177/1069072707308140

Chappell, Bill. "Winner of French Scrabble Title Does Not Speak French." NPR. Radio broadcast, 3:11. Aired July 21, 2015. www.npr.org/sections/thetwo-way/2015/07/21/424980378/winner-of-french-scrabble-title-does-not-speak-french

Dweck, Carol. *Mindset*. New York: Random House, 2006.

"Entombed in My Own Body for Over 12 Years." BBC World Service online. 55 minutes. October 23, 2013. www.bbc.co.uk/programmes/p01jt6p6

Heigl, Alex. "Man Memorizes French Dictionary to Win French Scrabble Tournament, Does Not Speak French." *People*, July 22, 2015. www.people.com/article/new-zealand-scrabble-champion-french-dictionary

Petite, Steven. "Unscrambling Strings of Letters: The Beautiful Mind of Nigel Richards." *Huffington Post*, July 23, 2015. www.huffingtonpost.com/steven-petite/unscrambling-strings-of-l_b_7861738.html

Pistorius, Martin. *Ghost Boy*. Nashville: Thomas Nelson, 2013.

Pistorius, Martin. "How My Mind Came Back to Life—and No One Knew," Filmed August 2015. TEDxKC video, 14:08. www.ted.com/talks/martin_pistorius_how_my_mind_came_back_to_life_and_no_one_knew

Powdthavee, Nattavudh. "Putting a Price Tag on Friends, Relatives, and Neighbours: Using Surveys of Life Satisfaction to Value Social Relationships." *Journal of Socio-Economics* 37, no. 4 (2008): 1459–80. doi:10.1016/j.socec.2007.04.004.

Roeder, Oliver. "What Makes Nigel Richards the Best Scrabble Player on Earth." FiveThirtyEight.com. August 8, 2014. http://fivethirtyeight.com/features/what-makes-nigel-richards-the-best-scrabble-player-on-earth/

"Secret History of Thoughts." *Invisibilia*. Radio broadcast, 59:07. Aired January 9, 2015. www.npr.org/programs/invisibilia/375927143/the-secret-history-of-thoughts

Shenk, Joshua Wolf. "What Makes Us Happy?" *The Atlantic*, June 2009.

www.theatlantic.com/magazine/archive/2009/06/what-makes-us-happy/307439/?single_page=true Simonton, Dean Keith. *The Wiley Handbook of Genius*. Hoboken, NJ: Wiley-Blackwell, 2014.

Stevenson, Howard, and Laura Nash. *Just Enough*. Hoboken, NJ: Wiley, 2005.

Vaillant, George E. *Triumphs of Experience*. Cambridge, MA: Harvard Univ. Press, 2012.

Valliant, George E. "Yes, I Stand by My Words, 'Happiness Equals Love—Full Stop.'" *Positive Psychology News*, July 16, 2009. http://positivepsychologynews.com/news/george-vaillant/200907163163

パンデミック特集1　自粛生活を素晴らしいものに変える最も楽しい方法

Cacioppo, John T., Patrick, William. *Lonelines*. New York: W. W. Norton & Company, 2009.
Clark, Taylor. *Nerve*. Boston: Little, Brown and Company, 2011.
Gutman, Ron. *Smile.* TED Books, 2011
Hari, Johann. *Lost Connection*. New York: Bloomsbury USA, 2018.
Harman, Oren. *The Price of Altruism*. New York: W. W. Norton & Company, 2011.
Harman, Oren. *The How of Happiness*. New York: Penguin Random House, 2007
Korb, Alex. *The Upward Spiral*. Oakland: New Harbinger Publications, 2015.
Niven, David. *The 100 Simple Secrets of Happy People*. New York: Harper One, 2006.
Pinker, Susan. *The Village Effect*. Toronto: Vintage Canada, 2015.
Seligman, Martin E. P. *Flourish*. New York: Atria, 2012
Seligman, Martin E. P. *Learned Optimism.* New York: Vintage, 2011.

パンデミック特集2　レジリエンスこそ命――心の回復力を高めるには

Couch, Dick and Soldier, Chosen. *The Making of a Special Forces Warrior*. New York: Three Rivers Press, 2008.
Gonzales, Laurence. *Deep Survival*. New York: W. W. Norton & Company, 2004.
Kelly, John. *The Great Mortality*. New York: Harper 2005.
Linkov, Igor and Fox-Lent, Cate and Keisler, Jeffrey and Sala, Stefano Della and Sieweke, Jorg "Risk and resilience lessons from Venice" August 27, 2014. https://link.springer.com/article/10.1007/s10669-014-9511-8
Salmon, P., "Effects of physical exercise on anxiety, depression, and sensitivity to stress: A unifying theory." *Clinical Psychology Review*, 2001. https://pubmed.ncbi.nlm.nih.gov/11148895/
Southwick, Steven and Charney, Dennis S. *Resilience*. Cambridge: Cambridge University Press, 2018.

パンデミック特集3　非常時における毎日の習慣

Johnson, Steven. *The Ghost Map*. New York: Riverhead, 2006.
Irvine, William B. *The Stoic Challenge.* New York: W. W. Norton & Company, 2019.
Epictetus. *Discourses and Selected Writings*. New York: Penguin Classics, 2008.
Aurelius, Marcus. *Meditations*. New York: Dover Publications, 1997.
Seneca, Lucius Annaeus. *Dialogues and Essays*. Oxford: Oxford University Press, 2009.
Holiday, Ryan and Hanselman, Stephen. *The Daily Stoic.* New York: Portfolio, 2016.

邦訳文献

第1章　成功するにはエリートコースを目指すべき？

『グレン・グールド神秘の探訪』ケヴィン・バザーナ著、サダコ・グエン訳、白水社、2008年
『機械より人間らしくなれるか?』ブライアン・クリスチャン著 、吉田晋治訳、草思社文庫、2014年
『イノベーションのアイデアを生み出す七つの法則』スティーブン・ジョンソン著、松浦俊輔訳、日経BP社、2013年
『成功する子失敗する子：何が「その後の人生」を決めるのか』ポール・タフ著 、高山真由美訳、英治出版、2013年
『変わった人たちの気になる日常：世界初の奇人研究』D・ウィークス／J・ジェイムズ著 、忠平美幸訳、草思社、1998年

第2章　「いい人」は成功できない？

『つきあい方の科学：バクテリアから国際関係まで』R. アクセルロッド著、松田裕之訳、ミネルヴァ書房、1998年
『信頼はなぜ裏切られるのか：無意識の科学が明かす真実』デイヴィッド・デステノ著、寺町朋子訳、白揚社、2015年
『サイコパス：秘められた能力』ケヴィン・ダットン著、小林由香利訳、NHK出版、2013年
『長寿と性格：なぜ、あの人は長生きなのか』ハワード・S.フリードマン／レスリー・R.マーティン著、桜田直美訳、清流出版、2012年
『GIVE&TAKE:「与える人」こそ成功する時代』アダム・グラント著、楠木建監訳、三笠書房、2014年　*第3章・第4章でも参考
『海賊の経済学：見えざるフックの秘密』ピーター・T・リーソン著、山形浩生訳、NTT出版、2011年
『「権力」を握る人の法則』ジェフリー・フェファー著 、村井章子訳、日経ビジネス人文庫、2014年 *第5章・第6章でも参考
『悪魔の医師：病院内60人連続殺人』ジェームス・B.スチュワート著、松浦秀明訳、明石書店、2001年
『世界しあわせ紀行』エリック・ワイナー著 、関根光宏訳、ハヤカワ文庫、2016年　*第4章でも参考

第3章　勝者は決して諦めず、切り替えの早い者は勝てないのか？

『マネジャーの最も大切な仕事：95%の人が見過ごす「小さな進捗」の力』テレサ・アマビール／スティーブン・クレイマー著、樋口武志訳、英治出版、2017年
『不合理だからうまくいく：行動経済学で「人を動かす」』ダン・アリエリー著、櫻井祐子訳、ハヤカワ文庫、2014年
『Willpower意志力の科学』ロイ・バウマイスター／ジョン・ティアニー著、渡会圭子訳、インターシフト、2013年
『ハーバードの人生を変える授業2:Q次の2つから生きたい人生を選びなさい』タル・ベン・シャハー著、成瀬まゆみ訳、だいわ文庫、2016年
『あなたの人生の意味：先人に学ぶ「惜しまれる生き方」』デイヴィッド・ブルックス著、夏目大訳、早川書房、2017年
『クリエイティヴィティ：フロー体験と創造性の心理学』M.チクセントミハイ著、須藤祐二／石

村郁夫訳、世界思想社、2016年　*4章でも参考
『フロー体験入門：楽しみと創造の心理学』M.チクセントミハイ著、大森弘訳、世界思想社、2010年*第6章でも参考
『天才たちの日課：クリエイティブな人々の必ずしもクリエイティブでない日々』メイソン・カリー著、金原瑞人／石田文子訳、フィルムアート社、2014年　*第6章でも参考
『ドラッカー名著集1：経営者の条件』P.F. ドラッカー著、上田惇生訳、ダイヤモンド社、2006年
『やり抜く力：人生のあらゆる成功を決める「究極の能力」を身につける』アンジェラ・ダックワース著、神崎朗子訳、ダイヤモンド社、2016年
『明日の幸せを科学する』ダニエル・ギルバート著、熊谷淳子訳、ハヤカワ文庫、2013年
『失敗は「そこ」からはじまる』フランチェスカ・ジーノ著、柴田裕之訳、ダイヤモンド社、2015年　*第5章でも参考
『緊急時サバイバル読本：生き延びる人間と死ぬ人間の科学』ローレンス・ゴンサレス著、中谷和男訳、アスペクト、2004年　*付録パンデミック特集2でも参考
『選択の科学：コロンビア大学ビジネススクール特別講義』シーナ・アイエンガー著、櫻井祐子訳、文春文庫、2014年
『ダメなものは、タメになる：テレビやゲームは頭を良くしている』スティーブン・ジョンソン著、山形浩生／守岡桜訳、翔泳社、2006年
『イノベーションのアイデアを生み出す七つの法則』スティーブン・ジョンソン著、松浦俊輔訳、日経BP社、2013年
『0ベース思考：どんな難問もシンプルに解決できる』スティーヴン・レヴィット／スティーヴン・ダブナー著、櫻井祐子訳、ダイヤモンド社、2015年
『快感回路：なぜ気持ちいいのかなぜやめられないのか』デイヴィッド・J・リンデン著、岩坂彰訳、河出文庫、2014年
『幸せな未来は「ゲーム」が創る』ジェイン・マクゴニガル著、藤本徹／藤井清美訳、早川書房、2011年
『マシュマロ・テスト:成功する子・しない子』ウォルター・ミシェル著、柴田裕之訳、ハヤカワ文庫、2017年
『ホワット・イフ?：野球のボールを光速で投げたらどうなるか』ランドール・マンロー著、吉田三知世訳、早川書房、2015年
『ハッピーライフが実現する100の方法』デビッド・ニーブン著、吉田純子訳、文香社、2002年
『成功するにはポジティブ思考を捨てなさい:願望を実行計画に変えるWOOPの法則』ガブリエル・エッティンゲン著、大田直子訳、講談社、2015年
『幸福だけが人生か?：ポジティブ心理学55の科学的省察』クリストファー・ピーターソン著、宇野カオリ訳、春秋社、2016年
『影響力のマネジメント：リーダーのための「実行の科学」』ジェフリー・フェファー著、奥村哲史訳、東洋経済新報社、2008年
『世界でひとつだけの幸せ：ポジティブ心理学が教えてくれる満ち足りた人生』マーティン・セリグマン著、小林裕子訳、アスペクト、2004年
『オプティミストはなぜ成功するか：ポジティブ心理学の父が教える楽観主義の身につけ方』マーティン・セリグマン著、山村宜子訳、パンローリング、2013年　*付録パンデミック特集1でも参考
『死のクレバス：アンデス氷壁の遭難』J.シンプソン著、中村輝子訳、岩波現代文庫、2000年
『小さく賭けろ!：世界を変えた人と組織の成功の秘密』ピーター・シムズ著、滑川海彦／高橋信夫訳、日経BP社、2012年　*第3章・第6章でも参考

『なぜ、この人たちは金持ちになったのか』トマス・J・スタンリー著、広瀬順弘訳、日経ビジネス人文庫、2008年
『運のいい人の法則』リチャード・ワイズマン著、矢羽野薫訳、角川文庫、2011年
『バットマンになる!:スーパーヒーローの運動生理学』 E.ポール・ゼーア著、松浦俊輔訳、青土社、2010年

第4章　なぜ「ネットワーキング」はうまくいかないのか

『幸福優位7つの法則：仕事も人生も充実させるハーバード式最新成功理論』ショーン・エイカー著、高橋由紀子訳、徳間書店、2011年　*第6章でも参考
『ソーシャル・キャピタル：人と組織の間にある「見えざる資産」を活用する』ウェイン・ベーカー著、中島豊訳、ダイヤモンド社、2001年
『ひらめきはカオスから生まれる』オリ・ブラフマン／ジューダ・ポラック著、金子一雄訳、日経BP社、2014年
『内向型人間のすごい力：静かな人が世界を変える』スーザン・ケイン著、古草秀子訳、講談社+α文庫、2015年　*第6章でも参考
『錯覚の科学』クリストファー・チャブリス／ダニエル・シモンズ著、木村博江訳、文春文庫、2014年　*第5章でも参考
『つながり：社会的ネットワークの驚くべき力』ニコラス・A・クリスタキス／ジェイムズ・H・ファウラー著、鬼澤忍訳、講談社、2010年
『人と人の「つながり」に投資する企業：ソーシャル・キャピタルが信頼を育む』ドン・コーエン／ローレンス・プルサック著、沢崎冬日訳、ダイヤモンド社、2003年
『才能を伸ばすシンプルな本』ダニエル・コイル著、弓場隆訳、サンマーク出版、2013年
『習慣の力』チャールズ・デュヒッグ著、渡会圭子訳、講談社+α文庫、2016年
『あなたはなぜ「友だち」が必要なのか』カーリン・フローラ著、高原誠子訳、原書房、2013年
『長寿と性格：なぜ、あの人は長生きなのか』ハワード・S.フリードマン／レスリー・R.マーティン著、桜田直美訳、清流出版、2012年
『ニュートンの海：万物の真理を求めて』ジェイムズ・グリック著、大貫昌子訳、日本放送出版協会、2005年
『スヌープ!：あの人の心ののぞき方』サム・ゴズリング著、篠森ゆりこ訳、講談社、2008年
『結婚生活を成功させる七つの原則』ジョン・M・ゴットマン／ナン・シルバー著、松浦秀明訳、第三文明社、2007年
『最強交渉人が使っている一瞬で心を動かす技術』マーク・ゴールストン著、青木高夫訳、ディスカヴァー・トゥエンティワン、2012年
『サピエンス全史：文明の構造と人類の幸福』(上下巻)、ユヴァル・ノア・ハラリ著、柴田裕之訳、河出書房新社、2016年
『放浪の天才数学者エルデシュ』ポール・ホフマン著、平石律子訳、草思社文庫、2011年
『なぜ、それを買わずにはいられないのか：ブランド仕掛け人の告白』マーティン・リンストローム著、木村博江訳、文藝春秋、2012年
『リュボミアスキー教授の人生を「幸せ」に変える10の科学的な方法』ソニア・リュボミアスキー著、金井真弓訳、日本実業出版社、2014年
『人の心を一瞬でつかむ方法：人を惹きつけて離さない「強さ」と「温かさ」の心理学』ジョン・ネフィンジャー／マシュー・コフート著、熊谷小百合訳、あさ出版、2015年
『天才博士の奇妙な日常』C. A. ピックオーバー著、新戸雅章訳、勁草書房、2001年　*第5章でも参考

『ポジティブ心理学の挑戦："幸福"から"持続的幸福"へ』マーティン・セリグマン著、宇野カオリ監訳、ディスカヴァー・トゥエンティワン、2014年　*付録パンデミック特集1でも参考
『時間をかけずに成功する人コツコツやっても伸びない人』シェーン・スノウ著、斎藤栄一郎訳、講談社、2016年
『死ぬ瞬間の5つの後悔』ブロニー・ウェア著、仁木めぐみ訳、新潮社、2012年　*第6章でも参考

第5章　「できる」と自信を持つのには効果がある？

『カリスマは誰でもなれる』オリビア・フォックス・カバン著、矢羽野薫訳、Kadokawa、2013年
『究極の鍛錬：天才はこうしてつくられる』ジョフ・コルヴァン著、米田隆訳、サンマーク出版、2010年
『しあわせ仮説：古代の知恵と現代科学の知恵』ジョナサン・ハイト著、藤澤隆史／藤澤玲子訳、新曜社、2011年
『美貌格差（びぼうかくさ）：生まれつき不平等の経済学』ダニエル・S.ハマーメッシュ著、望月衛訳、東洋経済新報社、2015年
『完訳 緋文字』N.ホーソーン著、八木敏雄訳、岩波文庫、1992年
『正直シグナル：非言語コミュニケーションの科学』アレックス・ペントランド著、柴田裕之訳、みすず書房、2013年
『部下と現場に出よ、生死を共にせよ：リンカーン逆境のリーダーシップ』ドナルド・T・フィリップス著、鈴村靖爾訳、ダイヤモンド社、1992年
『ウォートン・スクールの本当の成功の授業』リチャード・シェル著、木村千里訳、ディスカヴァー・トゥエンティワン、2015年
『シグナル&ノイズ：天才データアナリストの「予測学」』ネイト・シルバー著、川添節子訳、日経BP社、2013年
『なぜリーダーは「失敗」を認められないのか』リチャード・S・テドロー著、土方奈美訳、日経ビジネス人文庫、2015年

第6章　仕事バカ……それとも、ワーク・ライフ・バランス？

『からだの一日：あなたの24時間を医学・科学で輪切りにする』ジェニファー・アッカーマン著、鍛原多恵子訳、早川書房、2009年
『ドラッカー名著集2・3　現代の経営』P.F. ドラッカー著、上田惇生訳、ダイヤモンド社、2006年
『アインシュタイン：その生涯と宇宙』（上下巻）ウォルター・アイザックソン著、関宗蔵／松田卓也／松浦俊輔訳、武田ランダムハウスジャパン、2011年
『ワン・シング：一点集中がもたらす驚きの効果』ゲアリー・ケラー／ジェイ・パパザン著、門田美鈴訳、SBクリエイティブ、2014年
『成功と幸せのための4つのエネルギー管理術：メンタル・タフネス：精神!頭脳!情動!身体!』ジム・レーヤー／トニー・シュワルツ著、青島淑子訳、阪急コミュニケーションズ、2004年
『燃え尽き症候群の真実：組織が個人に及ぼすストレスを解決するには』クリスティーナ・マスラーク／マイケル・P・ライター著、高城恭子訳、トッパン、1998年
『ブレイン・ルール：脳の力を100%活用する』ジョン・メディナ著、小野木明恵訳、日本放送出版協会、2009年
『大事なことに集中する：気が散るものだらけの世界で生産性を最大化する科学的方法』カル・ニューポート著、門田美鈴訳、ダイヤモンド社、2016年

『好きな人と最高にうまくいく100の秘密』デビッド・ニーブン著、玉置悟訳、ベストセラーズ、2004年
『事実に基づいた経営：なぜ「当たり前」ができないのか?』ジェフリー・フェファー／ロバート・I・サットン著、清水勝彦訳、東洋経済新報社、2009年
『モチベーション3.0』ダニエル・ピンク著、大前研一訳、講談社+α文庫、2015年
『なぜ選ぶたびに後悔するのか：オプション過剰時代の賢い選択術』バリー・シュワルツ著、瑞穂のりこ訳、武田ランダムハウスジャパン、2012年
『パックス・モンゴリカ：チンギス・ハンがつくった新世界』ジャック・ウェザーフォード著、堀冨佐子訳、日本放送出版協会、2006年
『世界天才紀行：ソクラテスからスティーブ・ジョブズまで』エリック・ワイナー著、関根光宏訳、早川書房、2016年

結論　本当に人生を成功に導く法則は何か

『マインドセット：「やればできる!」の研究』キャロル・S・ドゥエック著、今西康子訳、草思社、2016年
『ゴースト・ボーイ』マーティン・ピストリウス／ミーガン・ロイド・デイヴィス著、長澤あかね訳、PHP研究所、2015年

パンデミック特集1　自粛生活を素晴らしいものに変える最も楽しい方法

『ハッピーな自分になれる100の魔法』デビッド・ニーブン著、吉田純子訳、文香社、2000年
『孤独の科学――人はなぜ寂しくなるのか』ジョン・T.カシオポ／ウィリアム・パトリック著、柴田裕之訳、河出書房新社、2010年
『親切な進化生物学者――ジョージ・プライスと利他行動の対価』オレン・ハーマン著、垂水雄二訳、みすず書房、2011年

パンデミック特集2　レジリエンスこそ命――心の回復力を高めるには

『黒死病―ペストの中世史』ジョン・ケリー著、野中邦子訳、中央公論新社、2008年
『レジリエンス：人生の危機を乗り越えるための科学と10の処方箋』スティーブン・M・サウスウィック、デニス・S・チャーニー著、森下愛・西大輔訳、森下博文監訳、岩崎学術出版社、2015年

パンデミック特集3　非常時における毎日の習慣

『感染地図：歴史を変えた未知の病原体』スティーヴン・ジョンソン著、矢野真千子訳、河出書房新社、2007年
『ストア派哲学入門』ライアン・ホリデイ／スティーブン・ハンゼルマン著、金井啓太訳、パンローリング、2017年

BARKING UP THE WRONG TREE
by Eric Barker

残酷すぎる成功法則
9割まちがえる「その常識」を科学する　文庫版

2020年7月3日　第1刷発行
2024年11月10日　第2刷発行

著　者　エリック・バーカー
監訳者　橘 玲
訳　者　竹中てる実

発行者　矢島和郎
発行所　株式会社　飛鳥新社
〒101-0003東京都千代田区一ツ橋2-4-3
光文恒産ビル
電話（営業）03-3263-7770（編集）03-3263-7773
https://www.asukashinsha.co.jp

装　丁　井上新八

印刷・製本　中央精版印刷株式会社

ISBN978-4-86410-769-3